HEYNE <

AF634272

BERNHARD
HENNEN
JAMES A. SULLIVAN

ELFENMOND

ALLE STORIES AUS DER WELT DER ELFEN

WILHELM HEYNE VERLAG
MÜNCHEN

MIX
Papier | Fördert gute Waldnutzung
FSC® C014496

Penguin Random House Verlagsgruppe FSC® N001967

2. Auflage

Originalausgabe 10/2024
Redaktion: Uta Danke

Das Werk wurde vermittelt durch die Michael Meller Literary Agency GmbH, München
Printed in Germany
Umschlaggestaltung: DAS ILLUSTRAT GbR, München
Satz: Buch-Werkstatt GmbH, Bad Aibling
Druck und Bindung: GGP Media GmbH, Pößneck

ISBN 978-3-453-32328-5

www.heyne.de

INHALT

FARODIN

VON BERNHARD HENNEN

GEGENWART, IM WALD, NAHE DEM STEINKREIS VON WELRUUN

Farodin hielt ihre schlanken, weißen Hände. So kalt waren sie! Fast alles Blut war daraus gewichen. Aileen lächelte ihn tapfer an, aber er schaffte es nicht, ihr Lächeln zu erwidern. Stattdessen wandte er sich ab und legte all seinen Zorn und all seine Verzweiflung in einen Fluch: »Wo verdammt ist Emerelle? Hat sie uns im Stich gelassen?«

Niemand antwortete ihm. Abgesehen vom leisen Stöhnen der Verwundeten war es still auf dem Schlachtfeld. Es waren nur wenige Stimmen. Alle Trolle, die verletzt zurückgeblieben waren, hatten sie längst getötet, und kaum ein Elf hatte den Angriff überlebt. Stunden um Stunden hatten sie gefochten, obwohl sie von Anfang an wussten, dass es aussichtslos war. Sie waren viel zu wenige gewesen; zehn Trolle auf einen Elfen, vielleicht sogar mehr. Hünen, die einen Elfen um mehr als einen Schritt überragten und das Vierfache wogen. Tumbe Ungeheuer, die immer wieder anstürmten, ganz gleich wie viele von ihnen fielen. Der Steinkreis, den die kleine Elfenschar hatte halten sollen, war nicht zu verteidigen gewesen. Sie hatten in den angrenzenden Wald zurückweichen müssen, um den Trollen wenigstens den Weg zur Shalyn Falah zu verlegen, der Brücke, die ins Herzland führte. Dorthin, wo Burg Elfenlicht lag, der Königssitz Emerelles, der die Trolle die Krone Albenmarks entreißen wollten.

Im dichten Wald waren die Elfen im Vorteil gewesen. Ein wenig zumindest. Die Schlachtreihe der Trolle war aufgebrochen, und jeder hatte für sich allein gekämpft. War für sich allein gestorben. So viele Stunden lang. Nun wichen die gleißenden Lichtspeere, die den ganzen

Tag über durch das dichte Blätterdach auf die Kämpfenden und die Toten hinabgestoßen waren, der Dämmerung. Der Anblick des Grauens wurde gnädig vom Zwielicht verschluckt, aber der Gestank blieb. Der Geruch nach Eingeweiden, Blut, zerstampftem Laub, verbrannten Leibern. Sie hatten mit allen Mitteln gekämpft: mit Pfeilen, Schwertern und Magie, die nicht gegen lebendes Fleisch hätte gerichtet werden dürfen. Ja, sogar mit nackten Fäusten und Zähnen. Nie hatte Farodin ein solch verzweifeltes Gemetzel erlebt – und doch war zuletzt das Unvermeidliche geschehen. Das, was allen Verteidigern von Anfang an klar gewesen war und dem sie sich doch mit verzweifeltem Trotz entgegengestemmt hatten. Die Zahl der Trolle hatte über den Heldenmut der Elfen triumphiert. Ihre Stellung war einfach überrannt worden.

»Du ... blutest, Farodin.« Aileens Stimme war kaum mehr als ein Hauch.

»Das ist nichts«, wiegelte er ab. »Nur eine Schramme.«

»Wie bei mir.«

Er hatte ihren Humor immer geliebt, doch dieses Mal wollte ihm kein Lächeln gelingen. »Ja«, sagte er schlicht und vermied den Blick auf die klaffende Wunde in ihrem Unterleib. Das Leben rann ihr davon. Der Blutstrom war nur mehr ein schwaches Tröpfeln. Ihre Hand so kalt!

»Ich habe deine Hände immer gemocht, Farodin. Schon am ersten Tag.« Sie verschränkte ihre Finger mit den seinen. So nah ... Fast eins. Sie hatten einander geschworen, unzertrennlich zu sein. Und nun ging sie fort.

»Deine Hände«, hauchte sie. »So zart und doch voller Kraft. Deine schlanken Finger, die all meine Geheimnisse kennen.« Aileens Hand verkrampfte sich in der seinen, und ihre grünen Augen weiteten sich, als wolle sie den Tod allein mit der Kraft ihres Blickes bannen. Sie war so blass! Und immer noch wunderschön.

Farodin blinzelte gegen die Tränen an. Nur Emerelle, die Elfenkönigin, könnte Aileen jetzt noch retten. Er aber war machtlos. Ja, seine Hände waren kräftig, aber heilen konnten sie nicht. Sie hatten gelernt, Wunden zu schlagen und ...

Er schluckte, und kurz flackerte das Bild eines Gebirgsmassives vor seinem inneren Auge auf – das Bild der einsamen Täler der Mondberge, in denen er groß geworden war. Weit fort von den Kriegen um den Thron Albenmarks. Er hatte sich heraushalten wollen. Seine Familie gehörte nicht zu den Günstlingen Emerelles, sondern hütete das Land, das ihnen anvertraut war. Sie beschützten alle Albenkinder, die dort lebten. Selbst die zahllosen Kobolde, deren Launen so unerträglich waren, dass Farodin als Kind fast einmal einen von ihnen erschlagen hätte, weil sie ihm Ziegenpisse in den Milchbrei gerührt hatten. Sie beschützten auch die Faune, die sich in den dunklen Wäldern verbargen und am liebsten allein gelassen wurden, und die Minotauren, deren rasende Tanzfeste in Vollmondnächten Farodin als Kind geängstigt hatten. Seine Sippe bewahrte den Frieden in den Mondbergen. Sie waren Hüter, und sie machten ihre Sache besser als Emerelle – denn ihr war es nicht gelungen, den Frieden zu halten.

Nie hatte Farodin einer ihrer Henker werden wollen.

Bis er Aileen begegnet war.

Sie hatte ihn das Bluthandwerk gelehrt. Das Bluthandwerk und die Liebe. Sie war seine Meisterin im Schwertkampf gewesen. Nie hatte er ihr Können erreicht. Selbst Trolle hatten Aileen gefürchtet, jene Kriegerin, die auf dem Schlachtfeld so unerbittlich war und zugleich in schlaflosen Nächten Gedichte schrieb, die ihn zu Tränen rührten.

»Emerelle wird kommen«, flüsterte sie. »Sie hat es versprochen. Ich werde durchhalten – um deinetwillen. Wir müssen ...« Ein Krampf ließ sie verstummen, und ihre schwache Stimme wich einem hohen, pfeifenden Atemgeräusch. Doch ihre Augen hielten ihn weiterhin gefangen, erstickten seine Verzweiflung und sagten mehr als alle Worte.

Nie hatte er sich so hilflos gefühlt wie in diesem Augenblick. Er konnte nichts tun! Konnte nur die tiefer werdenden Schatten des Waldes betrachten und warten. Wo blieb die Königin, verflucht! Er wollte aufspringen, seine Verzweiflung hinausschreien und zum Waldrand laufen, um nach Emerelle Ausschau zu halten. Stattdessen saß er weiterhin einfach nur da und hielt Aileens Hand in der seinen. Bei ihr zu sein, ihren Kopf in seinem Schoß gebettet, das war alles, was er ihr jetzt noch geben konnte.

Gedankenverloren strich er durch ihr Haar; da erinnerte er sich an den Barinstein, den er wohlverwahrt in seiner Gürteltasche trug. Er holte ihn hervor. Der verwunschene Stein war kaum so groß wie das erste Glied seines Daumens. Warmes, honigfarbenes Licht strahlte von ihm aus und vertrieb die Schatten. Selbst Aileens Blässe wich in diesem Licht einer lebendigeren Farbe, und ihre Augen erlangten noch einmal ein wenig von der strahlenden Kraft, die sie früher einmal gehabt hatten.

Doch die Illusion wiedererstarkten Lebens währte nicht lange: Dunkles Blut sammelte sich auf ihren Lippen. Ein Tropfen rann aus ihrem Mundwinkel, ihr Kinn hinab. Fahrig tastete sie danach, betrachtete das Blut auf ihren Fingerspitzen, und die Hoffnung in ihrem Blick erstarb. Hätte er nur sein Leben für ihres geben können! So konnte, so durfte es nicht enden!

Sie sah zu ihm auf und lächelte schwach. »Erinnerst du dich noch an unseren ersten Tag?«, flüsterte sie.

Farodin nickte, stählte sich, verbannte mit aller Macht den Schmerz aus seiner Stimme. Wenn er nur für einen Herzschlag lang seine Fassung verlöre, würde er sie nicht mehr wiedererlangen, würde den Damm kein zweites Mal errichten können, der jetzt noch seinen wogenden Schmerz zurückhielt. »Natürlich erinnere ich mich. Wie sollte ich diesen Tag jemals vergessen?«

Sie drückte seine Hand. So schwach! »Erzähl mir von dem Tag. Ich möchte deine Stimme hören, wenn ich gehe.«

»Ich sage es dir ungern, aber ich glaube, in deinem Zustand wirst du nirgendwohin gehen.« Das hatte er von ihr gelernt, sich dem Schicksal mit trotzigem Humor zu stellen. Eigentlich entsprach es nicht seinem Wesen. Sie hatte so vieles in ihm geweckt. Nur mit ihr zusammen fühlte er sich als ein Ganzes.

Aileen lächelte schwach, die Augen fest auf ihn gerichtet. Als könne sie auch ihr Leben halten, solange sie nur seinen Blick gefangen hielt.

»Emerelle wird bald bei uns sein. Dann wird alles wieder gut. Die Macht des Albensteins vermag jede Wunde zu schließen.«

Er log. Niemand wusste, wo die Elfenkönigin kämpfte. Ja, man wusste nicht einmal, ob sie noch lebte.

»Bitte erzähl ...« Aileens Stimme war nur mehr ein Hauch über ihren Lippen. Blutleere Lippen, die einst in so wunderbarem, lebendigem Rot geschimmert hatten. So rot, als habe sie gerade frische Waldbeeren gegessen. Sie lächelte, und er versank in dem tiefen Grün ihrer Augen. Seine Erinnerung trug ihn fort von diesem Ort des Todes. Deutlich sah er ihn wieder vor sich, jenen Abend vor drei Jahren, der ihm Aileen geschenkt hatte.

»Der Herbst neigte sich schon dem Winter zu«, begann er, und die Worte fühlten sich an wie Asche. Tot, unfähig, den Zauber jenes Abends einzufangen. Stockend fuhr er fort: »Die Zeit, in der die Salme die Ströme hinaufziehen, um zu laichen, war fast vorüber. Ich stand fast bis zu den Hüften im eisigen Wasser ...«

»Du warst ... Du ...«

»Scht, meine Schöne – nicht!«

Sie lächelte.

Ja, er war nackt gewesen! Nur ein Idiot stellte sich zum Fischen angezogen in einen kalten Gebirgsbach, statt seine Kleider an einer trockenen Stelle zu verwahren. Und er war steif gewesen in jenem vergangenen Leben, verklemmt sogar. Sie aber hatte ihm beides genommen und ihm einen Hauch ihrer Ungezwungenheit geschenkt. Weshalb also unterbrach er sie jetzt? Warum war jene Scham zurückgekehrt? Und dann verstand er. Wenn sie starb, würde jene Ungezwungenheit, die ein Teil seines Lebens geworden war, mit ihr sterben. Er schluckte, rang darum, einen kühlen Kopf zu bewahren. Das war sein Kampf! Sie verlangte nach seinen Worten! Er musste es gut machen. Das war alles, was er tun konnte. Und genau das würde er auch, bis sie ...

»Bitte erzähl.« Er las die Worte mehr von ihren Lippen, als dass er sie hörte. »Sprich zu mir, sprich einfach weiter, ganz gleich, was ...«

Aileen verstummte.

Und in diesem Augenblick verstand er, dass sie aufgehört hatte zu kämpfen. Verstand, dass sie gehen würde. Aber das würde er nicht zulassen! Er würde nicht aufhören zu kämpfen. Niemals!

»Der Herbst neigte sich schon dem Winter zu«, begann er leise. »Und ich hatte den Auftrag, hundert Salme zu fangen ...«

DREI JAHRE ZUVOR IN DEN MONDBERGEN

Farodin stand nackt im Fluss und spürte die Blicke wie glühende Nadeln in seinem Rücken. Es waren keine feindseligen Blicke. Seine Familie, die Sippe des Askalel, war in den Mondbergen hoch angesehen. Er hatte nichts zu fürchten, obwohl er auf dem besten Weg war, dem Namen der Seinen Schande zu machen. Morgen früh schon hatte er, einem alten Vertrag zur Folge, hundert Salme bei der Koboldsippe vom Nachttann abzuliefern. Im Gegenzug stellten die Kobolde seiner Familie zwei Diener, die ihnen ein Jahr lang die lästigen Alltäglichkeiten abnahmen. Es gab viele solcher Familienbündnisse. So kamen die Elfen der Mondberge zu ihrer Dienerschaft, jenen zahllosen helfenden Händen, die in den Palästen seiner Sippe Böden schrubbten, Küchendienste erledigten, Ställe und Kloaken reinigten und die Gärten wässerten, kurz – all das taten, was wenig Geist, aber einige Ausdauer verlangte. Und Farodins Sippe gewährte ihren Dienern und deren Familien Schutz und andere Dienste. Vor Jahrhunderten schon waren sie von den Alben zu den Hütern ihrer Kinder berufen worden – all jenen Geschöpfen, denen es an Verstand oder Kraft fehlte, sich allein oder unter ihresgleichen gegen die Unbilden des Lebens zu wappnen. Für die Kobolde etwa war das Fangen der Salme ein gefährliches Unterfangen, denn sie waren kaum fünf Hand hoch, und etliche von ihnen waren in der Vergangenheit von den großen Fischen in tiefes Wasser gezerrt worden und jämmerlich ertrunken. Morgen früh jedoch würden die Kobolde ihre Salme in Empfang nehmen und über Birkenholzfeuern räuchern. So blieben die Fische haltbar, und niemand aus der

Sippe vom Nachttann würde den Winter über Hunger leiden. War die Sache mit den Salmen erst einmal erledigt, galt es einen Keiler zu jagen, der großen Flurschaden anrichtete. Und in fünf Tagen würde er einem großen Ratstreffen am Gamshaupt beiwohnen müssen, wo seine Sippe die Streitereien des kleinen Volkes schlichten würde.

Farodin hasste das endlose Gezänk der Kobolde um gestohlene Eier, verhexte Haustiere, Wiesenbrände und mutwillig herbeigeführte Steinschläge. Lieber streifte er durch die Wälder und lauschte den Geschichten, die die Natur zu erzählen hatte. Dem Wispern der Eichen, dem Keckern der Elstern, dem vielstimmigen Murmeln der Bergbäche. Wenn Farodin jagte, konnte er derart still verharren, dass die scheuen Waldvögel seinen Bogen für einen Ast hielten und die jungen Füchse um seine Stiefel tollten, als wäre er ein Baum. In seiner Sippe war es wohlbekannt, dass er die Streifzüge durch die Wälder philosophischen Streitgesprächen oder Abenden zum Klang der Harfe vorzog. Er war kein begabter Zauberweber, kein herausragender Fechter, kein Dichter, ja nicht einmal angenehme Gesellschaft, denn er war einsilbig, und wenn er sprach, dann war er oft so direkt, dass es schon fast beleidigend war. So vermisste man ihn nicht, wenn er manchmal wochenlang durch die Wälder streifte.

Farodin war nicht immer so gewesen. Als Kind hatte er die rauschenden Feste in den Palästen an den Südhängen der Mondberge geliebt. Die Musik, den Tanz, das ausgelassene Lachen. Das helle Klingen der Schwerter in den Fechtstunden und die Geschichten der Reisenden, die von den unheimlichen Albenpfaden berichteten, den tödlichen Wintern Carandamons oder dem legendären Fest der Lichter, wenn am fernen Waldmeer in der Dschungelstadt Vahan Calyd Emerelle, alle achtundzwanzig Jahre aufs Neue, zur Herrscherin Albenmarks gekürt wurde. Das Glück seiner Kindheit endete, als man hinter seinem Rücken über ihn zu tuscheln begann, er sich immer häufiger zurückzog und schließlich zum Eigenbrötler wurde. Erst Jahre später erfuhr er den Grund für das wachsende Misstrauen seiner Sippe: Sie befürchteten, Askalel, der Begründer seiner Familie, sei in ihm wiedergeboren worden. Einst war Askalel ein Held in den

Drachenkriegen gewesen – und ein Vertrauter Emerelles, als deren Herrschaft noch jung war. Aber er hatte auch eine dunkle Seite gehabt. Nur die Ältesten wussten darum, was genau damals geschehen war, aber es hieß, er sei jähzornig gewesen und habe jene unsichere Grenze überschritten, die den Krieger vom Mörder trennt.

Farodin lächelte grimmig. In seiner Sippe wimmelte es von schwatzhaften Dummköpfen. Er jedenfalls hatte nie das Blut von Albenkindern vergossen! Die Einzigen, die ihn zu fürchten hatten, waren Fische.

Der melancholische Ruf des Silberschweifs in den nahen Zedernwäldern schreckte ihn aus seinen Erinnerungen auf. Die Stunde der Dämmerung war nicht mehr fern. Ihm lief die Zeit davon, und diese Gafferin in seinem Rücken war immer noch dort. Sie störte ihn!

Eine Nymphe war es nicht, überlegte er. Und auch keine Dryade, Najade oder Oreade. Dafür war das spärlich bewachsene Tal mit dem schmalen Uferstreifen zu reizlos und karg. Kobolde hätten sich niemals so lange still verhalten, und Faune und Minotauren würden einen unbekleideten Elfen kaum eines Blickes würdigen. Ihr Interesse gälte allein den gefangenen Salmen am Ufer. Also musste der Beobachter ein Elf sein – eine Elfe, vermutete er –, auch wenn er sich nicht vorstellen konnte, wer sich in diese einsame Gegend verirrt hatte. Lag da nicht auch der Geruch eines Pferdes in der Luft? Der Wind stand ungünstig und ... Ach, verdammt! Er war hier, um Fische zu fangen. Was scherte es ihn, ob ihm jemand dabei zusah!

Ein Salm kämpfte sich gegen die Strömung den Fluss hinauf, ein riesiges Tier, mehr als einen Schritt lang. Der Fisch war sichtlich erschöpft, aber noch immer vorsichtig. Farodin verharrte und fixierte abwechselnd das sich nähernde Tier und seinen eigenen Schatten, der lang auf das Wasser fiel. Der Fisch würde den Schatten suchen – und den abgetrennten Fuß des Schwertreihers, den Farodin mit einer Seidenschnur um den Knöchel gebunden trug. Eine Drüse in diesem Vogelfuß sonderte einen Duftstoff ab, der Fische anlockte. Auch lange über den Tod des Reihers hinaus. Der Salm hatte Farodin nun fast erreicht, und obwohl die Strömung hier schwächer wurde, kostete es das

Tier viel Kraft, sich weiter flussaufwärts zu bewegen. Zum Ort seiner Geburt. Die meisten Salme starben dort. Farodin hatte dieses Verhalten nie verstanden. Warum schwammen sie zurück zu den klaren Bergseen, um zu laichen und zu sterben?

Aufmerksam betrachtete der Elf das Muster aus rostbraunen Flecken und die deutlich sichtbare Narbe auf dem Rücken des Salms. Dieser Fisch war ein Kämpfer.

Noch zwei Schritt.

Jetzt reichte der schwache Schwanzschlag kaum noch aus, ihn gegen die Strömung auf der Stelle zu halten.

Komm, dachte Farodin. *Komm her!*

Als der Salm mit ein paar plötzlich wieder kräftigen Schwanzschlägen die Schattenfläche auf dem Wasser durchquerte, stieß Farodin hinab. Pfeilschnell packte er den Fisch dicht vor der Schwanzflosse und riss ihn aus dem Wasser. Der Salm bäumte sich verzweifelt auf. Sein Leib schwang wild hin und her und schlug Farodin gegen die Brust, doch der Elf hielt ihn eisern gepackt. Mit weitem Schwung warf er ihn auf das Ufer. Dorthin, wo all die anderen Salme lagen. Erstickt, mit weit aufgerissenen Mäulern.

»Das war eindrucksvoll!«, erklang eine dunkle Frauenstimme. Ein Hauch von Spott lag darin, und Farodin drehte sich verärgert zu ihr um. Er hatte sich also nicht geirrt – es war eine Elfe. Breitbeinig stand sie im Schatten eines Felsens, die Arme vor der Brust verschränkt, das Lächeln selbstgefällig. Sie wusste, dass sie gut aussah. Ein Stück den Hang hinauf, am Waldrand, weidete ein Schimmel. Von seinem Sattel hing ein Schwert. Die fremde Elfe war eine Kriegerin – und sie wollte, dass er das wusste.

»Was gibt es hier zu sehen?«, fragte er ärgerlich.

»Eine Menge.« Sie lächelte und ließ ihren Blick von seinem Gesicht abwärts wandern und dann dort verweilen, wo es am unschicklichsten war. »Du bist schnell, geschickt und ausdauernd«, fuhr sie etwas sachlicher fort. »Ich streife umher und suche Männer wie dich.«

Er musterte sie. Zunächst überrascht, dann mit wachsendem Zorn. Sie log! Dieses Tal war viel zu abgelegen, um zufällig hierherzukommen.

Sie hatte nicht irgendwelche Männer gesucht, sie hatte *ihn* gesucht. »Ich stehe nicht zur Verfügung«, entgegnete er barsch.

»Unsere Königin braucht jeden Schwertkämpfer. Die Trolle haben sich erhoben, um sich Albenmark untertan zu machen. Ein großer Krieg steht bevor. Selbst ihr in den Mondbergen müsst davon gehört haben.«

Das war genug! Sie ignorierte seine Absage einfach! Diese arrogante, eingebildete Hofelfe. So wie sie stellte er sich Emerelle vor. Auch von der Königin hieß es, dass sie allein ihre eigene Meinung gelten ließ. Ohne die Elfe eines weiteren Blickes zu würdigen, watete Farodin ans Ufer, nahm einen Stein und versetzte dem Salm einen heftigen Schlag. Heftiger, als nötig gewesen wäre. Farodin atmete langsam aus. Sonst ließ er sich nicht so leicht in Rage versetzen. Ob er der Reiterin einfach sagen sollte, dass sie ihrer Wege ziehen könne? Nein, entschied er, das wäre zu unhöflich. Es genügte, dass er sich dazu hatte hinreißen lassen, seinen Ärger an einem Fisch auszulassen. Seine Sippe hatte die Gesetze der Gastfreundschaft stets hochgehalten. Und jeder Reisende in den Mondbergen durfte diese Gastfreundschaft beanspruchen – selbst so eingebildete Schnepfen wie diese Kriegerin! Also blickte er erneut zu ihr auf. »Ich habe keinen Streit mit Trollen.« Dass man seiner Stimme keinerlei Ärger anhörte, machte ihn stolz.

»Das mag sein«, entgegnete sie kühl. »Aber die Trolle werden auch hierherkommen. Und wenn sie dich treffen, werden sie nicht wissen, dass sie nicht im Streit mit dir liegen. Weißt du, was sie mit toten Elfen tun?«

Farodin wusste es sehr genau und schüttelte den Kopf über ihre billige Rhetorik. Damit mochte man vielleicht einen Kobold provozieren, aber nicht ihn! Für was hielt sie ihn, dass sie es auf diesem Wege versuchte? Für einen dümmlichen Hinterwäldler? Ja, die Trolle waren Leichenfresser. Aber was bedeutete das schon? Elfen wurden wiedergeboren. Wenn das Leben sie verließ, dann war ihr Körper ein Nichts. So unbedeutend wie die abgestreifte Haut einer Schlange. »Was schert es einen Toten, was mit der leiblichen Hülle geschieht, die er abgelegt hat?«

»Es schert die Lebenden, die dabei zusehen müssen. Es …« Sie verstummte, und mit Erstaunen bemerkte er, wie sie mit sich rang, um ihre Gefühle wieder unter Kontrolle zu bringen. Was sie wohl erlebt hatte? Er hatte sie nicht verletzen wollen. Mit einem Mal tat sie ihm leid. Sie wirkte nun verletzlich, fast wehrlos. Die Maske der kühlen Kriegerin war gefallen. Überraschend schnell … Oder sollte er das nur glauben, und sie versuchte, ihn nun auf subtilere Art für ihre Sache zu gewinnen? Aufmerksam taxierte er sie. Das lange, schwarze Haar fiel ihr in Locken in das schmale Gesicht, verdeckte halb ihre grünen Augen, nicht aber ihren Mund. Die Lippen waren von einem dunklen Rot, wie er es noch nie zuvor bei einer Elfe gesehen hatte. Sie war zweifelsohne hübsch.

»Und? Zufrieden? Liest du nur in meinem Gesicht, oder bildest du dir schon ein, einen Blick auf meine Seele werfen zu können?«

Er fühlte sich ertappt. »Was willst du von mir?«

»Ich habe einiges über dich gehört, Farodin. Und ja … Ich gestehe, ich bin nicht zufällig hier. Ich bin geschickt worden, um dich zu den Schwertern der Königin zu holen.«

»Ich bin kein Krieger«, sagte er kühl. Er konnte sich schon denken, was sie gehört hatte. Das Gefasel vom wiedergeborenen Askalel. »Für das Kämpfen …« Er machte mit Bedacht eine kurze Pause, um seinen nächsten Worten mehr Gewicht zu verleihen. »… und für das Morden habe ich kein Talent.«

Sie lachte, als habe er einen guten Scherz gemacht. »Du bist schnell, geschickt und hast offenbar Gefallen daran, dich zu widersetzen. Ich bin überzeugt, dass ich aus dir einen ausgezeichneten Schwertkämpfer machen könnte. Es heißt auch, dass du das Erbe Askalels in dir trägst. Er war ein Held …«

»Askalel«, sagte Farodin müde. Selbst hier in der Wildnis verfolgte sein Ahnherr ihn noch. Der Drachentöter! Unüberwindbar mit dem Schwert. Dutzende Duelle hatte er gefochten, so sagten jene, die ihn verehrten. *Ist ein Duell, dessen Sieger von Anfang an feststeht, ein Mord?*, fragten die anderen. Etliche der Elfen, die unter Askalels Klinge starben, waren Männer und Frauen, die mutig genug gewesen waren, die Entscheidungen der Königin in aller Öffentlichkeit infrage zu stellen. Soweit Farodin wusste, konnte niemals bewiesen werden, dass es einen Zusammenhang zwischen der Missgunst Emerelles und dem Tod in einem Duell mit Askalel gab.

Schlimmer noch waren die Gerüchte um den Selbstmord Melianders, des gelehrten Bruders der Königin, der mehr als jeder andere über die Geheimnisse der Zerbrochenen Welt und der Drachenkriege gewusst hatte. Es hieß, er habe nicht durch seine eigene Hand, sondern durch Askalels Schwert den Tod gefunden.

Mit alldem hatte er, Farodin, nichts zu schaffen! »Wenn du dich über mich erkundigt hast, dann musst du doch wissen, dass ich noch nie ein Duell ausgetragen habe. Ich bin nicht streitsüchtig und leider auch nicht selbstlos. Eigenbrötlerisch vielleicht …« Er blickte zu den toten Fischen. »Man könnte mich allenfalls den Schrecken der Salme nennen. Wie es aussieht, ist Heldentum nicht vererbbar. Ich bin nicht der, den du suchst. Und nun verzeih mir. Ich habe zu fischen.«

»Ich habe Emerelle versprochen, dich an ihren Hof zu bringen.«

Ihr beharrliches Auftreten ärgerte ihn zunehmend. »Man sollte nicht versprechen, was man nicht halten kann.«

»Und dass die Trolle Albenmark überrennen, interessiert dich nicht?«

Er seufzte. Wie oft würde er ihr noch erklären müssen, dass er nicht mitkommen würde? Wie unhöflich musste er werden, bis sie endlich begriff, dass sie ihn nicht gewinnen konnte? »Meine Welt ist klein. Sie umfasst nur ein paar Täler hier in den Mondbergen. Hier kannst du fragen, wen du willst – du wirst jedes Mal hören, dass meine Sippe und ich uns einmischen. Es ist uns durchaus nicht egal, was hier geschieht. Wir tragen Verantwortung. Dazu gehört auch, dass ich bis Sonnenuntergang noch dreizehn Salme aus dem Fluss hole. Aber in alles, was jenseits der Welt geschieht, die ich überblicken kann, mische ich mich nicht ein. Und ehrlich gesagt, ich glaube nicht, dass sich hier irgendetwas ändern wird, wenn ein Troll auf dem Thron in Burg Elfenlicht sitzt.«

Sie trat aus dem Schatten des Felsens. Ihr auffallend blasses Gesicht betonte ihre dunklen Lippen. »Ich schlage vor, wir spielen um dich.«

Farodin lachte laut auf. »Wie bitte?« Das war ja absurd! So etwas konnte sich nur ein Höfling ausdenken.

»Eine Wette. Du suchst dir etwas aus, worin du wirklich gut bist. Wie etwa, Fremde unhöflich zu behandeln. Ich muss dich darin übertreffen. Wenn ich gewinne, begleitest du mich zur Burg Elfenlicht. Dort kannst du gern der Königin ins Gesicht sagen, dass du ihr nicht dienen willst.«

Er starrte sie ungläubig an. Sie meinte es tatsächlich ernst! »Und wenn ich gewinne?«

»Dann reite ich davon und erzähle, ich hätte dich leider nicht finden können. Offensichtlich wünschst du dir das ja.«

»Das genügt mir nicht!« Obschon er äußerlich vollkommen ruhig blieb, tobte er innerlich über ihr arrogantes Auftreten. Nur weil nun auch sie sich in den Kopf gesetzt hatte, er sei der wiedergeborene Askalel, würde er sich bestimmt nicht dazu machen lassen. Er allein war Herr seines Schicksals! Und ihr Wetteinsatz – lächerlich! Was sah sie in ihm, außer Askalel? Einen Dummkopf, nur weil er die Einsamkeit der Wälder dem hohlen Spektakel bei Hofe vorzog?

Diese Lippen, in deren Winkeln der Spott tanzte! Gewiss hatte sie etliche Verehrer. *Also gut,* dachte er, *mal sehen, wie weit dein Hochmut dich trägt.* Und dann lächelte auch er. »Wenn ich gewinne, verlange ich einen leidenschaftlichen Kuss von dir.«

Ja, das hatte gesessen! Er sah deutlich, dass sie Mühe hatte, ihren Gleichmut zu wahren.

»Und? Wagst du immer noch eine Wette?«

Sie fand schnell zu ihrem überheblichen Lächeln zurück. Ärgerlich schnell. »Worin soll ich dich überbieten, Farodin?«

»Geh in den Fluss und fang einen Fisch auf dieselbe Art, wie ich es tue.«

Sie lachte. »Das hältst du für so außergewöhnlich, dass ich es dir nicht gleichtun könnte? Ehe du eine Wette auf meine Ungeschicklichkeit abschließt, solltest du etwas gesehen haben … Heb einen Kiesel auf und wirf ihn nach mir.«

Farodin griff nach einem Kiesel, wog ihn in der Hand und sah sie fragend an.

»Ich weiß, dass du nicht übel Lust hättest, ihn mir an den Kopf zu werfen. Warte, noch einen Augenblick.« Sie schloss die Augen. »Nun wirf!«

Das ging zu weit. Das konnte er nicht tun. Sie …

»Wirf den Stein!«

Er holte aus und legte nicht besonders viel Kraft in den Wurf.

Ihre Hand schnellte vor. Dicht vor ihrem Kopf fing sie den Stein im Flug. Mit geschlossenen Augen! Sie lachte triumphierend auf. »Willst du immer noch um einen Fisch wetten, Farodin?«

»Du bist eine Zauberweberin …«

»Und du bist von unübertrefflichem Scharfsinn!«

»Diese Aufgabe mit Zauberei zu lösen ist Betrug. Magie macht alles möglich. Es ist …«

»Ich sehe, du weißt auch nicht sehr viel über Zauberei. Also gut. Ich fange einen Fisch mit bloßer Hand und ohne magische Tricks. Wenn es mir gelingt, kommst du mit mir.«

Farodin musterte sie erneut. Sie war so verdammt selbstsicher. Sie tat, als wisse sie alles über ihn – und er, er wusste nichts über sie. War sie berühmt? Oder einfach nur eine Aufschneiderin? »Wie heißt du?«

»Aileen.«

Farodin schluckte. Er hatte tatsächlich schon von ihr gehört. Die berühmte Zauberweberin Aileen … Mit wachsender Irritation blickte er zu dem Schwert, das vom Sattel ihres Pferdes hing. Dass sie auch eine Kriegerin war, hatte er nicht gewusst. Ob sie am Ende log?

»Keine Zauberei?«, hakte er nach.

»Mein Wort!«

»Hast du schon einmal Salme gefangen?«

»Nein.«

Diese Närrin. Ob sie glaubte, ihm beim Fischen zuzusehen reichte aus, um selbst eine Fischerin zu werden? Er verbeugte sich auf übertriebene Art, um sein siegessicheres Lächeln zu verbergen. »Wohlan denn, schöne Fremde, zeig mir deine Kunstfertigkeit.«

»Solltest du darauf spekuliert haben, dass auch ich meine Gewänder ablege, um einen Fisch zu fangen, muss ich dich enttäuschen.«

»Wie kommst du darauf, dass ich dich nackt sehen möchte?«

Sie ging an ihm vorüber und bedachte ihn mit einem spöttischen Blick. »Etwas daran, wie du mich angezogen anschaust, verrät es mir.«

Arrogante Ziege, dachte er, verbiss sich aber jeden Kommentar. Sollte sie sich doch das Leder ihrer Stiefel ruinieren! Ein wenig unsicher sah er an sich herab, ob es noch anderes als seine Blicke gab, das sie zu ihrer selbstsicheren Behauptung gebracht haben mochte. Erleichtert sah er, dass dem nicht so war. Während er mit ihr gestritten hatte, hatte er ganz vergessen, dass er nackt war. Jetzt spürte er, wie ihm das Blut in die Wangen stieg, und dieser Umstand irritierte ihn. Ebenso sehr wie die Tatsache, dass ihm plötzlich der Gedanke kam, ob diese fremde Elfe seinen Körper hager oder auf andere Art unansehnlich gefunden haben könnte. Schließlich hatte sie ihm die meiste Zeit über geradewegs in die Augen gesehen. Die Jahre in den Wäldern hatten alles Fett von seinem Körper geschmolzen – er war gestählt, aber nicht übermäßig muskulös. Irritiert über seinen plötzlichen Anflug von Eitelkeit schüttelte er den Kopf und beschloss, dass es das Beste wäre, dafür zu sorgen, dass Aileen schnellstmöglich wieder verschwand. Ein zauberndes, arrogantes Hofelfchen war das Letzte, was er in seinem Leben gebrauchen konnte.

Aileen war derweil bis in die Mitte des Flusses gewatet. Sie bewegte sich geschickt auf den schlüpfrigen Kieseln. Dann verharrte sie wie versteinert. Sie hatte Geduld, dass musste er ihr lassen.

Nicht mehr viele Fische kamen den Fluss hinauf. Farodin hatte kein Glück; die Salme schienen ihn zu meiden, und es dauerte auch fast eine halbe Stunde, bis einer nahe genug an Aileen vorbeischwamm. Schnell wie ein Reiher auf der Jagd stieß sie hinab und hob den großen Salm aus dem Wasser. Der Fisch bäumte sich auf, wand sich, schlug mit dem Schwanz, und einer der Hiebe traf Aileen ins Gesicht. Sie taumelte zurück, glitt auf den Kieseln aus und stürzte rücklings ins Flussbett.

So schnell kommst du von deinem hohen Ross herunter, dachte er voller Genugtuung.

Sie nahm ihren Sturz überraschend leicht. Als sie sich wieder aufrappelte, lachte sie sogar. Der Salm war verschwunden, und ihre kostbaren Kleider hingen nass an ihr hinab. Ihre elegante Erscheinung hatte arg gelitten, das Haar hing ihr in tropfnassen Strähnen ins Gesicht, und dennoch war sie bester Laune. »Gewonnen!«, rief sie. »Ich habe einen gefangen. Ganz ohne Magie!«

Er erwartete sie mit versteinerter Miene am Ufer.

»Nimm es nicht so schwer.« Sie lächelte. »Ich verliere sehr selten.«

Durchnässt, aber triumphierend sah sie hinreißend aus. Plötzlich konnte er sich vorstellen, einen Abend am Lagerfeuer mit ihr zu verbringen. Natürlich nur, weil sie ihre Kleider trocknen musste. So konnte er sie schließlich nicht reiten lassen, triefnass und als Verliererin. Voller Vorfreude dachte er an das, was nun kommen würde. Würde sie Haltung bewahren? Oder ihn beschimpfen? Die Freude über ihren vermeintlichen Sieg hatte nun lange genug gedauert.

»Du hörst nicht sonderlich gut zu«, bemerkte er schmunzelnd. »Erinnerst du dich daran, was ich gesagt hatte? *Geh in den Fluss und fang einen Fisch auf dieselbe Art, wie ich es tue.*« Er deutete auf all die toten Salme am Ufer. »Dir mangelt es an Ernsthaftigkeit. Einen Fisch in der Hand zu halten heißt nicht, ihn gefangen zu haben. Gefangen hast du ihn, wenn er tot am Ufer liegt.«

Sie strich sich das nasse Haar aus der Stirn. Dabei wirkte sie erstaunlich gelassen. »Du bist also ein schlechter Verlierer.«

»Ich habe nicht verloren«, entgegnete er mit herablassender Milde.

»Dann hast du die Regeln schlecht erklärt.«

»Ist es so schwer zu akzeptieren, dass du schlecht zugehört hast?«

Dieses Funkeln in ihren Augen. Ja, sie war auch eine Kriegerin, und jetzt, das wusste er, würde sie am liebsten auf ihn losgehen. Sie war es offensichtlich nicht gewohnt zu verlieren. Er lächelte. »Wir können es ja noch einmal versuchen. Ganz einfache, klare Regeln diesmal. Wir beide gehen in den Fluss. Wir beide stehen ganz still. Und derjenige, zu dem zuerst ein Salm kommt, hat gewonnen.«

Sie maß ihn abschätzend mit Blicken. Ganz offensichtlich traute sie ihm nicht mehr. »Was hast du da um deinen Knöchel gebunden?«

Kannte sie die Bedeutung einer Schwertreiherkralle? Er war nicht gerade ein erfahrener Betrüger, aber die Aussicht, sie noch einmal als triefnasse Verliererin vor sich zu sehen, gefiel ihm. Wenn ihre Arroganz erst einmal gebrochen wäre, würde er ein sehr zuvorkommender und höflicher Gastgeber sein.

»Das ist nur ein Glücksbringer!«, log er und lächelte.

»Du bist abergläubisch?« Sie runzelte ungläubig die Stirn. »Und das hilft? Diese ... Das ist eine Vogelkralle, nicht wahr?«

»Ja, ja. Daran zu glauben hilft.« Farodin senkte den Blick und befürchtete, dass sie dem Spiel nun ein Ende setzen würde. Sicherlich merkte sie, dass etwas nicht stimmte.

Doch nichts dergleichen. Stattdessen nickte sie ernst. »Gibt es noch irgendwelche Doppeldeutigkeiten bei der neuen Wette?«

Überrascht schüttelte er den Kopf. »Nein.« Konnte es wirklich sein, dass sie jemandem, den sie für den wiedergeborenen Askalel hielt, blindlings vertraute? Oder plante auch sie, ihn zu hintergehen, und er war zu dumm, um zu durchschauen, auf welche Art sie es tun würde?

Sie lächelte ihn siegessicher an. »Dann gehen wir.«

Farodin zuckte mit den Schultern, folgte ihr ins Wasser und betrachtete nicht ohne Gefallen ihre schlanken Beine, die sich nun durch den nassen Stoff ihrer Hose abzeichneten. Sein Blick wanderte höher, doch dann wandte er sich abrupt ab und sah auf den Fluss hinaus, der im letzten Abendlicht wie ein breites Band aus Gold schimmerte. Sie war so anders als die Frauen, die er bisher getroffen hatte. So selbstbewusst und zugleich so ... leichtgläubig? Nein, das war das falsche Wort. Sie vertraute ihm, ohne ihn zu kennen.

Plötzlich schämte er sich für den Betrug, den er plante. Sein Blick wanderte zu der Reiherkralle. Er würde gewinnen. Wenn sie die Wette ehrlich anging, konnte sie nicht siegen.

Ein Salm kam den Strom hinauf, den aufgewölbten, hellen Bauch voller Eier. Farodin versuchte, den Fisch nicht anzuschauen. Manchmal genügte ein Blick, um sie scheu zu machen. Sie spürten das irgendwie. Stattdessen beobachtete er Aileen aus den Augenwinkeln. Sie stand ruhig. Konzentriert. Starrte auf das Salmweibchen. Und dann sah er es: Der Fisch schwamm auf sie zu! Hatte Aileen einen Bann gesprochen? Anders war das nicht zu erklären. Aber dann änderte der Salm die Richtung, hielt nun auf Farodin zu, schwamm dicht an seinem linken Bein vorbei, machte eine enge Kehre und kam zurück.

»Das war eindeutig«, sagte Aileen. Mit hängenden Schultern ging sie zurück zum Ufer.

Farodin folgte ihr und war erstaunt, wie wenig sie es verstand, ihre Enttäuschung zu verbergen. Er hingegen war sehr gut darin, andere nicht merken zu lassen, was er fühlte. Was in ihm vorging, war nichts, das er teilen wollte.

Aileen blieb stehen, und als er sie fast erreicht hatte, wandte sie sich um. Sie wirkte steif. »Du kannst jetzt deinen Siegerpreis einfordern.«

»Ich ...« Sich jetzt zu offenbaren war dumm, das wusste er nur allzu gut. Aber er konnte sie nicht betrügen, konnte nicht einen Preis einfordern, der ihm nicht zustand. »Ich ... Also ... Ich hatte einen Glücksbringer. Das war kein ehrlicher Sieg.«

Sie legte den Kopf schief und musterte ihn nachdenklich. Solche Betrügereien waren sonst nicht seine Art, aber sie hatte ihn provoziert, und diese kleine Rache hatte ihm gefallen. Was sie jetzt wohl dachte?

»Ich gehe heute jedenfalls nicht noch einmal ins Wasser«, sagte sie und lächelte vieldeutig. »Wir lösen das jetzt anders.« Aileen nahm ein Medaillon von ihrem Hals, ein flaches Goldstück mit einem geprägten Drachenkopf auf der einen und einer Blüte auf der anderen Seite. »Was wählst du?«

»Den Lotus.«

Sie sah ihn überrascht an. »Du kennst diese Blume? In den Mondbergen kann man sie nirgends finden.«

Als Kind hatte er sich oft in die Bibliothek im Palast seiner Familie zurückgezogen und stundenlang in den reich illustrierten Bänden geblättert. Sein Kopf war vollgestopft mit allem erdenklichen Wissen über Blumen, exotische Tiere, Stammestätowierungen von Kobolden und Trollen. Tausend Dinge, für die er wohl nie eine Verwendung haben würde und die sich doch tief in seiner Erinnerung festgesetzt hatten. Sie aber hielt ihn offenbar für einen Tölpel.

Aileen nahm ihr Medaillon von der Kette, warf es hoch, fing es geschickt wieder auf und legte es, von der Rechten verdeckt auf ihren linken Handrücken. »Du bleibst beim Lotus?«

Farodin nickte.

Aileen zog ihre Hand fort, und er blickte auf die goldene Blüte.

»Du hast heute wirklich Glück.«

Sie beugte sich zu ihm vor, aber er wich ihr aus. »Ich ...«

»Gefalle ich dir nicht?«

Niedergeschlagen schüttelte er den Kopf und wandte den Blick von ihr ab. »Ich ... Ich habe dich doch betrogen«, flüsterte er. »Dieser Vogelfuß ...«

Sie lachte leise. »Du bist kein sehr geübter Betrüger. Warum hast du dir den Kuss nicht geholt?«

»Ich ... Weil ... Du solltest etwas wissen. Der Reiherfuß ...« Er räusperte sich verlegen. »Du hättest vorhin gewonnen. Der Salm wollte zu dir kommen. Nur weil ich dich hintergangen habe, kam es dazu, dass du das Medaillon geworfen hast. Es wäre unanständig, wenn ich jetzt den Preis einfordern würde. Ich ... So bin ich nicht.«

»Wie bist du nicht? Unanständig?« Aileen lachte laut auf. »Du bist wirklich ungewöhnlich. Wenn es dein Gewissen entlastet: Ich habe dich auch betrogen.«

Verblüfft musterte er sie. »Was? Aber ... Wie?«

»Du solltest dich jetzt sehen. Du bist einfach entwaffnend. Hier!« Aileen drückte ihm ihr Medaillon in die Hand. »Wirf es in die Luft, fang es auf, und es wird einen Drachenkopf zeigen.«

»Es ist verwunschen?«

»Genau. Es liegt immer die Seite oben, an die ich gerade denke.«

»Dann hast du ja absichtlich verloren!«

»Hat man verloren, wenn das geschieht, was man sich wünscht?« Sie lächelte. »Es wäre also nicht sehr ehrenhaft, wenn du mir nicht erlauben würdest, meine Wettschulden einzulösen. Zumal du es warst, der diesen Einsatz bestimmt hat.«

Und dann beugte sie sich vor und küsste ihn. Er verstand nicht, warum sie so handelte, aber er leistete keinen Widerstand. Ihr Kuss raubte ihm den Atem. Als ihre Lippen sich trennten, fühlte er sich benommen. Es war nicht sein erster Kuss gewesen, aber es hatte sich noch nie so angefühlt. Schnell schob er den Gedanken fort. Man erzählte sich schließlich allerlei über den Hof der Elfenkönigin. Angeblich herrschten dort recht lockere Umgangsformen. Farodin räusperte sich. »Ich sollte ein Feuer machen. Du holst dir noch den Tod in deinen nassen Kleidern.«

»Du hast recht. Ich sollte sie ablegen.«

»So habe ich das nicht gemeint. Ich meine … Ich …« Er verstummte und musterte sie. Wieso stammelte er ständig, wenn er mit ihr sprach? Und warum entschuldigte er sich andauernd bei ihr?

»Findest du es anstößig, wenn ich mich ausziehe? Du bist doch auch nackt.«

»Aber ich war fischen.«

Sie lachte. »Ich war auch fischen. Also muss dich das nicht beunruhigen.«

Ihr machte es also Spaß, ihn zu überrumpeln. Er wusste nicht, was er davon halten sollte. »Also ich … ich geh dann mal Holz sammeln«, sagte er. Und genau das tat er auch.

Als er zurückkehrte, hatte sie ihr Pferd abgesattelt und trockene Kleider angelegt. Er war erleichtert und zugleich ein wenig enttäuscht.

»Ich werde Feuer machen, während du dich anziehst«, verkündete sie, und er nickte. Als er zu dem Felsen am Ufer ging, auf dem seine Sachen lagen, wurde ihm bewusst, dass er seit einer ganzen Weile stets genau das tat, was sie wollte. Das gefiel ihm nicht. Seit sie erschienen war, war sein Leben durcheinandergeraten. Weder hatte er genügend Fische gefangen noch die toten Salme ausgenommen. Er würde seiner Sippe Schande bereiten, wenn er das Abkommen mit den Kobolden nicht erfüllte. Er sollte jetzt zurückgehen und ihr erklären, dass er noch jede Menge zu tun hatte. Das würde, das musste sie verstehen. Aileen hatte bereits ein Feuer entzündet und wirkte, wie er verwundert feststellte, bedrückt. Ganz anders als eben. Auf einmal wusste er nicht mehr, wie er ihr sagen sollte, dass er jetzt gehen würde.

»Bringt dein Vogelfuß auch Glück oder lockt er einfach nur Fische an?«

»Hm ... mit Vogelfüßen ist das so eine Sache. Ich kenne Kobolde, die der festen Überzeugung sind, dass man einen sehr mächtigen Talisman gewinnt, wenn man einen schneeweißen Flusskiesel in eine vertrocknete Rabenkralle klemmt. Andere halten Füße von in einem vom Blitzschlag getroffenen Baum ausgebrüteten Lerchen für Glücksbringer. Vor allem, wenn man sie noch mit Silberdraht umwickelt.« Er verstummte, beobachtete, wie sie am Feuer saß, die schmalen Schultern hochgezogen, den Kopf gesenkt.

»Ich habe heute auf eine Art gelacht wie schon lange nicht mehr«, sagte sie leise.

Ihre melancholische Stimmung berührte ihn, und er verwarf die Worte, die er sich zurechtgelegt hatte. Sie so am Feuer sitzen zu lassen wäre kaltherzig. Auf der anderen Seite: Worüber sprach man mit einer Elfe, die am Hof der Königin verkehrte? Er war in derlei Konversation nicht geübt.

»Ich dachte, bei Hof gäbe es jeden Tag ein Fest, und alles wäre ganz wunderbar«, versuchte er es.

Sie hob abrupt den Kopf, und in ihren Augen funkelte Zorn. Ob sie dachte, dass er sie verspotten wollte? »Das glaubst du wirklich, nicht wahr?« Ihr Blick veränderte sich. Der Zorn wich einer tiefen Traurigkeit.

»Habe ich etwas Falsches gesagt?«

»Die Zeit der Feste ist vorüber, seit vielen Monden schon. Selbst hier in der Wildnis solltet ihr gehört haben, was die Trolle mit den Elfenfürsten von Vahlemer getan haben. Meine Eltern waren dort. Meine Mutter ...« Sie drehte den dünnen, goldenen Ring an ihrem linken Mittelfinger. Drei Granate waren darin eingelassen, dunkel wie Blutstropfen. »Wir konnten sie nur noch an ihrem Ring wiedererkennen. Ich ...« Ihre Stimme erstarb.

»Das tut mir leid«, murmelte er. Er wollte sie trösten, wagte aber nicht, sie zu berühren. Was, wenn sie es als Annäherungsversuch missverstand?

Aber Aileen schien seine Gegenwart für den Augenblick ganz vergessen zu haben und starrte stumm in die Flammen. Wenn ihm die Worte doch nur leichter von den Lippen gingen und er irgendetwas sagen könnte, das sie zum Lachen bringen würde! Er zermarterte sich das Hirn, doch ihm fielen nur hohle Floskeln ein. Schließlich band er den Schwertreiherfuß von seinem Knöchel und hielt ihn ihr wortlos hin.

Sie hob den Blick. »Ein Geschenk?«

»Eine Erinnerung an den Tag, an dem dich ein Salm geohrfeigt und umgeworfen hat.«

Sie grinste, stand auf, nahm den Vogelfuß und betrachtete ihn von allen Seiten, ehe sie die Seidenschnur an ihren Gürtel knotete. Der verdorrte Fuß wirkte seltsam deplatziert an dem kostbaren, mit Gold beschlagenen Schwertgehänge und wollte auch nicht zu dem reich bestickten Gewand, den Stiefeln aus geprägtem Leder oder dem fein ziselierten goldenen Armreif an ihrer Rechten passen. Kurz betrachtete sie ihren neuen Talisman, dann streifte sie den Ring ab, den sie eben noch so kummervoll betrachtet hatte. »Für dich.«

Farodin schüttelte den Kopf. »Das kann ich nicht annehmen.«

»Sieh es einmal anders. Ich tausche eine gute Erinnerung gegen eine schlechte. Ich kann den Ring nicht mehr betrachten, ohne an den Leichnam meiner Mutter zu denken. Für dich aber ist er nicht mit Blut befleckt. Du kannst ihn ansehen, schmunzeln und an die Närrin denken, die sich von einem Fisch ohrfeigen ließ.«

»Ich ...« Wieder einmal verstummte er. Sie aber nahm seine Hand, legte den Ring hinein, schloss seine Finger darum und hielt seine Faust fest umschlungen. Ihre Hände waren angenehm warm. »Ich bin froh, hierhergekommen zu sein. Froh, den Frieden hier in den Bergen gefühlt zu haben. Froh, dich getroffen zu haben, Farodin.«

»Ich bin froh, dass die Königin dich als Boten geschickt hat und nicht irgendeinen Kerl, der nichts vom Fischen versteht.«

Sie lächelte. »Ja, eine glückliche Fügung. Üblicherweise verrichte ich keine Botendienste. Es ist das erste Mal, dass ich ... Sie bestand darauf, dass ich nach dir suchen soll. Ich glaube, sie wollte, dass ich nicht immerzu an das Massaker in Vahlemer denke. An die Schrecken und …« Sie schüttelte den Kopf. »Emerelle glaubt, dass du einmal ein sehr bedeutender Krieger sein wirst. Ein Elf, dessen Name die Trolle mit Furcht erfüllt.«

Farodin schüttelte den Kopf. »Falls die Königin wirklich der Ansicht ist, dass in mir mein Ahne Askalel wiedergeboren wurde, irrt sie sich.« Wusste auch Aileen um die weniger heldenhaften Geschichten, die man sich über Askalel erzählte? Falls nicht, war es besser, wenn sie sie aus seinem Munde erfuhr. »Mein Ahne hatte eine dunkle Seite. Einige seiner Taten waren nicht … sehr ritterlich. Ich bin anders – und noch nicht einmal ein Ritter.«

»Zum Ritter wird man nicht geboren, Farodin. Ein Ritter wird man durch seine Taten.«

»Aber man sollte doch zumindest mit dem Schwert umgehen können«, wandte er verlegen ein.

Sie schüttelte den Kopf und legte ihre Hand auf seine Brust. Dorthin, wo sein Herz schlug. »Allein hier entscheidet sich, ob du ein Ritter bist. Alles andere kann man lernen.«

Ihre Berührung wühlte ihn auf, verwirrte ihn, und er wich einen Schritt vor ihr zurück. Er brauchte etwas mehr Abstand. Sein Rückzug schien sie zu verletzen. Sie setzte sich und blickte wortlos ins Feuer.

Zweifel überkamen Farodin. Wenn Emerelle sich sicher war, dass er ein bedeutender Krieger werden würde, war er dann vielleicht doch der wiedergeborene Askalel? Hatte seine Sippe immer schon recht gehabt? Gab es einen Beweis für die Wiedergeburt der Seele des Schlächters, den man ihm verheimlicht hatte? Hatte seine Familie ihn hintergangen und manipuliert? Ihm war bewusst, wie leicht es war, seinen Trotz anzustacheln. War es am Ende nicht wirklich seine eigene Entscheidung gewesen, sich in die Wälder zurückzuziehen, sondern war es seine Sippe gewesen, die ihn Zug um Zug dazu gebracht hatte, diesen Weg zu wählen? Als ein mürrischer Einzelgänger in der Wildnis wäre ein Elf mit dem Charakter Askalels ungefährlich. Betrachtete er seine Vergangenheit aus diesem neuen Blickwinkel, fügte sich Stein um Stein zu einem neuen Mosaikbild seiner selbst zusammen. In seinem siebten Sommer hatte seine Mutter begonnen, ihn in die Geheimnisse des Zauberwebens einzuweihen. Deutlich, als sei es erst gestern gewesen, erinnerte er sich an den Rosenpavillon, in dem sie ihn unterrichtet hatte. Den mit weißem Kies bestreuten Weg dorthin. Farodin schluckte. Er war damals voller Eifer gewesen. Hatte an den Lippen seiner Mutter gehangen und so leidenschaftlich versucht, alles richtig zu machen. Dann aber ereignete sich der Unfall. Am zweiten oder dritten Nachmittag schon. Berlios, ein kleiner, weißer Welpe mit schwarzen Hängeohren und großen blauen Augen, war bei ihnen gewesen. Träge von der Sommerhitze hatte er auf dem Kies gelegen und gedöst. Farodin hatte damals versucht, ein Wort der Macht zu erlernen. Jenen Zauber, der es einem erlaubte, zu sehen, wie alles von Magie durchdrungen war und miteinander in Verbindung stand. Es war ihm schwergefallen, jene alten Worte auszusprechen. Sie waren nicht für Elfenzungen erschaffen und stammten angeblich aus der Zeit der Drachenherrscher. Immer und immer wieder hatte Farodin es versucht, hatte die Kraft all seiner Gedanken auf dieses eine vertrackte Wort gerichtet, bis Berlios plötzlich einen misstönenden Laut ausstieß. Nie würde Farodin den Anblick des kleinen Hundes auf dem Kies vergessen. Sein Innerstes hatte sich nach außen gewendet. Überall auf dem Kiesweg, den Rosen und auch auf den Gewändern seiner Mutter war helles Blut gewesen.

Natürlich hatte Farodin den Fehler bei sich gesucht. Er wusste, dass das Zauberweben gefährlich war. Viele Jahre hatte er es danach nicht mehr versucht. Und als er schließlich doch noch einige wenige Zauber erlernte, fehlte ihm jegliche Begeisterung. Nun aber fragte Farodin sich zum ersten Mal, ob es seine Mutter gewesen sein mochte, die Berlios auf so schreckliche Weise getötet hatte, damit das Interesse ihres Sohnes an der Magie versiegte. So vieles in seiner Vergangenheit bekam mit einem Mal einen neuen Sinn! Nie hatte jemand aus der Sippe einen ernsthaften Versuch unternommen, ihm das Schwertkämpfen beizubringen. Stattdessen hatte er Bogenschießen gelernt. Er war ein guter Jäger und Fischer und ein passabler Reiter. Eine Tante hatte gar einen ganzen Winter lang versucht, ihm die Dichtkunst nahezubringen, und schließlich behauptet, er habe Talent. Dennoch hatte er nie etwas zu Papier gebracht, das ihm gut genug erschienen war, um es vor den Gästen der Familie laut vorzulesen. Alles Spiegelfechterei. Lug und Trug, erdacht mit dem Hintergedanken, ihn vor seinem dunklen Erbe zu bewahren. Ja, dachte er jetzt, seine Familie hatte alles unternommen, um zu verhindern, dass der wiedergeborene Askalel noch einmal ein bedeutender Krieger werden würde. Dass er *selbst* je ein bedeutender Krieger werden würde.

»Aileen, bist du eine gute Schwertkämpferin?«, fragte er sie aufgewühlt.

»Ich habe mehrere Begegnungen mit Trollen überlebt.«

»Und du hattest einen guten Lehrer, nehme ich an.«

»Den besten. Den Schwertmeister der Königin.«

Farodin nickte geistesabwesend. Warum hatte seine Familie das alles getan? Trotz seiner dunklen Seiten war Askalel auch ein Held gewesen. Warum wollten sie ihm, Farodin, versagen, Askalels Erbe anzutreten? Er wäre doch nicht der Sklave seines Vorfahren. Er könnte es doch besser, könnte es anders machen. Es war doch nicht allein die wiedergeborene Seele seines Ahnen, die sein Schicksal bestimmte. Es lag doch auch in seiner Hand! Er würde sich nicht länger in den Wäldern verstecken. Er würde endlich beginnen, seinen eigenen Weg zu gehen. Farodins Weg!

Er malte sich aus, wie er in einigen Jahren als berühmter Held zu seiner Sippe zurückkehrte, den Ältesten ins Gesicht lachte und ihnen sagte: Nichts ist vorherbestimmt. Jeder ist selbst seines Glückes Schmied.

Entschlossen blickte er zu Aileen. Das Licht des Lagerfeuers ließ geheimnisvolle Schatten über ihr Antlitz tanzen. Sie war schön. Wahrlich schön. »Ich werde mit dir kommen, aber ich muss noch eine letzte Schuld begleichen. Das musst du verstehen. Die Salme ziehen auch bei Nacht den Fluss hinauf und deshalb ...«

Der Anflug eines Lächelns umspielte ihre Lippen. »Das muss die dunkle Seite Askalels in dir sein. Kaum sitze ich in meinen letzten trockenen Kleidern am Feuer, schlägst du mir vor, noch einmal mit dir ins eiskalte Wasser zu steigen.«

Verwundert sah er sie an. Er hatte sie doch um gar nichts gebeten! Niemals hätte er erwartet, dass sie noch einmal in den Fluss stieg. In ihren Augen blitzte der Schalk. »Wäre es möglich, dass du nun doch nicht abgeneigt wärest, wenn ich meine Kleider ablegen würde? Zum Beispiel, um so zu fischen, wie du es tust?«

»Bei den Alben, nein! Ich muss mich entschuldigen. Ich …« Jetzt stammelte er schon wieder! Wie konnte sie seine Worte so missverstehen?

Sie lachte, ein herzliches, offenes Lachen. »Du musst dich für gar nichts entschuldigen. Ich komme mit dir.«

Sie nahm ihn bei der Hand, und gemeinsam gingen sie zum Wasser hinab.

GEGENWART, IM WALD NAHE DEM STEINKREIS VON WELRUUN

»… diesen Augenblick werde ich nie vergessen«, flüsterte Farodin und strich Aileen zärtlich durch das dunkle Haar. »Nie werde ich vergessen, wie du im Mondschein in den Stromschnellen standest. Eine Nymphe. So zart wie ein Traum aus Gischt und Mondlicht, der unter der zartesten Berührung … vergehen muss … «

»Sie hört dich nicht mehr, Farodin. Sie ist tot.«

Die Worte trafen ihn wie ein Dolch aus Eis, und er umklammerte Aileens Hand nur umso fester. »Es war in jener Nacht, dass du mich lehrtest, wie Blicke Zauber weben, die stärker sind als jeder Bannspruch.«

»Sie ist von uns gegangen, Farodin.« Eine Hand legte sich sanft auf seine Schulter. Er schrak zusammen und fuhr herum. Wer wagte es, sie zu stören? Wer …

Hinter ihm stand Emerelle, die Königin der Elfen, das Gesicht fahl vor Gram. Dunkle Ringe lagen unter ihren Augen, das Kettenhemd und der weite Rock waren zerrissen. Blutspritzer funkelten zwischen den Opalen auf ihren Armreifen.

»Wir haben gesiegt, Farodin«, sagte sie, »und einen hohen Preis dafür gezahlt.«

Aileens Hand noch immer umschlungen haltend, folgte er dem Blick der Königin. Im goldenen Licht des Barinsteins konnte er nur ein kleines Stück des Waldes ringsherum erkennen. Der Boden war zerstampft. Überall lagen Tote. So viele! Aileen war nun eine von ihnen geworden. Sie hatte nur fünf Schritt von ihm entfernt gestanden, als die mächtige Steinaxt des Trolls sie traf.

Die Erinnerung an diesen Augenblick schnürte ihm die Kehle zu. Die Steinaxt hatte ihr Kettenhemd durchtrennt wie dünne Seide, und die Wucht des Treffers hatte sie nach hinten geschleudert. Niemals würde er dieses Ungeheuer von einem Troll vergessen, das sie niedergestreckt und dann seine Axt über den Kopf gehoben und einen Triumphschrei ausgestoßen hatte. Ein Hüne, selbst unter den Trollen. Mehr als dreieinhalb Schritt hoch; die Brust mit wulstigen Schmucknarben bedeckt, die einen stilisierten Wolfskopf zeigten. Blind vor Wut hatte Farodin versucht, sich zu dem Troll durchzukämpfen, aber dann war auch er getroffen worden und bewusstlos zu Boden gegangen. Wahrscheinlich lebte er nur deshalb noch.

Warum? Warum lebte er, und warum war sie gestorben?

Seine Gedanken überschlugen sich. Am Morgen hatte sie den Reiherfuß nicht gefunden. All die Jahre hatte Aileen den Talisman immer an ihrem Gürtel getragen, und ausgerechnet heute war er unauffindbar gewesen!

Sie hatte es leicht genommen. Wie sie stets alles leichter genommen hatte als er. Zu leicht. Wie die Hand, die nun in der seinigen lag und sich schwerelos anfühlte in ihrer Leblosigkeit.

Leblos.

Er zwang sich dazu, sie anzusehen. Ihre weiß schimmernden Lippen. Hätte ein vertrockneter Vogelfuß sie retten können? Wenn sie zwei oder drei Schritt zurückgewichen wäre, hätte der mörderische Hieb sie verfehlt. Wenn …

»Ich konnte ihre Wunde nicht …«, stieß er erstickt hervor. »Wenn ich doch nur …«

Der Griff der Elfenkönigin um seine Schulter wurde fester. »Sieh in ihr Gesicht. Sieh in ihre Augen. Sie blicken selbst im Tod noch zu dir auf. Sie ist mit einem Lächeln auf den Lippen gestorben, und das trotz ihrer schweren Verletzung. Du konntest ihr nicht mehr helfen – und ich bin sicher, sie wusste es. Quäl dich nicht mit Fragen, auf die es keine Antwort gibt, Farodin. Du hast alles richtig gemacht.«

Farodin nickte langsam und strich Aileen die widerspenstige Haarsträhne aus dem Gesicht, gegen die sie ein Leben lang angekämpft hatte. Eine Strähne dunklen Lockenhaars, die immer wieder vor ihr linkes Auge gefallen war und die sie doch nie abgeschnitten hatte. Er hatte alles getan, was möglich war. Emerelle hatte recht; er wusste es auch, aber das war ihm kein Trost.

Farodin dachte daran, wie er aus seiner Ohnmacht erwacht und sofort zu ihr gekrochen war. Wie er sein Schicksal verfluchte, dass nicht ihn der tödliche Hieb getroffen hatte. Wie er ihr geschworen hatte, ihr für immer treu zu sein. Dass es niemals eine andere für ihn geben würde. Dass er auf ihre Wiedergeburt warten würde.

»Hast du den Troll gesehen, der sie getötet hat?«, fragte Emerelle.

Farodin nickte. Mit tonloser Stimme beschrieb er die Narben auf der Brust des Hünen.

»Dolgrim«, sagte die Königin. »Der Herzog. Ihr Heerführer. Ein Fluch unseres Volkes. Ich habe vorausgesehen, dass er entkommen würde.«

»*Sein* Fluch will ich sein!«, zischte Farodin voll kalter Wut. »Ich werde ihn finden und töten. Und wenn er wiedergeboren wird, werde ich ihn erneut richten. Nie soll seine Seele Frieden finden!«

Emerelle schüttelte den Kopf und wirkte nun noch erschöpfter. »Ich habe ihn in vielen Zukünften gesehen. Glaub mir, Farodin, er wird zur Geißel unseres Volkes werden. Aber ich weiß, wo er in dieser Nacht sein wird. Er ist allein. Die Fährtensucherin, die seiner Spur folgte, hat er getötet. Er wird entkommen.«

»Wo ist er?«, knurrte er leise.

Emerelle schüttelte erneut den Kopf. »Du wirst ihn nicht im Zweikampf besiegen können. Er ist geschickt.«

Farodin ließ sich nicht beirren. »Er hat mein Leben zu Asche werden lassen. Lass mich durch sein Blut wiederauferstehen.«

Die Königin bedachte ihn mit einem langen Blick, den er nicht zu deuten vermochte. Sie wirkte nicht überrascht, und in ihren sonst so sanften Augen blitzte eine unerbittliche Härte. »Nimm mein Schwert«, sagte sie schließlich. »Und sei vorsichtig. Albenmark braucht dich, Farodin.«

Er nickte. »Wo finde ich ihn?«

»Dolgrim ist sehr durstig. Er hat einen weiten Bogen geschlagen, um seiner Verfolgerin zu entkommen. Sie fand ihn dennoch und bezahlte dafür mit ihrem Leben. Durch dieses Opfer kannst du ihn noch erreichen.«

Farodin lauschte ihren Worten mit kaltem Herzen, und als sie endete, nickte er grimmig. »Gut, ich werde ihn finden.«

FÜNF STUNDEN SPÄTER, IM SATYRWALD, ZWANZIG MEILEN NÖRDLICH DER SHALYN FALAH

Kaltes, klares Wasser strömte über Farodins Leib. An eine unterspülte Eichenwurzel geklammert, drückte er sich gegen die schlammige Uferböschung und atmete ruhig und gleichmäßig durch ein Schilfrohr. Immer tiefer drang die Kälte des Wassers in seinen Leib, ließ ihn gefühllos werden und löschte schließlich selbst die Glut seiner Rachegedanken. Wie lange wartete er schon? Eine halbe Stunde? Eine Stunde? Was, wenn die Stelle, an der er wartete, nicht die richtige war? Vollkommen reglos lag er da und blickte durch das klare Wasser zur überhängenden Böschung hinauf. Die Krone einer mächtigen Eiche schluckte das spärliche Licht des Nachthimmels, und er konnte kaum etwas erkennen. Mit tauber Hand tastete er nach ihrem Schwert. Er hatte die kurze Klinge der Königin im Schlamm der Böschung verborgen, damit kein verirrter Lichtstrahl auf den Silberstahl treffen und Dolgrim womöglich warnen konnte.

Immer wieder wanderten seine Gedanken zu Emerelle. Wenn sie gewusst hatte, dass Dolgrim in dieser Nacht hier im Satyrwald nahe dem verfallenen roten Turm aus der Quelle trinken würde – hätte sie dann nicht auch wissen müssen, dass Aileen in Todesgefahr geschwebt hatte? Hätte sie Aileen nicht warnen können? Hatte Emerelle vorhergesehen, dass er hier liegen würde? Hatte Aileen am Ende sterben müssen, damit er hierherkam? Denn wenn sie noch lebte, wäre er ganz gewiss nicht hier.

Farodin dachte an jene unheimliche Silberschale im Thronsaal von Burg Elfenlicht. Es hieß, sie zeige immer nur kurze Ausschnitte der Zukunft, und stets seien es Bilder des Schreckens. Schrecken wie ... Nein, das konnte nicht sein! Bestimmt hatte Emerelle nicht um den Verlauf dieses Tages gewusst. Niemals hätte sie den Sieg über die Trolle so blutig erkauft. Er hatte ihr Gesicht gesehen, den Schrecken darin. Sie war über jeden Zweifel erhaben.

Ein Schatten beugte sich über das Wasser und riss ihn aus seinen Gedanken. Eine riesige Gestalt, das Gesicht nur eine Fläche aus Dunkelheit. Unmöglich, es genauer zu erkennen. Ja, es war ein Troll, daran konnte kein Zweifel bestehen. Aber war es auch wirklich Dolgrim?

Er durfte nicht zögern! Es würde nur diese eine Gelegenheit geben. Farodin wusste, dass er dem Trollherzog im offenen Zweikampf hoffnungslos unterlegen wäre. Vorsichtig zog er das kurze Schwert aus dem Uferschlamm, ängstlich darauf bedacht, keine Schmutzwolke aufzuwirbeln, die ihn verraten würde. Dann riss er die Klinge empor und spürte, wie sie das weiche Fleisch der Kehle durchtrennte.

Erschrocken fuhr der Hüne zurück, aber es war zu spät. Wie ein Schatten aus dem Nichts erhob sich Farodin aus dem Wasser. Der Anblick des Trolls erfüllte ihn mit dunkler Genugtuung. Behände duckte er sich unter einem Fausthieb hinweg. Ein letzter, fahriger Angriff. Sterbend sank der Troll gegen den Stamm der Eiche, eine Hand auf seine Kehle gepresst. Er blickte Farodin unverwandt an. In seinen Augen lag keine Furcht, er wirkte vielmehr überrascht.

Das ist nicht genug, dachte Farodin. *Das ist nicht genug!*

»Wir sind noch nicht fertig miteinander, Herzog.« Seine Stimme klang so kalt wie der Stahl, der in Dolgrims Kehle gefahren war, doch sie hatte ein anderes Ziel, das Herz des Trollfürsten.

»Ein Tod genügt nicht, um zu sühnen, was du mir angetan hast. Wir werden uns wiederbegegnen. Hast du von Askalel gehört? Heute hast du die dunkle Seite seiner Seele in mir erweckt.« Jetzt lag Angst im Blick des sterbenden Trolls.

NAHE DEM STEINKREIS VON WELRUUN, NUR WENIGE STUNDEN SPÄTER

Aileens Leib ruhte auf einem Scheiterhaufen und war in frische, weiße Gewänder gehüllt. Ihr sorgsam gekämmtes, schwarzes Haar fiel wie ein Schatten über das frisch geschlagene Buchenholz.

Die Fackel in Farodins Hand zitterte nicht, aber in seinem Inneren loderte ein Feuer, das ihn verzehrte. Er dachte an all jene wunderbaren Stunden, die sie durchlebt hatten. Stunden, in denen der schreckliche Krieg zu einem fernen Schatten verblasst war. So gut hatte er sie gekannt! All jene kleinen Marotten, die Aileen so vehement abgestritten hatte, weil sie ihr peinlich waren. Nie hatte sie ein Lied zu Ende gesungen und war stattdessen stets nach zwei oder drei Strophen in ein leises Summen verfallen, bei dem sie nur selten die rechte Melodie gehalten hatte. Manchmal hatte sie sich beim Lesen in einer Stunde mehr als ein Dutzend Mal ihre widerspenstige Haarsträhne aus dem Gesicht gestrichen. Wenn er sie darauf ansprach, hatte sie stets behauptet, sie habe sich nicht gerührt.

Jetzt stand er an ihrem Totenfeuer, und diese Strähne lag noch immer über ihrem linken Auge. Er strich sie ihr ein letztes Mal aus dem Gesicht.

Mehr als hundert Überlebende hatten sich um Aileen versammelt, und das, obwohl überall ringsumher die Totenfeuer brannten. So viele waren gegangen, und doch war es Aileen, der die Großen des Königreiches die letzte Ehre erwiesen. Emerelle und ihr Hofmeister Alvias. Auch Ollowain, der Schwertmeister der Königin, der Farodin zu Aileens Lebzeiten stets herablassend behandelt hatte. Ganz so, als habe er von Anfang an gewusst, dass ihm Askalels Seele wiederbegegnet war. Farodin spürte die Blicke jedes Einzelnen, der jetzt an Aileens Feuer stand, auf sich lasten. Sie alle warteten darauf, dass er die richtigen Worte fand, die Aileen auf ihrer letzten Reise begleiten sollten. Doch Farodin schwieg. Was er mit Aileen geteilt hatte, das wollte er mit niemand anderem teilen.

Ein letztes Mal betrachtete er ihr ebenmäßiges Gesicht – jene wunderschönen Lippen, denen der Tod ihre einzigartige Farbe geraubt hatte. Dann schob er die Fackel in den Scheiterhaufen und wandte sich ab. Es war nur ihr Fleisch, dachte er, aber er wollte es nicht brennen sehen. Wollte es nicht riechen. Das war mehr, als er hätte ertragen können.

Schweigend ließ er das Feuer hinter sich und ging fort, zum Steinkreis von Welruun.

ZWEI STUNDEN SPÄTER IM WALD BEIM STEINKREIS VON WELRUUN, DORT, WO AILEEN STARB

Der Morgen dämmerte bereits, als Emerelle an seine Seite trat. Die Elfenkönigin war ihm trotz ihrer kleinen, zierlichen Gestalt stets unüberwindlich erschienen. Stolz und selbstbewusst. Herrscherin seit

Jahrhunderten. Jetzt aber, im fahlen Licht der Dämmerung, wirkte sie gebrochen, und zum ersten Mal sah Farodin die Last des Alters in ihren Zügen.

»Einen Tag wie diesen soll es nie wieder geben«, sagte sie, und in ihrer Stimme schwang jene dunkle Bitterkeit, die auch ihm in den Stunden seit Aileens Tod zum steten Begleiter geworden war. An Emerelle aber wirkte sie fremd. »Nur eine Niederlage ist noch schrecklicher, als auf dem Schlachtfeld eines solchen Sieges zu stehen.« Sie straffte sich, und ihr Blick wurde hart. Fordernd. »Manchmal kann ein Dolchstoß zur rechten Zeit das Leben Hunderter retten. Willst du mein Dolch sein, Farodin? Mein Mörder in den dunkelsten Stunden der Nacht? Mein Held in jenen geheimen Schlachten, über die kein Barde Albenmarks je ein Lied singen wird?«

»Wirst du mich freigeben, wenn Aileen wiedergeboren wird?« Die Härte wich aus ihrem Blick, und einen Herzschlag lang schien es, als habe sie Mitleid mit ihm. Wusste sie um seine Zukunft?

»Wenn ihre Liebe zu dir so tief ist, dass sie dich selbst in einem neuen Leben wiedererkennt, dann magst du mit ihr gehen. Bis dahin gehörst du mir. So wie einst Askalel.«

Farodin zögerte. Ein Meuchler zu sein, darin lag keine Ehre.

Was würde Aileen von ihm denken? Es mochten Jahrhunderte bis zu ihrer Wiedergeburt verstreichen. Würde sie ihn bei ihrer Rückkehr wiedererkennen? Auch dann, wenn die Opfer, die er würde bringen müssen, seine Seele verdunkeln und ihn zu einem Anderen machen würden?

Farodin zitterte. Vor Schwäche, aber auch, weil ihm in diesem Augenblick eines mit schrecklicher Klarheit bewusst wurde: Ganz gleich, wie er sich nun entschied, der Weg, der vor ihm lag, würde einsam sein.

Unvorstellbar einsam.

Und unendlich lang.

NURAMON DER WANDERER

VON JAMES A. SULLIVAN

Pfade der Erinnerung ziehen sich von der Gegenwart zurück durch meine vergangenen Leben. Seit ich Albenmark verließ, habe ich gelernt, auf diesen Pfaden zu wandeln, und vermag es, mir jeden Augenblick meines Daseins ins Gedächtnis zu rufen. Auf manchen Wegen lässt es sich leichter wandeln als auf anderen. Manche Erinnerungspfade sind zugewachsen oder verschüttet, andere sind verschleiert, weil ich sie verdrängte oder sie durch Erzählungen meiner jeweiligen Nachfahren verfälscht wurden.

Als ich von Albenmark Abschied nahm, dachte ich, sich zu erinnern hieße zu wissen, welche Leben ich lebte, in welcher Folge sie sich aneinanderreihten und was sie prägte. Nun aber ist mir die Erinnerung zu einer Sinnesreise geworden. Auf Zauberpfaden kehre ich in meine vergangenen Leben zurück und komme dem Geschehen so nahe, als hätte ich es gerade erst erlebt.

Zuerst fürchtete ich, die Erinnerung würde mich in dieser Klarheit zu sehr verändern. Was, wenn ich mich in den Wäldern meiner Erinnerung verlieren würde und all das Erfahrene nicht in Einklang bringen könnte? Zu meiner Überraschung aber festigten mich die Entdeckungen. Viele Fragen, die in diesem Leben offenblieben, wurden mir in einer früheren Inkarnation beantwortet, und zahlreiche Erfahrungen, die ich in diesem Leben noch nicht gesammelt habe, machte ich in einem früheren. Die Schmerzen wie die Freuden, die Enttäuschungen wie die Triumphe prägten mich.

Keines der Leben fühlt sich fremd an. Selbst jene, die ich in Schmerz und Zorn verbrachte, sind ein Teil von mir. Sie erklären viele der Gefühle, die ich in späteren Leben verspürte, ohne ihren Grund zu kennen. Sogar die Taten, die ich nun verabscheue, kann ich nicht von mir weisen. Der Schmerz, der Zorn, die Scham und all das andere bilden einen Teil von mir. Es ist, wie die Königin mir damals in Gaomees Kammer sagte: Alles, was ich bin, ist in mir. Das Gemüt eines Wiedergeborenen zehrt von den Gemütern früherer Leben. Und so ziehen sich trotz aller Unterschiede die wichtigen Züge meines Wesens durch all meine Inkarnationen.

Wie der Erwachsene an die Kindheit zurückdenkt, so blicke ich auf meine Leben zurück – nur dass ich vieles, das andere nur einmal erfahren, mehrmals erlebte. Ich hatte viele Eltern, viele Kinder und viele erste Geliebte, viele erste Schlachten und Verwundungen, und ich starb zahlreiche Tode. Meine Gefühle jedoch mindert diese Fülle an Erinnerungen nicht. Was immer sich mir in einem meiner Leben in die Seele brannte, glimmt noch heute und wartet darauf, erneut entfacht zu werden. Und so fügt sich alles zu einem einzigen, langen Leben, wie es die Zwerge anstreben.

Die Kinder der Dunkelalben haben die Wiedergeburt und die Suche nach der Erinnerung zu ihren Idealen erhoben. An ihnen habe ich mir ein Beispiel genommen. Denn im Grunde führe ich das Leben eines Zwerges im Körper eines Elfen. Ich bekenne dies ohne die Scham, die andere meines Volkes beschleicht, wenn sie an sich Gemeinsamkeiten mit anderen Völkern erkennen, die nicht dem Ideal der Elfen folgen. Fast könnte man meinen, eine Zwergenseele hätte sich zu den Elfen verirrt.

Vor Kurzem dachte ich, wie so oft, an die Suche nach Noroelle, die mich zu den Zwergen führte. Ich dachte an Alwerich und unsere Reise zum Orakel Dareen. Diese Gedanken öffneten mir Tore zu alten Erinnerungen. Dass ich Alwerich aus früheren Leben kenne, wusste ich bereits, doch das Ausmaß dessen, was wir gemeinsam erlebt hatten, war mir nicht klar.

Zudem dachte ich an jene Totenkammer im Reich der Zwerge, in die mich König Wengalf geführt hatte. Er zeigte mir den Körper eines Elfen, der in Bergkristall eingeschlossen war – ein Krieger in Metallrüstung, mit langem, schwarzem Haar. Das Gesicht des Kriegers wirkte wie die Statue eines Helden, und ich erkannte mich sogleich darin wieder. In diesem Körper hatte ich an der Seite der Zwerge Albenmark verlassen. Schließlich hatte ich gemeinsam mit Wengalf den Drachen Balon bezwungen und diesen Triumph mit meinem Leben bezahlt.

So schwer es mir damals fiel, meine Position als Betrachter und Betrachteter in Einklang zu bringen, so leicht fällt es mir heute. Ich muss lediglich den Anblick des Kriegers in Bergkristall mit meinen vagen Lebenserinnerungen an jene Zeit in Einklang bringen, und schon sind alle Barrieren verschwunden, und ich kann die Vergangenheit mit all meinen Sinnen durchschreiten. Denke ich an Alwerich, suchen sich meine Zauberkräfte fast von allein den Weg und ziehen mich in jene Zeit zurück.

Dieser Pfad in die Vergangenheit ist für mich wie ein Schatz. Dort bei den Zwergen, in jenen verschütteten Jahren meines Daseins, werde ich alles finden, was mir den Weg zu jenem Wissen ebnet, das ich nun benötige. Tag für Tag schreite ich zurück in die Vergangenheit und erinnere mich heute ebenso gut an jene Zeit wie an das, was ich mit Farodin und Mandred bei der Suche nach Noroelle erlebte.

Die Drachenkriege waren gerade so lange vorüber, dass jene, die die Zeit erlebt hatten, in der Minderheit waren. Viele hatten am Ende des Zeitalters ihr Leben verloren und waren wiedergeboren worden, viele waren ins Mondlicht gegangen. So konnten bald schon jene, die die Wahrheit kannten, den Nachgeborenen die Vergangenheit in einem idealen Licht erscheinen lassen, um das zu überstrahlen, was wirklich geschehen war, und das zu verbergen, dessen man sich schämte.

Emerelle war damals bereits eine der Mächtigen in Albenmark. Sie verstand es, sich unentbehrlich zu machen und dadurch die Völker an sich zu binden. Ihren Idealen galt es zu folgen, ihren Regeln zu gehorchen. Sie war die Mutter eines Goldenen Zeitalters und nutzte ihr Ansehen und auch die Dankbarkeit der anderen aus, um ihre Macht zu festigen. Ideale wurden zu Zwängen, Regeln zu Gesetzen, und Emerelle wurde zur Königin von Albenmark.

Mit großem Geschick verstand sie es, den Einfluss ihrer Widersacher und Konkurrenten zu schmälern. Ihr Machtanspruch würde später die Elfen von Valemas ins Exil treiben und ebenso die Kinder der Dunkelalben. Es begann mit Kleinigkeiten, einer Quelle oder einem Hain, auf die sie Anspruch erhob, einem Pass oder einer Brücke, deren Schutz man ihr anvertrauen sollte. Die meisten beugten sich ihr, doch in jener Zeit wurden auch die Grundsteine langer Feindschaften gelegt, und selbst die Fehden, die in den Drachenkriegen wurzelten, stießen wieder empor.

Von den Kindern der Dunkelalben forderte Emerelle, sie sollten die Albenpfade am Rande der Ioliden – dem Gebirge, unter dem sich das Reich der Zwerge erstreckte – sichern und ihr einige Albensterne überlassen. Sie sorgte sich wegen der Trolle und was geschehen mochte, falls sie einst über die Albenpfade ins Herzland gelangten.

Die Zwerge wiesen jeden Anspruch Emerelles zurück, obwohl sie den Albenpfaden und Albensternen am Rande ihres Gebirges kaum eine Bedeutung zumaßen. Über Boten warfen sie Emerelle vor, sich in ihre Angelegenheiten zu mischen.

Doch eines Sommers griffen die Gelgerok im Grenzland zu den Ioliden, am Rande des Herzlandes, einige Nixen an, und schnell ging am Hof Emerelles das Gerücht um, die Zwerge hätten die Gelgerok entfesselt. Man erzählte sich, sie wollten ihre Herrschaft ausweiten, wenn die Bestien erst einmal das Leben am Rande des Herzlandes ausgelöscht hätten.

Die Gelgerok waren Segen und Fluch zugleich. Als Jagdwild schätzte man ihr Fleisch und fertigte Schuhe, Stiefel und sogar Kleidung und Rüstungen aus ihrer Haut. Einst, so erzählte man sich, hatten sie das Überleben des Elfenvolkes gesichert. Aber wenn sie hungrig waren oder sich verteidigen mussten, wurden sie zu rasenden Bestien, und wann immer sie in Scharen auftraten, war rasch ein ganzer Landstrich in Gefahr, denn in der Herde schien ihre Angriffslust keine Grenzen mehr zu kennen. Alles konnte zur Beute geraten, und aus Jägern wurden rasch Gejagte.

Der Königin blieb nichts anderes übrig, als Jäger zu bestimmen, um den Albenkindern nahe der Ioliden Schutz zu gewähren. In anderen Zeiten hätten sich reihenweise Freiwillige gefunden, um ihr zu Diensten zu sein – nicht so dieses Mal. Die Elfen genossen den Frieden, und nur einige wenige unter den Jüngeren empfanden das Goldene Zeitalter als eine Zeit des Niedergangs. Doch obwohl jene Jüngeren ihren heldenhaften Vorfahren nacheifern und Heldentaten vollbringen wollten, schien ihnen weder der Kampf gegen einen Gelgerok noch die Aussicht, einer ganzen Schar dieser Bestien zu trotzen, ausreichend

Ruhm zu verheißen. Sie suchten lieber nach Drachen oder nach dem, was von dem Drachengeschlecht übrig geblieben war. Und so blieb Emerelle keine Wahl, als ihre Jäger selbst zu bestimmen.

Ich war der Bote der Elfen aus dem Wald des beseelten Baumes Alaen Aikhwitan. Mein Vater hatte mich gesandt, Emerelle um Hilfe zu bitten.

Ich fand die Königin auf der Lichtung im Norden des Großen Waldes, an jenem Ort, der später immer öfter Alter Wald genannt wurde und von dem aus, so hieß es, einst die Alben die Welt verlassen hatten. Vor der großen Felsnadel thronte Emerelle auf einem Steinsitz und empfing mich. Sie war bereit, mir zu helfen, und wählte sogleich jene aus, die das Grenzland schützen sollten. Sie sollten im Wald des Alaen Aikhwitan meiner Sippe, den anderen Sippen und all den Albenkindern, die dort lebten, gegen die Gelgerok beistehen.

»Ihr werdet euch zu Garemon dem Wanderer begeben und seinem Befehl folgen«, sagte Emerelle ihnen.

Garemon war mein Vater. *Wanderer* nannte man ihn, weil er sich in jungen Jahren, kurz nach den Drachenkriegen, auf eine große Reise durch Albenmark begeben hatte. An den Mienen der Versammelten sah ich, dass mein Vater ihnen bekannt war und dass sie ihn respektierten.

Alles schien beschlossen zu sein, doch Emerelle betrachtete mich, als zögere sie, mich fortzuschicken. Ihr Blick schien mich zu durchstechen, so sehr starrte sie. Schließlich blinzelte sie, sah in den Silberspiegel, der neben ihr auf einem Felsen lag, und wandte sich dann wieder den Versammelten zu. »Eine kleine Schar von euch wird in die Ioliden vorstoßen und dort die Quelle des Übels finden. Ich will wissen, ob die Kinder der Dunkelalben hinter der Gelgerokplage stecken.«

Und dann begann sie damit, jene auszuwählen, die dem Spähtrupp in die Ioliden angehören sollten. »Golvadas!«, sprach sie, und es traten gleich drei Elfen vor. Ich hatte von Golvadas und seinen Begleitern gehört. Sie waren Jäger aus Lyn und hatten Emerelle Trophäen zum Geschenk gemacht, insbesondere den Schädel eines Felsenwurms, einer kleinen Drachenart, für deren Tötung Emerelle eine Belohnung gewährte. Auch die anderen Elfen, die sie wählte, kannte ich nicht persönlich, aber doch beim Namen. Zu ihnen gehörte auch Narelun, dessen helles Wüstengewand und stolzer Blick seine Herkunft aus Valemas, der Stadt in der Einöde, schon auf den ersten Blick verrieten. Doch als er vor die Königin trat und ihre Wahl annahm, fiel mit einem Schlag aller Stolz von ihm ab, und er beugte sein Haupt vor ihr.

Auch Yoradae gehörte zu den Auserwählten – eine Zauberin, die Emerelle selbst unterrichtet hatte. Sie kam aus Gauremas, der jungen Stadt jenseits der Ioliden – ein Ort der Lebenslust, der in den Drachenkriegen in einem Augenblick des Triumphes entstanden und schnell erblüht war. Erst viel später sollte er von den Trollen zerstört und nie wieder errichtet werden. Starr, fast statuenhaft, trat Yoradae vor und stellte sich zu den anderen. Sie entsprach nicht im Mindesten der Vorstellung, die ich mir von einer Elfe aus dem lebensfrohen Gauremas gemacht hatte: Ihr Gewand war von einem trüben Grau, das braune Haar schmucklos wie ihr ganzer Körper. Sie schien auf alles zu verzichten und wirkte schlicht, aber zugleich überaus schön – eine kalte Schönheit, die nicht nur meine Blicke auf sich zog.

Die Anführerin des Spähtrupps sollte die Kriegerin Danarelle sein. Sie kam aus Yaldemee, und man erzählte sich, Emerelle werde sie zu ihrer Schwertmeisterin machen, eine Würde, die die Königin seit einer Weile nicht mehr vergeben hatte und nach der sich viele sehnten.

Emerelle wandte sich nun erneut an mich. »Nuramon«, sagte sie und durchbohrte mich abermals mit ihrem Blick. »Du wirst jene kleine Schar begleiten.« Sie erklärte uns, dass wir uns durch ein Tor an einem Albenstern in der Nähe des Grenzlandes auf einen Albenpfad begeben sollten und jene Albensterne als Tore verwenden sollten, die eigentlich unter der Herrschaft der Zwerge standen und auf die Emerelle ein Auge geworfen hatte. »Die Kinder der Dunkelalben kümmern diese Tore nicht«, sagte die Königin. »Aber falls sie euch entdecken und zur Rede stellen, so seid offen und sagt, dass die Königin von Albenmark ihnen keine Rechenschaft darüber schuldet, wohin sie ihre Jäger schickt – solange es im Tageslicht geschieht.«

Emerelle hielt mich noch immer mit ihrem durchdringenden Blick gefangen. Damals dachte ich, sie wolle mich lediglich ihre Macht spüren lassen. Nun aber, nach allem, was geschehen ist, ist dieser Blick Emerelles für mich nichts anderes als der Blick durch die Jahrhunderte.

Schließlich entließ die Königin uns. Ich folgte Danarelle und den anderen und schaute ein letztes Mal zurück. Emerelle bat die Barden, mit ihrer Musik fortzufahren, die ich mit meiner Ankunft unterbrochen hatte. Das Leben schien wieder aufzublühen. Doch kurz bevor ich mich abwenden wollte, sah ich, wie Emerelle erneut einen Blick in ihre Silberschale warf, und fragte mich, ob sie dort etwas sehen konnte, das mit der Zukunft unseres Spähtrupps zusammenhing. Heute weiß ich es besser. Was sie sah, war wie ein kleines Pflänzchen, verborgen zwischen den Gräsern und Blumen, ein Pflänzchen, das über Jahrhunderte ein unscheinbares Dasein fristete und sorgfältig genährt werden musste, ehe es irgendwann für einen Augenblick gerade hoch genug emporwuchs, um ihr zu nützen.

Mit ihrer Entscheidung hatte die Königin meinen geheimen Herzenswunsch erfüllt. Oft hatte ich davon geträumt, es meinem Vater gleichzutun. Ich wollte auf meiner Stute Daerunau durch Albenmark reisen, wollte mich Gefahren stellen und an Orte vordringen, an denen selbst mein Vater noch nicht gewesen war. Doch trotz aller Träume hatte ich meine Sippe nur selten verlassen, und selbst als Bote hatte mein Vater mich nur deswegen ausgesandt, weil er die Gefahr auf dem Weg zu Emerelle für weit geringer hielt als jene, die angesichts der Gelgerok im Wald drohte. Hätte meine Sippe geahnt, dass Emerelle mich für eine Queste bestimmte, sie hätten einen anderen geschickt.

Schon in jener Zeit haftete mir der Makel der Wiedergeburt an. Hatte der Heldentod in den Drachenkriegen meiner Seele Lob gebracht, so hatte ich alles verspielt, als ich im nächsten Leben unrühmlich im Meer ertrank. Ich wurde wiedergeboren, und meine Eltern prägten mir ein, ich solle die Gefahr meiden, denn ich neigte dazu, in ihr umzukommen.

Meine Mutter fasste allen Rat in drei einfache Regeln: Suche nicht die Gefahr, wähle deine Freunde weise und hüte dich vor der Liebe. Wer mit solchem Rat und dem Schutz einer ganzen Sippe aufwächst, der sehnt sich danach, aus der Enge des Wohlwollens auszubrechen. Statt aber mein Schicksal in die eigene Hand zu nehmen, hatte ich lediglich davon geträumt, und statt mich der Gefahr auszusetzen, hatte ich mich auf sie vorbereitet. Mein Schwert und mein Bogen waren Erbstücke, die nach einer geübten Hand verlangten, und ich hatte viel geübt. Was mir fehlte, war die Erfahrung.

Unser Weg führte uns zu einem Hügel nahe meiner Heimat, der von stehenden Steinen gekrönt wurde und an dem ich gern mit meiner Sippe rastete, wenn wir auf dem Weg nach Yaldemee waren. Die Magie des Ortes strahlte wie ein Licht um den Hügel. Im Steinkreis angekommen schaute ich den Ioliden entgegen. Oft hatte ich in Sehnsucht aus dem Fenster meines Zimmers die grauen Hänge hinaufgeschaut und mich gefragt, wie wohl der Blick von dort oben sein mochte. So nahe die Berge schienen – das Grenzland, welches es zu überwinden galt, erstreckte sich vom Rand dieses Tieflandes bis zu den ersten Berghängen.

Während wir rasteten, lauschte ich den Gesprächen der Gefährten. Von Bestien, Schlachten und Helden, von Reisen, Festen und Zaubern wurde erzählt. Auch ich musste Dinge von mir preisgeben und damit offenbaren, dass ich ein ruhiges Leben geführt hatte. Sie fragten nach Alaen Aikhwitan, und ich konnte ihnen erzählen, dass meine Eltern seine Stimme zu erwecken vermochten, und ich hoffte, meine Zauberkräfte eines Tages so weit ausprägen zu können, es ihnen gleichzutun. Ich verschwieg, dass mein Vater mehr als hundert Jahre gebraucht hatte, um diese Macht zu entwickeln.

Die Gefährten sahen meine Waffen, mein schmales Langschwert und den Bogen aus dem Holz der Ceren, und fragten, wer mich unterwiesen hatte. Ich musste gestehen, dass ich mir selbst ein Lehrer gewesen war, und erntete damit manchen enttäuschten Blick und auffälliges Schweigen.

Nach einer Weile setzte sich Narelun, der Krieger aus Valemas, neben mich. »Hast du die Gelgerok mit eigenen Augen gesehen?«, fragte er.

»Ich sah sie lediglich als weiten Schatten, der sich im Morgengrauen in eines der Täler zurückzog.«

Narelun lächelte spöttisch.

Baumpflänzchen nannte man Elfen wie mich gerne: Elfen, die abseits der Konflikte ein ruhiges Dasein im Einklang mit der Welt führten. Meine Sippe hatte in den Drachenkriegen viel gelitten und wäre beinahe ausgelöscht worden. Die meisten meiner Verwandten waren wie ich Wiedergeborene, und doch sah man auf mich herab. Der Tod in Friedenszeiten wog schwerer als das, was ich in den Drachenkriegen für meine Sippe getan hatte.

Narelun erhob sich und ging zu seinem Pferd. Kaum war er fort, setzte sich Yoradae neben mich. »Nimm es dir nicht zu Herzen«, flüsterte sie und schaute dem Krieger aus Valemas nach. »Sein wahres Gesicht wird sich zeigen, wenn es ernst werden sollte.«

»Ich zweifle nicht an seinen Fähigkeiten«, sagte ich.

Yoradae schmunzelte, und ihre braunen Augen funkelten mich an. »Das ist ein Fehler. Du solltest an seinen zweifeln und an deine glauben. Nicht umgekehrt.« Das Schmunzeln der Zauberin entfaltete sich zu einem Lächeln, und ich muss gestehen, dass es mich entzückte und trotz allem auch heute noch bezaubert.

Danarelle trat zu uns. »Wir brechen auf. Wir haben nur noch drei Stunden Tageslicht.«

»Willst du wirklich im Grenzland übernachten?«, fragte Golvadas.

»Wir schauen uns erst einmal um. Wenn wir keinen guten Ort zum Übernachten finden, kehren wir hierher zurück.« Die Kriegerin wandte sich an die Zauberin und nickte ihr zu.

Yoradae erhob sich langsam und trat in die Mitte des Steinkreises. Nur ein Augenblick, und aus der einfühlsamen Zauberin, die mir zugeflüstert hatte, wurde wieder jene kühle Frau, die mit regungsloser Miene vor Emerelle getreten war. Sie schien in den Tiefen des Zaubers zu versinken, der uns eine Pforte auf die Albenpfade öffnen sollte.

Anders als in späteren Zeiten hatten die Albenkinder in jenen Jahren den Torzauber noch nicht verfeinert. Er war kompliziert und erforderte Zeit und viel Kraft, viel mehr als Farodin und ich später aufbringen mussten. Ich betrachtete die Zauberin aus Gauremas mit Bewunderung, und die Warnung meiner Mutter, mich vor der Liebe zu hüten, schien in diesem Augenblick vergessen.

Erst die Vorbereitungen meiner Gefährten brachten mich dazu, meine Aufmerksamkeit von Yoradae abzuwenden. Ich versorgte meine Stute, bestückte meinen Sattelköcher mit Pfeilen, dann spannte ich eine Sehne auf meinen Bogen und steckte ihn ebenfalls in den Sattel. Zum Anlegen des Schulterköchers fand ich keine Zeit mehr. Eine Lichtsäule erhob sich direkt vor Yoradae aus dem Boden, als hätte sie ein Erdgeist aus dem Hügel emporgeschoben. Kaum war das Tor da, führte Danarelle ihren Schimmel ins Licht, und die anderen folgten ihr.

»Nun du, Nuramon«, sagte Yoradae, als wir als Einzige zurückgeblieben waren.

Ich redete Daerunau gut zu und streichelte ihr über die Stirn. Dann führte ich sie langsam durch das Tor. Wir fanden uns auf einer Insel pulsierenden Lichts wieder, umgeben von der ewigen Nacht. Lichtbahnen stießen in alle Richtungen in die Finsternis. Ein kühler Luftzug wehte hier, und jeder Atemzug erquickte mich. Es war, als würde ich Magie in mich einsaugen. Wenn man tief atmete, konnte einem schwindelig werden. Dies waren also die Pfade der Alben!

Wärme verteilte sich in mir und besänftigte mich. Damals war die Macht der Pfade stark. Es war, als hätte sich der Zauber, der einst die Zerbrochene Welt nährte, noch nicht gesetzt und als suche er sich über die Albenpfade einen Platz.

Yoradae setzte sich sogleich an die Spitze des Zuges. So besänftigend dieser Ort auch war, die Eile der Magierin sagte uns deutlich, dass sie nicht gedachte, länger auf den Pfaden zu verweilen, als es nötig war. Das erstaunte mich nicht, denn Erzählungen gab es über die Pfade viele, besonders über die Schatten, die angeblich abseits davon in der Finsternis lauerten; Geister, die nur darauf warteten, einen Weg in die Welt zu finden. Vielleicht aber schwiegen sie auch aus Respekt vor den Wegen, die der Sage nach von Albenhand geschaffen waren.

Yoradae brachte uns auf einen rötlich pulsierenden Pfad, und nach wenigen Schritten sahen wir bereits zwei glitzernde Wege, die sich mit unserem kreuzten.

Ehe ich noch begriff, dass wir nach diesem kurzen Stück unser Ziel erreicht hatten, standen wir auf dem Lichtplateau des Albensterns und warteten darauf, dass Yoradae das Tor in die Welt öffnete. Diesmal gelang es der Zauberin binnen weniger Augenblicke.

Schon öffnete sich eine neue Lichtsäule, und einige der Gefährten hatten es besonders eilig hindurchzuschreiten. Ihnen schienen die Pfade unheimlich. Ich hingegen hätte gerne länger die zauberhafte Luft geatmet.

Als wir in die Welt zurückkehrten, waren meine Sinne verwirrt. Hatten die Ioliden eben noch in der Ferne gelegen, ragten sie nun vor uns in die Höhe. Mit einem Sprung waren wir aus der sicheren Distanz bis an die Gefahr herangerückt.

Während ich meine Stute Daerunau beruhigen musste, hatten meine Gefährten ihre Pferde stehen gelassen und waren auseinandergestrebt, als hätten sie es zuvor abgesprochen. Offenbar war es unter erfahrenen Recken üblich, sich erst nach allen Seiten hin zu vergewissern, dass keine Gefahr drohte.

»Dort sind sie«, rief Golvadas und deutete zwischen die Berghänge und den Wald des Aikhwitan. Und tatsächlich, dort in der Ferne strebten die Gelgerok langsam, aber sicher dem Wald meiner Sippe entgegen. Wir waren zwar weit entfernt, doch ich vermochte die einzelnen Tiere zu erkennen. Vorne liefen die großen Bestien mit ihren mächtigen Schädeln, die ohne Weiteres einem Schwertstreich widerstehen mochten. Hinten folgten die kleineren Tiere.

»Sie werden in den Wald vorstoßen«, sagte Danarelle. »Und wir können nichts tun.« Es schien sie zu plagen, dass wir abseits stehen mussten, während andere bald schon im Kampf gegen die Bestien ihr Leben lassen mochten. Auch ich wäre nun lieber dort in der Ferne im Wald gewesen und hätte an der Seite meiner Sippe um unser aller Überleben gekämpft.

»Vielleicht drehen sie ab«, sagte Golvadas. »Der Weg ist noch weit.«

»Ganz gleich, was geschieht: Es lässt sich nicht ändern«, sagte Narelun. »Die Königin hat uns auf diesen Pfad geschickt.« Er schaute mich an. »Wir müssen ihm folgen.«

Danarelle nickte. »Gehen wir noch ein Stück auf den Albenpfaden.«

Yoradae deutete ins Gebirge. »Eine der Spitzen dort ist ein Turm, den die Zwerge nicht mehr nutzen. Der nächste Albenstern hat sechs Pfade, einer davon führt dorthin. Da könnten wir übernachten.«

Narelun nickte anerkennend. »Von dort aus können wir alles überblicken.«

»Du kennst dich gut aus«, sagte Golvadas. Yoradae lächelte.

Wir folgten Yoradae und ihrem Hengst wieder auf die Albenpfade. Dort führte die Zauberin uns zum nächsten Albenstern. Die Macht strahlte auch hier in die Breite und spannte sich wie Bahnen aus Licht zwischen den Pfaden. Und wieder schuf Yoradae eine Lichtsäule. Diese wölbte sich, dass sie fast wie ein echtes Tor wirkte. Vorsichtigen Schrittes traten wir hindurch.

Aus dem Weiß löste sich ein Bild. Grün, Grau und Blau mischten sich. Ein grünes Hügeltal, die grauen Berge, der blaue Himmel. Wieder strebten die Gefährten auseinander, um die Umgebung zu mustern. Diesmal war ich bei ihnen. Ich hatte meine Lektion gelernt.

Der Albenstern lag auf einem Felsen, der sich zur einen Seite zum See, zur anderen auf die Wiese hinabwölbte. Zu unserer Rechten erstreckte sich ein kleiner Wald bis nahe an die Hügelkette heran, die das Tal ringsherum begrenzte.

»Wo liegt die Bergspitze, von der du sprachst?«, fragte Danarelle.

Yoradae deutete die Felswand hinauf. »Dort oben.«

Danarelle nickte. »Dann schauen wir uns zuerst hier unten um und gehen dann über den Albenpfad nach oben.« Sie verzog das Gesicht zu einer misstrauischen Miene. »Das Tor liegt mir zu niedrig. Man sieht nicht, was ringsherum lauert.«

»Aber man ist auch vor den Blicken der anderen geschützt«, sagte Golvadas. »Vielleicht sollten sich einige von uns auf einen der Hügel begeben und sich umschauen.«

Danarelle wandte sich wieder an Yoradae. »Du wartest hier. Wenn etwas geschieht, öffnest du sofort das Tor, und ihr geht hindurch.«

Die Zauberin nickte.

Danarelle stieg auf ihren Schimmel. »Narelun, Nuramon! Wir reiten.«

Der Krieger aus Valemas machte eine gelangweilte Miene, mir aber war es eine Ehre, von Danarelle ausgewählt worden zu sein.

Wir ritten vom Felsen und dem See fort, der Hügelkette und damit dem Blick über das Grenzland, den Wald des Alaen Aikhwitan und dem Herzland entgegen. Das war es, wovon ich all die Jahre geträumt hatte.

Als wir endlich den Fuß der Hügelkette erreichten, fiel ich hinter Danarelle und Narelun zurück. Die Pferde meiner Gefährten brachten die Steigung schneller hinter sich als Daerunau. Oben jedoch hielten die beiden Krieger unvermittelt an. Ich dachte, der wunderbare Anblick müsse sie wie ein Schlag getroffen haben, doch noch ehe ich zu ihnen stoßen konnte, erhob sich ein tiefes Gebrüll, als würde ein hundertköpfiger Drache jenseits des Hügels erwachen.

Daerunau bäumte sich auf und drehte sich zur Seite, nur um sich dann nicht mehr zu rühren. Oben wandte Danarelle sofort ihren Schimmel, dann gab sie Narelun flink einen Klaps auf die Schulter. »Zurück!«, rief sie.

Rechts neben Narelun, ein Dutzend Schritte entfernt, sprang ein Wesen auf den Hügel und stieg sofort auf die Hinterbeine. Das Wesen war größer als der mächtigste Bär und drohte mit seinen Krallen. Das graubraune Fell, das seinen bulligen Körper überzog, zuckte im Wind.

Ein Gelgerok!

Die Bestie legte den langen und knochigen Schädel zur Seite, da sprangen zwei weitere Tiere herbei.

»Nuramon!«, rief Danarelle und ritt an mir vorbei.

Ich war noch ganz vom Anblick der Bestien gebannt. Ich hatte

Gelgerok gesehen und war mit meiner Sippe auf die Jagd gegangen. Doch man hatte mich erst dann näher herangelassen, als aus der Bestie die erlegte Beute geworden war.

»Zurück zum Tor«, rief Narelun. Schon war auch er an mir vorüber.

Inzwischen standen ein halbes Dutzend Gelgerok auf dem Hügel über mir. Der Größte unter ihnen schwenkte seinen schweren Schädel, die anderen öffneten ihre Mäuler, und gewaltige Raubzähne strahlten hervor. Die Bestien stießen tiefe Schreie aus. Jenseits der Hügel setzte sich ein Grollen in Bewegung und strebte die Hügelkette entlang.

Daerunau erschrak vor den Schreien der Bestien und machte das Richtige: Sie lief davon. Links und rechts erschienen die Gelgerok auf den Kämmen und schwappten wie eine Flut die Abhänge herab in das Tal. Ich schaute zurück und sah, dass die Herde hinter mir zusammenfloss.

Während Danarelle sich auf ihrem Schimmel ganz klein machte und rasch an Boden gewann, ließ Narelun, der Krieger aus Valemas, sich zu mir zurückfallen. »Folge mir!«, rief er und lenkte sein Pferd zur Seite.

Ich tat es ihm gleich und schaute voraus.

Danarelle hatte unsere Gefährten bereits erreicht. Die Jäger aus Lyn schossen dort Pfeile ab, die in hohem Bogen auf die hinteren Reihen der Gelgerokherde hinabgingen.

»Verdammt!«, fluchte Narelun und folgte einem der Pfeile mit dem Blick.

Danarelle hinderte Golvadas und die anderen mit einer schwungvollen Geste daran, weitere Pfeile abzufeuern, während Yoradae bereits am Boden kniete und ihren Zauber wirkte. Sie würde das Tor schneller öffnen müssen als zuvor. Sie würde es geradezu aufstoßen müssen. Und da verstand ich, worin Nareluns Plan bestand. Wir würden versuchen, die Gelgerok von den Gefährten fortzulocken, um Yoradae Zeit zu verschaffen.

Es war ein verzweifelter Plan, und ich glaubte nicht an ihn. Warum sollten sie uns folgen, wenn dort am Felsen die größere Beute wartete? Doch zu meiner Überraschung entschied der große Gelgerokbulle, dass wir die Beute waren, und so folgte die Herde uns und schien unsere Gefährten nicht wahrzunehmen.

Seite an Seite strebten Narelun und ich der Hügelkette entgegen; der Abstand zwischen uns und den Gelgerok wuchs. Narelun deutete auf den kleinen Wald, der schräg vor uns lag. Mit einer kreisenden Bewegung machte er klar, dass wir ihn umrunden würden.

Gut hundert Schritt trennten uns jetzt von den Gelgerok, und das Leittier betrachtete uns noch immer als Beute. Weit hinten aber hatte sich eine Schar von etwa zwanzig Tieren aus der Herde gelöst und strebte dem Albenstern entgegen. Vermutlich waren es die Pfeile gewesen, die einige der Tiere auf die Gefährten aufmerksam gemacht hatten.

»Bei allen Alben!«, fluchte Narelun, doch in diesem Augenblick schob sich die ersehnte Lichtsäule neben Yoradae aus dem Boden. Wir aber preschten weiter. Am Wald angekommen, verschwanden die Gefährten aus unserem Blickfeld, und erst als wir ihn zur Hälfte umrundet hatten, sahen wir sie wieder. Das Lichttor war noch da. Golvadas und all jene, die über einen Bogen verfügten, schossen Pfeil nach Pfeil ab. Ob die Gefährten ihre Ziele trafen, sahen wir nicht. Die kleine Gelgerokschar, die sich von der Herde gelöst hatte, wurde noch vom Wald verdeckt.

Ich spürte mit einem Mal einen Lufthauch hinter uns. Ein Schatten huschte aus dem Wald hervor und an uns vorüber. Narelun schrie auf. Er saß zur Seite gewandt im Sattel und hielt die Zügel nur noch mit der Linken. Rasch nahm er die Rechte hinzu und zog sich wieder gerade in den Sattel. Sein Mantel war an der Seite zerfetzt. Hinter uns setzte ein Gelgerok auf den Boden auf und grollte uns nach.

»Verflucht!«, stieß Narelun aus und schaute voraus.

Ich folgte seinem Blick zu unseren Gefährten. Einer nach dem anderen verschwand im leuchtenden Nebel, bis schließlich nur noch Yoradae übrig war. Es schien, als wischte sie sich Tränen vom Gesicht. Sie ließ ihren grauen Hengst zuerst durch das Tor schreiten und wartete einen Moment. Dann schaute sie gehetzt zur Seite und sprang gesenkten Hauptes ins Licht.

Kurz darauf hatten wir den Wald passiert, und ich erkannte, warum unsere Gefährten sich zurückgezogen hatten. Sie hatten mit ihren Pfeilen nur einige Tiere zu Fall bringen können, die abtrünnigen Gelgerok strebten noch immer dem Albenstern entgegen, und kein Pferd in ganz Albenmark hätte uns vor den Bestien zur Lichtpforte tragen können.

Nun aber, da die Gefährten im Licht verschwunden waren, schienen die Gelgerok, die ihnen entgegengelaufen waren, nicht mehr zu wissen, was zu tun war. Sie trabten bis zum Felsen, hielten dort inne und schwenkten die Köpfe hin und her, als suchten sie die Gefährten. Selbst, als sie unser gewahr wurden, setzten sie sich nicht in Bewegung, sondern verharrten dort, als wüssten sie, dass das Lichttor unser Ziel war.

»Schneller!«, rief Narelun. »Sie werden das Tor schließen!«

Hinter uns folgte die Herde der Gelgerok wie eine tosende Welle, und vor uns warteten einige der Bestien, die ihre Verwunderung rasch überwinden mochten, sobald wir in ihre Nähe kamen; und ebenfalls dort erhob sich die Lichtsäule, unsere Zuflucht, die jeden Augenblick verschwinden mochte.

Als wir uns dem Albenstern näherten, stürmten die abtrünnigen Gelgerok uns entgegen. Narelun zog sein Schwert, während ich die Zügel fahren ließ, rasch meinen Bogen aus dem Sattel emporzog, einen Pfeil aus dem Köcher holte und ihn auf die Sehne brachte. Daerunau und ich hatten es so oft geübt, dass es fast wie von selbst ging.

Ich schoss, ohne zu zögern, und traf einen Gelgerok am Kopf. Der Pfeil streifte den Schädel entlang, die Bestie schüttelte das Haupt, lief aber weiter. Rasch brachte ich einen zweiten Pfeil auf die Sehne, mein letzter Schuss, ehe wir auf die Gelgerok trafen. Daerunau wollte nach rechts laufen, ich hielt sie mit meinen Beinen auf unserem Weg und feuerte den zweiten Pfeil ab. Ich hatte auf den Hals des Gelgerok gezielt, den ich bereits gestreift hatte, doch der Pfeil flog zu tief und traf das Tier am Bein. Ein gequälter Schrei, und der Gelgerok sprang zur Seite.

»Auseinander!«, rief Narelun.

Er strebte nach links, ich nach rechts.

Auch die Gelgerok liefen auseinander, zwei auf Nareluns Seite, der Rest, gewiss neun Tiere, hatte es auf mich abgesehen. Da sah ich es! Das Leittier der kleinen Schar, ein kleiner Bulle, lief mir entgegen.

Ich strebte zurück nach links. Einige der Tiere schienen verwirrt zu sein, und sogar eines, das auf Narelun zujagte, ließ sich von mir ablenken. Doch es half nichts. Der Bulle und jene, die ihm blind folgten, ließen sich nicht beirren. Ein letzter Haken, dann ließ ich Daerunau springen, und tatsächlich huschten die Gelgerok links und rechts an mir vorüber.

Dann aber traf mich etwas an der Schulter, mir wurde schwindelig, und ich fühlte mich schwerelos. Ich sah Narelun davonreiten. Ich hörte Gewittergrollen und Schreie. Ein Knurren über mir, und verschwommen erkannte ich die Zähne eines Gelgerok. Ich hielt etwas in der Hand und schlug die Bestie damit.

Der Gelgerok drückte seinen Körper auf mich, und mit einem Mal herrschte Klarheit vor meinen Augen. Ich hielt der Bestie meinen Bogen ins Maul. Das Tier versuchte, nach mir zu schnappen. Mein Bogen aus dem Holz der Ceren hinderte es daran, das Maul zu schließen. Es gelang der Bestie jedoch, die Sehne der Waffe abzureißen.

Mit einem Mal traf den Gelgerok etwas von der Seite. Der Schrei eines Elfen erklang. Narelun! Er war neben mir und stach dem Gelgerok in den Rücken. Doch hinter ihm erhob sich ein Schatten und fuhr auf ihn nieder. Der Krieger aus Valemas blieb auf den Beinen, entriss dem kreischenden Gelgerok über mir die Klinge und fuhr herum.

Ich ließ sofort den Bogen los. Während der Druck der Bestie noch stärker wurde, fasste ich den Dolch an meinem Körper und stach dem Gelgerok damit in den Hals.

Die Bestie ließ von mir ab, warf sich zurück und schwenkte den Kopf. Sie riss mir so den Bogen aus der Hand und schleuderte ihn fort. Ich aber rollte mich zur Seite und richtete mich nach Atem ringend auf. Dann zog ich mein Schwert und stach dem Gelgerok abermals in den Hals.

Die Bestie riss ihren blutenden Körper herum und lief zur kleinen

Schar ihrer Artgenossen. Da sah ich es! Daerunau war in der Mitte der Gelgerokschar gefangen. Die Stute schrie, wie kein Pferd schreien sollte. Es klang nicht wie die Stimme eines Tieres. Es hätte genauso gut eine Kentaurin sein können, die dort um ihr Leben kämpfte. Aus der Schar der Gelgerok wuchs nur Daerunaus Haupt empor, während das Schmatzen, Reißen und Hacken erahnen ließen, was darunter geschah. Das Maul meiner Stute war weit aufgerissen, sie versuchte, nach den Gelgerok zu schnappen, und versetzte einem von ihnen einen Tritt, der ihn niederwarf.

Zuerst wollte ich loslaufen, um Daerunau zu helfen, doch das Schicksal bewahrte mich vor dieser Dummheit. Daerunau versank nun vollständig inmitten der Bestien. Ihre Schreie verstummten, und ich hörte nur noch die hungrigen Gelgerok, die sich vom Fleisch meines Pferdes nährten, und das Grollen der Herde, die rasch herannahte. Wenn ich nun nicht davonlief, wäre es zu spät.

Narelun war bereits wieder im Sattel und ritt zu mir herüber. Ich steckte mein Schwert zurück in die Scheide, nahm meinen sehnenlosen Bogen aus dem Gras, warf ihn Narelun zu und sprang hinter ihm auf. Die Stoffrüstung des Kriegers war blutig und an vielen Stellen zerfetzt. Es hatte nur eines Augenblickes bedurft, ihn so zuzurichten, und doch wirkte er, als hätte er eine lange Schlacht bestritten.

Hinter uns erhob sich ohrenbetäubendes Gebrüll. Die Herde scharte sich um den Leitbullen. Es würde nicht mehr lange dauern, bis sie auf uns losstürmten. Das Leittier zerrte einen Teil von Daerunaus Körper hervor. Ich musste meinen Blick abwenden.

Narelun zögerte einen Augenblick, als warte er auf etwas. Dann ritt er los.

Nun fiel es auch mir auf. Das Lichttor war verschwunden. Narelun trieb seine Stute zu einem Sprung auf den Felsen an, und ich kniff die Augen zusammen und bemühte mich, die geringste Veränderung in der Luft zu erkennen. Vergeblich. Das Tor hatte sich geschlossen. Die Gefährten hatten die Albenpfade geschützt.

Wir ritten auf der anderen Seite vom Felsen hinab ins seichte Wasser des Sees, dann am Ufer entlang.

Das Gebrüll der Gelgerok schwoll zu einem Gedonner an. Wir schauten zurück, und da sahen wir, wie die Gelgerok untereinander kämpften. Der große Leitbulle fiel über den kleineren her, der sich mit anderen von der Herde abgesondert hatte. Sie liefen aufeinander zu und stießen mit ihren knochigen Häuptern gegeneinander. Dann verbiss sich der kleine Bulle im Hals des Leittieres.

Wir warteten nicht, bis der Machtkampf sein Ende fand, sondern ritten höher ins Gebirge hinauf. Schließlich waren wir gezwungen zu halten. Nicht nur, dass unser Pferd der Erschöpfung nahe war, auch Narelun verließen die Kräfte. Wir rasteten auf einem Hügel, der sich an eine Felswand schmiegte. Ich half dem Krieger aus dem Sattel und erkannte nun erst das Ausmaß seiner Verwundung. Der Gelgerok, der hinter ihm aufgetaucht war, hatte ihm tiefe Wunden in den Rücken geschlagen, und eine Krallenspur verlief vom Schlüsselbein über die Brust bis zur Hüfte.

Narelun hustete, als ich ihn von seinem Pferd an einen der Bäume führte, die auf dem Hügel wuchsen. Er lehnte sich gegen den Stamm und bemühte sich, ruhig zu atmen. »Das ist das Ende«, sagte er schließlich.

»Nein«, entgegnete ich. »Ich werde dich heilen.« Ich legte Narelun die Hand auf die blutende Brust und wirkte meinen Zauber. Ein Meister der Heilung war ich nicht, doch eine Wunde zu schließen oder einen Bruch zu richten vermochte ich recht gut. Während meine Kräfte aus meinen Händen flossen, sprach ich mit Narelun, denn er schien der Bewusstlosigkeit nahe. »Schlaf nicht ein«, sagte ich. »Narelun!«

»Bist du sicher, dass deine schwachen Hände mich heilen können?«, fragte er.

»Du spottest. Demnach lebst du noch.« Narelun lächelte gequält.

»Sag, hast du meinetwegen kehrtgemacht? Bist du mit ihr durchgekommen?« Ich schaute zu Nareluns unversehrter Stute.

»Du hast mir geholfen, den anderen zur Flucht zu verhelfen, und ich habe dir geholfen, es nicht mit dem Leben zu bezahlen.« Narelun hustete und verdeckte den Mund mit den Fingern. Dann wischte er sich die blutigen Hände an seinem hellen Mantel ab. »Es geschieht nichts, Nuramon.«

Der Krieger hatte recht. Meine Magie sickerte zwar in Nareluns Körper, doch sie setzte sich dort nicht fest und vollbrachte nicht das, was ich gewohnt war. Die Wunde war unverändert.

Narelun schaute sich um. Sein Blick fiel ins Tal, aber mich vermochte der von mir ersehnte Blick hinab über das Grenzland hinweg zum Wald des Alaen Aikhwitan nicht mehr zu locken. Ich schaute nur kurz hin.

»Was ist das?«, fragte Narelun und starrte mit erstaunter Miene in die Luft. »Was habe ich getan, dass es so endet?« Es lag kein Bedauern in seiner Stimme, sondern Verwunderung. Es schien, als fixiere Narelun etwas für mich Unsichtbares. Ein Duft von frischen Blüten verbreitete sich.

Dann fasste er mich im Nacken und starrte mir in die Augen. Er öffnete den Mund. Seine Zunge war voller Blut. »Bist du dieses Opfers wert?« Er hustete und wischte sich das Rot von den Lippen. Erschöpft ließ er von mir ab.

»Nein, Narelun«, lautete meine Antwort. »Du hättest der Gemeinschaft eher gedient, wenn du ohne mich durch die Pforte geritten wärest.« Das war die Wahrheit. Wer wusste schon, was den Gefährten bevorstand und ob sie des Schwertarmes dieses Kriegers bedurften.

»Mir ist dein Schwert aufgefallen. Und dein Bogen. Das sind die Waffen eines großen Kriegers.« Er schloss die Augen und öffnete sie langsam wieder. »Lass meinen Tod nicht umsonst gewesen sein.«

»Ich werde dir keine Schande machen.«

»Du sagtest, du hättest keinen Mentor gehabt?« Nareluns Augen glänzten.

Ich nickte.

»Dann lass mich dir mit meinem letzten Atem noch ein Mentor sein.« Er lächelte. »Drei Dinge musst du befolgen: Gib dein Leben nur, wenn dein Gewissen es fordert! Gehorche nur deinem Willen, beuge dich nicht dem Willen anderer! Und vor allem: Finde deinen eigenen Weg! In tausend Jahren soll man sich noch von Nuramon erzählen.«

All die Sehnsüchte, die ich bei meiner Sippe gelitten hatte und mit denen ich in die Ferne geschaut hatte, kehrten in diesem Augenblick zurück. Ich wünschte mir, Narelun hätte diese Worte früher zu mir gesprochen. Ich war mir selbst ein Lehrmeister gewesen, vermochte aber nicht, den ganzen Weg zu gehen. Es brauchte Narelun, um meine Lehrjahre abzuschließen.

»Nimm mein Pferd. Yerimee wird sich an dich gewöhnen. Und nimm meine Sachen. Bring sie nach Valemas und erzähl jedem, wie ich starb. Und wenn dich jemand fragt, wer du bist, dann sag, ich sei dein Lehrmeister gewesen.«

»Und ich werde ihnen auch sagen, dass du ein Freund warst.«

Narelun schaute sich fragend um. Dann starrte er auf die Felswand, als stünde dort jemand. »Er?«, fragte der Krieger. »Das wird er tun?« Er musterte mich, als sähe er mich zum ersten Mal. »Dann war es mir eine Ehre.«

Ein silbernes Licht umstrahlte Narelun. Als wäre sein Körper nichts weiter als Nebel, löste er sich vor meinen Augen auf. Als der Silberschein verging, war der Krieger mitsamt seiner Kleidung verschwunden. Der Blumenduft blieb.

Noch heute läuft mir ein Schauer über den Rücken, wenn ich mir diesen Moment in meine Sinne rufe. Narelun war ins Mondlicht gegangen, und ich frage mich noch immer, was er gesehen und gehört hatte. Hatten ihm die Ahnen aus Valemas gezeigt, dass ich einst mit Farodin und Mandred in das neue Valemas gelangen würde? Hatten sie ihm zugeflüstert, dass ich Yulivee in Iskendria finden und sie mir zur Schwester wählen würde? Ich werde es nie erfahren, nicht solange ich lebe. Erst im Mondlicht mag die Antwort auf mich warten, so ich es je erreiche.

Zuerst fühlte ich mich einsam, weil ich den Eindruck hatte, nur auf mich allein gestellt zu sein. Doch Yerimee teilte mein Schicksal. Wir beide hatten unseren Vertrauten verloren. In den drei Tagen, die wir den mühsamen Aufstieg wagten und immer wieder gefährlich nahe an die Gelgerok herankamen, hatte ich gelernt, mich auf die Stute zu verlassen. Sie besaß Kraft, und ich wagte es mit ihr, Steigungen hinaufzureiten, die ich Daerunau nicht zugemutet hätte. Doch so wie Yerimee gewiss lieber Narelun auf ihrem Rücken gewusst hätte, so gerne hätte ich Daerunau bei mir gehabt.

Mein Ziel war der Turm der Zwerge, von dem Yoradae gesprochen hatte. Vielleicht hatte ich Glück, und meine Gefährten warteten dort auf mich. Leider musste ich feststellen, dass dieser Ort nur über gewaltige Umwege zu erreichen war.

Mir boten sich in den folgenden zwei Tagen viele Blicke ins Tal, und wohin ich auch sah, die Gelgerok beherrschten die Berge. Sie waren ständig auf der Jagd, sei es in Herden, in kleinen Scharen, die zusammenstießen und sich nach verspeister Beute wieder trennten, oder sei es, dass Einzelgänger auf der Suche nach Beute abseits der Herden das Land durchstreiften.

Im Morgengrauen des dritten Tages wagte ich mich mit Yerimee auf einen schmalen Pfad, der am Rande eines Hochtals zum Zwergenturm hinaufführte. Wir gewannen allmählich an Höhe, und der Hang unter uns wurde immer steiler, bis er sich schließlich zu einer Felswand aufgerichtet hatte. Ich kam dem Turm immer näher und sah schließlich Steintreppen, die in eine Schlucht zu einem Fluss hinabführten. Dann erblickte ich einen Gelgerok. Er kam über eine Brücke gelaufen, die jenseits des Turms über die Schlucht und auf den Weg führte, der sich ins Tal hinabsenkte. Die Bestie sprang auf einer der Treppen in die Tiefe.

Aus der Schlucht hallte das Gebrüll weiterer Gelgerok empor. Dazwischen mischten sich die Kraftschreie eines Albenkindes. Ehe ich die Schlucht ganz überblicken konnte, flohen zwei Gelgerok hastig die Stufen herauf, liefen über die massive Brücke davon und folgten dem Weg hinab ins Tal.

Unten in der Schlucht waren jedoch noch zwei Gelgerok verblieben. Der eine stand auf den Stufen, der andere war am Boden, den Fluss im Rücken. Nun sah ich, worauf sie es abgesehen hatten. Sie drohten einer eisernen Gestalt. Ringsumher lagen weitere seinesgleichen, aber auch die Kadaver von einem halben Dutzend Gelgerok.

Die eiserne Gestalt saß mit dem Rücken gegen einen Stein gelehnt und hob etwas, das wie ein Holzschaft aussah. Aus diesem löste sich ein Pfeil und traf den Gelgerok vor ihm. Der andere setzte zum Sprung an, doch der Eiserne warf rasch einen Dolch nach ihm. Beide Tiere waren nun verletzt, und doch ließen sie sich nicht in die Flucht schlagen.

Der Eiserne legte den Kopf zurück. Es war ein Albenkind, offenbar ein Zwerg in metallener Rüstung. Sein Gesicht wirkte grau wie Stein. Sein Harnisch war an vielen Stellen verbeult, die Kettenhaube saß ihm schief auf dem Schädel, und verkrustetes Blut klebte an seiner Wange.

Die Gelgerok ließen von dem Zwerg ab, umliefen ihn und stürzten sich jenseits des Steines auf etwas. Der Zwerg versuchte verzweifelt, aufzustehen und um den Stein herumzukommen. Er stützte sich auf dem Felsen ab und vermochte sich so auf das linke Bein zu stellen. Mit seinem eigenwilligen Querbogen feuerte er einen weiteren Pfeil ab. Einer der beiden Gelgerok fiel leblos zu Boden, der andere schnappte nach etwas und zog es hinter dem Felsen hervor. Es war ein weiterer Zwerg, doch er rührte sich nicht. Der Gelgerok versuchte, seine Beute in Sicherheit zu bringen. Der Zwerg am Felsen fiel zu Boden und schaute dem Tier vor Verzweiflung schreiend nach.

Ich ritt rasch den Weg entlang. An den Stufen, die sich in die Tiefe wanden, hielt ich an, schwang mich aus dem Sattel, zog mein Schwert und lief hinab. Weder die Bestie noch der Zwerg hatten Augen für mich. Erst als ich die letzten Stufen mit einem Sprung hinter mich brachte und auf dem Boden aufsetzte, erstarrte der Zwerg und riss die Augen auf, als hätte er einen leibhaftigen Alben gesehen. Der Gelgerok ließ von seiner Beute ab und fuhr herum.

Ich dachte an Narelun und daran, dass ich ihm keine Schande machen durfte. Er hatte meine Lehre abgeschlossen, und ich war hier und jetzt bereit, alles aufzubieten, was ich gelernt hatte, und all die Wut über den Verlust Nareluns und Daerunaus in den Angriff auf die Bestie vor mir zu stecken.

Ich drohte nicht, ich wartete nicht, ich lief direkt auf den Gelgerok zu. Die Bestie sprang zurück, doch nicht weit genug. Schon stieß mein Schwert vor und traf ihren harten Schädel. Unbeeindruckt schlug das Tier mit einer Kralle nach mir. Ich tauchte rasch unter dem Hieb hinweg, strebte nach vorn und stieß mein Schwert in die Höhe, genau in den Hals des Gelgerok. Das Blut des Ungetüms ergoss sich über meine Hände. Schließlich riss ich mein Schwert zurück und sprang zur Seite.

Die Bestie ging zu Boden, doch ich stieß ein weiteres Mal zu, und noch einmal. Dann erst ließ ich von dem Gelgerok ab und wandte mich dem Zwerg zu.

Die Erzählungen entsprachen der Wahrheit. Die Kinder der Dunkelalben waren kleiner und viel breiter gewachsen als Elfen. Nur einer der Toten trug einen Bart, und im Gesicht meines Gegenübers waren lediglich einige Stoppeln zu erkennen. Der Zwerg saß erschöpft am Felsen und starrte mich noch immer an. Auf meinem Weg zu ihm hinüber kam ich an fünf Kadavern der Gelgerok vorüber. Die Zwerge waren in die gleiche Lage geraten wie meine Gefährten und ich.

»Wer bist du?«, fragte er mit müder Stimme. Sein graues Gesicht schien von seiner Erschöpfung herzurühren.

»Ich bin Nuramon, Sohn des Garemon.«

»Du bist ein Kind der Lichtalben«, sagte er und spielte damit auf die Vorstellung an, dass es in Vorzeiten Licht- und Dunkelalben gab, von denen die einen unter der Sonne lebten, die anderen unter der Erde. Und jedes der beiden Völker habe Wesen erschaffen, ihre Albenkinder. »Ein Elf«, setzte der Zwerg nach.

»Und du bist ein Kind der Dunkelalben.«

Er nickte bemüht. »Alwerich.« Er hob den Kopf und blickte zur Brücke. »Sie werden bald wiederkommen.«

»Ist dein Bein gebrochen? Konntest du dich deshalb nicht hinaufretten?« Ich deutete zum Turm in der Höhe.

Der Zwerg nickte. »Der Oberschenkel. Aber ich will auch nicht die Leichen meiner Gefährten aufgeben.«

»Aber sind ihre Seelen nicht fort?«, fragte ich.

»Und doch sollen ihre Körper in Stein bestattet werden. Du bist stark, du kannst mir helfen, bevor die Gelgerok wiederkommen.«

»Glaubst du, sie kehren zurück, wenn sie das Blut ihresgleichen riechen?«

»Drei Wellen habe ich schon überstanden.«

»Einer weiteren bist du nicht gewachsen, Alwerich.«

»Dann hilf mir. Ich würde gerne meine Flasche füllen.« Er nickte hinüber zum Fluss.

Ich half dem Zwerg auf und stützte ihn. Humpelnd bewegten wir uns ans steinige Ufer. Während er trank und seine breite Metallflasche auffüllte, wusch ich mir das Gelgerokblut von den Händen, das nicht bereits davon abgetropft war. Vieles perlt von unserer Haut ab, doch Blut ist hartnäckig und mag selbst unsere Hände beschmutzen, besonders das Blut von Gelgerok und Drachen. Danach säuberte ich mein Schwert und bemerkte, dass Alwerich die schmale Klinge mit verwundertem Blick musterte.

»Hilfst du mir, meine Gefährten nach oben in den Turm zu tragen?«, fragte er.

Ich nickte. »Aber zuerst werde ich dich hinaufbringen.« Er machte eine beschämte Miene.

»Hast du noch Pfeile?«, fragte ich.

»Ich habe noch zwei Bolzen bei mir, die anderen sind in meinem Rucksack. Und meine Armbrust liegt noch am Felsen.«

Ich holte ihm die Pfeile, die er Bolzen nannte, und auch seinen Bogen, den er als Armbrust bezeichnete. Dann trug ich ihn auf meinem Rücken hinauf zu Yerimee.

Der Zwerg war von der Stute ganz gebannt. Das Pferd aber schien sich nicht sicher zu sein, was es von dem Zwerg halten sollte, und wich zurück. »Sie hat offenbar noch nie einen Zwerg gesehen«, sagte ich.

»Und ich sah noch nie ein Pferd. Wie falsch wurden sie mir beschrieben!«

Ich machte mich ans Werk, und unter der Last der Zwergenkörper fragte ich mich, was jeden dieser Toten, die ich auf meinem Rücken trug, mit Alwerich verbunden hatte und welche Lebenswege dort unten ein Ende gefunden hatten. Oben legte ich die Leichen vor Alwerich ab, und der Zwerg machte sich daran, die geschundenen Körper in ihre Mäntel und Decken einzuwickeln.

Als ich alle Gefährten und ihr Hab und Gut aus der Schlucht geholt hatte und Alwerich auch den letzten Körper bedeckt hatte, reichte mir der Zwerg seinen Wasserbeutel, und ich trank daraus. Er lächelte, als freue er sich darüber, dass ein Elf das Angebot eines Zwergs nicht zurückwies.

Ich bot ihm die letzten Speisen, die ich noch in meinem Beutel führte. Es waren einige Blätter und Beeren.

Der Zwerg zeigte auf die Blätter. »Rotherzen!«, sagte er.

»Bei uns heißen sie Feenschatten«, erklärte ich.

Alwerich nahm ein Rotherz und aß es, während ich mit den Beeren vorliebnahm.

»Ich verstehe mich aufs Heilen«, sagte ich und zeigte Alwerich meine offene Hand.

»Kann Elfenmagie einen Zwerg heilen?«

»Hast du eine andere Wahl?«

Er schüttelte den Kopf. »Hilf mir aus der Rüstung.«

Unter Schmerzen ließ Alwerich sich von mir die Kettenhaube und die Metallrüstung abnehmen. Er hatte eine schwere Platzwunde am Kopf, und seine Rüstung hatte den Rammangriffen der Gelgerok nicht standgehalten und sich nach innen gebeult. Sie war durch das dicke Wollhemd hindurchgedrungen, hatte Alwerichs Rippen geprellt und unterhalb des Brustkorbes sogar eine Wunde gerissen. Am meisten aber plagte ihn sein gebrochener Oberschenkel.

»Das Bein muss geschient werden«, sagte er.

Ich legte ihm meine Hand auf die Kopfwunde. Alwerich zuckte vor Schmerz und zog die Schultern zusammen. »Vom Schienen verstehe ich nichts«, sagte ich. »Wir werden es mit Magie richten.«

Alwerich lehnte sich ruhig zurück. Ich achtete auf jede Regung meiner Magie und merkte, wie sich die Zauberkraft an Alwerichs Kopf festsetzte. Dann schaute ich mir die anderen Wunden an und versorgte sie.

Schließlich war Alwerichs Bein an der Reihe. Es war nicht das erste Mal, dass ich einen Bruch heilte. Ein Augenblick Konzentration, ein Ruck, ein magischer Stoß! Und das Werk war vollbracht.

Der Zwerg starrte mich mit entsetzter Miene an. »Ich verstehe« war alles, was er sagte.

»Es ist gerichtet, nun muss es heilen. Mit ein wenig Ruhe und lindernder Magie könnten es schöne Tage werden. Ohne Magie und bei Überanstrengung wirst du Qualen leiden.«

»Und ich dachte, es wäre ganz einfach«, sagte der Zwerg grinsend.

»Ich kann heilen, bin aber kein Meister auf diesem Gebiet.« Ich reichte Alwerich einen Mantel und neue Hosen aus seinem Gepäck. Als er sich angekleidet hatte, hob ich ihn in meinen Sattel. Der Zwerg lachte wie ein Kind, und Yerimee duldete ihn auf ihrem Rücken. Ich fasste die Zügel und führte meine beiden Gefährten hinauf zum Turm.

Die Zwerge hatten das graue Gebäude aus dem Berg gehauen und ihm nur auf dieser Seite die Attribute eines von Hand geschaffenen Bauwerks verliehen. Ein Tor, Fenster, Luken und Scharten. Nachdem ich mich vergewissert hatte, dass auf der Brücke zur Rechten keine Gelgerok nahten, entriegelte ich das Tor, und wir betraten den Turm. Die Decke war höher, als ich es von einem Zwergenbauwerk erwartet hätte. Aber ich hatte gehört, dass die Zwerge weite Hallen liebten, und so wunderte ich mich nur kurz, dass die Decke auch für mich hoch genug war.

Ich half Alwerich vom Pferd und trug ihn an den Kamin, wo der Zwerg trotz seiner Schwäche Feuer machte. Dann holte ich mit Yerimee Alwerichs Gefährten und deren Hab und Gut in den Turm und schaffte die Leichen in den Keller. »Dort sind sie am besten aufgehoben«, sagte Alwerich, und ich stimmte ihm zu.

Als alle Arbeit erledigt war, bat mich Alwerich, Schinken und Wein aus dem Keller zu holen. Als ich auf dem Rückweg an den Leichen vorüberkam, fühlte ich mich wie ein Dieb. Die Speise und der Trank waren nicht für mich bestimmt gewesen, sondern für die Zwerge, die dort tot am Boden lagen.

Wir aßen am Kamin zu Abend, doch Alwerichs Schweigen und sein Blick zur Kellertreppe verrieten, dass ihn ähnliche Gedanken plagten wie mich. »Wir kommen nicht oft in diesen Turm«, sagte er schließlich. »Nur wenn wir in diesem Gebiet jagen, füllen wir die Vorräte auf.« Alwerich erzählte mir, dass er und seine Gefährten die Lage hier im Tal untersuchen sollten und vor lauter Gelgerok nur noch den Turm als Ausweg gesehen hatten. »Dass ich diesen Wein mit einem Elfen trinken würde, hätte ich nie gedacht.« Er senkte den Kopf und schaute in seinen Becher. »Wir könnten hier eine Weile bleiben. Doch leider ...« Er brach ab und schaute zu mir auf.

»Du musst zurück und berichten, nicht wahr?«

Er nickte. »Und ich will, dass sie die Toten holen. Nun, da sie hier sind, können andere sie über die Albenpfade fortschaffen. Und du? Was führt dich in unser Reich?«

Ich erzählte, dass die Gelgerok im Tiefland in Herden wüteten. »Wir kamen auf einen Albenpfad und gerieten in einen Hinterhalt. Ich hatte die Wahl, ein Gebiet zu durchqueren, das die Gelgerok fest im Griff halten, oder aber hier heraufzukommen, um mir einen Überblick zu verschaffen.«

»Der König hört es nicht gerne, wenn Fremde ohne sein Wissen in sein Reich eindringen«, sagte Alwerich. »Ich aber will nachsichtig sein, denn ohne dich wäre ich nun wahrscheinlich der Nachtisch eines Gelgerok.«

Ich lächelte.

»Wenn es ein Überblick war, den du gewinnen wolltest, dann komm mal mit.« Der Zwerg stützte sich an der Wand ab und richtete sich auf. Das rechte Bein belastete er nicht, sondern ließ sich von mir helfen.

Im ersten Stock des Turmes brachte ich Alwerich an ein niedriges Fenster, das sich rechts die Wand entlangzog. Für ihn und seinesgleichen war es hoch genug, ich aber musste mich bücken, um hinauszuschauen.

Unter uns erstreckten sich Hügel, Berge und Täler. Steil unter uns sah ich sogar den Albenstern, an dem Daerunau zur Beute der Gelgerok geworden war. Jenseits des Grenzlands erblickte ich den Wald

Alaen Aikhwitans. Wäre der Turm nur ein wenig weiter entfernt gewesen, meine Heimat wäre im Dunst der Ferne verschwunden. Einen Moment genoss ich den Blick auf den Wald. Dann aber sah ich die Gelgerok, die überall zu wüten schienen. Und jeder schöne Gedanke verging.

»Unglaublich«, flüsterte Alwerich. »Tatsächlich. Ganze Herden.«

Ich zählte fünf Herden, die weit voneinander entfernt über die Hügel und durch die Täler zogen. Dazwischen Scharen und abseits dieser etliche Einzeltiere. »Woher kommen sie?«, fragte ich den Zwerg, als müsse dieser die Antwort wissen.

»Manche glauben, ihr hättet die Plage über uns gebracht. Aber deine Anwesenheit sagt mir, dass ihr genauso wenig wisst wie wir.« Er grinste. »Ich vermute, auch bei euch denkt man nichts Gutes über uns. Machen wir uns also nichts vor.« Er deutete in die Mitte des Raumes. Dort befand sich ein Mosaik, eine Spirale. Die Fuß- und Hufspuren im Staub waren kaum zu übersehen. »Waren das deine Gefährten? Und bist du deshalb hergekommen?«

Ich nickte und zeigte ihm von der Fensteröffnung aus, wo uns die Gelgerok überrascht hatten, wo mein Pferd das Leben verloren hatte. Ich erzählte ihm alles, deutete nach links, die Turmwand entlang, und zeigte, wo ich ins Gebirge emporgestiegen war.

»Dort verlor Narelun sein Leben.«

Alwerichs Grinsen war verschwunden. »Du hast also im Grunde das Gleiche durchgemacht wie ich.«

»So scheint es. Nun, da meine Gefährten hier waren, werden sie wissen, dass diese Plage zu groß ist, um von Albenkindern heraufbeschworen zu sein. Vielleicht sind sie bereits wieder im Tal und haben Emerelle Bericht erstattet.«

Alwerich holte tief Luft. »Und was würden sie tun, wenn sie erkennen, dass die Quelle des Übels auf Zwergengebiet liegt?«

»Unsere Königin wird Forderungen stellen.«

»Mein König wird drei Dutzend Krieger herschicken, wenn er erfährt, dass deine Gefährten hier waren. Vielleicht ist es der Beginn eines Krieges. Und das, während überall das Chaos herrscht.

Eigentlich müsste ich dich zu meinem Volk bringen, damit du dich erklärst. Ich würde es jedoch nicht durch das Tal schaffen. Mit deinem Pferd könnte es gelingen. Aber du willst dich sicher nicht vor meinem Volk erklären müssen.«

Ich dachte den ganzen Abend über Alwerichs Worte nach und fragte mich auch, ob ich mich überhaupt noch auf dem Pfad befand, auf dem ich ausgezogen war. Mit Nareluns Tod hatte etwas Neues begonnen, und da drei Tage vergangen waren, hatten meine Gefährten ihren Auftrag vielleicht längst zu Ende gebracht. Der Abstieg durch die Herden der Gelgerok würde, so er mir glückte, gewiss Wochen dauern. Ich musste mir eingestehen, nicht mehr Teil des Spiels zu sein, in das mich Emerelle entlassen hatte. Wie sollte ich ihr und uns allen nun am besten dienen? Nareluns Worte nagten an mir. *Finde deinen eigenen Weg*. Genau das würde ich tun. Denn das Schicksal hatte mich von meinen Gefährten getrennt und zu weit von Emerelle entfernt, um ihren Willen zu erfragen.

Am nächsten Morgen wartete ich bis nach dem Frühstück. »Ich werde dich zu deinem Volk bringen, Alwerich«, sagte ich dem Zwerg schließlich. »Auch damit sie deine Gefährten holen können.«

Alwerichs Augen glänzten. »Dir ist klar, dass das übel für dich enden könnte.«

»Würden sie einen Elfen töten, der einem Zwerg das Leben gerettet hat?«

»Du kennst unseren Hof nicht. Am Ende danken sie dir und lassen dich dann hinrichten.«

»Vielleicht solltest du darüber schweigen, sonst überlege ich es mir noch anders.«

»Ich sag kein Wort mehr«, sagte der Zwerg grinsend.

Am Mittag machten wir uns auf den Weg. Alwerich behielt recht. Alleine hätte er den Weg durch das Tal nicht geschafft. Auf Yerimees Rücken jedoch behaupteten wir uns. Die Kraft der Stute schien keine Grenzen zu kennen. Trotz des enormen Gewichtes des Zwergs lief das Pferd den Gelgerok davon.

Am Ende des Tales folgten wir einer langen Schlucht und fanden schließlich Jagdspuren. Blut, Haut und Knochen. Die Zwerge hatten die Gelegenheit genutzt und die Gelgerok erlegt, die sich hierhergewagt hatten.

Ein Bolzen schoss an uns vorüber. Ich packte die Zügel fester und war bereit, Yerimee herumzureißen, doch dann brüllte jemand von jenseits der Felsen: »Das ist Alwerich, ihr Narren!«

Nun hagelte es statt Pfeilen Entschuldigungen, und kurz darauf blickten drei Köpfe über einen Felsen, der den Eingang zu einer Felsspalte verstellte – zwei mit Kettenhauben, der andere mit einem Eisenhelm geschützt.

»Verzeiht! Wir dachten, ihr wäret Beute!«, sagte der Zwerg mit dem Eisenhelm. »Alwerich! Wo sind die anderen?«

»Sie sind tot, Wuregalf.« Alwerich berichtete knapp, was am Turm geschehen war. Einem Schützen standen die Tränen in den Augen, der andere senkte den Blick.

Wuregalf schluckte und atmete tief durch, ehe er sprach. »Und dieser Elf hat euch beigestanden?«

»Er rettete mir das Leben.« Alwerich berichtete, dass ich ihn die Stufen emporgetragen und auch die Leichen seiner Gefährten bis in den Turm hinaufgebracht hatte.

Wuregalf nickte. »Nuramon. Zu welcher Sippe gehörst du?«

»Zu der des Weldaron.«

»Nie gehört. Lass mich offen sprechen: Elfen sind in diesen Zeiten nicht gern gesehen.« Er sah zu Alwerich. »Aber ein Lebensretter ist ein Lebensretter. Der König soll über dich entscheiden.«

»Ich erkläre mich ihm gerne«, sagte ich. Dann stieg ich von Yerimee ab und führte sie und damit auch Alwerich hinter Wuregalf her. Die Schützen flankierten uns und zeigten großes Interesse an mir und Yerimee. Von Misstrauen fand ich keine Spur in ihren Gesichtern. Wuregalf aber schaute sich immer wieder mit ernster Miene zu mir um. Er wirkte alt. Ich hatte gehört, dass die meisten Zwerge Zeichen des Alters trugen, und tatsächlich war das Haar, das sich unter Wuregalfs Helm herunterwölbte, grau. Auch seine Wangen waren, anders als die der beiden Schützen, von tiefen Falten durchzogen.

Der alte Zwerg führte uns zu einem gewaltigen Tor, das offen stand. Jenseits davon warteten rund ein Dutzend Zwerge und tuschelten untereinander. Ich spürte die Magie des Albensterns, der direkt im Torrahmen zu liegen schien.

Als wir die Schwelle überschritten, zuckte ich zusammen, und auch Yerimee ließ sich von meiner Bewegung verunsichern und blieb für einen Augenblick stehen. Etwas war mit einem Schlag anders. Vielleicht lag es am Luftzug, der aus einer anderen Richtung kam, vielleicht an den Lichtverhältnissen. Ein Blick zurück, und ich sah den Weg, auf dem wir gekommen waren. Dann aber verschwammen der Weg und die Felswände, und nur der Torrahmen und die Torflügel blieben zurück. Dahinter war nichts anderes mehr als eine Mauer. Das Tor zum Zwergenreich war ein mächtiger Albenstern. Es bewies, dass die Zwerge enorme Macht erworben hatten.

Weit oben im Gewölbe drang Licht aus Kristallen und wurde von den hellen Wänden reflektiert. Viele der Wachen, die uns hier erwarteten, waren schwer gerüstete Krieger, und ich konnte nicht anders, als zu denken, dass sie unter anderen Umständen meine Feinde gewesen wären. Ich sah auch, dass die Eingangshalle eine Todesfalle war. Das mächtige Tor gegenüber würde Eindringlinge aufhalten, und aus den Scharten in den Wänden würden Bolzen dem Feind einen unliebsamen Empfang bereiten.

Wuregalf sprach kurz mit einem Krieger in einer Prachtrüstung, dann öffnete sich das Tor auf der anderen Seite, und wir gelangten in eine riesige Halle. Sie war rund, und durch offen stehende Tore erspähte ich weitere Pforten, die scheinbar in den Fels gebaut waren. Eine bot einen Blick ins Freie, in ein felsiges Tal, über dem niedrige Wolken schwebten. Ein weiter See zog sich bis zu den schneebedeckten Hängen hin. Die Magie, die hier überall floss, machte mich fast schwindelig.

Mir fiel auf, dass die einzelnen Durchgänge und Pforten nicht gleichmäßig angelegt waren. Der eine Raum war kleiner als der andere, der eine etwas niedriger, der andere etwas höher. Die Zwerge hatten ihre Hallen an die Albenpfade angepasst. Sie hatten hier eine

Stelle gefunden, an denen sich besonders viele Albensterne befanden, und ein gigantisches Torhaus erschaffen.

Wir folgten Wuregalf einen langen Gang in die Tiefe zu einem Lichttor, wie Yoradae es zu öffnen vermochte. Der Torrahmen jedoch, in den sich das Licht spannte, pulsierte grün. Vor lauter Magie schien die Luft zu zittern.

Wir traten ins Licht, und kaum befanden wir uns in der Dunkelheit, schaute ich zurück. Tatsächlich! Nicht weit entfernt befanden sich so viele Albensterne, dass ihre Strahlen einander überdeckten. Doch keiner der Pfade stieß in den Albenstern, auf dem wir uns befanden. Einige stachen über uns hinweg in die Ferne, doch hier kreuzten sich nur zwei Pfade. Der eine fuhr senkrecht in die Höhe, auf dem anderen gelangten wir zu einer Kreuzung. Hier traten wir durch ein weiteres Lichttor.

Eine gewaltige Halle öffnete sich vor unseren Augen. Die Decken waren aus Bergkristall, aus dem Licht strömte; Säulen strebten wie Baumriesen in die Höhe, und mächtige Barinsteine an den Säulen ließen die Halle bis in die Ferne erstrahlen.

Erst die von überall herannahenden Zwerge zogen meine Blicke in die Tiefe. Sie bestaunten Alwerich, der noch immer auf Yerimee saß und von mir geführt wurde. Ich fand mehr Neugier als Feindseligkeit in den Mienen, und abermals machte Alwerich keinen Hehl daraus, dass ich ihm das Leben gerettet hatte. Er rief es den Leuten rasch zu, und jedes Mal, wenn es ihm über die Lippen kam, schien ihn das Schicksal seiner Gefährten mehr zu bekümmern.

»Wo ist Thureine?«, fragte schließlich ein Krieger.

Alwerich kämpfte mit den Tränen. Seine Erzählung von der Zauberin, die ohne schwere Rüstung den Angriffen der Gelgerok als Erste erlag, sagte mir, welche der Leichen es war. Ich hatte mich gefragt, wie das Schicksal der Gefährten Alwerichs verlaufen war. Ein Blick in die trauernde Miene des Kriegers zeigte mir, dass er offenbar Thureines Geliebter gewesen war, und ich wusste nun mehr, als meinem Herzen lieb war.

Nachdem Alwerich von meiner Hilfe berichtet hatte, trat der Krieger an mich heran.

»Das soll dir vergolten werden, Elf.«

Ich nickte dankend.

Durch eine Reihe von Seitenhallen, die eine prachtvoller als die andere, führte uns Wuregalf weiter, bis an eine Pforte. Sie war mit goldenen Platten geschmückt, welche die Geschichte des Zwergenvolkes erzählte. Die Anfänge unter den Alben, die Kämpfe gegen die Drachen und andere Bestien, die in den Tiefen der Welt wohnten. Eine Darstellung fiel mir besonders ins Auge. Ein Zwerg in schlichtem Gewand stand zwischen leuchtenden Strahlen, die sich kreuzten, und wies mit den Händen darauf, als wären sie Geschenke. Das musste Thorwis sein, der Weise unter den Zwergen, der die Herrschaft mied und die Macht Wengalf, dem König der Zwerge, überlassen hatte.

Ich half Alwerich vom Pferd, und er erzählte mir, dass die größten Erzähler hier vor den Bildnissen die Vergangenheit in Geschichten zum Leben erweckten.

Nach einer Weile trat ein edel gekleideter Zwerg durch eine kleine Tür zu uns und fragte Wuregalf nach unserem Anliegen. Nach einer ausführlichen Erklärung verschwand er wieder, und wir warteten.

»Alwerich!«, rief plötzlich jemand, und eine Zwergenfrau kam mit wehendem Gewand näher.

»Sie haben mir erzählt, was geschehen ist.« Sie küsste ihn.

»Solstane!« Er wies auf mich. »Dies ist Nuramon, mein Lebensretter.«

Die Zwergin verbeugte sich vor mir. »Du ahnst nicht, zu wie viel Dank ich dir verpflichtet bin.« Dann sah sie sich Alwerichs Wunden an. Da dieser jede seiner Verletzungen als Kratzer bezeichnete, wandte sich Solstane an mich, und ich sagte die Wahrheit. »Seine Verletzungen sind nicht kuriert. Er braucht Ruhe oder starke Magie. Ich könnte …«

»Du hast genug getan«, entgegnete Alwerich.

Solstane lächelte. »Ich werde mich schon darum kümmern.«

Der edel gekleidete Zwerg kehrte zu uns zurück. »Der König möchte dich sehen, Nuramon aus der Sippe des Weldaron. Aber Alwerich soll zu den Heilern gehen, ehe er vor Seine Majestät tritt.«

Während Alwerich mit den Schultern zuckte, verzog Solstane das

Gesicht zu einer misstrauischen Miene. Sie winkte einen Wächter herbei. »Stütz du Alwerich und bring ihn zu den Heilern.«

»Und was machst du?«, fragte Alwerich Solstane.

»Wenn ich dich schon nicht heilen darf, dann werde ich für dich zuhören.«

Alwerich grinste. »Ich werde den Heilern meinen Diamanten geben, wenn sie mich nur rasch wieder auf die Beine bringen.« Er schaute mich an. »Und dann gehen wir gemeinsam auf Gelgerokjagd. Dann zahlen wir es ihnen heim.«

Ich nickte und lächelte, teilte aber die Zuversicht meines Gefährten nicht. Solstanes Miene machte mir Sorgen. Wahrscheinlich drohte mir Schlimmes, und man wollte Alwerich nicht dabeihaben.

Das große Tor öffnete sich und gab den Blick auf eine Halle frei, in der Licht und Schatten sowie ein Schein aus Gold und Silber herrschten. Ohne eine einzige Säule erstreckte sich der breite Saal bis zum Thron des Zwergenkönigs.

Der Hofmeister wollte sich Solstane in den Weg stellen, ich aber drückte ihm rasch die Zügel Yerimees in die Hand, und der Zwerg erstarrte vor Überraschung. An Wuregalfs Seite, immer noch begleitet von den beiden Schützen und Solstane im Gefolge, schritt ich den Saal entlang. Durch Seitentore strömten weitere Zwerge herein und musterten mich mit neugierigen Blicken. Ich bemühte mich vorauszuschauen.

Um den Thron des Königs und den leeren Thron neben ihm standen unauffällig gekleidete Gestalten mit hohen Hüten, anscheinend Berater des Königs. Und dann war da eine Gestalt, ein alter Zwerg mit langem Bart, ganz in Blau gekleidet, der Mantel mit kleinen Sternchen und Fadenbahnen bestickt. Es musste Thorwis sein. All die Wachen um den König und seine Berater sagten mir deutlich, dass man mir nicht vertraute. Auch die Miene des Zwergenherrschers verriet, dass ich hier nicht willkommen war.

Ich senkte mein Haupt vor König Wengalf, ebenso wie Wuregalf und Solstane. Der König hielt sich nicht mit langen Gesten auf, sondern erkundigte sich bei Solstane nach Alwerichs Befinden. Sie gab knapp Auskunft, fragte dann aber: »Warum hast du Alwerich fortgeschickt? Er hätte dir alles berichten können. Ich hoffe, er wird gehört, ehe über das Schicksal dieses Elfen entschieden wird.« Solstane wies auf mich.

»Das ist meine Entscheidung«, erwiderte der König. Solstane verbeugte sich und trat einige Schritte zurück.

Nun wandte sich der König an Wuregalf, der alles berichtete, was er beobachtet und vernommen hatte. Alwerichs Anwesenheit hätte mich in einem besseren Licht erstrahlen lassen. So aber blieb vieles vage.

Der Zwergenkönig musterte mich. »Was führt deinesgleichen in unser Reich?«, fragte er schließlich.

»Die Plage der Gelgerok«, war meine Antwort.

»Bist du ein Bote – oder ein Spion?«

»Nicht ganz das eine, und das andere ganz und gar nicht.« Ich erzählte vom Auftrag Emerelles und dass ich mit meinen Gefährten auf den Albenpfaden gewandelt und in Bedrängnis geraten war. Ich berichtete auch von der Gefahr, die meiner Sippe drohte und jedem Lebewesen, das den Gelgerok in den Weg kam.

Der König winkte seine Berater zu sich, und sie flüsterten ihm zu. Nur Thorwis hielt den Blick fest auf mich gerichtet und verharrte wie eine Statue.

Als die Berater wieder vom Thron fortstrebten, zögerte König Wengalf. Seine blauen Augen stachen zwischen seinem braunen Haar und dem Bart heraus. All das Haar vermochte seine jugendliche Mimik nicht zu verbergen. Offenbar war auch er wiedergeboren worden. In einem früheren Leben hatte er die Zwergenvölker geeint. Die Besonnenheit eines Herrschers schien ihm in diesem Leben noch zu fehlen, stattdessen brodelte Zorn in ihm.

»Seid du und deine Gefährten auf unseren Pfaden gewandelt und durch unsere Albensterne getreten?«, fragte er.

»Das sind wir«, antwortete ich.

»Du gibst also zu, unser Gebiet verletzt zu haben.«

»Ich gebe zu, das Gebiet der Gelgerok verletzt zu haben, denn sie herrschen von den Hängen und Hochtälern der Berge bis hinab ins Tiefland.«

Thorwis trat vor, und der König erteilte ihm das Wort. »Du sagtest, du wärest nicht ganz ein Bote«, sprach der Zauberer mit ruhiger Stimme. »Das heißt, dass du so etwas wie eine Nachricht bei dir trägst.«

Ich zögerte.

»Wie lautet die Botschaft?«, fragte der Zwergenkönig.

»Die meine lautet: Lasst uns die Feindseligkeit vergessen und die Gelgerok bekämpfen. Die Botschaft meiner Königin lautet anders. Die Königin von Albenmark schuldet euch keine Rechenschaft, wohin sie ihre Jäger ausschickt, sofern es im Lichte des Tages geschieht. Das sagte meine Herrin.«

Thorwis machte eine enttäuschte Miene, und im Saal erhoben sich empörte Rufe.

König Wengalf hob die Hand. Als Ruhe eingekehrt war, wies er auf einen seiner Berater. »Was rätst du mir?«, fragte er.

Mit durchdringender Stimme sprach ein Zwerg mit langem Schnauzbart. »Du solltest Krieger ausschicken, damit sie unsere Albensterne besetzen. Und auch Zauberer, auf dass ihre Magie nicht nur die Trolle von den Pfaden abhalte, sondern auch die Kinder der Lichtalben.«

Man erzählte sich, dass Emerelle Geister an einen Albenstern zu knüpfen vermochte und sie so zu Wächtern machte. Thorwis traute ich dies ebenfalls zu, und der Rat, den Wengalf soeben erhalten hatte, sagte mir, dass die Zwerge solchen Zauber zu wirken vermochten.

Der Zwergenkönig wandte sich an einen alten Mann mit eingefallenen Wangen. Auch dieser verbeugte sich. »Schlag diesem Boten den Kopf ab«, sagte er. »Schick diesen als Antwort auf die dreiste Botschaft zu Emerelle zurück.«

Wengalf schaute zu mir herab. »Du siehst, wir sind bereit, die Grenzen unseres Reiches mit Waffen zu verteidigen. Binnen Tagen könnte Krieg herrschen.«

»Auf welchem Schlachtfeld soll der Krieg gefochten werden?«, fragte ich. »Während die Gelgerok das Land verheeren, sollen sich Elfen und Zwerge um unwichtige Albenpfade streiten?«

Nun trat Solstane vor. »Ich glaube nicht, was ich hier höre«, sagte sie. »Zolderich! Das ist doch nicht dein Ernst! Ihm den Kopf abschlagen? Und du, König? Wenn das deine Berater sind, dann lass auch mich dir raten.«

»Nur zu«, sprach Wengalf, und Solstane deutete auf mich. »Schaut ihn euch an und fühlt euch in seine Lage ein. Er sieht Alwerich, er sieht die Gelgerok, die gleich über ihn herfallen. Es wäre ein Leichtes gewesen, die Dinge einfach geschehen zu lassen. Er hätte bewahren können, was wir nun erfahren haben. Aber nein, er wählt den Weg, der alles offenbart. Er sieht ein Albenkind in Gefahr und hilft ihm. Und denkt auch an die Leichen der Getöteten, die er auf seinem Rücken in Sicherheit brachte. Denkt vor allem an Alwerich! Er will den Heilern einen Diamanten bieten, wenn sie ihn nur rasch heilen. Er möchte mit Nuramon ausziehen und die Gelgerok jagen. Er glaubt, dass nun, da die Gelgerok unser aller Feinde sind, wir vereint gegen sie vorgehen sollten. Stellt euch seine Enttäuschung vor, wenn er erfährt, dass der Elf, der ihm das Leben rettete, plötzlich wie ein Feind behandelt wird. Was wir diesem Elfen tun, das tun wir Alwerichs Würde an.«

Viele Blicke richteten sich auf den König, und dieser nickte. »Du sagst, dass wir den Elfen nicht von Alwerich und damit von uns selbst lösen können. Du hast recht. Trennen wir also die Rettungstat Nuramons von den Worten Emerelles. Was bleibt dann?«

Ich erinnerte mich an Alwerichs Warnung im Turm. Sie schienen mir tatsächlich danken zu wollen, nur um mir dann den Kopf abzuschlagen.

Der König schaute zur Seite. »Thorwis! Wie lautet dein Rat?«

Es wurde still im Saal.

»Behalten wir die Gelgerok im Blick«, sagte er. »Unsere Späher berichten uns, dass die Quelle allen Übels irgendwo in den Tälern unseres Reiches liegt. Und wir wissen, dass Magie im Spiel ist.«

Das war etwas, das ich noch nicht wusste und das selbst Emerelle offenbar noch nicht erkannt hatte. »Alte Magie. Manche von euch glauben, es sei der Zauber Emerelles, der die Plage nährt. Andere vermuten, die Gelgerok seien die Vorboten der Drachen, vor deren

Rückkehr sich so viele fürchten. Aber es ist weder das eine noch das andere. Die Drachen sind geschlagen, nur ihre Kinder leben noch ein Dasein in Verfolgung. Emerelles Macht ist zwar alt, doch ihr Zauber schadet ihrem eigenen Volk mehr als dem unseren. Und doch spricht aus ihren Worten eine Feindseligkeit, ein Anspruch auf etwas, das uns gehört. Das könnte uns dazu verleiten, den Konflikt zu suchen. Doch leben wir nicht in dem Reich, das wir uns immer gewünscht haben? Sind wir nicht zum ersten Mal sicher vor den Gefahren, die uns früher plagten? Ist unsere Macht nicht größer, als sie es jemals war? Haben wir dies nicht nur deswegen erreicht, weil wir bereit waren, mit der Vergangenheit zu brechen und neue Wege zu gehen?«

Viele Köpfe nickten, manche Zwerge riefen ihre Zustimmung laut heraus.

»Dann frage ich euch: Warum sollen wir uns grämen, wenn die Königin uns nicht den Respekt zollt, den wir verdient haben? Während die anderen Albenkinder ruhten, waren wir fleißig. Wir kennen nun das Geheimnis der Seelenmagie und der Großen Erinnerung. Wir wissen die Albenpfade zu nutzen wie kein anderes Volk und konnten so unsere alten Gänge und Hallen aufgeben, in denen so viele von uns umkamen. Unsere Stärke ist, dass wir trotz allem, was man uns nachsagt, zu gewaltigen Veränderungen fähig sind. Stein ist unser Element, nicht jedoch, weil wir starr wie ein Fels sind, sondern weil wir dieses Element nach unseren Vorstellungen zu formen vermögen. Deswegen haben wir nichts zu befürchten, nicht von den Elfen und auch nicht von den Trollen. Seien wir also offen. Sagen wir diesem Elfen geradeheraus, dass die Albenpfade, die Emerelle beansprucht, für uns keinen Nutzen mehr haben, wir aber dennoch daran festhalten wollen. Und welchen Nutzen haben diese Pfade den Elfen zu bieten? Es geht um Anspruch, um Anerkennung ihrer Macht. Emerelle will nicht die Pfade, sie will, dass wir uns unter ihre Herrschaft begeben. Und das werden wir nicht tun.«

Wiederum erhob sich laute Zustimmung im Saal. Ich wusste nicht, ob ich es gutheißen oder ablehnen sollte. Ich hatte vor diesem Tag noch nie jemanden gegen unser Volk sprechen hören.

»Einen Fehler dürfen wir bei allem nicht begehen. Wir dürfen die Dinge nicht zu einfach sehen. Emerelle ist ein Wesen mit vielen Gesichtern. Wir dürfen sie nicht nur an ihren Worten messen, denn sie sind oft nur ein blendendes Licht, hinter dem sich etwas anderes als das Scheinbare verbergen kann.« Thorwis lächelte mir zu. »Emerelles Botschaft besteht nicht nur aus Worten, sondern auch aus Taten. Und an Taten sollten wir alle Albenkinder messen. Wäre Nuramon nicht erschienen, wäre Alwerich tot, seine Leiche und auch die Leichen seiner Gefährten wären an die Gelgerok verloren.«

»Das mag für ihn sprechen«, sagte Zolderich. »Und vielleicht ist mein Rat wahrhaftig ein wenig hart ausgefallen. Aber das ändert nichts an Emerelles Plänen. Ihn können wir ehren, Emerelle aber sollten wir eine warnende Botschaft schicken.«

Thorwis schüttelte langsam das Haupt. »Aber sie war es, die Nuramon auswählte. Hätte sie ihn und seine Gefährten nicht ausgesandt, hätte sie auch nur einen Hauch anders entschieden, so wäre Alwerich nun tot.«

»Willst du sagen, dass Emerelle uns einen Gefallen getan hat?«, fragte Zolderich.

»Ich sage, dass wir bei Emerelle den Schein ihrer Worte von ihren Taten unterscheiden müssen. Es mag sein, dass sie uns unter der Hand etwas zugespielt hat.«

Ich hörte dem Gespräch neugierig zu. Dass sie so offen vor mir sprachen, wunderte mich. Sie hätten all das bereden können, ohne dass ich lauschte. So aber erfuhr ich, wie die Zwerge von uns Elfen dachten.

Der Zauberer wandte sich dem König zu. »Majestät, ich rate dir: Bring in Erfahrung, was aus den Gefährten dieses Elfen geworden ist. Ihre Spuren müssten zu finden sein. Schick die besten Heiler zu Alwerich. Er soll seinen Diamanten behalten. Seine Sippe soll Krieger stellen, die mit Nuramon aufbrechen, um das zu Ende zu bringen, weswegen er auszog. An seinen Taten können wir ihn messen. Er mag noch mehr Dankbarkeit ernten oder aber alles wieder zunichtemachen.«

König Wengalf musterte mich abermals, dann winkte er Thorwis zu sich und flüsterte ihm etwas ins Ohr. Der Weise antwortete. Zu gerne hätte ich von seinen Lippen abgelesen, doch alles, was sich meinen Augen bot, war der zuckende Bart des alten Zwergs.

Als Thorwis sich zurückzog, nickte der König. »Solstane!«, sagte er dann.

»Ja, König.« Die Zauberin beugte ihr Haupt.

»Eure Sippe stellt die Krieger, und du wirst die Zauberin sein. Ihr werdet euch um Nuramon kümmern. Ihr werdet ihn ausstatten und ihr seid für ihn verantwortlich. Seine Taten sind eure Taten. Denn durch die Rettung Alwerichs und das Bewahren der Leichen unserer Recken soll er dem Recht nach zu eurer Sippe zählen.«

Solstane verbeugte sich. »Es geschehe!«

Der König winkte schwer gepanzerte Krieger zu sich, die goldene Ketten trugen, an denen mit Edelsteinen besetzte Siegel hingen. Den einen wies er an, eine Schar über die Albenpfade zum Turm zu schicken und die Leichen der Getöteten zu sichern. Einem anderen gab er den Befehl, nach meinen Gefährten zu suchen.

Schließlich wandte sich der König wieder an mich. »Nuramon. Wir werden Thorwis' Rat befolgen. Doch sei gewarnt. Die Ehren, die du bei uns empfangen hast, werden bei deinesgleichen rasch zur Schande.«

Ich neigte mein Haupt. »Ich danke dir, König. Ich werde weder dich noch meine Herrin enttäuschen.«

So wenig wie ich wusste, wo in den Ioliden ich mich genau befand, so schwer fiel es mir zu sagen, wie viel Zeit vergangen war, seit ich das Zwergenreich betreten hatte. Als aber das Leuchten aus den Deckenkristallen allmählich verging und nur noch die Barinsteine ihr warmes Licht spendeten, wusste ich, dass der Abend gekommen war. Solstane bestätigte mir auf dem Weg zu ihrer und Alwerichs Sippe, dass die Lichtkristalle an das Tageslicht gebunden waren.

Die Sippe nahm mich freundschaftlich auf. Sie lebte in einer langen Halle, von denen die Räume und Nischen der einzelnen Familien abgingen und die mit all ihren Tischen, Stühlen und Feuerstellen wie ein gewaltiger Festsaal wirkte. Gut hundert Zwerge stellten mir Frage nach Frage. Sie waren dankbar, dass ich Alwerich gerettet hatte. Ich erfuhr, dass Alwerich zwar kein hohes Amt bekleidete und auch keine großen Heldentaten vollbracht hatte, aber überaus beliebt war.

Während ich in einer der Kammern darauf wartete, dass Alwerich von den Heilern zurückkehrte, pflegte die Sippe meine Waffen und flickte meine Lederkleidung. Während ich mich badete, nahmen sie meinen Bogen mit, um ihn mit einer neuen Sehne auszustatten. Sie erkannten ihn als etwas Besonderes, und das war er – ein Erbstück, nicht aber von irgendeinem Verwandten, sondern von mir selbst. In meinem vorletzten Leben, am Ende der Drachenkriege, hatte ich mit einem Teil meiner Sippe den beseelten Baum Ceren in Sicherheit gebracht. Die Drachen hatten die Birke aus der Erde gerissen. Wir hatten um sie gekämpft, denn wir spürten, dass ihre Macht noch nicht erloschen gewesen war. Wir brachten die Reste der Ceren zu Alaen Aikhwitan – eine mühsame Reise mit vielen Gefahren war es gewesen. Aber wir hatten es geschafft, und Alaen Aikhwitan rettete Ceren, indem er mich anwies, aus dem Holz ein Haus in seiner Krone zu bauen. Es sollte mein Haus sein. Es blieb nur ein kleiner Rest übrig, gerade genug, um einen Bogen und einige Pfeile daraus zu machen. Die Pfeile gingen nach und nach verloren, der Bogen aber blieb in meiner Familie und war nun wieder in meinem Besitz.

Auch mein Schwert fiel den Zwergen auf. Einer der Krieger sagte mir, dass es aus einer Zeit stammte, als Elfen und Zwerge Seite an Seite schmiedeten. Ich berichtete, dass ich in einem früheren Leben in Ischemon einer von vielen Gefährten Emerelles gewesen war und sie mir dieses Schwert zum Geschenk gemacht hatte.

Als ich meine Waffen zurückbekam, staunte ich. Mein Schwert strahlte, wie ich es noch nie zuvor gesehen hatte. Und mein Bogen hatte eine Sehne, die ihresgleichen suchte. Jalestor, Waffenmeister von Alwerichs Sippe und ein angesehener Krieger, hatte Zugang zur Waffenkammer des Königs gehabt und eine magische Sehne geholt, die – das sagte er – so alt war wie mein Schwert. »Sie wird nie erlahmen«, sagte Jalestor voller Stolz. Dazu reichte er mir einen Köcher Pfeile.

»Aus einer Zeit, da wir noch keine Armbrüste führten. Gut gepflegt, nicht wahr?«

Ich dankte ihm, dankte allen.

Alwerich sah ich erst beim Frühstück wieder. Die Heiler des Königs hatten ein wahres Wunder gewirkt, denn der Zwerg vermochte zu gehen. Nur die ein wenig vor Schmerz verzogene Miene erinnerte noch daran, dass Alwerich gestern noch ein gebrochenes Bein gehabt hatte. Seine Heilung schien den Zwerg aber weit weniger zu beschäftigen als die Tatsache, dass er seinen kostbaren Diamanten, den er den Heilern angeboten hatte, behalten durfte.

In der vergangenen Nacht hatten die Krieger die Leichen von Alwerichs Gefährten zu ihren Familien gebracht, und von der Schar, die nach meinen Gefährten Ausschau halten sollte, hieß es, dass sie gerade vor dem König Bericht erstattete.

Kurz darauf stand auch ich – Alwerich, Solstane und Yerimee an meiner Seite – vor König Wengalf. Im Thronsaal herrschte an diesem Morgen eine andere Stimmung. Fast schien es, als wären Solstanes und Thorwis' Worte auf fruchtbaren Boden gefallen und in der Nacht erblüht.

»Wir wissen nun, was zu wissen ist«, sagte der König, nachdem er uns begrüßt und Alwerich für seine Hartnäckigkeit im Kampf gegen die Gelgerok gedankt hatte. Dann wandte er sich an mich. »Die Schar, die ich aussandte, um deine Gefährten zu finden, hat mir Bericht erstattet. Einer unserer Magier hat sie kurz vor dem Morgengrauen entdeckt. Sie sind in einem Tal gefangen.«

»Dann werde ich ausziehen, um sie zu retten«, erklärte ich.

»Die Gelgerok strömen durch das Tal auf den Pass die Hänge hinab, wie ein reißender Fluss streben sie in die Tiefe. Deine Gefährten halten dagegen wie ein Fels in der Flut. Doch wie lange wird ihre Zauberkraft ausreichen?«

Ich dachte an Yoradae. Das hieß, dass sie noch am Leben war. »Gebt mir genug Pfeile, und ich werde es wagen.«

Der König erhob sich von seinem Thron. »Geht hin und rettet Nuramons Gefährten, wie Nuramon Alwerich rettete. Geht hin und bringt in Erfahrung, woher die Gelgerok kommen, was sie so zahlreich und so mächtig macht. Lüftet das Geheimnis!«

»Das werden wir, König«, sagte Alwerich.

Kurz darauf brach ich inmitten einer Schar von vier Dutzend Bewaffneten auf und durchquerte an Alwerichs Seite die breiten Gänge, angefeuert von den Zwergen der einzelnen Hallen. Solstane führte uns auf einen Albenpfad, und wir folgten der Zauberin von Lichtkreuzung zu Lichtkreuzung. Ich verlor die Orientierung, aber es kümmerte mich nicht. Denn ich dachte nur an Yoradae und die anderen.

»Hier ist es«, sagte Solstane schließlich. »Dies ist das Tor. Ich spüre die Magie deiner Gefährtin, Nuramon.«

Kaum hatte die Zwergenzauberin das Tor in die Welt geöffnet, tauchten Alwerich und ich in das Licht ein. Wir gelangten auf einen Absatz am Hang, der sich langsam in die Tiefe zog und im Schatten der Berge lag. Nur am Ausgang des Hochtals traf der Schein der Sonne den Boden.

Da war ein mattes Licht im Tal, eine graue Kugel leuchtete dort. Es war Yoradaes Magie. Rings um das Licht wimmelte es von Gelgerok. Einige versuchten, gegen die Kugel anzurennen, und prallten, von Blitzen getroffen, zurück. Andere begnügten sich damit, in der Nähe der Kugel auszuharren und zu warten, bis ihre Beute von selbst herauskäme. In der Kugel saßen mehrere Gestalten dicht gedrängt beieinander. Mehr vermochte ich von meinen Gefährten nicht zu erkennen.

Im Tal herrschte das Chaos. Es war übersät von Gelgerok. Überall huschte und wimmelte es; an einer Stelle kämpften die Tiere untereinander, anderswo schien sich eine Herde zu bilden, nur um sogleich wieder auseinanderzubrechen.

»Wie sollen wir das schaffen?«, fragte Alwerich und schüttelte den Kopf, während die Krieger hinter ihm aus dem Lichttor traten. Die ersten Gelgerok sammelten sich bereits und würden gewiss bald den Mut fassen, uns entgegenzukommen.

»Wir werden nicht durchbrechen können«, sagte Jalestor.

»Das müssen wir auch nicht.« Ich stieg auf Yerimee. »Ich lenke sie ab, vielleicht bietet sich meinen Gefährten eine Möglichkeit zur Flucht.«

Alwerich tauschte einen Blick mit Solstane, dann mit Jalestor. »Wir kommen in Formation den Hügel hinab und bewegen uns wie ein Drache. Pass du auf dich auf.«

Ich nickte, dann trieb ich Yerimee an. Ich ritt den Hügel hinab und zwischen zwei Gelgerokscharen hindurch. Erst als ich über eine weite Wiese preschte, setzten sie mir endlich nach. Mit Genugtuung sah ich, dass nur wenige Tiere am Fuß des Hanges verharrten und kurz darauf bereits von den Bolzen der Zwerge niedergestreckt wurden.

Das Spiel, das Narelun und ich gespielt hatten, begann von Neuem. Ich ritt auf die Lichtkugel zu. Abseits davon gab es Boden, auf den ich ausweichen konnte. Es war genug Platz, wenn man über ein schnelles Pferd verfügte. Dort am Hügel war zwar eine Gelgerokschar, doch diese war damit beschäftigt, untereinander zu kämpfen. Erst als ich auf Yerimee fünfzig Schritt an sie herangekommen war, entdeckten sie mich.

Einzelne Tiere brüllten, und Unruhe entstand bei jenen, die meine Gefährten belagerten. Mein Blick suchte nach einem Leittier, aber die Bestien schienen nicht zu wissen, ob sie überhaupt jemandem folgen sollten. Mir war diese Unsicherheit recht. Bis auf gute zwanzig Schritt ritt ich an die Lichtkugel heran und trieb Yerimee dann schräg zur Seite und mit etwas Abstand an der Lichtkugel vorüber.

Ein Gelgerok sprang heran, bäumte sich auf und schlug nach mir. Rasch machte ich mich im Sattel ganz klein, und die Kralle der Bestie verfehlte mich. Ein weiteres Tier versuchte, Yerimee zu rammen, doch die Stute sprang einfach zur Seite, und ich ließ sie gewähren. Der Gelgerok lief ins Leere. Sein Haupt senkte sich zu weit und stieß in den Boden. Dann fiel die Bestie.

»Nuramon!«, rief eine Elfenstimme.

Ich schaute nach links, während die Gelgerok in Bewegung gerieten und sich hinter und neben mir in Angriffsstellung brachten. Obwohl meine Gefährten durch die Kugel nur trüb und ein wenig verzerrt zu erkennen waren, sah ich, dass sie aufgesprungen waren. Golvadas reckte seinen Bogen in die Höhe, und auch die anderen winkten mir zu. Yoradae rief meinen Namen wieder und wieder, als könnte sie nicht glauben, was sie sah.

Schon war ich vorüber. Die Gelgerok, die hinter mir waren, würden nicht zu mir aufschließen, nicht solange Yerimee bei Kräften war. Doch die Tiere, die links kamen, zwangen mich dazu, nach rechts zu halten. Ich kam der Schar nahe, die eben noch untereinander gekämpft hatte, sich nun aber gegen mich wandte. Die einen wollten mir von links den Weg abschneiden, die anderen von rechts. Der Pfad wurde enger und enger.

Wir hatten es fast geschafft, nur wenige Schritte noch, als ein Gelgerok direkt vor uns sprang. Abermals wich Yerimee zur Seite aus. Sie lief direkt gegen einen Gelgerok, und schon änderte sie wieder die Richtung, schlug Haken wie ein Hase und lief dann mit aller Macht weiter.

Wir hatten die Bestien hinter uns gelassen, doch die Freude währte nur einen Herzschlag lang. Auf einem Hügel vor uns stand ein Bulle, und ich ahnte, was jenseits des Hügels auf uns wartete, also ritt ich in einem Bogen nach rechts. Die Gelgerok folgten mir. Yerimee und ich waren ihre Beute, und sie würden mich nicht ohne Weiteres aufgeben.

Ich hielt Ausschau nach Alwerich und den anderen Zwergen. Sie waren den Hang herabgekommen. Alwerich stand auf einem mächtigen Felsen und winkte mich zu sich. Ich ahnte, was die Zwerge planten. Sie hatten erkannt, dass die Schilde ihrer Krieger der Kraft der Bestien nicht standhalten würden. An dem Felsen aber würden die Herde der Gelgerok wie eine Schiffsflotte an einer Steilküste zerschellen.

Alwerich und einige andere Schützen sammelten sich auf dem Felsen, während sich die Schildträger neben ihm aufbauten. Ihre Reihe führte schräg in den Schatten des Felsens. Dahinter brachten sich die Speerträger in Stellung, und auch die wenigen Pikeniere fanden dort ihren Platz.

Kaum war ich so nahe herangekommen, dass die Zwerge freie Sicht auf die Flanke der Gelgerokherde hatten, flogen die ersten Bolzen, und die Schreie getroffener Tiere mischten sich unter das Getöse der Herde.

Ich war auf der Höhe des Felsen, als Alwerich mir abermals zuwinkte. »Gut, Nuramon!«, rief er.

Schon war ich vorüber und blickte sofort zurück.

Als fließe nach einem Dammbruch ein gewaltiger Fluss in ein trockenes Flussbett, strömten die Gelgerok an den Felsen. Die Zwerge schossen Bolzen nach Bolzen ab. Die Armbrüste klangen wie Kriegstrommeln. Zwischen den Schilden im Schatten des Felsens stachen Piken und Speere hervor. Sogar Schwerter ragten heraus und rissen den vorbeilaufenden Bestien die Leiber auf. Einige Gelgerok hielten an und wollten die Zwerge attackieren, doch der Druck der nachfolgenden Tiere spülte sie fort.

Solstane warf Steine in die Herde, und wo diese auftrafen, sprengten Flammen in alle Richtungen und erfassten die Körper der Bestien.

Hinter mir herrschte das Chaos. Und trotz allem strebten mir immer noch Tiere nach. Ich führte sie wieder vom Fuße des Hanges fort auf die weite Wiese.

Yoradaes Lichtkugel war vergangen. Die Gelgerok hatten sich tatsächlich fortlocken lassen, und die Gefährten ritten auf ihren Pferden so rasch sie konnten. Es waren nicht mehr viele von ihnen übrig. Ich sah Golvadas, der an der Spitze der kleinen Schar ritt. Sieben Pferde zählte ich, auf drei von ihnen ritten zwei Gefährten. Rasch strebten sie zum Hang. Danarelle und auch Yoradae waren nicht unter ihnen.

Da blitzte es nahe der Stelle, an der die Lichtkugel gewesen war. Ein Gelgerok lief brüllend davon. Ein weiterer Blitz schoss zwischen den Bäumen hervor. Dort war Yoradae. Mit ausgestrecktem Arm stand sie da und ließ Blitze aus ihren Fingern schießen. Danarelle und drei weitere Gefährten stachen einen Gelgerok nieder und bewegten sich weiter in den Wald hinein.

Ich konnte nicht zu ihnen, solange mir noch Gelgerok auf der Fährte waren. Als ich zu einer zweiten Runde meines Weges ansetzte, sah ich, dass Golvadas die Zwerge erreicht hatte. Es war nicht schwer zu erkennen, warum Danarelle sie fortgeschickt hatte. Sie waren verwundet und so sehr geschwächt, dass sich kaum einer von ihnen bei den Zwergen zum Kampf einreihte.

Einmal mehr winkte Alwerich mir zu. Ich vermied es, denselben Weg am Felsen vorüber zu nehmen, denn dort lagen die Gelgerokkadaver mittlerweile dicht an dicht. Nur wenige der Bestien lebten noch, und noch weniger von ihnen waren in der Lage zu kämpfen. Ich führte die kleine verbliebene Herde in sicherer Distanz am Felsen vorüber. Die Armbrustschützen schossen ihre Pfeile ab, und die Krieger hinter den Schilden nahmen sich die Tiere vor, die sich zu nahe heranwagten.

Ich hatte den Felsen passiert, als die Gelgerok sich von mir und dem Felsen der Zwerge abwandten und über die Wiese davonliefen. Die wenigen Tiere, die verblieben waren, schossen die Zwerge nieder.

Die Zwerge jubelten im Triumph und reckten ihre Waffen in die Höhe. Ich kehrte zu ihnen zurück und hielt bei Golvadas. Zum Feiern war mir nicht zumute. Der Jäger aus Lyn kümmerte sich um einen seiner beiden Gefährten aus der Heimat; von dem anderen war nichts zu sehen.

»Nuramon. Wie bei allen Alben hast du das geschafft?«, fragte Golvadas und gab seinem Gefährten Wasser aus der Flasche eines Zwergen.

»Eine lange Geschichte«, sagte ich nur. »Was machen die anderen?«

»Yoradae hat die Quelle der Gelgerok gefunden. Sie glaubt, es sei ein Tor, durch das sie herbeiströmen. Danarelle will es schließen.«

Solstane kam mit Alwerich näher. »Sprach sie wirklich von einem Tor?«

»Sie erwähnte es nicht ausdrücklich«, antwortete Golvadas. »Aber sie sagte, dass die Gelgerok von dort kommen.«

»Ich werde hinreiten«, erklärte ich. »Ein weiterer Schwertarm wird sicher helfen.«

Solstane nickte. »Du musst mich auf deinem Tier mitnehmen.«

»Wie?«, fragte Alwerich und schüttelte den Kopf.

»Bleib lieber hier«, sagte ich. »Wer weiß, wann die Gelgerok neuen Mut fassen.«

Aber Solstane widersprach. »Deine Zauberin wird geschwächt sein. Sie wird nicht nur jeden Schwertarm, sondern jeden Funken Magie benötigen, um das zu bändigen, was dort lauert.« Sie küsste Alwerich. »Er wird mich zurückbringen.«

Der Zwergenkrieger nickte. »Ich weiß.«

Mich berührten die Worte der beiden Zwerge, doch die Verantwortung, die sich mir dadurch aufbürdete, lastete bereits schwer auf mir. Ich reichte Solstane die Hand und half ihr zu mir herauf. Kaum saß sie vor mir, ritt ich los.

Die Gelgerok schienen das Feld geräumt zu haben. Vielleicht mieden sie den Geruch ihrer Toten, der mit dem Wind vom Hang hinüberwehte. Unbehelligt erreichten wir den Waldrand. Solstane hielt sich schweigend am Sattel, aber auch an meiner Rüstung fest.

Als wir vorsichtig in den Wald hineinritten, waren das Brüllen der Gelgerok und die Kampfgeräusche meiner Gefährten bereits zu hören. Ich folgte dem Pfad der erschlagenen Gelgerok.

Da waren sie! Yoradae, Danarelle und zwei weitere Elfen schauten einem Gelgerok nach, der die Leiche eines Gefährten davonzerrte.

Auf den letzten Schritten scheute Yerimee und weigerte sich weiterzugehen. Der Boden war hier feucht, und neben uns lag eine graue Haut, so groß wie ein gewaltiger Mantel. Sie war zwar nass und ein wenig schmutzig, aber Blut war weit und breit keines zu sehen. Doch weder das eine noch das andere schien Yerimee zu schrecken. Sie spürte gewiss, was ich spürte – die Magie dieses Ortes, die geradezu aus dem Boden emporzuschweben schien.

Ich stieg von Yerimee ab, half auch Solstane aus dem Sattel und griff Bogen und Köcher. Dann redete ich der Stute gut zu und ließ sie zurück. Sie würde sich gewiss in Sicherheit bringen, wenn Gefahr drohte.

Raschen Schrittes näherten wir uns Yoradae und den anderen drei Gefährten. Sie wirkten erschöpft. Trübes Wasser perlte von ihren Gesichtern ab.

»Nuramon!« Danarelle lächelte, und Yoradae trat an mich heran und schloss mich schweigend in die Arme. Es war ein vollkommener Augenblick, eine Ruhepause mitten im Chaos.

Yoradae löste sich schließlich von mir und sagte: »Bringen wir es zu Ende.«

Ich nickte.

Solstane stellte sich kurz vor und fragte Yoradae: »Wo ist es?«

»Dort!« Die Zauberin deutete tiefer in den Wald. »Was immer es ist.«

Wir waren nun zu sechst. Die beiden verbliebenen Krieger aus Yaldemee, Uldoron und Beredin, sprachen kaum ein Wort. Ihnen standen die Tränen in den Augen. Viele der Gefährten hatten ihr Leben gelassen, einer gerade eben erst.

Mit großer Vorsicht schritten wir voran und folgten dem Pfad, den Danarelle uns wies. Immer wieder sahen wir diese dicke Haut, die neben Wasserlöchern lag. »Sind das die Mägen irgendwelcher Tiere?«, flüsterte ich.

»Vielleicht«, hauchte Danarelle.

»Das sind keine Mägen«, sagte Solstane stockend und deutete voraus.

Im trüben Wasser regte sich etwas. Ein pulsierendes Gebilde erhob sich darin. Dann knurrte es. Es war ein Gelgerok. Ich hatte Jungtiere gesehen, ich hatte trächtige Tiere beobachtet. So kamen die Gelgerok nicht auf die Welt.

Halb verborgen hinter einem Baum beobachteten wir, was mit dem Gelgerok geschah. Ein gurgelndes Brüllen, dann biss sich das Tier durch die feuchte Haut. Es war ein ausgewachsener Bulle, und es dauerte, bis er sich hervorgequält hatte. Dann versuchte er, auf dem feuchten Boden zu stehen, brach aber unter zitternden Beinen zusammen und brüllte auf.

Ich tauschte einen Blick mit Danarelle. Die Elfe nickte, und schon liefen wir aus der Deckung des Baumes auf den Gelgerok zu. Die Bestie wusste nicht, wie ihr geschah, und sprang in die Luft, knickte aber um, als sie wieder zu Boden kam. Doch da stieß Danarelle bereits ihr Schwert in den Körper des Tieres. Ich machte einige Schritte zur Seite, sodass Danarelle mir nicht ins Schussfeld kam, dann schoss ich einen Pfeil ab.

Danarelle duckte sich unter einem Krallenhieb weg, dann traf sie der Schädel der Bestie und warf sie zur Seite. Ich schoss ein weiteres Mal, und die Bestie bäumte sich auf.

Auch Uldoron und Beredin, die beiden Krieger aus Yaldemee, trafen die Bestie wieder und wieder mit ihren Schwertern. Erst als Danarelle auf den Beinen war, gelang es, die Bestie in das Wasserloch zurückzustoßen, wo sie zusammenbrach und starb.

Als alles wieder ruhig war, tasteten wir uns vorsichtig weiter und hielten uns dabei abseits der Wasserlöcher. In einigen sahen wir die Haut dieser sonderbaren Gelgerok, ihre Geburtsblase, wie es schien.

»Dort ist es!«, hauchte Solstane schließlich und deutete auf einen gewaltigen Baum, der inmitten einer Lichtung stand und das Geheimnis dieses Tales offenbarte. Er war laublos, und seine dicken Äste hingen tief herab. Das Holz war grau wie Stein. Unter der welligen Rinde bewegte sich etwas. Ein ständiges Knistern drang hervor, als würde die Rinde Stück für Stück aufgebrochen. Der Baum wuchs neben einem flachen Felsen, dessen Oberfläche glitzerte. Einige der Wurzeln wanden sich über den Felsen und wölbten sich wie schlafende Schlangen ungeheueren Ausmaßes durch das wässrige Gras der Lichtung. Auf den langen Wurzeln pulsierten Adern.

Ein Rascheln im Gras, und wir sahen, dass die Wurzeln lebendig wurden. Sie wanden sich wie riesige Würmer. Und auch oben im Geäst schlängelte sich etwas.

Danarelle warf einen Blick über die Schulter, zurück in den Wald. Ich musste es ihr nicht gleichtun, um zu wissen, wohin die langen Wurzelarme jenes Wesens führten.

»Ist das ein Alb?«, fragte Uldoron.

Die Frage trieb mir einen Schauer über den Rücken. Ich wäre nicht einmal auf den Gedanken gekommen, dieses Ungeheuer, das Gelgerok ausbrütete, für einen Alben zu halten. Und doch stellte ich mir vor, wie Elfen oder Zwerge in solch einem Wald der Erde entstiegen.

»Nein, Uldoron«, antwortete Yoradae. »Es ist eine Bestie, die sich von einer Wunde unserer Welt nährt.«

»Es ist wie eine magische Garnison«, flüsterte Solstane. »Man errichtet sie im Land des Feindes und nährt sie mit Zaubermacht. Die Drachen haben in unserem Reich damals Geisterquellen gesät. Aber ein Wesen, das Gelgerok gebiert?« Sie schüttelte den Kopf.

»Wir müssen es töten«, sagte Danarelle.

»Vorsicht«, hauchte Solstane. »Dort fließt viel Magie. Es ist der Fels – daraus bricht die Magie hervor. Das ist die Wunde. Daraus nährt sich das Wesen. Es könnte sich verteidigen.«

Ich schlug vor, erst einmal einen der schlangenartigen Arme zu attackieren oder einen Pfeil aus der Ferne abzuschießen. Danarelle zögerte nicht und wagte sich auf die Lichtung, hob ihr Schwert und schlug es mit aller Kraft in den dicken Arm des Wesens. Die Klinge drang tief ein und durchtrennte den Arm beinahe. Schwarzes Blut quoll aus der Wunde, und mit diesem schlug uns ein Schwall von Magie entgegen. In der Krone des grauen Baumes krachte es, und totes Holz schoss in alle Richtungen davon. Zum Vorschein kamen die Fangarme des Wesens, die sich dem Geäst angepasst und den Baum offenbar von innen aufgefressen hatten. Die Wurzeln auf der Lichtung wanden sich nun durch die Luft, und überall um uns herum raschelte und plätscherte es. Der Wurzelarm, den Danarelle abgetrennt hatte, schlängelte sich zum Baum zurück.

Die Kriegerin ließ sich nicht beirren, attackierte bereits den nächsten Wurzelarm und durchtrennte ihn mit drei Hieben. Schon waren Uldoron, Beredin und ich an ihrer Seite. Während die beiden Krieger ihre Schwerter kreisen ließen, zog ich einen Pfeil aus dem Köcher. Doch ich hatte ihn kaum auf die Sehne gesetzt, da fuhr einer der abgetrennten Arme in die Höhe und schlug nach uns. Danarelle riss mich zur Seite, und Beredin stieß Uldoron zu Boden. Wie ein gefällter Baum ging der gewaltige Tentakel des Wesens nieder und traf Beredin mit voller Macht. Der Gefährte war auf der Stelle tot.

Uldoron hob sein Schwert und lief schreiend auf das Ungeheuer zu.

Danarelle rief ihm nach, doch Uldoron ließ sich nicht zurückhalten. Unsere Anführerin biss sich auf die Lippen und lief ihm nach. Und ich? Ich folgte ihr.

Ein Riss fuhr die Baumrinde herab. Die Hülle, in die sich das Wesen gekleidet hatte, brach auseinander, und endlich konnten wir den Körper des Wesens erkennen. Er platzte hervor, und ich konnte kaum glauben, dass dieser wulstige Leib eben noch im Innern des Baumes gehaust hatte. Mit dem Stamm stürzte das, was noch von der Baumkrone übrig war, mit einem gewaltigen Krachen zur Seite und schlug auf die Lichtung auf. Gekrümmt stand das Wesen da und riss seinen Körper von den Resten des Baumes los.

Das Gebrüll von Gelgerok ließ mich herumfahren. Solstane und Yoradae folgten uns und blickten immer wieder zurück. Kurz dachte ich an Yerimee, doch dann erkannte ich die Schreie wieder. Sie waren so schmerzerfüllt wie jene, die ich vernommen hatte, als die Zwerge die Gelgerok am Felsen niedergeschossen hatten. Die Bestien am Ende der Wurzelbahnen litten.

Uldoron war mittlerweile bei dem Ungeheuer angekommen und stach sein Schwert mit aller Gewalt in dessen Leib. Die Bestie zog all ihre Arme ein Stück aus dem Wald zurück, so weit, dass am Rande der Lichtung sogar einige Gelgerok in ihren Geburtsblasen zappelten. Dann fuhren zwei Fangarme aus der Krone herab, packten Danarelle und rissen sie in die Höhe. Die Kriegerin klammerte sich an einen der Fangarme und ließ sich, als kenne sie nicht die geringste Furcht, daran herabgleiten. Den Dorn am Schwertgriff bohrte sie dabei in das Fleisch des Tentakels. Am Felsen fing ich sie mit meinem Körper auf und half ihr dann, die Wurzelarme am Felsen und direkt am Körper des Ungeheuers mit dem Schwert zu durchtrennen.

Immer wieder fuhr mein Blick dabei zu Solstane und Yoradae. Auch sie gerieten in Bedrängnis, und ich stand kurz davor, ihnen zu Hilfe zu eilen. Doch eine Flamme Solstanes oder ein Blitz Yoradaes, und die Fangarme schreckten zurück.

Wann immer Danarelle und ich einen Wurzelarm durchtrennt hatten, fiel dieser mit lautem Krachen zu Boden. Da sah ich, dass einer der Gelgerok, der an einem der Arme schwebte, sich nicht mehr nur mit Gebrüll begnügte, sondern sich in die Blase verbiss, die ihn barg. Er wollte heraus.

»Dieser!«, rief ich Danarelle zu, und wir schlugen den Arm gerade in jenem Augenblick durch, da der Gelgerok seinen Kopf freigelegt hatte und sich bemühte, seinen Körper durch die schmale Öffnung zu zwängen. Der Wurzelarm fiel, und der Gelgerok schlug auf den Boden auf und rührte sich nicht mehr.

Uldoron hielt sich nun den Schwertarm und starrte schwer atmend zum Wald, dorthin, wo Beredin lag.

Solstane und Yoradae kamen hinzu und legten ihre Hände auf den glitzernden Felsen. Sie machten sich ganz klein, sodass die Fangarme sie nicht erreichen würden. Als sie es doch versuchten, sprang Uldoron auf und schlug, ohne auf seine eigene Sicherheit zu achten, auf die Bestie ein. Mit einem Ruck presste das Ungeheuer den Körper herab, fasste Uldoron mit den Fangarmen und riss ihn in die Höhe. Der Krieger schrie auf.

Schon schlug Danarelle auf das Monster ein, während ich Pfeil um Pfeil von der Sehne sirren ließ. Das Ungeheuer bäumte sich auf, aber es fiel nicht.

Yoradae und Solstane lösten sich nun vom Felsen, hoben ihre Arme und schleuderten Blitz und Feuer. Der Fels schien ihnen Macht verliehen zu haben. Die Bestie wand sich vor Schmerz.

»Nuramon!«, rief Danarelle. Ich lief um den Fels herum und folgte ihrem Fingerzeig. Oben, knapp unter den Fangarmen, saß ein riesiges, wild rollendes Auge. Wir hatten das Wesen im Rücken angegriffen, doch nun sah ich die Stelle, die es zu treffen galt. Ich legte an und schoss. Ein mächtiges Zittern durchlief das Wesen. Oben wirbelten die Fangarme zuckend durcheinander.

Uldoron hatte sich befreit und hing hoch oben am Ende eines Fangarms. Er sah über die Schulter in die Tiefe – und dann ließ er sich einfach fallen.

Danarelle warf ihr Schwert zu Boden und lief los, um ihn aufzufangen, aber sie war zu langsam. Mit einem Knacken, als bräche der Ast eines Baumes, traf Uldoron am Boden auf. Sein linkes Bein war abgewinkelt. Er schrie, als Danarelle ihn fortzog.

Die Fangarme senkten sich bereits wieder.

Ich schoss einen weiteren Pfeil auf die Bestie, und endlich taumelte sie – und neigte sich mir zu. Ich lief zur Seite, da fuhr etwas herab und erwischte mich an der Brust. Mit einem Mal lag ich auf dem Rücken und sah zu dem Wesen auf, direkt in sein Auge, in dem noch meine Pfeile steckten. Schwarzes Blut rann daraus hervor, und noch immer senkte sich das Ungeheuer mir entgegen.

Ich richtete mich auf und hastete beiseite, da schließlich fiel das Wesen vom Felsen herab zu Boden. Die Fangarme plätscherten noch im wässrigen Gras. Da sahen wir es. Ein gewaltiges Maul mit Zähnen öffnete sich dort, wo die Wurzelarme auseinandergingen. Als der letzte Fangarm erstarrte, hörten wir nur noch das Gebrüll der Gelgerok im Wald.

Solstane und Danarelle kümmerten sich um Uldoron. Sein Bein und sein Arm waren gebrochen, aber er lebte. Yoradae nahm sich meiner Brust an und erklärte kurz darauf: »Es sind drei gebrochene Rippen.«

Ich hielt meine Augen auf den Rand der Lichtung gerichtet. Die Gelgerok, deren Geschrei wir vernahmen, kamen nicht näher. Doch irgendetwas bewegte sich dort. Ich biss die Zähne zusammen und nahm meinen Bogen. Kaum hatte ich einen Pfeil bereit, zielte ich auf den Schatten, doch Yoradae legte mir die Hand auf die Schulter.

Ich senkte den Bogen und holte den Pfeil von der Sehne. Dann legte ich beides zur Seite und lehnte mich zurück.

»Gut so«, sagte die Zauberin. »Es ist vorbei«, hauchte sie mir ins Ohr.

Der Schatten im Wald trat auf die Lichtung heraus. Es war Yerimee.

»Das ist Nareluns Pferd«, sagte Yoradae.

Ich nickte und erzählte, was uns geschehen war.

»Es tut mir leid, Nuramon«, sagte die Zauberin, und ihre Augen glänzten.

»Narelun ist ins Mondlicht gegangen.« Ich erzählte von seinem Tod, und die Trauer in Yoradaes Augen wich der Faszination.

»Es war sein Schicksal, dich zu retten.« Sie schüttelte den Kopf. »Das ist eine Ehre, Nuramon.«

»Es wird nicht leicht, mich dieses Opfers würdig zu erweisen.«

Yoradae legte mir die Hand auf die Brust. Ihre Hände waren warm von Magie. »Vielleicht hast du gerade den ersten Schritt getan.«

Der Zauber Yoradaes wärmte mich, und ich spürte, wie er ans Werk ging. Zuerst verschwanden die Schmerzen, dann bewegten sich die Rippen kaum merklich.

Schließlich löste sie die Hände von meiner Brust, fasste mein Kinn und küsste mich mit ihren weichen Lippen. Dann lächelte sie mich an, als wären wir längst wieder in Sicherheit.

Das Gebrüll der Gelgerok erstarb schließlich. Als Solstane Uldoron versorgt hatte, hoben wir ihn aufs Pferd und verließen den Wald, wie wir gekommen waren. Unterwegs sahen wir die Wasserlöcher, aus denen die Gelgerok entsprungen waren. Wir fanden sogar Fruchtblasen, die wir zuvor nicht gesehen hatten.

Als wir aus dem Wald kamen, war weit und breit keine der Bestien mehr zu entdecken. Aber erst als wir unsere Gefährten in der Ferne sahen, wie sie uns entgegenkamen, uns zuwinkten und zujubelten, wusste ich, dass es vorüber war.

Wir kehrten als Helden nach Aelburin zurück. Frohen Mutes schritten meine zwergischen Gefährten zwischen den Reihen der Gratulanten hindurch, und selbst bei meinen Elfengefährten schwand die Trauer und wich dem Erstaunen. Keiner von ihnen hatte die Hallen der Zwerge je betreten, und als wir im Thronsaal vor dem König standen, schien jedes Misstrauen, das sich vorhin noch in Schweigen gehüllt hatte, verflogen.

König Wengalf begrüßte uns, doch es war Thorwis, der nach Solstanes Bericht das Wort an uns richtete. »Sorgt euch nicht. Wir sind nicht auf diese Weise in die Welt gekommen. Das Wesen, das ihr beschrieben habt, war ein Dannastyr, eine dämonische Kreatur, geschaffen, um Unheil zu säen. Ich weiß nicht viel über sie. Die Arme, das Auge, das Maul. Es entspricht den Sagen. Die Sänger sprechen von finsterem Werk, einem Frevel an der Welt. Aber sie benennen es nicht. Wir kennen nun das Geheimnis. Und die Plage wird schwinden.« Der Weise blickte mich an.

»Nuramon und ihr anderen, kehrt zu eurem Volk zurück. Berichtet, was ihr erlebt habt. Erzählt von Alwerich und Solstane, von ihrer

Sippe, von mir und vom König. Sprecht von Taten, und vielleicht schwindet bald die Feindseligkeit aus den Worten zwischen unseren Völkern.«

An diesem Abend wurde uns zur Ehre ein Fest gegeben. Hier war es, dass Yoradae mir süße Worte zuflüsterte. Und ich flüsterte zurück. Wir liebten uns in dieser Nacht, und das erste Mal in jenem Leben fühlte ich mich am Ziel meiner Träume.

Am nächsten Morgen verabschiedeten wir uns von Alwerich, Solstane und all den anderen. Alwerich hätte uns am liebsten begleitet. »Versprich, dass du wiederkehrst«, sagte er schließlich, nachdem Solstane ihn davon abgebracht hatte.

»Alwerich, ich werde wiederkehren. Versprochen. Und falls mich einer fragt, zu welcher Sippe ich gehöre, dann sage ich: zur Sippe des Weldaron. Und zur Sippe des ... Wie heißt eure Sippe eigentlich?«

»Die der Golestane. Sie ist längst im Silberlicht, wie so viele der Ersten. Eine große Zauberin und Kämpferin.«

»Die Sippe des Weldaron und der Golestane! So soll es sein.«

Ich verließ das Reich der Zwerge widerwillig. Es war zu früh, um zu gehen. Am liebsten wäre ich mit Yoradae dort geblieben und anschließend auf eine große Reise aufgebrochen. Doch wir mussten Emerelle Bericht erstatten. Als wir gingen, schaute ich immer wieder zu Alwerich und Solstane zurück. Sie standen mit vielen der Sippe im Tor und winkten mir nach. Und weit hinten im Schatten stand Thorwis und schmunzelte.

Als wir zurück ins Tiefland kamen, bedauerte ich es, dass wir abseits meiner Heimat ritten. Ich hätte zu gerne erfahren, wie der Kampf meiner Sippe gegen die Gelgerok verlaufen war und ob es Opfer gegeben hatte. Doch Danarelle drängte darauf, der Königin Bericht zu erstatten. Wir hatten viel zu lange für unsere Aufgabe benötigt.

Wir trafen Emerelle wie zuvor im Großen Wald und störten sie abermals bei einer Feier. Zuerst berichteten Danarelle und Yoradae, dann musste ich erzählen, was geschehen war. Die Königin hörte sich alles bis zum Ende an, und dann schwieg sie lange und betrachtete mich. Ich fürchtete ihren Blick. Ich hatte Angst, sie würde mich tadeln.

»Unglaublich«, sagte sie schließlich. Es war ein Wort, das Emerelle selten im Munde führte. Sie war verwundert, und das überraschte alle. »Ein Dannastyr!« Sie erhob sich von ihrem Sitz. »Ich bin stolz auf euch.« Für einen Augenblick war es ganz still, dann erhob sich Zuspruch unter den Gästen der Königin.

Sie dankte jedem Einzelnen von uns. Auch für die Gefallenen hatte sie nur Lob übrig. Danarelle machte sie vor allen Versammelten zu ihrer neuen Schwertmeisterin, und Yoradae versprach sie magische Steine aus ihren Quellen.

An mich wandte sie sich zuletzt. Sie erzählte mir, dass meine Sippe den Angriff zurückgeschlagen hatte. Es hatte natürlich Opfer gegeben, und jeden Einzelnen von ihnen kannte ich. Trotz allem war ich erleichtert, dass mein Vater und meine Mutter unverletzt geblieben waren. Schließlich sagte Emerelle: »Du sollst einer meiner Boten sein.«

Ich dankte der Königin und ahnte nicht, dass die Würde, welche sie mir verliehen hatte, mir gleichermaßen zum Segen und zum Fluch werden würde. Ich war noch voller Hoffnung, dass Thorwis' Worte sich erfüllen würden.

Wir blieben bei Emerelle und feierten unsere Rückkehr. In der Nacht sangen die lieblichsten Stimmen Lieder im Gedenken an die Toten. Emerelle ließ alle Lichter löschen, sodass nur der Schein des Mondes herrschte. Sie setzte sich zu mir und Yoradae ins Gras. Der Kopf der Zauberin ruhte in meinen Armen. Es wurde still auf der Lichtung, und die Lieder wurden mehr und mehr zum Schlafgesang.

»Du sagtest, es schien, als hätte Narelun Geister gesehen«, hauchte die Königin in mein Ohr.

Ein Blinzeln, und ich war wach.

»Jene, die ins Mondlicht gehen, sehen manchmal das, was die Orakel sehen, und jedes Wort aus ihrem Mund mag ein Gewicht tragen. Was also sagte er?« Die Stimme der Königin war so sanft wie die der Sängerinnen, die ihr Mondlied sangen.

Ich zögerte, denn Nareluns Worte waren die eines Freien, nicht die eines Dienstmannes, eines Boten der Königin. Aber ich wagte es nicht, Emerelle anzulügen oder ihr etwas zu verheimlichen. »Er sagte mir:

Gib dein Leben nur, wenn dein Gewissen es fordert. Gehorche nur deinem Willen, beuge dich nicht dem anderer! Und finde deinen eigenen Weg! In tausend Jahren soll man sich noch von Nuramon erzählen.«

Emerelle schwieg lange und starrte mich an. Der Mond spiegelte sich in ihren Augen. Nichts und niemand würde je an die Geheimnisse gelangen, die hinter diesem Blick verborgen waren, es sei denn, sie selbst gab diese preis. »Nuramon«, flüsterte sie nach einer Weile. »Hinter allem Schein verbirgt sich immer noch die Frau, die du in Ischemon begehrt hast und die dich zurückwies.«

Ich war überrascht. Dass ich in meinem früheren Leben einer von Emerelles Kampfgefährten gewesen war, hatte ich erfahren, doch dass ich sie begehrt hatte, war mir neu. Wer wenn nicht Emerelle hätte es mir auch erzählen sollen?

»Ich musste dich zurückweisen. Nicht nur weil da ein anderer war, sondern auch weil das Orakel Telmareen mich auf dich aufmerksam machte. Auch wenn du es mit dem Tod vergessen hast, so erinnere ich mich noch daran.« Sie strich Yoradae durchs Haar. »Und es beruhigt mich, dass du in diesem Leben eine Frau wie Yoradae gefunden hast. Sie kann dir das geben, was ich dir verwehrte. Denn nun bin ich die Königin und sehe die Zukunft, die sich stets in ein neues Gewand kleidet, ehe wir zu ihr aufschließen. Was Narelun für dich tat und was du für Alwerich getan hast, hat einen Pfad geschaffen, der am Ende Früchte tragen wird, so süß und heilsam, das wir alle davon kosten wollen und alle davon kosten werden. Du ahnst nicht, was ich gesehen habe, und ich sage dir nur so viel: Folge Nareluns Rat, ganz gleich wie sehr ich dich im Antlitz der Königin verfluche und dir Hindernisse in den Weg stelle, ganz gleich, wie die anderen dich verspotten. Denk immer daran, dass unter der strengen Miene der herrschsüchtigen Königin eine Frau lächelt, die von einer Zukunft träumt, die du ihr eines Tages bringen sollst.«

»Ist das mein Schicksal?«

»Du bist Nuramon der Wanderer, Erbe deines Vaters. Das Mondlicht liegt noch fern. Es ist ein weiter Weg, der dir viel abverlangen wird.« Lächelnd schaute sie auf Yoradae hinab. »Die Liebe wird deinen Schmerz lindern, ganz gleich, was dir geschieht. Bist du bereit, diesen steinigen Weg zu beschreiten?«

»Ich bin es«, sagte ich und hätte sie gerne etwas gefragt, was mich plagte, seit ich im Thronsaal der Zwerge gewesen war. Doch ich wagte es nicht.

»Nur zu. Stelle deine Frage.«

Sie hatte mich durchschaut, also fasste ich Mut. »Sieht Thorwis das, was du siehst?«

Sie lachte leise. »Wärest du sonst hier?«, fragte sie.

Ich erinnerte mich an Thorwis' Rat an den König. »Wer weiß?«

»Es sind Dinge in Bewegung geraten, denen wir uns nicht entziehen können. Thorwis weiß es. Bald schon wirst du ihm eine Botschaft überbringen, und je nachdem, wie er dann antwortet, mag sich mit einem Schlag das Schicksal von Jahrtausenden entscheiden.« Die Königin erhob sich und ließ mich staunend zurück, wie sie mich all die Jahrhunderte später in einem anderen Leben in der Kammer der Gaomee zurücklassen würde.

Ich bettete Yoradaes Kopf vorsichtig auf meine Brust und starrte in den Nachthimmel. Emerelle hatte mir die Augen geöffnet, ohne zu viel zu verraten. Meine Neugier war groß, mein Mut gestärkt, und meine Zuversicht kannte kaum Grenzen. Den Spott würde ich ertragen, und am Ende würde ich auf all dies zurückblicken und sagen, dass es das wert war. Ich würde Nareluns Regeln folgen und die Regeln meiner Mutter hinter mir lassen, denn ich hatte sie alle gebrochen. Ich hatte die Gefahr gesucht und war ihr nicht ausgewichen. Meine Freunde hatte ich nicht gewählt, das Schicksal hatte sie mir beschert. Und die Liebe? Ich hütete mich nicht vor ihr. Im Gegenteil. Meine Eltern und meine Sippe würden meinen Weg nicht gutheißen, doch sie würden es hinnehmen müssen.

Und nun, nachdem alles vorüber ist und Albenmark für mich unerreichbar geworden ist, muss ich wahrhaftig meinen eigenen Weg gehen. Ich denke gern an jene Zeit zurück, als Narelun und Alwerich, ohne zu wissen, und Emerelle und Thorwis, die Zukunft erahnend, mich auf einen Pfad brachten, der schließlich nach Jahrtausenden dazu führte, dass Albenmark gerettet wurde. Was damals gesät wurde, das ist erblüht und emporgewachsen.

Nun befinde ich mich auf dem letzten Stück meines Weges. Meine Rolle für Albenmark ist gespielt, das Mondlicht ist mir nach wie vor ein Rätsel. Ich bin noch immer auf der Suche nach meiner Bestimmung, und die Erinnerung an die Plage der Gelgerok hat ein Tor geöffnet. Es wird mich meinem Schicksal näherbringen. Am Ende, wann immer das sein wird, wartet auch auf mich das Mondlicht. Und vielleicht … vielleicht werde ich alle, die ich kannte, dort wiedersehen.

SKANGA – DER BLICK IN DEN HIMMEL

VON BERNHARD HENNEN

Der Geruch des warmen Blutes ließ Skanga das Wasser im Mund zusammenlaufen. Ihr Magen schmerzte, so lange hatte sie nichts mehr gegessen. Das junge Trollweibchen sah zu, wie ihre beiden Brüder vom Hals des Elches tranken, den ihr Vater erlegt hatte. Sie waren zu gierig. Viel Blut spritzte in den Schnee. Skanga war versucht, sich Klumpen des blutigen Schnees zu holen und in ihrem Mund schmelzen zu lassen. Aber sie würde sich dann wie ein unterwürfiges Hündchen fühlen, das nach den Knochen schnappte, die man ihm zuwarf. Sie wurde oft genug gedemütigt, sie musste es nicht noch selbst tun. Also presste sie eine Faust gegen ihren schmerzenden Magen und wartete.

Blut und Geifer troffen von den breiten Mäulern ihrer Brüder. Jetzt schlugen sie ihre Zähne in das zähe Fleisch des Elchs und rissen ganze Brocken heraus.

»Kal! Mak! Lasst das!« Ihr Vater schlug mit seiner Keule nach den beiden. »Das ist genug. Weg mit euch!« Er zerrte sie von dem Kadaver fort, um dann selbst von dem nun nur noch spärlich tröpfelnden Blut zu kosten. Im Königsstein hätten sie die kostbare Beute über einen Steintrog gehängt und ausbluten lassen. Dort wäre nichts vergeudet worden.

Skanga schloss die Augen und stellte sich vor, wie sie später, wenn Vater und ihre Brüder vollgefressen waren, die runden Knochen des Elchs spalten und sein Mark herauskratzen würde. Ihr Maul füllte sich mit süßem Speichel. Sie öffnete wieder die Augen und sah, wie das Blut im Schnee dampfte. Ihr war ganz schwindlig vor Hunger. Gleich, wenn ihr Vater von dem Elch abließ, dürfte sie das letzte Blut aus den Wunden lecken. Ein wenig Geduld noch, ermahnte sie sich. Am besten sollte sie an etwas anderes denken!

Bald wäre der Winter vorüber. Wenn das Gras durch den Schnee brach, kehrten die großen Herden aus dem Windland in den Norden zurück. Doch noch lag der Frost wie eine eisige Hand über dem Land. Der Winter hatte viel zu früh begonnen und die Herden vor der Zeit nach Süden ziehen lassen. So war es den Jägern unmöglich gewesen, die Vorratshöhlen im Königsstein ausreichend mit Fleisch zu füllen. Vor siebzehn Tagen war die Hälfte der Sippen davongejagt worden.

König Gabrog hatte nur die Stärksten behalten. Und alle Weibchen, die schon bewiesen hatten, dass sie fruchtbar waren. So kam es, dass ihre Mutter Bada im Königsstein zurückgeblieben war, während man ihren Vater Hattah mit seinen Welpen Kal und Mak davongejagt hatte. Und sie, Skanga, der der Ruf nachhing, seltsam zu sein. Sie waren die Schwachen. Jene, die man den Wintern opferte, die zu lange währten.

»Komm, nimm dir deinen Teil.« Hattah wischte sich über sein blutiges Maul, und Skanga sah die kümmerlichen Stümpfe seiner gebrochenen Reißzähne. Er hatte für sie gekämpft, um König Gabrog zu zeigen, dass er zu den starken und geschickten Jägern gehörte und seine Sippe leben sollte. Er hatte verloren …

Skanga kroch über gefrorene Erde und Geröll, quer durch die Mulde, in der sie kauerten, und beugte sich über den Elch. Sie schloss kurz die Augen, um mit allen anderen Sinnen zu genießen. Zuerst leckte sie über die Wunden an der Kehle. Das Fell kitzelte ihre Zunge und Lippen. Der Geschmack von Eisen füllte ihren Mund. Eisen, das – zu Klingen geschmiedet – Haut und Fleisch von Trollen versengte. Doch gelöst im Blut war es ein Labsal. Noch dampften die Wunden im Fleisch in der eisigen Winterluft, doch die feinen Schneeflocken, die der Wind vor sich hertrieb, schmolzen schon nicht mehr, wenn sie auf Nüstern und Augen des Elchs fielen.

»Schaffen wir ihn hoch in den Wald«, sagte ihr Vater und zog den Kadaver fort. »Es zieht ein Sturm auf. Die Bäume werden uns schützen.«

»Nein, Vater!« Ein stechender Schmerz fuhr durch ihren Kopf, als sie hinauf zum Waldrand blickte. »Nicht dorthin. Es ist zu nah … Wir sind schon hier zu nah.«

Kal bedachte sie mit einem abfälligen Lächeln. »Weibchen«, sagte er voller Verachtung. Er war der ältere ihrer Brüder und hatte im letzten Sommer seine ersten Schmucknarben empfangen, eine Schlange, die sich um seinen rechten Oberschenkel wand. Die Wunden waren schlecht verheilt. Sie sollten fleischige Wülste auf der Haut bilden. Stattdessen hatten sie sich entzündet und Krater in sein Muskelfleisch gefressen. Das galt als schlechtes Omen. Kal überspielte das, indem er sich bei jeder Gelegenheit besonders tapfer gab.

»Hattest du ein Gesicht?«, fragte ihr Vater ernst.

Skanga schüttelte den Kopf. Die Gabe hatte sie verlassen, seit sie vor Kurga, die Schamanin des Königs, gebracht worden war. Ihre ganze Kindheit über hatte Skanga Gesichter gehabt. Sie hatte Ereignisse gesehen, bevor sie eintraten. Meist Unglücksfälle. Jedes Mal hatten sich die Gesichter durch stechende Kopfschmerzen angekündigt. Oft hatte auch ihre Nase zu bluten begonnen. Aber seit Kurga sie untersucht und mit einem spitzen Vogelknochen unter ihr linkes Ohr gestochen hatte, war die Gabe verschwunden. Nur die Kopfschmerzen und das Nasenbluten waren Skanga geblieben. Aber am schlimmsten war für Skanga, dass ihr Vater beschämt worden war, als Kurga sie auf die Probe gestellt hatte. Sie hatte erraten müssen, unter welchem von drei verbeulten Bronzehelmen ein Stein verborgen lag. Siebenmal hatte sie sich geirrt. Nie würde sie das spöttische Gelächter Kurgas vergessen, das sie geerntet hatte. Dass sie so schmachvoll versagt hatte, mochte mit ein Grund dafür gewesen sein, dass König Gabrog sie und ihre Sippe vertrieben hatte. Kurga hatte ihr die Gabe gestohlen, dessen war sich Skanga ganz sicher. Eines Tages würde sie zurückkehren, und dann würde *sie* die alte Schamanin demütigen.

»Du hast also nur ein ungutes Gefühl«, stellte Hattah nüchtern fest. »Wir müssen vor dem Sturm Schutz finden. Hier am offenen Hang werden wir erfrieren. Der Hunger hat bereits zu sehr von uns gezehrt.«

Dem konnte sie nicht widersprechen. Der Elch war ihre erste Beute seit ihrer Vertreibung. Die Haut hing ihnen schlaff von den Knochen. Der Hungerwinter hatte schon während der Monde in den Höhlen des Königssteins Fett und Muskeln dahinschmelzen lassen.

Kal und Mak packten die Hinterläufe des Elchs, ohne dass Hattah sie dazu hätte auffordern müssen. Sie zerrten den Kadaver den verschneiten Hang hinauf, dem dunklen Tannendickicht entgegen. Skanga folgte ihnen mit ungutem Gefühl.

Das Schneetreiben wurde dichter. Sie kniff die Augen zusammen, als die Eiskristalle wie tausend Knochennadeln in ihr Gesicht stachen. Sie wusste, hinter dem dicht bewaldeten Bergkamm lag das Geistertal mit seinem undurchdringlichen Nebel. Ihre ganze Kindheit über hatte sie Geschichten über diesen verfluchten Ort gehört. Niemand, der bei Verstand war, kam hierher. Das Tal war verflucht. Es verschlang die Neugierigen, die so dumm waren, ihm zu nahe zu kommen. Die wenigen, die ihm lebend entkamen, waren wahnsinnig geworden, ihr ganzer Leib mit Schrammen bedeckt. Sie redeten wirr und hatten nur noch blutige Löcher statt Augen im Kopf. Meist starben sie schnell.

Skanga erinnerte sich an Durab den Bären, einen jungen Jäger, den sie als dummes Gör sehr bewundert hatte. Er war ganz versessen darauf gewesen, einen weißen Hirsch zu erlegen und König Gabrog das Fell zu schenken. Zauberkraft lag in einem solchen Fell, und der König hätte Durab ein Weibchen überlassen müssen, wenn die Jagd geglückt wäre. Seine Pirsch musste Durab zum Geistertal geführt haben. Ganz sicher wusste es niemand, denn der junge Troll war stets allein unterwegs gewesen. Nahe beim Geistertal gab es immer Wild. Selbst in einem Hungerwinter – dennoch wagte sich niemand hierher. Nicht einmal die verruchten Elfen aus dem Volk der Maurawan. Dabei lag das Tal nur wenige Tagesmärsche von ihren Wäldern entfernt.

Die Jäger des Königs hatten Durab schließlich viele Tage nach seinem Aufbruch blind taumelnd auf der Eisebene gefunden und nach Hause gebracht. Um seine Hüften war ein weißes Hirschfell geschlungen gewesen. Er war über und über mit Schrammen bedeckt und brachte kein vernünftiges Wort mehr heraus, murmelte nur noch von den Wurzeln der alten Göttin und von bösem Holz. Manchmal saß er auch stundenlang stumm, um dann plötzlich zu schreien, als würde ihm bei lebendigem Leib die Haut abgezogen.

Gabrog hatte das weiße Hirschfell verbrennen lassen, und er selbst hatte Durab wenige Tage nach dessen Rückkehr erwürgt, um sein irres Gerede zum Verstummen zu bringen. Kurga hatte einen Bannfluch auf das Geistertal gesprochen. Skanga spuckte in den Schnee, als sie an die Zeremonie dachte. Sie hatte keine Zaubermacht in den Worten der alten Vettel gespürt. Kurga war eine Blenderin und Gabrog ein Narr, dass er ihr vertraute! Wieder malte sie sich aus, wie sie die Schamanin des Königs eines Tages demütigen würde.

»Grübel nicht so viel. Sonst wachsen dir noch Haare wie den Elfen.«

Ihr Vater strich ihr über den kahlen Kopf und versetzte ihr einen Knuff, bevor er weiterging. »Schwere Gedanken sind der Mist, auf dem Haare wachsen. Ein echter Troll leidet daran nicht.« Mit diesen Worten schloss er zu Kal und Mak auf. Sie hatten die Grenze des Waldes erreicht.

Der Wind war weiter aufgefrischt. Er peitschte den feinen Pulverschnee über den felsigen Hang unter ihnen. War da eine Bewegung in den Schneewirbeln gewesen? Skanga kniff die Augen zusammen und starrte in das Schneegestöber. Vielleicht ein Tier? Sie war sich nicht sicher. Die Sicht war zu schlecht. Wahrscheinlich hatten ihre Augen ihr einen Streich gespielt.

»Komm Skanga!«, rief ihr Vater. »Bleib nicht zurück.«

Sie folgte der mit blutigen Schlieren durchsetzten Schleifspur des Elchbullen. Ihre Waden brannten vom steilen Anstieg. Immer wieder schlugen ihr Äste und dorniges Gebüsch hart ins Gesicht. Bald ging ihr Atem keuchend. Sie war zu schwach. Der Winter hatte zu viel von ihrer Stärke aufgezehrt. Im vergangenen Sommer wäre sie einen solchen Hang hinaufgelaufen und nicht einmal ihr Herzschlag wäre schneller geworden.

Skanga fand ihre Brüder in einer windgeschützten Senke, umgeben von dunklen Nadelbäumen. Hattah nahm einen flachen, scharfen Stein aus dem Beutel mit ihren wenigen Habseligkeiten und begann, mit geübten Schnitten das Fell des Elchs abzuziehen. Gut, dass er Kal und Mag von der Beute zurückgehalten hatte. Das Fell hatte kaum Schaden genommen. So würde es eine gute, warme Decke abgeben. Skanga freute sich darauf, später am Feuer zu sitzen und Fett und Fleischreste von der Tierhaut zu schaben. Das war eine Arbeit, die sie gerne machte. Sie vergaß dann alles um sich herum. All die Enttäuschungen und den Spott. Sie war nicht sehr groß und stark. Kein Weibchen, von dem man erwarten konnte, dass es kräftige Welpen gebären würde. Auch hatte sie einen ungewöhnlich großen Kopf und wurde deshalb oft verspottet. Sie war froh, wenn sie allein war. Anders als die meisten aus ihrer Sippe, die gerne zusammenhockten und redeten und redeten. Dieselben Geschichten, immer und immer wieder. Von Jagden und wilden Kämpfen mit den verfluchten Elfen.

Als das Fell abgenommen war, brach ihr Vater den Elch auf. Er öffnete die Bauchhöhle, griff mit seinen großen Händen hinein und holte die Eingeweide heraus. Er warf ihr die Leber zu. Sie lächelte. Das war ein gutes Stück! Eigentlich hätte es Kal oder Mak zugestanden. Hattah war der Einzige aus ihrer Sippe, der ihr immer das Gefühl gegeben hatte, dass er sie mochte.

Gierig schlug Skanga ihre Fänge in die Leber. Sie nahm sich kaum Zeit zu kauen und schluckte das Fleisch in großen Brocken. Bald schmerzte ihr Magen. Zu lange hatte sie nicht mehr gefressen. Sie ließ sich zufrieden grunzend gegen einen Baumstamm sinken. Es war noch viel Fleisch übrig. Hattah hatte einen großen Elchbullen erlegt. Sie würden den Winter überleben – diese eine glückliche Jagd hatte den Unterschied gemacht!

Skanga schloss die Augen und lauschte auf den pfeifenden Wind. Sie wurde schläfrig, döste, halb zwischen Traum und Wachen gefangen. Die Schmerzen kamen so plötzlich, als habe sie ein Pfeil durch ihr Auge mitten ins Hirn getroffen. Sie stöhnte, beugte sich vor und spürte, wie warmes Blut von ihrer Nase troff und über ihre Lippen rann. Hätte Kurga sie nicht bestohlen, sie würde ein Gesicht haben. Es war etwas Wichtiges, etwas Drängendes! Es fühlte sich an, als sei ein Mammut in ihrem Kopf gefangen und versuche, mit stampfenden Füßen herauszukommen.

Skanga krallte die Hände in den Schnee, formte einen eisigen Klumpen und drückte ihn sich in den Nacken, um die Blutung zu stillen. Der Schmerz trieb ihr Tränen in die Augen. Mit einem Mal wurde ihr bewusst, dass sie bisher falsch darüber gedacht hatte, was Kurga ihr angetan hatte. Die Schamanin hatte ihr nichts gestohlen, sie hatte ihre Kräfte hinter einer magischen Tür weggesperrt. Es war alles noch da und zugleich doch unerreichbar. Sie fand einfach keinen Zugang zu den Visionen.

Gepeinigt von der Ahnung, dass etwas geschehen würde, vor dem sie alle hätte warnen können, sah sie sich um. Ihre beiden Brüder waren vollgefressen auf dem Kadaver des Elches eingeschlafen, dessen Rippen spitz aus dem geschändeten Körper ragten. Was von ihm noch übrig war, sah aus, als sei ein hungriges Wolfsrudel über ihn hergefallen. Skanga verspürte erneut Appetit, doch sie durfte sich nicht davon ablenken lassen. Sie musste sie alle von hier fortbringen.

»Du hast wieder …« Ihr Vater ließ den Satz unvollendet. Er war unendlich enttäuscht gewesen, als sie vor Kurga versagt hatte. Er hatte an sie geglaubt. Ob er es noch immer tat, wusste sie nicht. Skanga sah zu ihm hoch. Müde lehnte er an einer Fichte. Er war groß und, obwohl der Winterhunger ihn ausgemergelt hatte, noch immer eine eindrucksvolle Gestalt. Für sie war er unbesiegbar gewesen, auch wenn ihr nicht verborgen geblieben war, wie das Leben ihm wieder und wieder Niederlagen beigebracht hatte.

»Deine Nase. Sind sie schlimm, die Kopfschmerzen?« Hattah trat einen Schritt auf sie zu.

Skanga nickte. Ihr war übel von dem bohrenden Schmerz. Sie hatte Angst, all das gute Fleisch zu erbrechen, das sie in sich hineingeschlungen hatte. Und sie hatte Angst davor, dass der Schmerz endete. So lange er währte, lag es in ihrer Macht, ein Schicksal zu ändern, wenn sie die Zeichen und Bilder richtig deutete. Aber all das war von Kurga weggesperrt worden. Was Skanga noch blieb, waren Ahnungen.

»Wir müssen hier weg. Sofort!«

Hattah schüttelte sanft den Kopf. Sie sah die Hautlappen von seinem einst so starken Hals hängen. »Wir können hier nicht fort. Wir warten das Ende des Sturms ab.«

»Aber wir sind zu nahe am Geistertal«, beharrte Skanga. »Dies ist ein verfluchter Ort.«

»Und deshalb werden wir das Tal nicht betreten. Wir werden …«

Skangas Kopfschmerz endete so plötzlich, wie er gekommen war. Erschrocken sah sie sich um. Es war zu spät! Das Schicksal war nun unabwendbar.

»Wir werden auf das Wild lauern, das aus dem Tal kommt. Dort gibt es immer Wild, weil sich kein Jäger hierherwagt. Das Geistertal wird uns nicht töten, es wird uns vielmehr am Leben erhalten. Und wenn der Frühling kommt, kehren wir zum Königsstein zurück und werden Gabrog selbst unsere Jagdgeschichten erzählen.« Hattah strahlte die Ruhe und die Zuversicht aus, die immer seine größten Stärken gewesen waren. Vielleicht traf das heraufziehende Unglück, das sie gespürt hatte, ja nicht sie, dachte Skanga.

Sie wollte gerade aufstehen und zu ihrem Vater gehen, als etwas Weißes hinter ihm vorbeihuschte. Er schrie auf und brach in die Knie. Blut spritze in den Schnee. Die Sehnen auf den Rückseiten seiner beiden Kniegelenke waren durchtrennt.

Sein Schrei hatte Kal und Mak geweckt. Augenblicklich waren die beiden auf den Beinen. Mak griff nach seinem Jagdspeer mit der im Feuer gehärteten Spitze, als ihn ein Pfeil in die Brust traf. Die Wucht des Aufschlags ließ ihn zurücktaumeln und über den Kadaver des Elchs straucheln. Kaum dass er stürzte, tauchte ein Elfenkrieger mit langer, mondglänzender Klinge auf. Kal versuchte, dem Elf den Weg zu seinem Bruder zu verstellen, doch der Kämpfer bewegte sich mit katzenhafter Anmut, duckte sich unter seinem Keulenhieb hinweg und wollte Mak gerade die Klinge durch den Hals stoßen, als ihn ein faustgroßer Stein auf die Brust traf.

Hattah vermochte nur noch zu knien, aber er hatte den Kampf nicht aufgegeben. Mit seinen großen Händen wühlte er im Schnee nach einem weiteren Stein. Doch bevor Skanga zu ihm eilen konnte, um ihm zu helfen, durchschlug ein Pfeil seine Rechte und nagelte sie auf den gefrorenen Boden. Ihr Vater brach den Schaft mit wütendem Grunzen ab und befreite seine Hand. »Lauf, Mädchen! Lauf den Hang hinauf und versteck dich. Ich komm dich holen, wenn wir diese verdammten Elfen erlegt haben. Ich glaube es sind nur zwei. Ein Bogenschütze und dieser verdammte Schwertkämpfer. Wir werden ihnen zeigen, dass das nicht genug ist, um sich mit drei Trollen anzulegen.« Da waren wieder diese Kraft und Zuversicht in seiner Stimme, so als glaube er tatsächlich jedes einzelne Wort, das er sagte.

»Lauf, du musst deinem Vater gehorchen.« Er stieß sie mit der unverletzten Hand hangaufwärts.

Kal hatte Mak auf die Beine geholfen und zog ihn hinüber zu Hattah. »Die werden uns umbringen!«, keuchte er.

»Falsch«, entgegnete ihr Vater wütend. »*Wir* machen sie fertig! Ein richtiger Krieger verschwendet keinen Gedanken an seinen eigenen Tod. Er denkt nur an den Tod seiner Feinde! Merk dir das, Sohn.«

Kal zog eine Grimasse, während Mak trotz seiner Verwundung einen der langen, gesplitterten Knochen aufhob, aus denen Skanga das Mark herausgeleckt hatte, und ihn wie ein Steinmesser in den Händen hielt.

»Lauf, Skanga, du wirst nur im Weg stehen, wenn wir kämpfen.«

Sie schüttelte trotzig den Kopf.

»Gehorche mir«, grollte ihr Vater und stieß sie diesmal derber von sich. Wütend bleckte er seine zersplitterten Fänge. Doch Skanga sah nur seine Augen, die noch niemals hatten lügen können. Und darin las sie die Bitte, ihm seinen letzten Wunsch zu erfüllen. Er wollte, dass wenigstens eines seiner Kinder überlebte. Sie wollte ihn nicht enttäuschen. Nicht noch einmal ...

Skanga lief los. Das letzte Stück des Hangs war steil und tief verschneit. Obwohl sie barfuß war, fiel es ihr schwer, sicheren Halt zu finden. Sie griff nach vereisten Wurzelsträngen und niedrigen Ästen. Hinter sich hörte sie den wütenden Kampfschrei ihres Vaters. Er hallte weit durch den Wald. Kündete von Wut und Verzweiflung und dem Willen, niemals aufzugeben.

Sie blickte über die Schulter zurück und strauchelte. Das rettete ihr das Leben! Ein Pfeil schlug über ihr in einen grauschwarzen Lärchenstamm. Skanga raffte sich auf, kletterte weiter und versuchte nun, Haken zu schlagen wie ein flüchtender Hase. Sie hatte den Bogenschützen nicht gesehen. Verfluchte Elfen! Sie kämpften stets voller Heimtücke.

Keuchend erreichte sie den Bergkamm. Der Wald hatte sich hier gelichtet, sodass der eisige Sturmwind deutlicher zu spüren war. Wenn sie umkehrte, würde sie sterben, das war Skanga klar. Doch wenn sie weiterlief, hinunter in das Geistertal, war sie ebenfalls dem Untergang geweiht. Aber vielleicht würden auch die Elfen verrecken, wenn sie dumm genug waren, ihr zu folgen. Diese Hoffnung, entschied sie, war es wert, alles zu riskieren.

Entschlossen begann sie den Abstieg. Viel sehen konnte sie nicht. Wogender Nebel verbarg das Geistertal vor ihren Blicken. Der Wind wirbelte den Dunst zwar auf, aber er vermochte ihn nicht zu vertreiben.

Die Angst vor dem, was sie erwartete, und die bittere Vorfreude darauf, die beiden Elfen vielleicht mit sich in den Tod zu nehmen, hielten sich die Waage, als Skanga sich durch den Schnee kämpfte. Er war hier nasser und klebriger als auf der anderen Seite des Hangs. Immer wieder blickte sie zurück, doch die Bäume standen hier dichter, sodass ihre Sicht nur schlecht war. Es schien ihr kein Elf gefolgt zu sein. Sie hörte auch keine Kampfgeräusche. War schon alles vorüber?

Sie war kaum hundert Schritt abgestiegen, als sie den Nebel erreichte. Kurz blieb sie stehen, zögerte und lauschte, ob sie nicht doch einen Ruf ihres Vaters oder ihrer Brüder hören würde. Doch es blieb still, und voller Angst vertraute sie sich dem wirbelnden Weiß an. Sie ging langsam, tastete mit den Füßen über den Grund. Es gab hier keinen Schnee mehr. Der Boden war weich, voller Lärchennadeln. Es duftete nach Harz. Auch war es jetzt deutlich wärmer. Sie kreuzte eine Wildschweinfährte.

Nach einer Weile wurde der Boden felsig, und Skanga hielt inne und wischte über ihre großen Füße, um die Klumpen von dunklem Waldboden und die braunen Lärchennadeln zu entfernen. Sie wollte es den verfluchten Elfen nicht zu leicht machen, ihrer Fährte zu folgen. Vielleicht könnte sie ihnen ja sogar einen Hinterhalt legen. Zu gerne würden sie einen dieser Mörder mit eigenen Händen töten!

Es war ungewöhnlich still. Kein Vogel sang. Als der Nebel zu träge fließenden Schlieren ausdünnte, sah Skanga das verfluchte Tal endlich mit eigenen Augen. Unheimliches, graues Zwielicht beherrschte alles um sie herum. Der Himmel blieb durch die dichte Nebelbank verborgen, ja, von hier unten wirkte sie wie ein Deckel auf einem Topf. Wer das Tal sehen wollte, der musste durch den Nebel gehen und sich dem Verderben stellen, das hier lauerte. Beklommen sah Skanga sich um. Die Sicht war etwa so wie an jenen Tagen, an denen der Nordwind dicke Schneewolken dicht über dem Land vor sich her trieb. Sie konnte mehr als hundert Schritt weit sehen, doch haftete allem etwas Ungewisses an – als ginge die Welt des Fleisches hier in die Welt der Geister über, ohne dass sie eine Grenze auszumachen vermochte. Ein Stück unter ihr erblickte Skanga etwa ein Dutzend heiße Quellen, die sich in Dunstschleier hüllten. Ihr Wasser ergoss sich in einen großen See am Grund des Tals, der von dichtem Wald eingeschlossen war. Vorsichtig, jeden Augenblick auf eine tödliche Überraschung gefasst, überquerte sie einen breiten Geröllstreifen. Unter jedem ihrer Schritte gab das lose Gestein nach und rollte talabwärts, auf einen großen Holunderbaum zu. Erstaunt hielt Skanga inne. Ein Teil des Baumes wirkte wie abgestorben, während andere Äste in voller, weißer Blüte standen. Viel zu früh für die Jahreszeit. Aber vielleicht lag das auch an den warmen Quellen? Auf jeden Fall würde er mit seinem dichten Astwerk, das bis auf den Boden hinabreichte, ein gutes Versteck abgeben.

Skanga achtete darauf, sich weiter durch den Geröllstreifen zu bewegen. Das nachrutschende Gestein löschte ihre Fährte. So gelangte sie bis fast zum Holunderbaum. Er war ungewöhnlich groß. Sein Stamm war vielfach gebrochen, hatte aber immer wieder aufs Neue ausgetrieben. Totes Astwerk, von dem die graubraune Rinde abgefallen war, umgab ihn wie bleiche Knochen. Sein Wurzelwerk griff ein ganzes Stück hangabwärts. Einige der Wurzelstränge beim Hauptstamm des Baumes waren dicker als ihre Arme. Wie Schlangen wanden sie sich übereinander in alle Richtungen.

Vorsichtig bog Skanga die Äste auseinander, ängstlich darauf bedacht, keinen zu zerbrechen. Sie durfte keine Spur hinterlassen! Elfen hatten Adleraugen. Zerbrochene Äste würden sie wahrscheinlich schon von Weitem entdecken. Unter ihren Füßen knirschte bleiches, totes Holz. Skanga fand eine weite Höhlung inmitten des dichten Astwerks. Vielleicht ein Wildschweinversteck? Sie kauerte sich nieder und spähte durch den Vorhang aus Ästen. Es waren keine Verfolger zu sehen.

Dieser Baum war eigenartig. Jetzt erst nahm sie sich die Zeit, ihn aufmerksam zu studieren. Er schien alle vier Jahreszeiten in sich zu vereinen. Während einige Äste gerade einmal zarte, erste Knospen austrieben, bildeten andere schon Rispen voller weißer Blüten, von denen ein angenehm fruchtiger Duft ausging. Daneben gab es Äste voller Beeren. Manche der Früchte waren grün und saßen an hellroten Stängeln, andere Beeren hatten eine schwarze Farbe angenommen, und ihre Stängel waren dunkelrot, als hätten sie von frischem Blut getrunken. Zwischen all dem blühenden Leben ragten immer wieder graue, winterkahle Äste auf. Dieser Holunder vereinte tatsächlich das ganze Jahr in sich! Oder noch mehr?

Skangas große, graue Hand strich über die tief gefurchte Rinde des Baums. Ihre Fingerspitzen prickelten. Ein wenig Harz klebte daran. Aber da war mehr. Ein Wispern in den Ästen, obwohl es windstill war. Die Blätter raschelten leise. Kleine Blütenstauden fielen auf sie herab. Zu ihren Füßen bewegte sich etwas Dunkles. Eine Schlange?

Skanga blickte auf das Wurzelwerk hinab. Auf die bleichen, toten Äste, die dort lagen. Da begriff sie ihren Irrtum. Das war kein Holz. Dort lagen Knochen!

Sie ging in die Knie und untersuchte, was da aus dem klebrigen, schwarzen Humus ragte. Das waren keine Tierknochen … Sie zog einen kleinen, zierlichen Schädel mit nadelspitzen Zähnen aus der Erde. Der Kopf eines Kobolds?

Etwas streifte ihren linken Fuß. Eine Wurzel! Hatte sie sich bewegt? Skanga lachte kurz auf. Das war Unsinn. Nur die Bäume des großen Waldes im Schatten des Albenhauptes bewegten sich. Und die auch nur, wenn die mächtigen Zauber der Maurawani sie dazu zwangen.

Sie nahm einen großen Oberschenkelknochen auf, der in der Mitte gebrochen war, aber erste Anzeichen von Heilung auf den Bruchstellen zeigte. Wer immer hier mit gebrochenem Bein unter den Zweigen des Holunders Zuflucht gesucht hatte, hatte danach noch lange genug gelebt, dass seine Verletzungen zu heilen begonnen hatten. Der Knochen war nur viel zu groß für einen Kobold. Selbst für einen Elfen! Wie viele Geschöpfe Albenmarks waren hier gestorben?

Es war dunkler geworden, doch am diesigen Grau des Himmels hatte sich nichts verändert. Unsicher sah sie sich um. Waren die Äste etwa dichter zusammengerückt? Skanga ließ den Koboldschädel fallen. Plötzlich hatte sie den unbändigen Wunsch, dieses verfluchte Tal zu verlassen und nachzusehen, wie der Kampf ausgegangen war. Zugleich wusste sie, wie dumm eine solche Entscheidung gewesen wäre. Ihr Vater hatte nicht mit einem Sieg gerechnet. Ganz gewiss lauerten dort oben im Nebel die Elfen, die ihre Familie ermordet hatten. Nein, sie würde bleiben! Sie würde es ihnen nicht leicht machen! Sie sollten hierherkommen und sie suchen. Und dabei in ihr Verderben laufen.

In einem plötzlichen Aufwallen von Wut stampfte sie auf den Koboldschädel. Die dünnen Knochen zersplitterten fast ohne Widerstand. Einer der spitzen Zähne bohrte sich durch die dünne Haut zwischen ihren Zehen. Leise fluchend setze Skanga sich und versuchte, den Zahn mit ihren großen Fingern aus dem Fleisch herauszupulen, was aber nicht gelingen wollte.

Ein Trollweibchen hatte ich noch nicht.

Skanga fuhr erschrocken herum. Sie hatte eine Stimme vernommen, aber da war niemand! Nur der Baum, der auf Knochen wuchs.

Ich bin ein Baum, du dummes Stück Fleisch. Natürlich habe ich keinen Mund, keine Stimmbänder. Du hörst mich in deinem Kopf.

Misstrauisch musterte Skanga den uralten Stamm. Ein Baum, der in ihren Gedanken sprach? Das musste ein Elfenzauber sein. Ihr Versteck taugte nichts. Sie sollte hier fort. Ärgerlich griff sie nach den Ästen. Doch sie waren nicht mehr biegsam wie eben noch. Einige splitterten, als Skanga immer wütender an ihnen zerrte. Etwas Kaltes schloss sich um ihr rechtes Fußgelenk. Eine dicke, schwarze Wurzel!

Das Trollweibchen packte mit beiden Händen die Wurzel und zerrte daran. Ihre dicken Fingernägel furchten die Wurzelrinde, doch vermochte sie sich nicht zu befreien. Im Gegenteil, immer stärker wurde der Griff des Wurzelstrangs, bis das Gelenk knackte und Skanga vor Schmerz aufstöhnte. Das war der falsche Weg! Sie löste ihre Hände, doch der Druck durch die Wurzel ließ nicht nach. Keuchend atmete sie aus und versuchte, der Pein keinen Platz in ihren Gedanken zu gewähren.

»Du frisst Leichen?«, presste Skanga zwischen zusammengebissenen Fangzähnen hervor.

Fressen würde ich das nicht nennen? Wenn du vermoderst, nehme ich Teile von dir auf, aber darum geht es mir nicht. Ich labe mich an deinen Gefühlen: Angst, Schmerz, vergebliche Hoffnung. Und es ist unterhaltsam, meinen Gefangenen beim Kampf gegen den Tod zuzusehen. Hier in diesem Tal ist es sehr einsam. Abgesehen von langweiligem Viehzeug gibt es nur sehr selten Besuch.

»Könnte wohl daran liegen, dass du das Tal in Verruf gebracht hast. Jeder kennt das Geistertal und meidet es.«

Höre ich da einen Hauch Ironie? Wie ungewöhnlich für ein Trollweibchen! Ich dachte, ihr existiert nur, um irgendwelche schäbigen Felle zu schaben und Welpen zu gebären. Euer Kopf birgt nur die Öffnung zur Nahrungsaufnahme, aber keinesfalls etwas, was man in zivilisierteren Kreisen Verstand nennen würde.

Skanga begriff zwar nicht, was diese komischen Kreise, von denen der Baum sprach, mit ihrem Verstand zu tun hatten, aber dass sie gerade beleidigt wurde, entging ihr nicht. »Die Snaiwamark ist voller Überraschungen«, entgegnete sie gallig. »Ich hätte auch nicht gedacht, dass ich mich einmal von einem Stück Brennholz beleidigen lassen müsste.«

Augenblicklich zog sich die Wurzel um ihr Gelenk fester zusammen. Noch ein klein wenig mehr Druck und ihr würde der Fuß ausgekugelt.

Sprich in meiner Gegenwart nie wieder von Feuer!

Die Worte waren wie Flammen in ihren Gedanken, die sich tief von innen heraus in ihren Schädelknochen brannten. Nie zuvor hatte Skanga solche Pein empfunden, und ihr wurde schwarz vor Augen. Als sie wieder zu sich kam, lag sie zwischen den Knochen. Weitere Wurzeln hatten sich um ihren Leib geschlungen.

Dieser bösartige Holunder hat also Angst vor Feuer, ging es ihr durch den Kopf, und kaum dass sie es dachte, verstärkte sich der Druck der Wurzeln, die sie gefangen hielten. »Gib mich frei, und ich schenke dir zwei Seelen, die du quälen kannst. Zwei zarte Elfen. Sie werden dir viel mehr Freude bereiten als ich.«

Du feilschst? Glaubst du wirklich, du bist in der Lage dazu?

»Willst du die Elfen oder nicht?«

Sie werden ohnehin kommen, Trollweibchen. Jeder ist neugierig auf einen Baum, der alle Jahreszeiten zugleich zeigt. Auch sie werden sich zu nah heranwagen. So war es immer.

»Mir sind keine Elfenknochen aufgefallen«, entgegnete Skanga.

Weil du ein dummes Trollweibchen bist!

»Du bist wirklich ein auffälliger Baum, aber die Elfen sind gewiss viel klüger als ich. Vielleicht meiden sie dich, weil du so unverwechselbar bist. Vielleicht durchschauen sie dein Spiel?« Skanga konnte spüren, dass ihre Worte gesessen hatten, auch wenn der Holunder sich nicht zu einer Antwort herabließ.

»Du bist ein Zauberweber, nicht wahr? Deshalb kannst du in meinen Gedanken sprechen.«

Äußerst scharfsinnig, Trollweibchen.

»Bring es mir bei, und ich locke die Elfen für dich an!«

Die Größe deines Kopfes steht im umgekehrten Verhältnis zu den bei dir zu erwartenden geistigen Fähigkeiten, Trollweibchen. Nun sollen die beiden Elfen nicht nur der Preis für deine Freiheit sein, sondern obendrein auch noch der Pfand für die jahrelange Qual, dich zu unterrichten. Eher bringe ich einem Wolf das Zauberweben bei als dir, Schätzchen.

Skanga hatte den Worten des Holunders zwar erneut nicht ganz folgen können, doch die Gefühle, die zugleich mit den Worten einen Weg in ihre Gedanken fanden, waren eindeutig: gehässige Überheblichkeit. »Du meinst, dass ein Troll ein Zauberweber wird, ist etwa so wahrscheinlich, wie dass ein Baum zaubern kann?«

Du bist wahrlich nicht aufs Maul gefallen, kleines Trollweibchen. Vielleicht bist du eine bessere Unterhaltung, als ich zu hoffen gewagt hätte. Was weißt du denn von der magischen Welt?

Die Gefühle des Holunders waren nun weitaus weniger herablassend. In Skanga keimte Hoffnung auf. Aber war nicht jedes ihrer Gefühle Nahrung für diesen schrecklichen Baum? Spielte der Holunder mit ihr? *Schmeckte* Hoffnung anders als Wut, Schmerz oder Verzweiflung?

Ich erwarte eine Antwort!

Skanga wusste wenig, aber das wollte sie nicht offen zugeben. Magie wurde mit Worten gewoben, mit Rauch aus Feuern, in die man die richtigen Kräuter streute, mit Knochenrasseln und dunklem Trommelschlag. Zur rechten Stunde und wenn die Sterne richtig am Himmel standen.

Köstlich!, spottete der Holunder. *Mir scheint, du kannst mich etwas über die Kunst, Zauber zu weben, lehren.*

Sie musste also gar nichts sagen, dachte Skanga beklommen. Der Baum hörte ihre Gedanken. Eigentlich nicht verwunderlich, sprach er doch auch in ihren Gedanken.

Richtig! Du bist ein offenes Buch für mich, Skanga. Du kannst nichts vor mir verbergen. Versuche es besser erst gar nicht.

Buch ... Schon wieder so ein Wort, das sie nicht verstand. Sie spürte, wie dieser Gedanke den Baum belustigte. Skanga empfand es eher als ungeschickt und dumm, wenn einer in einem Gespräch dauernd Worte benutzte, die der andere nicht verstand. Wer wirklich klug war, musste sich nicht auf so billige Art beweisen.

»Hast du einen Namen, Baum?«

Früher einmal. Ein ganzes Zeitalter lang hat mich niemand mehr mit meinem Namen angesprochen. Einst war ich Matha Naht. In deiner Sprache heißt es so viel wie Mutter Nacht.

Skanga spürte die Wehmut und den Zorn des Baums, während der Holunder diese Worte in ihre Gedanken pflanzte. Zugleich war da das vage Gefühl, dass Matha Naht nicht immer an diesem Ort gestanden hatte. Natürlich war diese Vorstellung Unsinn, schließlich wanderten Bäume nicht! Auf der anderen Seite sprachen Bäume normalerweise aber auch nicht in den Gedanken eines Trolls ...

Habe ich dich verwirrt, kleines Trollweibchen.

Matha Naht hatte wieder zu ihrem spöttischen Tonfall zurückgefunden.

»Ich könnte dir helfen, deine Einsamkeit zu vergessen.«

Glaubst du, ich sei so tief gesunken, dass ich mich mit Trollen abgeben müsste? Ich bin ... Plötzlich war die Stimme aus ihren Gedanken verschwunden. Ja, sogar die Wurzeln ließen ein wenig locker, auch wenn es nicht reichen würde, sich zu befreien.

Skanga lag eine Weile still und lauschte in sich hinein. Da war nichts mehr. Die Stimme hatte sich gänzlich zurückgezogen. Dann wurde sie sich eines fremden Geruchs bewusst. Ganz schwach, fast völlig überlagert vom fruchtigen Duft der Holunderblüten. Mit Rosenöl behandeltes Waffenfett! Das mussten Elfen sein. Sie waren ihr also doch noch gefolgt. Skanga verdrehte die Augen und spähte durch das Dickicht aus Ästen den Hang hinauf. Da kamen sie, vorsichtig, leicht geduckt und ihre Waffen zum Kampf bereit. Es waren zwei. Ganz in helles Hirschleder gekleidet, das sie mit der Winterlandschaft verschmelzen ließ, doch hier, wo aller Schnee gewichen war, waren sie nicht zu übersehen.

Sie blickten hinab zum Holunder und redeten leise. Jedenfalls sah Skanga, dass sich ihre Lippen bewegten. Hören konnte sie nichts. Es sah nicht so aus, als hätten sie ihre Fährte entdeckt, dachte sie zufrieden. Und der Baum war ihnen eindeutig unheimlich. Skanga lächelte. Es kam genau so, wie sie es vorhergesehen hatte.

Du wirst sie auf dich aufmerksam machen, meldete sich Matha Nahts Stimme herrisch in ihren Gedanken zurück. *Lock sie her!*

Auf gar keinen Fall. Skanga dachte ihre Antwort nur, aus Furcht, dass selbst das leiseste Flüstern die Aufmerksamkeit der Elfen erwecken könnte.

Glaub mir, kleines Trollweibchen, ich werde dich dazu bringen, dass du einen verräterischen Laut von dir gibst. Fordere meine Macht nicht heraus!

Du kennst mich nicht, entgegnete Skanga trotzig in Gedanken.

Augenblicklich zogen sich die Wurzeln, die sie gefesselt hielten, enger zusammen. Neue Wurzelstränge krochen über ihren Leib, und pressten ihren Brustkorb, sodass sie nur noch flach atmen konnte. Skanga versuchte, im Geiste zu entfliehen. Sie dachte an ihren Vater, wie er abends am Feuer Jagdgeschichten erzählt hatte. Sie wollte dem Schmerz keinen Raum in ihren Gedanken lassen. Sie presste ihre Hauer aufeinander, dass sie knirschten.

Mit einem schnappenden Geräusch kugelte ihr Fuß aus dem Gelenk. Skanga schossen vor Schmerz Tränen in die Augen, aber kein Laut kam über ihre Lippen.

Das war erst ein sanftes Vorspiel, Trollweibchen. Ich vermag dir noch ganz andere Schmerzen zu bereiten. Gib auf! Mach die Elfen auf dich aufmerksam. Du willst doch auch sehen, wie ich sie langsam töte.

Du hast schon angefangen?, spottete Skanga lautlos. *Gut, dass du das sagst. Mir war es gar nicht aufgefallen.*

Augenblicklich tasteten feine, weiße Haarwurzeln über ihr Gesicht, krochen über ihre Wangen, zwängten sich durch ihre Mundwinkel und schoben sich in ihre Nasenlöcher hinein. Sie kitzelten und beinahe hätte Skanga geniest. Dann schob sich ein dünner Wurzelstrang zwischen Lid und Augapfel. Sie fühlte, wie er zur Rückseite des Auges kroch. Tränen rannen ihr über die Wangen.

Du weißt, an was für einem dünnen Fädchen ein Auge hängt, du hast bestimmt schon welche gegessen. Gib einen Laut von dir oder ich blende dich. Und wenn das nicht reicht, dringen die Wurzeln bis in dein Hirn. Dort gibt es einen Punkt, der dir so erlesenen Schmerz bereiten wird, dass du dich niemals davon erholen wirst, wenn ich ihn berühre. Dieser Schmerz wird dein ständiger Begleiter werden. Sei also nicht dumm …

Skanga stellte sich eine große, dunkle Grube vor, an deren Rand sie stand. Sie würde sich rückwärts hineinfallen lassen. Einfach alles vergessen und in die Dunkelheit stürzen, wo kein Schmerz sie mehr erreichen konnte. Allein, dass sie den Mördern ihres Vaters und ihrer Brüder das Leben schenkte, wurmte sie. *Störrischer, von Würmern zerfressener Baum.* Sie machte in Gedanken einen Schritt zum Rand der Grube. Noch einen. Jetzt …

Also gut, du hast deine erste Probe bestanden. Wir machen einen Handel. Du bist überraschend zäh und dickköpfig. Ich werde versuchen, dich die Kunst des Zauberwebens zu lehren. Doch dafür muss ich dein Verborgenes Auge öffnen, und du musst einen Preis zahlen …

Unser alter Handel ist hinfällig, entgegnete Skanga. *Er galt, bevor du mich gequält hast. Nun verlange ich einen der beiden Elfen für mich! Ich selbst will ihm langsam das Leben aus dem Leib quetschen, sodass ihm noch viel Zeit bleibt zu bereuen, dass er meinen Vater und meine Brüder getötet hat.*

Was bist du für ein garstiges Biest, Skanga. Die Gefühle, die die Gedanken Matha Nahts begleiteten, waren nicht von Zorn gefärbt. Sie erschien Skanga eher amüsiert. *Leider kann ich deiner Bitte nicht nachkommen.*

Dann gibt es keinen Pakt zwischen uns. Verwundert stellte Skanga fest, dass die Schmerzen nachgelassen hatten. Nur die Wurzeln, die sich in ihre Augen gezwängt hatten, peinigten sie noch.

Es gibt nicht einmal Elfen. Weder hier im Tal, noch jenseits des Bergkamms im Wald. Kaum dass dieser Gedanke Skanga erreichte, wichen die Äste des Holunders zur Seite, als griffe Sturmwind nach ihnen. Dem Trollmädchen standen Tränen in den Augen, sodass sie nur verschwommen sah, doch der Hang war verlassen, so viel konnte sie erkennen.

Wo sind sie?

Es gab sie nie!

Aber ich habe sie doch deutlich gesehen!, begehrte Skanga in Gedanken auf.

Du hast gesehen, was ich wollte, dass du siehst.

Deutlich spürte die Trollin, wie sehr Matha Naht dieses Spiel genoss. *Aber da sind doch Elfen gewesen! Die beiden, die unser Lager angegriffen haben ...*

Augen werden als Sinne einfach überschätzt. Du solltest ihnen nicht trauen. Es gab keine Elfen, nicht hier und nicht bei eurem Lager auf der anderen Seite des Hangs. Es war alles nur Illusion. Wahr ist einzig, dass du hier unter meinen Ästen gebettet liegst und dem Leben endlich wieder näher bist als dem Tod.

Skanga verstand den Sinn der Worte nicht. Der Baum redete jetzt endgültig irre.

Du warst fast schon gestorben, als ich deinen verzweifelten Überlebenskampf gespürt habe, Skanga. Du musst wissen, mein Wurzelwerk reicht sehr weit. Bis auf die andere Seite des Hangs und darüber hinaus. Meine Wurzeln sind meine Sinne, die über die Grenzen dieses engen Tals hinausreichen. Sie sind in vielen Jahrhunderten gewachsen, seit jener Zeit, in der die Drachen die Herren dieser Welt waren und eine verfluchte Elfe ein letztes Stück meiner Wurzeln hier pflanzte, nachdem ich an einem anderen Ort von einem Götterdrachen fast getötet worden war. Ich bin älter, als du dir vorstellen kannst, Skanga, und ich will dich! Ganz und gar. Als meine Wurzeln dich berührten – du hast glücklicherweise nicht auf felsigem Grund gelegen –, da habe ich etwas in dir gespürt. Du hast die Gabe zu Großem!

Wie meinst du das, mit dem felsigen Grund?

Dort, wo deine Brüder und dein Vater erfroren sind. In der kleinen Mulde auf der anderen Seite des Berghangs, wo ihr vor dem Eissturm Zuflucht gesucht habt. Der Boden dort besteht aus Humus und Geröll. Sonst hätte ich dich nicht erreicht. Jedenfalls nicht schnell genug. Festes Gestein zu durchdringen dauert lange.

Skanga runzelte die graue Stirn. Sie waren doch mit letzter Kraft den Hang hinaufgestiegen, und da war dieser Himmel voller schwarzer Wolken, die ihnen, getrieben von eisigem Nordwind, wie Bluthunde gefolgt waren. *Wir haben doch den Elch …*

Gar nichts habt ihr!, unterbrach Matha Naht ihren Versuch, ihre verwirrenden Erinnerungen zu ordnen. Durch meine Wurzeln habe ich einen Zauber gewirkt und dir genug Kraft gegeben, um über den Hang hierherzukommen. Wie eine Schlafwandlerin bist du gegangen und dann völlig entkräftet unter meinen Ästen zusammengebrochen. Du hattest keinen Willen zum Leben mehr und warst so ermattet, dass dein Körper trotz all meiner Versuche, dir zu helfen, in den ewigen Schlaf hinübergeglitten wäre, hätte es nicht etwas gegeben, was dich erzürnte und wogegen du dich aufbäumen konntest. Deshalb habe ich deinen Traum von der Elchjagd geformt. Die Illusion, dich satt gegessen zu haben, sollte dir Kraft geben. Manchmal genügt schon der Glaube an einen vollen Bauch … Nicht jedoch bei dir. Deshalb habe ich die Elfen in deinen Traum gewoben. Wut und der Wille zu kämpfen haben dich von der Schwelle des Todes geführt.

Skanga mochte sich immer noch nicht mit dem Gedanken anfreunden, dass sie all das nur geträumt hatte. Sie blickte an sich herab. Etliche Wurzelstränge hielten ihren Leib an den Boden gefesselt. *Bin ich deine Gefangene oder dein Gast?*

Ich heile dich. Du hattest Erfrierungen. Deshalb schmerzt dein Fuß so sehr. Fast hättest du ihn verloren. Das Fleisch hatte bereits begonnen, schwarz zu werden und zu faulen. Erinnere dich!

Skanga erinnerte sich in der Tat, wie sie durch den Schnee gehinkt war und ihr Vater sie gestützt hatte. Sie alle waren am Ende ihrer Kräfte gewesen, und ein Sturm war aufgezogen. Aber war diese Erinnerung nicht vielleicht auch ein Trugbild wie der Traum von dem Elch und den Elfen? Wenn es denn ein Traum gewesen war … Wie konnte sie herausfinden, was Wahrheit und was Lüge war, wenn dieser verfluchte Holunder ihre Erinnerungen und auch ihre Sinne täuschen konnte? *Du heilst mich mit Wurzeln, die du mir durch die Augen wachsen lässt?*

Schau dir deinen Fuß an!

Etliche der Wurzeln, die ihren Leib bedeckt hielten, glitten zurück, und Skanga konnte sich halb aufrichten. Sie sah die blaurote Verfärbung ihrer Haut, die eigentlich mittelgrau hätte sein sollen. Ihre Zehen fühlten sich an, als würden sie von Tausenden Nadeln gleichzeitig durchbohrt. Feiner Wasserdampf stieg von den Wurzeln auf, die von den Füßen zurückgewichen waren. Keiner ihrer Füße war ausgekugelt.

Vier deiner Zehen waren fast abgestorben, die Erfrierungen an den Füßen tief ins Fleisch vorgedrungen. Die meisten Heiler hätten dir die Füße abgeschnitten, Skanga.

Hatte Matha Naht nicht eben noch gesagt, wie leicht die Augen zu betrügen seien, überlegte Skanga. Sie tastete nach ihren Füßen, denn der Blick ihrer nach wie vor mit Tränen gefüllten Augen war unscharf. Die Augäpfel rieben über das dünne Wurzelwerk, das unter ihnen hervorlugte und ihre Wangen hinabhing. Sie war versucht, die Wurzeln durchzureißen, doch hatten sich deren Enden nicht um das dünne Fleischfädchen gewickelt, das von den Augen ins Hirn führte? Ein unvorsichtiger Ruck an den Wurzeln mochte sie das Augenlicht kosten.

Sehr scharfsinnig, Skanga. Ich kann nur bestätigen, dass diese Überlegung richtig ist.

Das Trollmädchen konnte nicht mehr unterscheiden, was die Wirklichkeit war und was ein Gespinst aus Zaubern ihr als Wirklichkeit vorgaukelte. Nie hatte sie sich so hilflos gefühlt. Dies Gefühl war ihr fremd. Skanga spürte, wie ihr Herz schneller und schneller schlug. Sie wollte etwas tun, wusste aber nicht was, bis sie schließlich einfach schrie, denn sonst hätten ihre Wut und Verzweiflung sie erstickt.

Sehr trollisch, durchdrangen sie die Gedanken des Holunders. *Äußerst eindrucksvoll. Man hat dich sicherlich im ganzen Tal hören können. Ich spüre, wie die Schneehasen tiefer in ihre Höhlen kriechen und die Rentiere sich ängstlich umsehen.*

»Was willst du von mir?« Skanga schnaubte. Ihre Kehle schmerzte von ihren wilden Schreien.

Ich will dich zu einer Zauberweberin machen. Du hast das Talent, auch wenn diese Vettel Kurga einen üblen Zauber über dich geworfen hat, als sie dich mit ihrer Nadel stach. Erstaunlich für jemanden, der Tränke aus Dreck und Spinnenbeinen und das Rasseln mit alten Knochen als Magie verkauft.

»Was hat die alte Hexe mir angetan?«

Tja, wie soll ich etwas so Komplexes so beschreiben, dass es in einen Trolldickkopf geht? Stell dir vor, deine Gabe ist wie eine große Höhle unter der Erde. Bisher gab es ein Mauseloch, das dort hinabführte. Das Mauseloch hat Kurga mit ihrem Zauber so gut verschlossen, dass auch ich es nicht mehr öffnen kann. Aber wenn ihr beide Mäuse seid, dann bin ich ein Dachs. Ich kann ein neues Loch zu der Höhle graben, in der sich deine Gabe versteckt. Ich kann dich mächtiger machen, als Kurga es sich jemals erträumen könnte.

Der Gedanke an Macht gefiel Skanga. Dennoch blieb sie misstrauisch. »Was werde ich tun können? Werde ich Flammen aus meinen Händen fließen lassen und sie vor den Augen des Königs verbrennen?«

In Skangas Gedanken erklang helles Gelächter. Selbst die Äste des Holunders erzitterten, so sehr erheiterte den Baum, was sie gesagt hatte. Skanga fühlte sich elend und dumm.

Gräme dich nicht, Trollweibchen. Mit Flammen um sich werfen, das tun nur die Zauberer in Kindermärchen. Wirkliche Zauberer sind weit mächtiger, und ihre Taten verbreiten Entsetzen, das sich tiefer in die Herzen gräbt als der Anblick einer brennenden, alten Schamanin. Wenn dein Tag kommt, dann wirst du Kurga wie eine Laus zwischen deinen Fingern zerquetschen. Du wirst ihr Ende auf eine Art herbeiführen, die allen Respekt vor Kurga zu Asche werden lässt. Du tötest nicht nur sie, du tötest auch das Andenken an sie. Das ist wirkliche Macht. Und davon wirst du kosten, wenn du dich mir ganz und gar verschreibst. Ich werde dich die dunkelsten Geheimnisse der Zauberkunst lehren, und ich werde dir ein Leben schenken, das so lange währt wie ein Elfenleben. Denn die Zeit, die einem Troll bemessen ist, wird kaum reichen, dich auch nur die einfachsten Dinge verstehen zu lassen.

»Warum ich?«

Weil du die Gabe hast, was unter Trollen selten ist. Weil du dickköpfig bist. Weil du bereit bist, dein Leben einzusetzen für das, was du erreichen willst. Weil du zäh bist wie eine alte Stiefelsohle und der Tod dich mir nicht einfach stehlen wird. Ja, ich habe dich getäuscht, Skanga. Ich habe mit dir und deinen Gefühlen gespielt. Ich habe dich auf die Probe gestellt – und du hast bestanden. Du bist wert, dass ich dir viele Jahrzehnte meiner Zeit schenken werde und dich meine dunkelsten Zauber lehren werde. Es waren ein Drache und ein Elf, die mich gedemütigt haben. Die Drachen sind inzwischen bedeutungslos geworden. Wenn du die Hoffnungen erfüllst, die ich in dich setze, dann wirst du eines Tages die Elfen für mich strafen und ihren Hochmut brechen.

Ihr würde es genügen, Kurga, zu brechen, dachte Skanga. Die Elfen bestrafen … Der Baum war verrückt!

Nur wer sich große Ziele steckt, wird auch Großes erreichen. Du hast Ehrgeiz. Über Kurga zu triumphieren, wird dir nicht lange genügen. Bist du bereit, einen Pakt mit mir zu schließen und von mir die Gabe der Magie zurückzugewinnen, die Kurga dir genommen hat?

»Was verlangst du dafür?«

Ich muss dir dein Augenlicht nehmen. Dafür wirst du von nun an die verborgene, magische Welt sehen.

Skanga zögerte. Ein blindes Weibchen ... Wer würde das noch wollen? Dann dachte sie an Kurga. Eines Tages zum Königsstein zurückzukehren, um sie zu vernichten. Das war den Preis wert.

»Ich stimme dem Pakt zu!« Ihre Stimme klang rau und ein wenig zögerlich. Ein Leben in Blindheit, das konnte sie sich nicht wirklich vorstellen und so sagte sie: »Ich habe einen letzten Wunsch. Lass mich den Himmel sehen, während du mir mein Augenlicht nimmst. Den klaren, blauen Winterhimmel ohne Wolken. Vermagst du das?«

Du überraschst mich, Skanga. Aber dein Wunsch soll erfüllt sein. Die Äste des Holunders wichen noch weiter zur Seite, sodass der Nebel, der über dem Tal hing, deutlich zu sehen war. Ein Prickeln überlief Skanga. Sie konnte spüren, wie eine fremde Macht, tief aus der Erde hinauf in den Himmel griff. Ein Wirbel bildete sich im Nebel, zerrte die Dunstschwaden zur Seite und zerriss sie, bis tatsächlich ein Stück Himmel sichtbar wurde. Das klare, helle Blau brannte in Skangas Augen. Als Weibchen hatte sie den Königsstein nur selten verlassen dürfen und dann stets nur bei Nacht, denn die Sonne verbrannte die Haut der Trolle und war ihnen unangenehm. Direkt in die Sonne zu schauen, konnte sie blenden. Doch was zählte das jetzt noch?

Rot floss in das Blau des Himmels. Wolken, wie zerrissenes Fleisch zogen vor die Sonne. Skangas Blick trübte sich. Sie wollte nicht wissen, auf welche Weise ihr Matha Naht das Augenlicht nahm. Ob sie den Faden zerriss, der vom Augapfel in ihr Hirn führte, ob die Wurzeln ihn langsam abdrückten oder Dornen bildeten, die sich in ihre Augäpfel bohrten.

Sie verschloss sich gegen allen Schmerz und trank gierig das immer unschärfer werdende Bild des Abendhimmels. Sie hatte lange in die Sonne gesehen. Kein anderer Troll, den sie kannte, hatte das je vor ihr getan. Und in ihrer Erinnerung würde das Bild der gleißenden, goldenen Scheibe am Himmel niemals verblassen.

Das Ende kam plötzlich. Finsternis umfing sie, als habe sich eine dunkle Hand fest über ihre Augen gelegt. Zugleich verspürte sie einen stechenden Schmerz mitten auf ihrer Stirn. Und dann öffnete sich ihr Verborgenes Auge, und der Anblick der neuen Welt überwältigte sie. Sie war voller Farben! Ein Labyrinth aus Linien in allen Regenbogenfarben. Manche pulsierten, andere waren blass und bewegungslos.

Dies ist die wirkliche Welt, Skanga. Hier gibt es keine Trugbilder. Alles um dich herum ist von Magie durchdrungen und mit dem großen Netz verbunden. Wer diese Kraft zu nutzen weiß, sie formen und lenken kann, der vermag alles zu erreichen. Diese neue Welt ist mein Geschenk an dich. Und wenn du meinen Worten folgst und eine kluge, strebsame Schülerin bist und die Ausdauer hast, in den Abgründen der tiefsten Geheimnisse zu schürfen, dann wirst du dereinst eine Königin in dieser Welt sein.

Skanga war überwältigt von dem, was sie sah. Sie spürte, dass der Fluch, den Kurga auf sie gelegt hatte, gebrochen war, und zugleich ahnte sie, dass alles, was Matha Naht ihr verheißen hatte, Wirklichkeit werden mochte, wenn sie nur hart genug darum kämpfte. Nie zuvor war einem Troll ein solches Geschenk gemacht worden. Sie fand keine Worte, um ihren Gefühlen Ausdruck zu geben. Ihr war bewusst, dass sie das auch nicht brauchte, da der Holunder in ihrem Verstand nistete und ihm nichts von dem entging, was sie dachte und fühlte. Und doch reichte ihr dieses Wissen nicht. Sie wollte ihre Dankbarkeit zeigen. Schließlich biss sie sich in den Arm, bis sie den warmen, metallischen Geschmack von Blut auf der Zunge spürte. Skanga streckte den Arm von sich und ließ das Blut auf die Wurzeln des Holunders tropfen.

»Bei meinem Blute, ich bin die deine, Matha Naht. Ich werde dich nicht enttäuschen!«

DIE SCHLANGENKÖNIGIN

VON BERNHARD HENNEN

Alathaia beugte sich weit über den Bug und spähte in die Nacht. Sie war versucht, einen Zauber zu weben, der sie so klar wie zur Mittagsstunde hätte sehen lassen, aber Emerelle hatte sie eindringlich vor dem gewarnt, was sie hier erwartete. Hier einen Zauber zu wirken – und sei er noch so banal – wäre, wie ein Leuchtfeuer zu entzünden. Die Schlangenkönigin war eine Meisterin der magischen Künste. Sie würde spüren, wenn jemand in ihrem Königreich an das Netz der Kraftlinien rührte, das der Quell eines jeden Zaubers war. Emerelle war unmissverständlich gewesen, als sie Alathaia den Auftrag gegeben hatte, das Schlangennest auszuheben. Was immer sie taten, es musste ohne den Einsatz von Magie geschehen. Zumindest so lange sie noch nicht entdeckt waren.

Drei Langboote schnitten durch brackiges Wasser, das sich schwarz wie Obsidian unter den geschwungenen Rümpfen teilte. Der Geruch von Salz und Fäulnis, der Alathaia und ihre Auserwählten umgab, sickerte mit dem weißen Nebel aus den Wäldern. Es war ein eigentümliches Land. Ein Land ohne Grenzen. Meer und Mangroven gingen ineinander über, ohne dass ein Ufer sie trennte. Bäume erhoben sich aus dem Wasser. Weiter draußen, auf der offenen See, waren es nur vereinzelte Riesen gewesen und immer wieder die salzüberkrusteten Reste gestürzter Bäume, deren Stämme bleich wie Knochen aus dem Wasser ragten. Dann war der Baumbestand langsam dichter geworden. Jetzt war es ein Wald im Wasser, aus dem sich hier und da Felsinseln erhoben, überwuchert vom Grün. Wald und Meer waren eins.

Alathaia strich nervös über den Griff ihres Schwertes. Sie hatte das Gefühl, in ein weitmaschiges Netz geraten zu sein, dass sich nun langsam zuzog. Dieses Land gehörte der Schlangenkönigin. Hier galten ihre Gesetze. Und das wollte Emerelle nicht dulden. Nicht so nahe bei Vahan Calyd, der Stadt, in der die Krone Albenmarks verliehen wurde.

Alathaia blickte hinauf ins Dunkel. Im Reich der Schlangenkönigin gab es weder Mond noch Sterne. Dicht verwachsene Baumkronen sperrten den Himmel aus. Nur einzelne Speere aus fahlem Licht stachen hinab zu den leise dahingleitenden Langbooten.

Die Elfe ließ ihr Schwert los. Wanderan, der Kobold aus dem Volk der Holden, der in geduckter Haltung neben ihr auf der schwarzen Reling saß, beobachtete sie aufmerksam. Sie wollte nicht, dass er sie für ängstlich hielt. Ihre Hände schlossen sich um die dunkle Reling. Das Holz war mit Ruß geschwärzt, das Segel des schlanken Bootes aus schwarzem Tuch geschnitten. Selbst die Ruder waren schwarz. Vorsichtig tauchten sie in das Obsidianwasser. Sie wühlten keinen Schaum auf. Es war, als ruderten sie durch Öl. Sie, das waren die einhundertacht, die Alathaia in den letzten drei Jahren auserwählt hatte, ihr zu helfen, den Willen der Königin zu vollstrecken: Krieger und Jägerinnen, Meuchler und Diebe. Sie alle hatten einen dunklen Ruf. Sie alle trugen schwarz und hatten sich mit Ruß eingerieben, so wie die Rümpfe der Langboote geschwärzt waren. Sie alle waren Schatten, gekommen, ein Königreich der Schatten zu zerschlagen. Wer diese Nacht überlebte, würde wieder ins Licht hinaustreten dürfen, doch Alathaia wusste, sie würde mit Mühe noch eines der Boote bemannen können, wenn der nächste Morgen sein goldenes Antlitz über den Mangroven erhob.

»Es ist nicht mehr weit«, flüsterte Wanderan. Er starrte noch angespannter ins Dunkel als sie. Er war der Herr der Wasser, der Anführer des Volkes der Holden, die über Vahan Calyd wachten, wenn in der Stadt keine Königswahlen stattfanden. Vahan Calyd gehörte zu keinem Fürstentum, es gab in der Stadt keinen Ältestenrat, und es kreuzten sich dort keine wichtigen Handelsrouten. Vahan Calyd war neutraler Grund. Doch nun war es in den Machtbereich der Schlangenkönigin geraten, und Wanderan, der das Wasserlabyrinth der Mangroven wie kein Zweiter kannte, sollte sie zum Drachentempel führen, dem Palast der rätselhaften Herrscherin.

»Sie wird wissen, dass wir kommen.« Wanderans Stimme zitterte

»Das wird ihr nicht helfen«, entgegnete Alathaia entschieden. »Seit den Drachenelfen gab es keine Schar wie diese. Ich selbst werde der Schlange das Herz herausschneiden und es meiner Königin zu Füßen legen.«

»Worte«, murmelte Wanderan. »So leicht gehen sie von den Lippen … Ihr kennt die Schlangenkönigin nicht. Sonst würdet ihr nicht so reden.« Wanderan hatte sein Haar zu dicken Zöpfen geflochten. Ein breites, rotes Stirnband hielt sie von seinem Gesicht zurück. Sein Antlitz war schmal, ausgezehrt und wurde von dunklen Knopfaugen beherrscht. Abgesehen von einem Lendenschurz, der von einem breiten Ledergürtel gehalten wurde, war der Kobold nackt. Die abgewetzten Griffe zweier Messer ragten aus dem Gürtel. Deutlich zeichneten sich seine Rippen unter der ledrigen Haut ab. Arme und Beine des Kobolds waren spindeldürr und doch strahlte er eine Kraft aus, die im Widerspruch zu diesem hinfällig wirkenden Körper stand. Alathaia schätzte ihn als zäh und verschlagen ein. Er log sie nicht an, aber er erzählte ihr auch nicht mehr, als er unbedingt musste. Dieses Gefühl hatte sie schon bei ihrem ersten Treffen gehabt.

Die Elfe bedachte ihn mit einem scharfen Blick. »Ich dulde keine Zweifel. Wir werden in dieser Nacht siegen!«

Der Herr der Wasser grunzte leise, sagte aber nichts mehr.

Alathaia wusste nur zu gut, dass sie sich die Dinge schönredete. Sie war die Anführerin! Sie musste selbstbewusst wirken und alle anderen glauben lassen, dass sie von der Unbesiegbarkeit ihres kleinen Heeres überzeugt war. Sie durften in dieser Nacht nicht versagen. Emerelle lief die Zeit davon. In nur sechs Monden würden die Fürsten Albenmarks sich in Vahan Calyd treffen, um den neuen König oder eine Königin zu wählen. Nur alle achtundzwanzig Jahre fand diese Wahl statt. Seit mehr als dreihundert Jahren herrschte Emerelle. Doch diese Kreatur, die sich selbstherrlich »die Schlangenkönigin« nannte, war zu einer Bedrohung geworden. Sie war aus dem Nichts aufgetaucht. Anfangs kaum mehr als ein Mythos. Eine Schauergeschichte, die man sich hier in den Mangroven erzählte. Doch nun hatte sie die Macht, den Frieden der Königswahl zu stören. Und Emerelle, die es so wunderbar verstand, friedfertig, ja sogar zerbrechlich zu wirken, hatte entschieden, dass die Schlangenkönigin sterben musste.

Der hochgezogene Vordersteven des Langboots streifte einige niedrig hängende Äste. Über ihnen huschten Schatten durch die Baumkronen. Alathaia entdeckte einen Totenkopf im Astwerk. Er grinste zu ihr herab und rollte mit den Augen. Ein Schädelaffe! Das weiße Haar in seinem Gesicht und die großen, dunklen Augen ließen ihn wie einen Unhold aussehen, der sich aus dem Grab erhoben hatte.

»Das ist ein schlechtes Omen«, flüsterte Wanderan und hob seine spitze Nase misstrauisch witternd dem Astwerk entgegen. Irgendwo über ihnen brüllte ein Affe. Es war eine drängende Folge abgehackter Laute. Ein Stück voraus antwortete ein anderer Schädelaffe und bald ertönte überall in den Baumwipfeln um sie herum Geschrei.

Alathaia blickte zurück. Sie konnte die beiden Langboote, die in ihrem Kielwasser folgten, nicht entdecken. Sie waren vom Dunkel verschlungen. Schon vor Stunden hatten sie die Masten umgelegt. Sie bewegten sich allein kraft der Ruder gegen die sanfte Strömung des brackigen Wassers. Selbst auf ihrem Boot erkannte sie gerade einmal die Ruderer, die ihr am nächsten saßen und deren Körper sich im immer gleichen Rhythmus vor und zurück bewegten. Der Feind würde sie nicht entdecken!

Alathaias Hand glitt erneut über den Griff des Schwertes an ihrem Gürtel. Das mit Silberdraht umwundene Leder war feucht, so wie alles in diesen verfluchten Mangroven. Es lag eine erstickende, schwüle Hitze über dem Wasser. Und die weiten Baumkronen hielt sie gefangen wie ein Deckel, der über einem Kessel lag, in dem das Wasser langsam zu kochen begann.

Alathaia wischte sich flüchtig über die Stirn. Schweiß rann ihre Schläfen hinab zum Hals und sickerte in den Leinenpanzer, der von Feuchtigkeit durchtränkt auf ihrer Haut scheuerte.

»Es wird Regen kommen«, sagte Wanderan unvermittelt.

Die Elfe spürte keinerlei Veränderung, aber sie glaubte den Worten des alten Kobolds. Wanderan galt als bedingungslos loyal. Emerelle hatte ihn zum Herrn der Wasser erhoben, zum Herrscher über eine Stadt, die von der Welt vergessen am Waldmeer lag, um nur einmal in drei Jahrzehnten zu erblühen, wenn das Fest der Lichter gefeiert wurde. Wem Emerelle, die Listenreiche, vertraute, der war über jeden Zweifel erhaben.

»Woher kennst du eigentlich den Drachentempel, Wanderan?«

»Jeder hier kennt ihn«, entgegnete der Kobold ausweichend.

»Ich will nicht wissen, woher die anderen Bewohner der Mangroven den Tempel kennen. Was hast du dort gemacht?«

Der Kobold sah zu ihr auf. Seine spitze Zunge fuhr über seine schmalen Lippen. »Die Schlangenkönigin hat meinen Sohn gerettet, als ihn eine Feuerkopfnatter gebissen hatte. Früher einmal war sie nur eine Heilerin. Es gibt keine Familie in den Mangroven, die ihr nicht zu Dank verpflichtet ist.«

»Sie hat also viele Freunde hier?«

»Viele Schuldner ...«, entgegnete Wanderan ausweichend.

»Sind wir die Ersten, die geschickt werden, um die Schlangenkönigin zu meucheln?« War der Kobold kurz zusammengezuckt?

»Es ist mir nicht erlaubt, darüber zu sprechen. Ich ...« Er brach ab und wies nach steuerbord. »Dorthin! Ändert den Kurs. Dort vorne werdet Ihr eine Antwort finden, Herrin.«

Alathaia hatte Gerüchte gehört, dass Emerelle schon einmal Mörder ins Schlangennest geschickt hatte. Und Alvias, der Hofmeister der Königin, hatte sie ermahnt, vorsichtig zu sein und die Schlangenkönigin nicht zu unterschätzen. Die Elfe wandte sich um. Die Sicht reichte kaum drei Schritt weit. Annella, die am Steuerruder stand, konnte sie gewiss nicht sehen, auch wenn die Bogenschützin von allen an Bord die schärfsten Augen hatte. Kurz überlegte Alathaia, ihrer Gefährtin ein Kommando zuzurufen. Aber das Gebrüll der Affen hallte noch immer über ihren Häuptern. Es würde ihren Befehl übertönen.

Bevor sie sich auf den Weg zu Annella machen konnte, zischte ihr der Kobold ein erneutes »Seht!« zu, und die Elfe spähte in gezeigte Richtung. Da war etwas ... etwas Bleiches, auf das ein blassblaues Licht fiel. Der Nebel über dem Wasser verwischte die Konturen. Noch ein zweites Licht erschien ein Stück entfernt. Dann ein drittes ... Eine Lichterkette. Über dem Wasser schwebend, unstet flackernd. Sie wies ihnen den Weg in die Finsternis, in der sich der Drachentempel verbarg.

Ihr Innerstes zog sich zusammen. Diese Lichter waren für sie entzündet worden. Sie waren entdeckt!

Das Affengebrüll über ihren Häuptern verstummte abrupt. Gespenstische Stille senkte sich über den Dschungel. Alathaia hielt den Atem an. Waren sie in einen Hinterhalt geraten? Etwas raschelte im dichten Blattwerk über ihnen. Das Geräusch wurde lauter. Ein Tropfen streifte ihre Wange, und dann schüttete es plötzlich wie aus Kübeln. Silberne Schleier raubten ihr die letzte Sicht. Wanderan verschwand vor ihren Augen. Binnen eines Herzschlags war sie völlig durchnässt.

Das Langboot kam mit einem sanften Ruck zum Halt. Wanderan hatte sie vor den Regenfällen gewarnt, und Alathaia hatte vor dem Aufbruch Befehl gegeben, sofort Anker zu werfen, sollten sie in einen Sturzregen geraten.

Die Elfe reckte das Gesicht dem Himmel entgegen und ließ das lauwarme Wasser über ihr Antlitz rinnen. Nach der schwülen Hitze der Nacht war es eine angenehme Erfrischung. Sie sammelte sich. Bald würde der Kampf beginnen. Die Bühne war bereitet. Sobald der Silberschleier des Regens wich, würde der letzte Akt eröffnet. War sie gut genug vorbereitet? Alathaia überlegte, was ihren Vorgängern wohl widerfahren sein mochte, falls es welche gegeben haben sollte. Hier im Waldmeer schien nichts gewiss zu sein.

Es gab tausend Gerüchte und Legenden und nur wenige Gewissheiten. War die andere Expedition zum Drachentempel – wenn es sie denn gegeben hatte – so groß wie ihre Truppe gewesen? Wusste vielleicht selbst Emerelle nichts über ihr Schicksal? Alathaia hatte in den Wochen in Vahan Calyd auch Gerüchte über Schreckenskreaturen gehört, die durch die Sümpfe zogen: Zwitterwesen aus Alligatoren und Trollen. Nie hatte jemand eine solche Bestie erlegt. Sie lächelte. So war das eben mit Hirngespinsten, sie ließen sich schlecht ausstopfen und als Jagdtrophäe präsentieren.

Sie würden die Schlangenkönigin in ihrem Nest überraschen! Drei Jahre lang hatte sie ihre Gefährten für diesen Überfall ausgebildet. Immer wieder hatten sie die unterschiedlichsten Varianten eines Angriffs geprobt. Ohne Gnade hatte sie die Fertigkeiten jedes Einzelnen geschliffen, bis Bogenschützen, Zauberweber und Schwertkämpfer in tödlicher Harmonie miteinander wirkten. Dann war sie allein nach Vahan Calyd gekommen, um in aller Heimlichkeit die letzten Vorbereitungen für den Angriff zu treffen. Ihre Kampfgefährten waren erst in dieser Nacht eingetroffen, und sie waren sofort aufgebrochen. So war es unmöglich gewesen, ihre Pläne zu verraten. Nur Wanderan und seine beiden Söhne waren eingeweiht.

Ebenso plötzlich, wie er begonnen hatte, endete der Sturzregen. Letzte große Tropfen fielen noch von den Blättern der Bäume. Alles war durchnässt. Fast ein Fuß hoch Wasser hatte sich im Rumpf des Schiffes gesammelt. Alathaia gab Befehl, es mit Ledereimern abzuschöpfen.

Wanderan war verschwunden. Hatte er irgendwo Zuflucht vor dem Regen gesucht? Beunruhigt wandte Alathaia sich um. Auf der kleinen Kampfplattform am Bug war er nicht mehr. Sie stieg die vier Stufen zu den Ruderern hinab und eilte durch den Mittelgang. Auch hier war der Kobold nicht zu sehen. *Es gibt keine Familie in den Mangroven, die ihr nicht zu Dank verpflichtet ist.* Wanderans Worte gingen Alathaia wieder durch den Kopf. Führte sie ihre Krieger in eine Falle? Wäre es klüger umzukehren? Doch wenn sie jetzt Befehl dazu gab, dann hätte sie für immer ihr Gesicht verloren. Nein, sie war hier, um sich einen Namen zu machen. In einigen Jahren würde sich ihr Vater vom Thron zurückziehen und sie wäre die Fürstin von Langollion. Diese Nacht war dazu bestimmt, ihr den Ruhm zu bringen, auf dem sie ihre Herrschaft gründen wollte. Sie musste siegen, davon würde sie auch ein verräterischer Kobold nicht abbringen! »Hebt die Anker!«, befahl sie, als sie das Heck des Langbootes erreichte. »Gebt den anderen Booten ein Lichtzeichen, dass es weitergeht.«

Annella hob die Blendlaterne zu ihren Füßen und zog die Frontklappe zurück. Ein blassgelbes Licht erstrahlte einen Herzschlag lang, dann verschloss sie die Blende. Zwei kleine, rechteckige Lichtfenster schnitten durch das Dunkel der Nacht und verschwanden. Coleen und Gafyn, die Führer der beiden anderen Langboote, hatten verstanden und würden ihnen folgen. Doch sie lagen weiter hinter ihnen, als Alathaia erwartet hatte. Fast hundert Schritt.

»Häng die Laterne ans Heck und öffne die Blende. Wir dürfen einander nicht verlieren.«

Annella sah sie aus ihren Wolfsaugen zweifelnd an. Sie waren von kaltem Blau, die Iris von einem dünnen, schwarzen Ring umschlossen. Die Maurawani hatte ihr Gesicht nach Art ihres Volkes mit Bandag bemalt, einen rötlichen Saft, der aus den Wurzeln des Dinko-Busches gewonnen wurde. Sie hatte ihr Antlitz in eine Wolfsfratze verwandelt, die durch ihre eigentümlichen Augen noch bedrohlicher wirkte.

»Hörst du ihre Seelen flüstern?«

»Was?«

»Sie lässt die Seelen der Toten nicht gehen.« Annella deutete hinaus in die Mangroven. »Dort. Dort sind sie. Sie warnen uns.«

Die blassblauen Lichter waren wieder erschienen. Noch mehr als vor dem Sturzregen. Eine Kette von Flämmchen, die sich in der Ferne zwischen den Bäumen verlor. »Wir warten, bis die anderen zu uns aufgeschlossen haben«, entschied Alathaia. Es war erneut unheimlich still. Als belauerte die Natur sie.

Alathaia wusste plötzlich nicht, wo sie ihre Hände lassen sollte. Nur nicht wieder nach dem Schwertgriff fassen! Die Ruderer aus den letzten Bänken blickten zu ihr auf. Annella sah sie ebenso aufmerksam an. Alle erwarteten, dass sie wusste, was sie tat. Sie hatte dieses Unternehmen drei Jahre lang vorbereitet. Den Angriff auf diesen verfluchten Tempel, über den niemand etwas zu wissen schien. Den Tempel, der einen Wall ängstlichen Schweigens um sich gezogen hatte.

Entschlossen stemmte sie die Hände in die Hüften und blickte voraus, als kenne sie keine Zweifel. »Macht euch kampfbereit!«, sagte sie. »Der Feind ist nicht mehr fern.«

»Sie freut sich auf unsere Seelen«, hörte sie Annella murmeln. »Sie will uns lebend, so wie die anderen. Sie will unser Fleisch schmieden. Die Toten flüstern davon. Ich spüre die gefesselten Seelen dort vorne bei den Lichtern.«

Alathaia wandte sich ihr zu und lachte, es war ein scharfer, freudloser Laut. »Eine Fleischschmiedin soll diese Schlange sein?« Sie sprach nun so laut, dass sie jeder im Langboot hören konnte. »Ich kann es nicht erwarten, ihr gegenüberzutreten. Und dann werde ich es sein, die ihr Fleisch schmiedet. Und zwar hiermit.« Lässig klatschte sie mit der Linken auf das Schwert an ihrer Seite.

Die Rümpfe der beiden anderen Langboote schälten sich aus dem Dunkel der Nacht und schlossen zu beiden Seiten neben ihnen auf. Nebelschwaden folgten den Schiffen gleich geisterhaften Schleiern. Die Luft wurde mit jedem Atemzug wieder stickiger. Der Moment des Aufatmens, den der Sturzregen gebracht hatte, war vorüber. Die schwüle Hitze der Nacht kehrte zurück. Noch deutlicher als zuvor wurde Alathaia der Fäulnisgestank bewusst.

»Setzt Lichter!«, befahl sie. »Annella glaubt, sie wissen, dass wir kommen. Wir werden uns nicht länger verstecken. Annella, übergib das Ruder dem zweiten Steuermann. Ich brauche deine Augen!« Mit festem Schritt eilte sie zwischen den Ruderbänken der Kampfplattform im Bug entgegen. »Pullt!«, feuerte sie die Ruderer an. »Gehen wir das Schlangennest ausheben!«

Mit zwei weiten Schritten nahm sie die Treppe und stellte sich neben den Vordersteven, den ein schmaler Wolfskopf schmückte. Sie waren erst kurze Zeit gerudert, als sich ein Stück voraus ein bleicher, abgestorbener Baum aus dem Wasser erhob. Scharlachrote Winkerkrabben drängten sich auf dem toten Holz.

»Zwei Strich Steuerbord!«, rief Alathaia dem Steuermann zu. Das tote Holz konnte ihrem Schiffsrumpf so gefährlich wie der Rammsporn einer Galeere werden.

»Was ist das?« Annella war an Alathaias Seite getreten. Ohne den Blick von der Lichterkette abzuwenden, griff sie nach einer kleinen Tasche an ihrem Gürtel, zog eine Sehne heraus und hakte sie an der unteren Nocke ihres Bogens ein. Dann ließ sie die Waffe durch die Hand gleiten, bis die untere Nocke auf das Deck stieß und kniete sich gegen das Bogenholz, um die Sehne auch in der oberen Nocke einzuhaken. »Wir sind nicht die Ersten.«

Jetzt erkannte es auch Alathaia. Das erste der Lichter war kaum mehr als dreißig Schritt entfernt. Dort ragte ein behauener Pfahl aus dem dunklen Wasser. Auf ihn war eine nackte, schlanke Gestalt geflochten. Die Knochen mussten vielfach gebrochen sein, denn die Glieder wanden sich schlangengleich um das tote Holz. Der Kopf des Toten war ihm auf die Brust gesunken. Sein langes, schwarzes Haar hing ihm vor das Gesicht. Und durch das Haar hindurch schimmerte es bläulich.

Annella öffnete ihren Köcher, zog einen Pfeil heraus und legte ihn auf die Sehne. Alathaia spürte die dunkle Kraft, die den Leichnam auf dem Pfahl umgab. Und da war noch etwas ... Die Form des Kopfes, sie war eigentümlich. Er war zu lang nach hinten gestreckt.

Sie erwartet dich, Alathaia.

Die Stimme war plötzlich in ihrem Kopf. Alathaia sah zu Annella. Die Bogenschützin schien nichts gehört zu haben. Sie war ganz und gar auf den Leichnam auf dem Pfahl konzentriert.

Annella erwartet sie auch. Und Coleen, die Schattenspielerin, der du dein zweites Boot anvertraut hast ...

Alathaia konzentrierte sich darauf, die Stimme aus ihren Gedanken zu bannen. Doch die Worte krallten sich in ihr fest.

Kämpfe nicht dagegen. Die Herrin kennt sie alle. Gafyn, deinen weißen Falken, Asnell, die Klinge in der Nacht, Forayn, den Baumsteiger ... Namen fluteten ihren Kopf. Schneller und schneller.

Alathaia öffnete ihr Verborgenes Auge. Alles war offenbar! Die magische Welt breitete sich vor dem Verborgenen Auge aus. Das Netz leuchtender Kraftlinien, das alles und jeden miteinander verband. Ein Feuerball glühender Energie blendete sie fast. Die Kreatur auf dem Pfahl ... Nie hatte Alathaia etwas Vergleichbares gesehen. Dieses Ding dort war nicht wirklich tot. Sein Kopf war verändert und seine Fähigkeit, Zauber zu weben, vielfach verstärkt. Einst war er ein Elf gewesen, doch die Schlangenkönigin hatte sein Fleisch verzerrt, ihn unterworfen ... Ein armdickes Bündel tanzender Lichtbahnen griff von seinem Kopf direkt nach dem ihren, spielte mit ihren Gedanken, versuchte, ihre Erinnerungen hervorzuzerren, ihre Pläne zu enthüllen.

Alathaia stieß ein Wort der Macht hervor. Sie stellte sich eine Sichel aus Licht vor, die das Bündel aus Kraftlinien durchtrennte, das nach ihr griff. Doch das Bild gefror. Die Sichel erschien, vermochte sich aber nicht zu bewegen, bis plötzlich der Köper aus Lichtlinien aufzuckte und sich ein dunkler Stern in der Brust ihres Peinigers öffnete.

Die Elfe riss die Augen auf, um die Welt aus Fleisch und Blut zu sehen. Ein Pfeil hatte sich in die Brust des Toten gebohrt. Der Geschändete bäumte sich auf und wand sich am Pfahl, als sei das Leben in seine kalten Glieder zurückgekehrt. Mit einem Schrei riss er den Kopf nach hinten, sodass endlich sein Gesicht zu sehen war. Im Mund und in den leeren Augenhöhlen gloste ein blassblaues Licht.

Der Pfeil, der dem Geschundenen in der Brust steckte, bog sich durch und zerfiel zu Staub. Die Wunde in seiner Brust schloss sich, und Alathaia spürte, wie erneut die Magie des Toten nach ihr griff. Etwas flüsterte in ihren Gedanken, raunte von der Macht der Schlangengöttin.

Die Elfe sprang auf die Reling, krallte die Linke in das Schnitzwerk des Vorderstevens und zog ihr Schwert. Es war eine machtvolle, alte Klinge aus den Drachenkriegen, die Emerelle ihr überlassen hatte, um damit die Schlangenkönigin zu töten. Sie waren inzwischen bis knapp auf Armeslänge an den Pfahl herangekommen. Ihr Hieb durchtrennte die Kehle des Geschändeten und kappte die Spitze des Pfahls. Augenblicklich verlosch das Licht in den Augenhöhlen. Ein erleichterter Seufzer entrang sich den bleichen Lippen, als der Kopf zu Seite kippte und ins ölige Wasser stürzte.

»Was für eine Kreatur war das?«, fragte Annella. Die Jägerin hatte einen neuen Pfeil auf die Sehne gelegt und blickte angespannt zum nächsten Pfahl, dem nächsten Licht, das sie zum Tempel führte. Auch dort wand sich eine bleiche Kreatur um das Holz. Noch war sie nicht deutlich zu sehen. Waren es zwei? Zu viele Arme und Beine waren um den Pfahl geschlungen. Blaues Licht flackerte im Mund, der zu einem stummen Schrei aufgerissen war.

Alathaia vermochte Annellas Frage nicht zu beantworten. Hielt die Schlangenkönigin die Seelen der Gepeinigten in den verzerrten Leibern gefangen? Oder waren sie am Ende gar nicht tot? Noch immer stand sie auf der Reling. Sie sah hinab zu Annella und all den anderen, deren Leben ihr anvertraut waren. »Was immer es ist, wir werden es vernichten. Das da gehört nicht in unsere Welt. Wir werden dieses Übel mit der Wurzel ausreißen oder bei dem Versuch sterben.« Mit jedem Wort war sie lauter geworden, sodass sie nun all ihre Gefährten in den drei Langbooten deutlich hören konnten. »Wir alle kennen das Dunkel und haben ihm Raum in unseren Herzen überlassen. Doch dies hier ist eine Finsternis, die unsere ganze Welt verschlingen wird, wenn wir ihr nicht Einhalt gebieten in dieser Nacht.« Sie hob ihr Schwert, dessen Klinge mit roten Schlieren besudelt war. »Uns wird diese Nacht ins Licht führen, ob wir leben oder sterben. Ich bin stolz, heute an eurer Seite zu sein. Die meisten von euch kenne ich nun drei Jahre. Mit jedem von euch habe ich schon gestritten, und ich weiß, ein jeder von euch hat mich schon heimlich verflucht. Ja, drei Mal habt ihr versucht, mich umzubringen.« Sie lachte. »Vielleicht macht es euch heute Mut zu wissen, dass eure Anführerin nicht leicht zu töten ist. Nur die wenigsten von euch Galgenstricken sind freiwillig hier, und doch würde ich mit niemand anderem in den Drachentempel gehen wollen. Wir werden Feuer mit Feuer bekämpfen. Wir werden siegen, wo all jene versagen mussten, die der Dunkelheit nie so nahe waren wie wir.«

Niemand jubelte, doch genügte Alathaia ein Blick in den Gesichter derjenigen, die ihr am nächsten waren, um zu wissen: Ihre Kampfgefährten standen hinter ihr. Sie waren in sich gekehrt, dachten an den Weg, der sie bis hierhergeführt hatte. Viele von ihnen würden in dieser Nacht ins Mondlicht gehen. Hier zu sein, war die Bestimmung ihrer Seelen. Die Alben hatten sie einst erschaffen, um sich dem Dunkel zu stellen.

Ein leises Zischen ließ die Elfe herumfahren. Sie passierten den Geschändeten auf dem nächsten Pfahl. Er schien aus zwei Leibern erschaffen worden zu sein. Vier überlange Arme streckten sich nach Alathaia, doch fehlten einige Zoll, um sie erreichen zu können. Vier Beine ragten aus dem nackten Rumpf. Blaues Licht wogte in den leeren Augenhöhlen des Gesichts, eine gespaltene Zunge strich über blutrote Lippen. Das Antlitz war schmal, von edlem Schnitt. Lange, blonde Locken fielen bis auf die Schultern. So widernatürlich die Kreatur auch war, sie – oder Teile von ihr – war unverkennbar einst eine Elfe gewesen.

»Wir werden dich rächen!« Alathaia sprang von der Reling auf die Kampfplattform. »Dich und all die anderen.«

Plötzlich wurde es so finster, als habe ihr jemand einen Sack über den Kopf gestülpt. Alathaia öffnete ihr magisches Auge. Prickeln lief über ihre Haut, und die feinen Haare in ihrem Nacken richteten sich auf. Ein machtvoller Zauber hatte sich wie ein rot glühendes Netz über die Mangroven gelegt. Er zerrte an der Natur, trank das Licht und nahm es mit sich fort. Sie sah, wie sich das magische Netzwerk pulsierend zusammenzog und wieder weitete. Die von den Alben gesetzte Ordnung der magischen Welt kämpfte gegen den Zauber an, der die Gesetze ihrer Schöpfung verhöhnte. Er stahl alles Licht, trug es mit sich fort, dorthin, wo vor ihnen der Tempel liegen musste.

Raunen auf den Ruderbänken veranlasste Alathaia, ihre wirklichen Augen zu öffnen und den Blick auf die magische Welt zu beenden. Vor ihnen erstrahlte im Herzen eines dichten Walddickichts ein unwirkliches, silbernes Licht, während hinter ihnen absolute Finsternis herrschte.

Deutlich sah Alathaia nun zwischen den Felsen und majestätischen Bäumen die lange Reihe von Pfählen mit Toten, die zuvor nur eine Kette unstet flackernder, blauer Lichter gewesen war. Hunderte Schädelaffen bevölkerten die dicken Äste, von denen lange Bärte aus bleichem Moos hinabhingen. Die drei Langboote liefen hintereinander auf eine Schneise zwischen den eng stehenden Baumriesen zu, an deren Ende steinerne Drachenhäupter aus dem trüben Wasser aufragten. Sie hatten ihr Ziel erreicht!

Ein Gespinst silberner Lichtfäden war über den uralten Tempel gewoben, der sich wie ein Fels aus dem fauligen Waser erhob. Das silberne Licht ließ die Nebelschwaden, die aus Öffnungen im Mauerwerk sickerten, geheimnisvoll von innen heraus leuchten und gab dem Drachentempel eine Aura düsterer Erhabenheit.

Das Knarren der Ruder war das einzige Geräusch, das zu hören war. Dicht an den Pfählen entlang näherten sie sich der Schneise zwischen den Bäumen. Als sie diese fast erreicht hatten, gab Alathaia Befehl, die Riemen einzuholen. Der einzig offene Wasserweg zum Tempel war zu eng, als dass sie rudernd hätten passieren können.

Aus den Augenwinkeln sah die Elfe, wie sich das Wasser rings um das weit ausfächernde Wurzelwerk der Baumriesen kräuselte, als bewege sich dort etwas dicht unter der Oberfläche, um ihnen im Kielwasser der Boote zu folgen.

Mächtige Stufen, geschaffen für Geschöpfe, die weit größer als Elfen gewesen sein mussten, erhoben sich vor ihnen und führten zum Tempel hinauf. Auf einem Absatz der Treppe lag ein Langboot, das sich von ihren Booten allein dadurch unterschied, dass sein Vordersteven nicht in einem Wolfshaupt, sondern einer fein geschnitzten Spirale endete. So wie es dort zur Schau gestellt wurde, erinnerte es Alathaia an eine Opfergabe auf einem Altar.

Drei hohe Pforten öffneten sich am Ende der weiten Treppe in der Tempelfassade. Die Eingänge waren wie aufgerissene Drachenmäuler gestaltet und spien leuchtenden Nebel, der über die rissigen Stufen dem Wasser entgegensank.

Annella gab ihr ein Zeichen, nach oben zu blicken, und Alathaia erkannte, dass sie sich geirrt hatte. Nicht Affen bevölkerten das Geäst der Baumriesen, es waren Hunderte Kobolde, die sich dort versammelt hatten. Ihre Gesichter waren mit Kalk bestrichen, die Augenlider mit Ruß geschwärzt, sodass sie von Ferne wie Schädelaffen aussahen. Schweigend blickten sie auf die drei Langboote herab. Die meisten der Kobolde waren nackt und stützten sich auf Bambusrohre. Ihre Messer hatten sie mit Lederriemen an die Oberarme gebunden.

»Das sind Blasrohre«, raunte Annella. »Wir sollten die Kobolde nicht unterschätzen. Es sind verdammt viele.«

Sie hatten die Schneise hinter sich gelassen und waren in freieres Fahrwasser gelangt. Erneut tauchten die Ruder ins ölige Nass und trieben sie dem unheimlichen Tempel entgegen.

Kein einziger der Kobolde regte sich. Sie standen wie versteinert. Doch etwas bewegte sich bei den Tempelpforten. Inmitten des Nebels erschien eine hochgewachsene, schlanke Gestalt. Ein Elf? Er hob den linken Arm und winkte ihnen zu. Alathaia konnte ihn nicht deutlich erkennen, obwohl auch er von silbernem Licht umflossen wurde. Sein erhobener Arm schien mit einer massigen roten Rüstung gepanzert zu sein, während er ansonsten nackt war. Auch er hatte sich wie die Kobolde geschminkt. Sein kahlgeschorener Kopf sah aus wie ein Totenschädel, und der Oberkörper war schwarz und weiß bemalt, sodass er wie ein Skelett wirkte.

»Der Arm ...« Annella rang hörbar nach Atem.

»Natürlich. Eine seltsame Rüstung, die ...«

»Das ist keine Rüstung«, fiel ihr die Maurawani ins Wort. »Sieh doch auf die *Hand*!«

Die Hand erschien unförmig. Sie war zu groß ... Sie wirkte wie ... Alathaia traute ihren Augen nicht. Wie eine Krebsschere! Das war keine Rüstung! Aus der Schulter dieser Kreatur, die sich wie ein Skelett bemalt hatte, wuchs der Arm einer Winkerkrabbe, wie sie sie hundertfach in den Mangroven gesehen hatten!

»Die Fleischschmiedin«, sagte Alathaia voller Ekel. »Emerelle hat recht. Es ist an der Zeit, dass wir ihrem Tun ein Ende setzen.« Es waren nur noch fünfzig Schritt bis zu den Stufen, die vom Tempel hinab ins Wasser führten. Immer noch standen die Kobolde völlig reglos auf den tiefer gelegenen Ästen der Baumriesen ringsherum.

Alathaia griff nach ihrem Schild, der an der Bordwand lehnte. Noch dreißig Schritt bis zur Tempeltreppe. Annella neben ihr strich über die Befiederung der Pfeile in ihrem Köcher, wobei sie zu den Kobolden aufblickte. Es sah so aus, als wähle sie schon jetzt die Ziele für ihre Pfeile.

»Schau mal, wer dort ist. Dort ganz links auf dem Ast, von dem die Schlingpflanzen mit den weißen Blüten hängen.« Die Bogenschützin machte keine verräterische Geste in Richtung des Ziels, das sie ausgewählt hatte, ja, sie blickte nicht einmal mehr hin.

Alathaia musste den Kopf nicht wenden, um zu sehen, wen ihre Gefährtin gemeint hatte. Dort stand Wanderan. Auch ihr Führer durch die Mangroven hatte sich nun das Gesicht bemalt. »Ich denke, er hat sich einen Pfeil von dir redlich verdient.«

Annella lächelte auf eine Art, die Alathaia einen Schauer über den Rücken jagte. »Ich werde ihn so treffen, dass ihm noch etwas Zeit bleibt, darüber nachzudenken, wie weise es ist, Elfen zu hintergehen.«

In den dunklen Schlünden der Tempelportale blitzte Metall. Dort warteten noch weitere Krieger, bereit, auf ein Zeichen ihres Anführers, die Treppen hinabzustürmen. Ihr Angriff wurde erwartet, dafür hatte Wanderan gesorgt, dachte Alathaia bitter.

War es von Anfang an eine Illusion gewesen, zu glauben, sie könnten hierherkommen, ohne dass die Schlangenkönigin es bemerkte? Hatten erst die Geschändeten als Werkzeuge der Zaubermacht der dunklen Herrscherin in ihren Gedanken gelesen? Oder war schon viel früher alles verraten gewesen. Wanderan war während ihres Aufenthalts in Vahan Calyd mehrfach für einige Tage verschwunden. Er hatte behauptet, es sei seine Pflicht, als Herr der Wasser mit den Fischern hinaus auf das Waldmeer zu segeln.

Alathaia verfluchte ihre Einfältigkeit. Wie hatte sie glauben können, dass die Eide der Kobolde auf Emerelle stärker seien als der Bann der Schlangenkönigin. Selbst über das seltsame, silberne Licht, das den Tempel und die Baumriesen umfloss, gebot sie. Dies hier war ihr Reich! Alles, was hier lebte, schien ihr ergeben.

Die Elfe löste einen schmalen, roten Seidenschal von ihrem Schwertgürtel und band sich das schwarze Haar zurück. Sie war eine Mörderin geworden in den letzten drei Jahren. Sie hatte getötet, nur um zu wissen, wie es sich anfühlte. Sie war vorbereitet. Nun würde sich zeigen, wer die bessere Mörderin war.

»Die Ruder auf!«, befahl sie. Noch sieben Schritt bis zum Tempel.

Wie riesige, dunkle Wasserkäfer sahen die drei Langboote aus. Die Ruder tauchten aus den dunklen Fluten, standen einen Herzschlag lang waagrecht und wurden dann eingezogen. Dutzende Male hatten sie die Sturmlandung geübt. Mit fließenden Bewegungen nahmen ihre Krieger alle zugleich die Schilde von den Seitenwänden des Bootes, zogen die Helme unter ihren Sitzbänken hervor, setzen sie auf und zurrten die Kinnriemen fest.

Als der Rumpf über die Stufen, die im Wasser verborgen waren, knirschte, sprang Alathaia als Erste von der Kampfplattform. Sie federte in den Knien, hielt die Balance auf den rutschigen, von Algen bedeckten Stufen. Neben ihr landete Annella. Die Bogenschützin drehte sich nach links und zog die Sehne durch.

Ein Horn erklang irgendwo in den Baumwipfeln. Im selben Augenblick ließ die Maurawani den Pfeil davonschnellen. Alathaia sah Wanderan stürzen. Das Geschoss hatte ihn in den Bauch getroffen. Der Bann war gebrochen. Ein hundertfacher Wutschrei erhob sich.

»Schilde!«, befahl Alathaia.

Auch die beiden anderen Langboote hatten die Stufen im Wasser erreicht. Dutzende Kriegerinnen und Krieger sprangen an Land. Krachend schlossen sich Holz und Stahl der Schilde zu einem Schutzschirm. Eine Leiter, an deren Ende stählerne Haken befestigt waren, stieß gegen Alathaias Hüfte. Sie waren vorbereitet.

Alathaia kannte die wenigen Schriften, die über den Tempel existierten, fast auswendig. Vor allem jene von Meliander, dem Bruder der Königin. Er war schon vor langer Zeit hier gewesen, auf seiner Suche nach den Mysterien der Himmelsschlangen, der gefallenen Drachenherrscher. Er hatte nicht mit Alathaia reden wollen, ihr aber seine Schriften überlassen. Manche sagten, er sei wahnsinnig. Auf jeden Fall war er versessen nach Details. Dutzende Skizzen hatte er vom Tempel gemacht. Die Stufen gezählt, jedes Relief an den Wänden beschrieben. Und immer wieder hatte er die Drachenschädel gezeichnet, die dort hinter den drei dunklen Schlünden verborgen lagen. Nur über das Allerheiligste und die Schlangenkönigin selbst fand sich in seinen Schriften keine einzige Zeile.

Etwas kratzte über die Schilde. Leise, wie die Krallen kleiner Singvögel an Käfigstangen kratzten. Jemand hinter ihr fluchte.

Alathaia wollte den nächsten Befehl rufen, doch das war nicht mehr nötig. Ihre Zauberweber wussten, was zu tun war. Sie spürte, wie sich der Kraftstrom des magischen Netzes veränderte. Plötzlicher, unnatürlicher Wind ließ die Blätter der Bäume rauschen. Böen zerrten an ihren Schilden, ließen Kobolde aus dem Astwerk purzeln und trieben die winzigen Pfeile der Blasrohrschützen davon. Alathaia hatte mit ihren Kämpfern Dutzende Varianten des Angriffs erprobt. Dass die Kobolde Blasrohre benutzten, war keine Überraschung.

»Vorrücken!«, rief die Elfe über das Heulen des Windes hinweg. Sie eilten die Treppen empor und behielten dabei die enge, durch ihre Schilde abgeschirmte Formation bei. Dann schwenkten sie nach links. Sie wollte nicht zu den drei Portalen. Dass diese großen Tore gut verteidigt sein würden, war vorhersehbar gewesen. Sie verließen die Stufen und sprangen auf die breite Terrasse, die den Tempel auf allen Seiten umgab. Nun löste sich die Formation auf. Sie sah den blonden Forayn als Ersten stürzen, den alle spöttisch den Baumsteiger genannt hatten, weil er Bäume liebte und sich in ihre Kronen flüchtete, wenn er allein sein wollte. Als guter Fassadenkletterer war ihm eine wichtige Aufgabe im Angriff zugedacht gewesen. Er hätte der Erste auf dem Weg zum Tempeldach sein sollen! Nun steckte ein kleiner Pfeil in seinem Hals. Mit schreckensweiten Augen zog Forayn ihn heraus. Seine Hände zitterten. Krämpfe schüttelten ihn, und Speichel troff ihm von den Lippen. Alathaia wusste, dass ihm nicht mehr zu helfen war.

Auf ein Handzeichen von ihr wurde die erste Leiter an das Hochrelief der Tempelwand gelehnt. Das in Stein gehauene Bild zeigte sieben große Drachen, die über einen weiten Himmel flogen und Flammen auf ein Schlachtfeld spien. Menschen, Trolle, Kobolde, Elfen und seltsame Zwitterwesen kämpften um eine Brücke, die über einen Fluss voll treibendem Eis führte. Die Zeit hatte ihren Tribut von dem großartigen, steinernen Bild gefordert. Dicke Moospolster wucherten auf den Kämpfern, ja, sogar Blumen wuchsen dort. Die meisten Gesichter waren bis zur Unkenntlichkeit verwittert, Arme und andere Körperglieder abgebrochen.

Die Haken der ersten Leiter krallten sich um die Schultern eines steinernen Trolls. Coleen, die einst mit ihren Schattenspielen die Fürstenhöfe Albenmarks verzaubert hatte, eilte die Leiter hinauf. Sie war ganz in Leder gekleidet, um vor den Blasrohrpfeilen geschützt zu sein. Ihr wurde eine zweite Leiter gereicht, und sie suchte nach einem sicheren Halt für die Haken.

Die Tempelwachen warteten nicht länger auf einen Angriff auf die drei Pforten. Sie stürmten die Treppe hinab und sprangen auf die Terrasse. Annella hatte wie abgesprochen einige Bogenschützen um sich gesammelt und empfing sie mit Pfeilen, doch auch ihre Geschosse gerieten durch die böigen Winde, die die Zauberweber gerufen hatten, ins Trudeln und die meisten verfehlten ihr Ziel.

Alathaia spürte den Steinboden unter dem Sturmschritt der Angreifer erbeben. Die Tempelwachen waren von Echsengestalt. Sie gingen vorgebeugt, silbernes Licht flirrte über ihre gelbroten Schuppen. Dabei bleckten sie die langen Fangzähne, sodass es aussah, als seien nicht die Keulen in ihren Krallenhänden die eigentliche Gefahr. Alathaia kannte die Kreaturen aus Beschreibungen in den Berichten Meliånders. Sie waren den Schlangenpriesterinnen des Tempels seit Jahrhunderten treu ergeben. Selbst Emerelles Bruder hatte nicht gewusst, woher sie kamen. Man fand sie nur hier in den Mangroven, nahe dem Drachentempel.

Gafayn scharte eine Gruppe von Schwertkämpfern um sich und führte sie zum Angriff gegen die Echsen, damit die Bogenschützen nicht überrannt wurden. Krachend prallten die Kampfreihen aufeinander und lösten sich auf. Wie Tänzer wirbelten die Elfen zwischen den Echsenkriegern, und ihre Klingen fuhren gleich Blitzen auf die geschuppten Leiber nieder. Doch kaum dass sich der Kampf zu ihren Gunsten neigte, stürmten weitere Feinde aus den Drachenschlünden der Tempelpforten hervor. Missgestaltete Geschöpfe, wie der Krieger mit dem Winkerkrabbenarm, den Alathaia zuvor am Tempelportal gesehen hatte. Sie trugen Rüstungen aus polierter Bronze, prächtige Helme mit wehenden Federbüschen und Klingen aus Silberstahl. Elfenwaffen! Und so ungeschlacht sie auch aussahen, sie bewegten sich fast so leichtfüßig wie Gafayn und seine Kämpfer.

Coleen hatte inzwischen die dritte Leiter eingehakt und eilte die Sprossen hinauf. Andere Gefährten kletterten direkt am Relief empor, mit dicken Taurollen über den Schultern. Sie mussten schneller hinauf auf das Tempeldach gelangen, denn der Kampf entwickelte sich ungünstiger, als Alathaia erwartet hatte. Voller Sorge betrachtete die Elfe ihre Kletterer in der Reliefwand. Sie kamen zu langsam voran. Ihnen fehlte Forayn. Er hätte es bestimmt schon bis zum Dach geschafft!

Plötzlich begann sich etwas in den wilden Wolkenwirbeln im oberen Abschnitt des Reliefs zu bewegen. Kobolde! Auf kurze Distanz schossen sie mit ihren Pfeilen auf Coleen. Sie hob schützend ihren Arm. Noch schien sie das Leder, das sie wie eine enge, zweite Haut umschloss, unverwundbar gegen die kleinen Holzpfeile zu machen. Die Schattenspielerin beugte sich zur Seite und zog an einem Tau die letzte Leiter zu sich empor.

»Bannt den Wind!«, befahl Alathaia den Zauberwebern. »Bogenschützen! Gebt Coleen Deckung.«

Pfeile zischten zum steinernen Himmel hinauf. Doch die Kobolde stellten ihren Beschuss nicht ein. Sie ignorierten ihre Gefährten, die schreiend in die Tiefe stürzten oder von den Pfeilen wie Schmetterlinge auf Nadeln aufgespießt wurden. Dunkles Blut rann über die Wolken und troff vom steinernen Himmel herab.

Coleen hakte die letzte Leiter an der Brüstung des Flachdachs ein. Endlich! Alathaia griff sich eine Taurolle, schlang sie über die Schulter und lief zu den Leitern. Sie würde den Angriff in das Herz des Tempels führen.

Sprosse um Sprosse eilte sie die Leitern empor. Sie sah, wie Coleen über die Brüstung stieg, doch im nächsten Augenblick wurde sie gepackt und hochgehoben. Eine Krabbenschere hielt ihre Taille umklammert. Undeutlich erkannte Alathaia eine Gestalt, die mehr Winkerkrabbe als Elf war. Kopf und Schultern waren von dicken Panzerplatten umschlossen. Aus dem übergroßen Mund wuchsen Mandibeln, kleine Zangenarme, die dem Monster wohl bei der Nahrungsaufnahme halfen. Das Ungeheuer hob einen zweiten, kleineren Scherenarm und griff damit nach Coleens Hals. Ein Pfeil prallte wirkungslos von dem Panzer der Bestie hab. Mit einem Schnitt trennte sie den Kopf der Elfe vom Rumpf.

Alathaia wandte den Blick ab. Coleens Kopf prallte auf ihre Schultern und stürzte weiter in die Tiefe, während sich das Ungeheuer auf dem Tempeldach mit dem Leib der Schattenspielerin außer Sichtweite zurückzog. Wie viele Feinde warteten dort noch, fragte sie sich, während sie weiter die Leiter hinaufstieg.

Ein kurzes Stück über ihr schrie ein Kobold auf, der sich hinter einem steinernen Drachenflügel erhoben hatte, ein Blasrohr an den Lippen. Er war von einem Pfeil getroffen worden, der ihn mit der rechten Schulter gegen das brüchige Gestein nagelte. Die Elfe war nun bis dicht unter die Brüstung geklettert. Sie atmete pumpend, nicht vor Anstrengung. Das Bild, wie Coleen gepackt worden war, als sie über die Brüstung kletterte, ging ihr nicht aus dem Kopf. Sollte sie den Angriffsplan ändern? Gafayn und seine Kämpfer hatten einen schweren Stand gegen ihre neuen Feinde. Was die Elfen ihnen an Wendigkeit voraushatten, machten die Krabbenmänner durch Größe und Stärke wieder wett.

Alathaias Blick streifte das Langboot auf den Tempelstufen. Würden morgen auch ihre drei Boote als Trophäen vor den Drachentempel gestellt werden? Eine Bewegung beim Wasser ließ ihren Atem stocken. Dort erhoben sich noch weitere Kreaturen der Fleischschmiedin: Bestien, halb Alligator, halb Mensch. Die Geschichten der Kobolde waren also doch keine Märchen. Die Geschöpfe der Schlangenkönigin waren riesig. Größer noch als Trolle. Mindestens vier Schritt hoch, mit breiten, flachen Alligatorköpfen und einem Maul so lang wie ein Arm. Ihr Rücken war mit einem dicken Panzer bedeckt und ging in einen breiten Schwanz über, auf den sie sich stützten. In ihren erstaunlich feingliedrigen Händen hielten sie mit Dornen besetzte Keulen, so groß wie junge Bäume. Hinter ihnen folgten Hunderte von Kobolden in flachen Nachen. Sie hatten ihre Positionen auf den Ästen aufgegeben, um sich dem Angriff anzuschließen.

Sie waren in eine Falle gelaufen, dachte Alathaia verzweifelt. Vor ihren Kriegern erhob sich die dreißig Schritt hohe Tempelwand, hinter ihnen sammelte sich eine erdrückende Übermacht. Wenn sie es nicht schafften, sich Zugang zum Dach zu verschaffen, dann würden sie untergehen!

Entschlossen griff die Elfe über die Brüstung des Tempeldachs und zog sich hoch. Der Krabbenkrieger hockte zwischen zwei steinernen Drachenköpfen und fraß von Coleens Leichnam. Er sah sie im selben Augenblick, in dem sie den Kopf über die Brüstung hob und kam überraschend schnell auf seine Beine.

Alathaia zog sich aufs Dach, als er auch schon auf sie zustürmte. Sein linker Krabbenarm war viel größer als der rechte. Er hatte ihn leicht über den Kopf erhoben und schwenkte ihn, während er sich auf sie zubewegte, ganz wie die Krabben in den Mangroven. Sie rollte über der Brüstung ab und landete federnd auf den Füßen. Sofort streifte sie das aufgerollte Seil ab, das sie über der Schulter trug und sie beim Kampf nur behindern würde. Im nächsten Moment stieß die große Krabbenschere vor. Alathaia wich seitlich aus, zog ihr Schwert und führte geduckt einen Schlag nach den ungepanzerten Beinen der Bestie. Sie hatte mehr Glück als Coleen. Die zuschnappenden Scheren verfehlten sie. »Mich bekommst du nicht so leicht!«, zischte Alathaia.

Als Antwort hob der Krabbenmann seine Scheren.

Alathaia duckte sich nach hinten, schlug ein Rad und brachte sich außer Reichweite ihres Gegners. Seine Beine waren seine Schwachstelle. Sie sollte ihm die Sehnen in den Kniekehlen durchtrennen, dann wäre er wehrlos.

Die Elfe schnellte vor, täuschte einen Stich gegen die Brust des Krabbenmanns vor, ging in den tiefen Stand und führte einen Hieb nach dem Knie ihres Gegners. Seine plumpen Arme waren nicht dazu geschaffen, eine flinke Klinge abzuwehren. Viel zu langsam senkte er sie, um den Angriff abzuwehren. Alathaia durchtrennte mit einem kräftigen Schnitt Fleisch und Knochen, hatte die Sehne aber verfehlt.

Ohne einen Laut von sich zu geben, schob der Krabbenmann die linke, größere Schere vor sein verwundetes Bein, um es vor weiteren Angriffen zu schützen. Seine auf kleinen Fleischwülsten wuchernden Augen starrten zu ihr herab. Empfand er Angst?

Alathaia umkreiste ihn, als sie aus den Augenwinkeln eine Bewegung bemerkte. Kobolde kletterten über die Brüstung. Schon hob der erste von ihnen sein Blasrohr an die Lippen.

Fluchend ging Alathaia hinter einem der steinernen Drachenköpfe auf dem Dach in Deckung und zog den Dolch, den sie am Rücken in ihrem Gürtel trug. Ein Blasrohrpfeil verfehlte ihr Gesicht um wenige Zoll. Die Kobolde riefen sich in einer fremden Sprache Befehle zu. Sie schwärmten aus und wollten sie offensichtlich von verschiedenen

Seiten angehen. Sie durfte sich nicht von den Kobolden treiben lassen. Mit einem wütenden Schrei sprang sie auf. Sofort flogen ihr drei Blasrohrpfeile entgegen. Sie beugte sich zurück, ließ sich hart auf die Knie fallen und schlitterte dabei weiter über das nasse Dach. Die Pfeile schossen über sie hinweg. Wo blieben ihre Kampfgefährten?

Alathaia sprang wieder auf, packte ihren Dolch bei der Spitze und warf ihn nach dem Kobold, der am weitesten entfernt von ihr stand. Die Klinge drang in seine Kehle.

Drei Schritt und sie erreichte den ersten Kobold. Mit der flachen Seite des Schwertes hieb sie auf die Mündung seines Blasrohrs. Der wuchtige Schlag ließ das Mundstück gegen dessen Zähne krachen und trieb ihm die Waffe in den Rachen.

Ein Pfeil traf ihren Leinenpanzer dicht unter ihrer ungeschützten Achsel, vermochte ihn aber nicht zu durchdringen. Sie riss dem nächsten Kobold das Blasrohr aus den Händen, drehte die Waffe, pustete hinein und schoss ihm seinen eigenen Giftpfeil ins Gesicht.

Indessen hatte der Krabbenmann wieder zu ihr aufgeschlossen. Seine Scheren schnappten nach ihr. Alathaia duckte sich und rammte ihm mit beiden Händen das Schwert in den Schritt. Die Bestie stieß einen hohen, pfeifenden Laut aus wie Krebse, die man in kochendes Wasser wirft. Augenblicklich ließ Alathaia ihre Waffe los und brachte sich mit einem Salto rückwärts außer Reichweite der Krabbenscheren.

Ein Blasrohrpfeil verfing sich in ihrem langen, schwarzen Haar. Sie hatte keine Waffen mehr. Entschlossen packte sie den Kobold, dem sie das Blasrohr in den Rachen gerammt hatte, als lebenden Schutzschild. Zwei Holde waren noch auf dem Tempeldach verblieben. Sie eilten in verschiedene Richtungen, sodass sie sich nicht gegen beide würde schützen können. Auch der Krabbenmann lebte noch und schwang in seinem Todeskampf seine gewaltige Scherenhand vor und zurück. Es wäre klüger, nicht in seine Nähe zu kommen. Ihr Schwert konnte sie also nicht mehr erreichen. Und der Kobold, in dessen Kehle ihr Dolch steckte, lag zu weit entfernt.

Plötzlich wurde einer der Blasrohrschützen von den Füßen gerissen, überschlug sich mehrfach und blieb vor einem der steinernen

Drachenköpfe liegen. Aus seiner Brust ragte die Befiederung eines Pfeils, der seinen schmächtigen Leib fast ganz durchdrungen hatte. Annella kniete auf der Brüstung und griff nach ihrem Köcher, während der zweite Kobold in Panik das Weite suchte. Weitere Elfen stiegen auf das Dach.

»Das war zur rechten Zeit«, seufzte Alathaia erleichtert.

Die Maurawani nahm den Dank nur mit einem knappen Nicken zur Kenntnis. Ihre ganze Aufmerksamkeit galt dem Krabbenmann. Sie umkreiste ihn mit einigem Abstand und schoss dann einen Pfeil zwischen den zuckenden Mandibeln hindurch in den Schlund des Ungeheuers.

»Schwer umzubringen.« Die Maurawani griff erneut nach ihrem Köcher, entschied sich dann aber anders. »Die machen uns fertig dort unten. Gafayn hat allen befohlen, die Leitern hinauf zu flüchten. Diese Alligatormänner sind nicht aufzuhalten. Meine Pfeile prallen an ihren Panzern ab. Sind schlimmer als Trolle, diese Mistkerle.«

Alathaia wusste, dass die Schlacht um den Drachentempel verloren war, wenn ihr letzter Vorstoß nicht glückte. Sieg oder Niederlage hingen nun allein daran, wie hochmütig die Schlangenkönigin war. »Dein Schwert!«

Annella schüttelte den Kopf. »Das wird nicht genügen.« Erstaunlich gelassen duckte sie sich unter den noch immer schnappenden Scherenhänden des Krabbenmanns hinweg und zog das Schwert aus seinem Leib. Als sei ein Bann gebrochen, sanken seine Arme nieder. »Das ist das richtige Schwert, um ein altes Übel zu tilgen.« Mit diesen Worten warf sie ihr die Waffe zu.

Alathaia fing sie im Flug. Es war eine kurze Klinge, mehr ein langes Jagdmesser als ein Schwert. Aber es war durchdrungen von der alten Magie der Drachen. Waffen wie diese waren selten geworden.

Die Elfenfürstin holte das Seil, das sie bei der Brüstung hatte liegen lassen, während mehr und mehr Kämpfer aus ihrer Gefolgschaft auf das Dach geklettert kamen. Sie warf einen flüchtigen Blick hinab. Die Ungeheuer, die den Mangroven entstiegen waren, hatten die Terrasse erreicht. Ihren Weg säumten die verdrehten Körper Erschlagener. Gafayn kämpfte noch, doch sein linker Arm hing schlaff herab.

Er hätte bei denen sein sollen, die die Leitern hinaufstiegen, stattdessen schrie er die Ungeheuer an, provozierte sie und versuchte, sie von den Flüchtenden fortzulocken. Sein Opfer sollte nicht vergebens sein!

Entschlossen schulterte Alathaia die schwere Seilrolle und eilte zur Mitte des Daches. Sie wusste von Melianders Plänen, dass es dort einen weiten Lichtschacht geben musste, der bis hinab ins Allerheiligste des Tempels reichte – in die Schädelkammer. Nur die Priesterinnen durften das Heiligtum betreten. Nicht einmal Meliander war dorthin gelangt. Er hatte die Gesetze des Tempels respektiert. Alathaia aber war hier, um jedes einzelne dieser Gesetze zu brechen.

Da lag er nun vor ihr, ein steinerner Ring, der von Ferne wie ein Rauchabzug aussah. Nebel quoll daraus hervor. Spiralen aus silbernem Licht tanzten im Dunst. Alathaia lehnte sich über die Brüstung des Schachtes. Sie konnte nicht einmal einen halben Schritt weit sehen. Es war unmöglich abzuschätzen, was sie dort unten erwartete. Ganze Nächte hatte sie den Meuchlern und Meisterdieben ihrer Schar gelauscht, wenn sie davon berichteten, wie die Reichen und Mächtigen sich gegen jene schützten, die im Schatten wandelten. In dem Schacht konnte alles sein. Ein starkes Gitter, das sie nicht durchdringen konnte. Klingen, die sie aufschlitzen würden, wenn sie zu schnell an ihrem Seil hinabglitt. Speere oder Armbrustbolzen, die aus den Seitenwänden schnellten. Vielleicht waren gar Zauber in das Gemäuer gewoben?

Doch jetzt war nicht der Augenblick zu zweifeln! Entschlossen schlang Alathaia das Seil um einen der steinernen Drachenköpfe auf dem Dach und ließ es in den Lichtschacht gleiten. War es lang genug? Sie zwang sich zu einem Lächeln. Sie würde es schon merken.

»Ich sollte als Erste hinabsteigen.« Annella war neben sie an den steinernen Ring getreten. Merkwürdige, verschlungene Linien, halb unter Moos verborgen schmückten den Rand der Brüstung. Ein Bannspruch?

»Das ist meine Aufgabe. Wenn ich nicht zurückkomme, schlag dich mit den Überlebenden nach Vahan Calyd durch. Wenn es eine schaffen kann, aus diesen verdammten Mangroven herauszukommen, dann bist du es.«

Die Maurawani schüttelte den Kopf. »Ich bin keine Anführerin. Sie werden mir nicht folgen. Du musst wiederkommen. Wenn du dir zu viel Zeit lässt, komme ich herunter und hole dich.«

Alathaia stieg auf die steinerne Brüstung. Sie zog ein paar Lederhandschuhe hinter ihrem Gürtel hervor, deren Innenseiten verstärkt waren, und streifte sie über. Prüfend schloss sie ihre Fäuste und streckte dann wieder ihre Finger. Die Handschuhe saßen so eng wie eine zweite Haut. Sie würden sie im Kampf kaum behindern. Ein letztes Mal sah sie zu Annella. »Ich werde dich nicht im Stich lassen.« Mit diesen Worten schlang sie sich das Seil einmal um die Hüfte und begann den Abstieg in den lichtflirrenden Nebel. Sie stieß sich mit den Füßen vom Mauerwerk ab, glitt ein paar Schritt tiefer und war ganz und gar vom wirbelnden Dunst umgeben. Einen absurden Augenblick lang kam es ihr so vor, als atme der Tempel, als sei er lebendig und sie stiege ihm in den Schlund.

Ihre Fußspitzen berührten erneut die Mauer. Wieder stieß sie sich ab. Sirrend glitt das Seil durch ihre Hände. Sie spürte die Wärme der Reibung durch das Leder der Handschuhe. Der Nebel dämpfte alle Geräusche. Selbst ihr eigenes Atmen klang fremd.

Sie versuchte, die Gedanken nicht zu dem Kampf vor dem Tempel schweifen zu lassen und ganz bei sich zu sein. Mit den Stiefelspitzen ertastete sie einen Absatz im Mauerwerk. Sehen konnte sie nichts. Gab es Nischen in der Wand? Wie tief war sie schon gesunken? Reichte das Seil?

Schweiß rann ihr in die Augen. Sie blinzelte gegen das Brennen an. Der Nebel begann sich zu lichten, wurde zu Schlieren und war nicht länger eine undurchdringliche graue Wand, durch die silbernes Licht strich. Ihre Füße fanden keinen Widerstand mehr. Das Seil schlug nun weiter aus. Sie blickte nach unten und sah, dass sich der Lichtschacht zu einer steinernen Kuppel ausdehnte. Direkt unter ihr war etwas Weißes. Sie konnte die Form nicht deutlich erkennen. Das unstete Licht und die treibenden Nebelbänke machten es unmöglich, Entfernungen zu schätzen.

Sie erreichte das Ende des Seils. Alathaia fluchte stumm. Dann ließ sie los. Ihr Sturz schien eine Ewigkeit zu dauern. Jetzt erkannte sie, was dort Weißes unter ihr im Kuppelsaal lag. Es war ein riesiger Drachenschädel! Die Augen, zwei schwarze Abgründe, die Fangzähne länger als ihr Arm. Sie landete hart auf dem Hinterkopf, knickte zur Seite, rollte über ihre rechte Schulter ab und stürzte vom Schädel herab auf den feuchten Steinboden. Sie landete auf den Füßen. Ein wenig benommen sah sie sich um, als plötzlich entlang der Wände in bronzenen Feuerschalen helle Flammen aufloderten und den weiten Saal in unstetes, zitterndes Licht tauchten.

»Hast du also endlich zu mir gefunden, Alathaia, meine Mörderin.«

Die Elfenfürstin fuhr herum. Sie suchte nach dem Ursprung der warmen, freundlichen Frauenstimme. Viele tiefe Nischen lagen entlang der Wände des Kuppelsaals. Das Licht der Feuerschalen drang kaum in die Schatten.

»Wanderan hat mir berichtet, dass du mich töten willst und mit einem kleinen Heer anrückst.«

Nun erklang die Stimme aus einer anderen Richtung. Alathaia stellte sich mit dem Rücken zum Drachenschädel und zwang sich zur Ruhe. Sie würde auf dieses Spiel nicht eingehen. Nicht nervös hin und her springen, um vergebens nach dem Ursprung der Stimme zu suchen.

»Es überrascht mich, dich nun ganz allein vor mir zu sehen. Sind denn schon all deine Waffenknechte besiegt?«

»Sie erstürmen gerade die Tore deines Tempels. Bald werden sie zu mir stoßen. Ergib dich und ich werde dein Leben verschonen.«

»Um mich in Ketten vor Emerelle zu führen?« Ein Lachen erklang aus den Schatten. »Ich bitte dich, das ist nicht wirklich ein verhandelbares Angebot. Du kennst deine Königin. Du weißt, was sie mir antun würde. Da sterbe ich doch lieber auf dem Schlachtfeld, wobei mich dünkt, dass dies nicht heute geschehen wird. Du wirktest recht verzweifelt, als du eben von der Decke gestürzt bist. Gar nicht wie eine Feldherrin, die jeden Augenblick den Einmarsch ihrer siegreichen Truppen in diesem Saal erwartet.«

Aus einer der Nischen links von ihr erklang ein leises Geräusch, als schabten Schuppen über Stein. Alathaia wandte den Kopf und öffnete ihr Verborgenes Auge. Grelles Licht stach wie ein Dolch in ihr Hirn. Sie stöhnte vor Schmerz und verschloss sofort wieder das Auge. So hell war das Licht der magischen Linien gewesen, dass sie nicht einmal eine Form hatte erkennen können.

»Nun hast du mich also entdeckt.«

Die Elfe blinzelte. Auch wenn ihre wirklichen Augen nicht geblendet worden waren, beeinträchtigte stechender Kopfschmerz ihre Fähigkeit zu sehen. Lichtpunkte tanzten ihr vor den Augen, als ein Schemen aus dem Dunkel glitt.

Alathaia hob ihr Schwert. »Unterwirf dich der Gnade der Königin, sonst muss ich dich töten.«

Wieder erklang warmes Lachen. »Du bist sehr jung, Elfe, sonst wüsstest du, dass Königinnen niemals gnädig miteinander umgehen, ganz gleich, was sie versprochen haben. Du hast Wanderan übrigens sehr beeindruckt. Er hat nur in den besten Worten von dir gesprochen und war sehr unglücklich, dass er dich nicht davon abhalten konnte, hierherzukommen. Bis zuletzt hat er gehofft, dass du umkehren würdest. Sogar noch, als er dich in dieser Nacht verlassen hat.«

»Nun ist er am Ende aller Hoffnungen«, entgegnete Alathaia ruhig. »Er hat das Schicksal erlitten, das ein Verräter verdient. Und die meisten seiner Giftpfeile schießenden Sippschaft sind ihm ins Grab gefolgt.«

»Du wagst es, so zu reden? Du, die du in aller Heimlichkeit inmitten der Nacht mit drei Schiffsladungen schwarz gewandeter Meuchler in meinen Tempel kommst, verurteilst meine Kobolde, weil sie nicht so dumm sind, sich mit einem Elfen mit der Klinge zu messen, sondern eine Waffe wählen, die ihrer Körpergröße angemessen ist?« Alle Wärme war aus der Stimme der Herrscherin gewichen. Endlich schob sie sich ganz aus der Wandnische, sodass Alathaia sie nun deutlich sehen konnte. Sie war anders, als sie sich die Fleischschmiedin vorgestellt hatte. Aus einem langen Schlangenleib, wuchs ein schlanker Torso. Auf den ersten Blick sah ihr Oberkörper elfisch aus. Nur dass ihr Gesicht ungewöhnlich schmal war, die Nase etwas zu flach, ihre Ohren zu lang und spitz. Sie hatte dichtes, schwarzes Haar, das mit rubinbesetzten Goldkämmen hochgesteckt war. Breite Goldreife schmückten ihre Arme. Um den Hals trug sie ein Collier, ebenfalls aus Rubinen.

»Im Übrigen haben deine Gefährten, die von den *Giftpfeilen* getroffen wurden, das glücklichere Los gezogen, Alathaia. Sie sind nicht tot, sie werden in einigen Stunden wieder erwachen. Jeder in seiner eigenen Kammer. Der Tempel ist groß. Er hat sogar seinen Feinden sehr viele Quartiere zu bieten.«

Das Schlangenweib war jetzt nur noch zehn Schritt entfernt. Sie war unbewaffnet. Alathaia überlegte, einen schnellen Ausfall mit einem geraden Stich in den Hals zu wagen. Wenn sie noch etwas näher käme ... Es war allerdings schwer, zu schätzen, wie weit sie sich auf ihrem Schlangenschwanz aufrichten konnte. Schon jetzt war sie mehr als zwei Kopf größer als sie.

»Du überlegst, wie du mich töten kannst, Elfe?« Die Schlangenkönigin lächelte und zeigte dabei ihre spitzen Fänge. »Wanderan hat schon gesagt, dass du nicht aufgeben wirst. Ich schätze Mut. Ich werde dir erlauben, dir auszusuchen, was du sein willst, wenn ich dir eine neue Gestalt gebe und dich zu einer treuen Dienerin mache.«

»Du wirst tot sein, bevor die Sonne aufgeht.« Alathaia trat einen Schritt zur Seite. Diese Missgeburt müsste nur ein wenig näher kommen.

»Und wofür richtest du mich? Dafür, dass ich mein Haupt nicht vor Emerelle beuge? Warum sollte ich das tun? Einmal in achtundzwanzig Jahren kommt sie zum Waldmeer, um ihr Krönungsfest zu zelebrieren. Dann herrscht sie. Nichts geschieht, was sie nicht will. Aber was gibt sie ihren Untertanen? Die meisten Kobolde hier in den Mangroven sehen sie nur ein einziges Mal in ihrem Leben, am Tag des Festes der Lichter. Was schulden sie ihr? Treue? Welche Verpflichtung geht sie ein? Heilt sie die Kranken? Jagt sie die Ungeheuer aus den Sümpfen? Speist sie die Hungernden? Sie glaubt, das Volk der Holden sei ihr treu ergeben. Die Kobolde seien ihre Hüter in Vahan Calyd.« Die Schlangenkönigin lachte spöttisch. »Sie weiß gar nichts über dieses Land. *Ich* herrsche hier, ganz gleich, was sie glaubt. Wir sind hier nicht in den Palästen Arkadiens, wo Elfen mit schönen Worten um das Recht streiten und gelehrte Bücher darüber schreiben. Das hier ist das Waldmeer, Alathaia. Hier werden Schulden noch mit der ältesten und ehrlichsten aller Währungen bezahlt: mit Blut. Dadurch, dass du Wanderan hast ermorden lassen, schulde ich nun seiner Sippe ein Leben. Und alle im Waldmeer und über seine Grenzen hinaus wissen, dass ich bisher meine Schulden immer getilgt habe. Ich bin zuverlässig, und ich bin immer hier, darauf begründet sich meine Macht. Und daran wird auch Emerelle nicht rütteln.« Während sie sprach, wich sie ein wenig zurück. Ihr Oberkörper wiegte sich hin und her wie bei einer Kobra, die bereit war, jeden Augenblick zuzustoßen.

Alathaia sah, wie sich das Seil bewegte, an dem sie herabgeglitten war. Auch die Schlangenfrau bemerkte es.

»Du nimmst es also doch nicht allein mit mir auf? Dann hat Wanderan sich in dir getäuscht.«

Die Elfe spürte, wie das magische Netz zu schwingen begann. Die Schlangenkönigin wob einen Zauber. Flüchtig sah sie nach dem Seil. Annella glitt daran hinab.

Den Moment, in dem die Königin abgelenkt war, nutzte Alathaia zum Angriff. Sie stürmte vor, das Schwert erhoben und stach nach der Kehle des Schlangenweibs. Doch die Herrscherin bog sich zurück und wich aus. Sie bewegte sich mit unnatürlicher Leichtigkeit und zog sich in Richtung der Nische zurück, aus der sie hervorgekrochen war.

Alathaia beeilte sich, ihr den Rückweg abzuschneiden. Die Schlangenfrau wirkte nicht beunruhigt, es schien fast, als ließe sie sie das Rennen gewinnen. Sie waren mehr als zwanzig Schritt vom Drachenschädel entfernt, als Annella das Ende des Seils erreichte und sich fallen ließ. Sie landete besser, als Alathaia es getan hatte, wie eine Katze, die von einem Baum sprang. Mit einem zweiten Satz war sie auf dem Boden, zog einen Pfeil aus dem Köcher und legte auf die Schlangenkönigin an. Im selben Moment rief die Herrscherin ein Wort der Macht, und die Flammen in den Feuerpfannen erloschen. Nun blieb nur noch das silberne Licht, das durch die Nebelschwaden im Schacht unter der weiten, gewölbten Decke tanzte.

Die Herrscherin verschwamm zu einem Schleier aus Farben. Annellas Pfeil ging ins Leere. Alathaia wich zurück und hob ihr Schwert. Sie spürte die Macht des Zaubers, den die Herrin der Mangroven gewoben hatte. Es war ein Gefühl, als ließe wütender Sturmwind feinen Sand auf ihre Haut prasseln. Die Elfe duckte sich, wich weiter zurück und versuchte, sich ohne vorherzusehendes Muster zu bewegen. Die Schlangenkönigin aber war spurlos verschwunden.

Hastig blickte sich Alathaia um. Auch Annella wirkte verunsichert. Sie hatte einen neuen Pfeil auf die Sehne gelegt, bereit, jeden Augenblick erneut zu schießen. Doch es bot sich kein Ziel.

Ein Schmerz, als bohrten sich glühende Nadeln in ihr Fleisch, pulste durch Alathaias linken Arm. Wie aus dem Nichts war die Schlangenkönigin an ihrer Seite erschienen und hatte sie gebissen. Ein wuchtiger Schwanzhieb prellte Alathaia das Schwert aus der Hand.

»Schieß!«, schrie sie Annella zu. Sie sah den Pfeil von der Sehne schnellen, doch verharrte er plötzlich bewegungslos in der Luft.

»Sie wird dir nicht helfen können.« Die Königin leckte sich über die blutigen Lippen. »Nur du selbst kannst dich jetzt noch retten. Manchmal dauert es bis zu fünfhundert Herzschläge, bis mein Gift tötet. Meist jedoch geht es wesentlich schneller.«

Alathaia legte die Rechte auf die blutende Bisswunde an ihrem Arm. Sie flüsterte ein Wort der Macht, lenkte all ihre Sinne auf das Gift, das schon in ihrem Blut kreiste. Sie spürte es. Es brannte in den Gliedern. Ihr war ein wenig schwindelig. Sie konzentrierte sich auf ihr Herz, atmete langsam aus und versuchte, seinen Schlag in einen ruhigeren Rhythmus zu zwingen.

»Klug.« Die Schlangenkönigin hob mit gestrecktem Zeigefinger Alathaias Kinn an und zwang die Elfe, ihr in die Augen zu sehen. »Damit hast du dir ein wenig Zeit erkauft. Es wird allerdings nicht genügen, meinem Gift seine Kraft zu nehmen. Aber wir können ein wenig plaudern, und ich werde versuchen, dich nicht aufzuregen, damit dein Herz nicht plötzlich wieder schneller schlägt. Ob du es glaubst oder nicht, ich möchte dich und die Deinen nicht tot sehen. Und ich möchte keinen Krieg mit Emerelle. Du könntest meine Botin sein. Es ist nicht entschieden, dass du sterben musst.«

Alathaia blickte hastig zu Annella. Ihre Gefährtin stand wie versteinert. Der Pfeil hing noch immer in der Luft. Hatte die Königin ihn erblickt? Alathaia war sich nicht sicher, ob sie ihr in der Sichtlinie stand.

»Du fragst dich, was hier vor sich geht?«

»Du hast den Lauf der Zeit angehalten«, entgegnete die Elfe und drehte sich so, dass ihr Kopf in der Flugbahn des Pfeils war und hoffentlich auch den Blick auf ihn verdeckte.

Die Schlangenkönigin lachte. Es klang gut gelaunt, nicht überheblich oder spöttisch. »Die Zeit anhalten ... nein, Alathaia, so mächtig bin ich nicht. Ich glaube, dies vermögen nicht einmal die Alben. Ich habe um mich einen Kokon gewoben, einen Zauber, der es mir erlaubt, mich schneller zu bewegen, als deine Sinne es wahrnehmen können. Du siehst mich nur, weil du dich auch in diesem Kokon befindest. Für dich hat das allerdings die bedauerliche Konsequenz, dass dich der Tod schneller ereilen wird. So wie jede deiner Bewegungen innerhalb des Kokons beschleunigt wird, ist auch dein Herzschlag schneller. Jedenfalls gemessen am Zeitverlauf außerhalb meines Zauberbanns ... Für diese Wolfselfe mit dem Bogen wird es gleich so aussehen, als seist du plötzlich umgefallen. Sie hat nicht gesehen, wie ich dich gebissen habe.

Mit ihr werde ich mir weniger Zeit lassen. Sie soll den letzten Augenblick mit dir teilen, wenn deine Zunge vom Gift schon so geschwollen ist, dass du keinen Laut mehr hervorbringen kannst. Dann werde ich ihr die Kehle durchschneiden und mich den anderen Mördern widmen, die du hierher in mein Reich geführt hast. Keiner von ihnen wird mir entgehen. Sie werden mich nicht kommen sehen ... Ihr werdet das Schicksal eurer Vorgänger teilen. Fühlst du schon einen pelzigen Geschmack auf deiner Zunge?«

Das tat sie, dennoch schüttelte Alathaia den Kopf.

»Ich sehe den Schweiß auf deiner Stirn. Ich weiß, dass das Gift zu wirken begonnen hat. Es wird dir große Schmerzen bereiten. Du wirst dich nicht mehr lange auf den Beinen halten. Vielleicht sollte ich dich am Leben erhalten, um dein Fleisch zu schmieden ... Welches meiner Geschöpfe draußen in den Mangroven hat dir denn besonders gefallen? Bedeutet es dir etwas, hübsch zu sein? Mir war es wichtig. Vor langer Zeit war ich nur eine der Heilerinnen in diesem Tempel. Die Kobolde kamen zu mir mit ausgerenkten Gliedern, Kindern, die vor Fieber glühten oder von giftigen Schlangen gebissen worden waren. Sie wollten meine Hilfe, aber sie konnten es kaum ertragen, mich anzusehen. Ich sah ihre Erleichterung, wenn sie von mir fortkonnten. Das war schwer. Jemand wie du, geboren in einen schönen Körper, wird das wohl nicht verstehen … Schließlich haben mir die alten Götter ein Zeichen gegeben.« Sie deutete in Richtung des riesigen Drachenschädels. »Er selbst hat mich berufen. Vielleicht weil er wusste, wie es ist, die Schuppenhaut zu tragen und einen Schlangenschwanz. Zu meinen Pflichten als Tempeldienerin gehörte es, den Schädel zu säubern. Kein Stäubchen durfte darauf liegen. Als ich wieder einmal hinaufstieg, splitterte ein Teil des Knochens, und ich fand im Schädel verborgen einen Stein. Ich wusste sofort, dass es ein Geschenk des Drachen an mich war. Der Stein war völlig unscheinbar. Ich trug ihn lange an einer Lederschnur bei mir. Er verstärkte meine Gabe zu heilen. Über die Jahre wurde ich zur Hohepriesterin des Tempels. Ich alterte nicht, ganz so wie ihr Elfen. Der Stein beschützte mich. Als ich von einem weiteren großen Drachenschädel erfuhr, den die Zwerge nördlich der Mondberge, unweit des Luba tief in der Erde gefunden hatten, verließ ich den Tempel. Es war meine einzige Reise. In jenem Drachenschädel fand ich einen weiteren Stein. Ich strebe nicht nach der Herrschaft über ein Stück Land. Ich bin keine Gefahr für Emerelle. Wirst du ihr das sagen? Alles, was ich suche, ist Wissen. Willst du meine Botin sein? Willst du dir und all den anderen, die noch nicht umgekommen sind, das Leben retten?«

Alathaia wusste, dass Emerelle sich niemals auf Verhandlungen mit der Schlangenkönigin einlassen würde. Was sie nicht wusste, war, ob die Elfenkönigin sie überhaupt empfangen würde. Ihr Mordanschlag hier im Drachentempel war geheim. Wenn er scheiterte, würde Emerelle womöglich dafür sorgen, dass die Überlebenden, die es nach Vahan Calyd schafften, niemandem davon erzählen konnten, was hier geschehen war. War es ihren Vorgängern am Ende genauso ergangen?

Alathaia spürte, wie die Kraft aus ihren Beinen wich. Ihr Schwindel verstärkte sich. Es gab kein Zurück für sie. Sie musste siegen oder sie würde untergehen.

Leise stammelte sie einige unzusammenhängende Worte.

»Was sagst du?« Die Schlangenkönigin beugte sich ein wenig vor.

Genau darauf hatte Alathaia gehofft. Sie griff in das lange schwarze Haar der Schlangenkönigin, zog ihren Kopf zu sich herab und rief ein Wort der Macht, das den Zauber brechen sollte, den die gefallene Priesterin gewoben hatte.

Die Schlangenkönigin reagierte beängstigend schnell. Sie packte ihrerseits Alathaias Kopf und drehte ihn zur Seite in die Flugbahn des Pfeils, während sie eine Beschwörung rief, um Schaden von ihrem Zauber abzuwenden.

Aus den Augenwinkeln sah Alathaia, wie der Pfeil, der starr in der Luft verharrt hatte, sich wieder bewegte. Verzweifelt kämpfte die Elfe gegen den Griff der Schlangenkönigin an.

»Verrecke!«, zischte diese nun und gab jeden Versuch auf, ihren Zauber noch zu retten.

Alathaia schrie. Der Pfeil durchschlug ihre rechte Wange. Sie konnte die stählerne Spitze über einen Zahn und dann über ihre Zunge schrammen spüren, bevor er durch die linke Wange wieder austrat und die Befiederung ihr Fleisch zerfetzte. Dann traf der Pfeil die Schlangenkönigin dicht unter dem Herzen.

Alathaia spürte keinen Schmerz. Sie fühlte sich taub. Benommen sank sie auf die Knie.

»War das schon alles?« Die Stimme der Schlangenkönigin klang gepresst.

Alathaia sah zu ihr auf. Der Pfeil schob sich wie von unsichtbarer Hand gezogen aus der Brust der Schlangenkönigin. Ihr Gesicht war verzerrt. Dicke Schweißtropfen standen ihr auf der Stirn. Klackend fiel der Pfeil zu Boden. Die Wundränder zogen sich zusammen. Die Blutung versiegte. Nicht einmal eine Narbe blieb auf der fahlen Haut zurück.

Alathaias Hand schloss sich um den Griff ihres Schwertes. Entschlossen riss sie die Waffe hoch und rammte sie der Schlangenkönigin unter den Rippenbogen. Mit aller ihr noch verbliebenen Kraft presste sie den Stahl tiefer ins Fleisch, bis sie die Klinge bis zum Heft versenkt hatte. »War das jetzt genug?«

Die Elfe spürte Blut aus ihrer Nase rinnen. Sie begann am ganzen Leib zu zittern.

Die gefallene Priesterin sank zu Boden. Ihre Augen waren schon glasig. Es stand kein Zorn in ihnen. Sie wirkte eher überrascht. »Du gehst mit mir ins …«. Ihre Stimme, nur noch ein Hauch, brach. Die Schwanzspitze peitschte über den Boden. Dann verharrte auch sie still.

Alathaia sah, dass sich ihr Arm rings um die Bisswunde violett verfärbt hatte. Ihre Adern zeichneten sich dunkelblau, fast schwarz unter ihrer hellen Haut ab. Annella kniete neben ihr nieder und tastete vorsichtig über die angeschwollene Wunde. Ihre Lippen bewegten sich, als formten sie Worte der Macht. Alathaia spürte ein Kribbeln in den Gliedern. Dann verschwamm ihr Annella vor den Augen. Sie blinzelte, sah einen Augenblick lang ganz klar die rotbraune Wolfsfratze, die sich die Maurawani auf ihr Antlitz gemalt hatte, dann wurden die Züge der Bogenschützin erneut unscharf, so, als läge sie am Grund eines flachen Sees, dessen Wasser der Wind aufwühlte.

»Steine …«, flüsterte die Elfe. »Sie hat Steine in ihrem Leib …« Es war nur eine Vermutung. Sie hatte die Steine, von denen sie gesprochen hatte, ganz sicher bei sich. Sie waren ihre größten Schätze. Die Schlangenkönigin würde sie niemandem anvertrauen. Sie musste sie bei sich haben! In ihrem Fleisch oder in den Knochen, so wie einst die Götterdrachen, in deren Schädeln sie die Kleinodien gefunden hatte. »Du musst sie auf meine Wunde legen …«

Annella wirkte verwundert. Mitleidig sah sie zu ihr hinab.

»Du musst ihren Leib aufbrechen …« Jedes Wort war ein Kampf für Alathaia. Ihre Zunge war angeschwollen und wollte nicht länger ihrem Willen gehorchen.

Als die Maurawani zu dem riesigen Drachenschädel ging, war sich Alathaia sicher, dass ihre Gefährtin sie im Stich lassen würde. Der Tempelsaal zerrann in verwischte Farben. Alathaia kämpfte um jeden

Atemzug. Ihre Zunge füllte ihren Mund, ihre Nase war voller Blut. Sie tastete nach dem Schwertgriff. Blind. Die Augen waren ihr zugefallen. Sie wollte die Waffe in der Hand halten, wenn ihre Seele ihr vergiftetes Fleisch verließ. Sie wollte wie eine Kriegerin gehen.

Etwas drückte gegen ihren Arm. Alathaia kämpfte darum, die Augen wenigstens einen Spalt weit zu öffnen. Was sie sah, verwirrte sie. Die Welt bestand nur noch aus hellen und dunklen Flächen. Sie konnte sie nicht zuordnen. Ihre Augenlider sanken nieder. Sie hatte keine Kraft mehr. Das war nun also das Ende. Sie hatte sich den Tod immer schmerzvoller vorgestellt und vor allem dramatischer. Einfach so einzuschlafen …

»Bleib wach!«

War das Annella? Die Stimme klang so fern, als sei sie schon nicht mehr in der Schädelhalle des Tempels. Erstaunlich, dass die kaltblütige Maurawani so leidenschaftlich werden konnte.

Schmerz durchfuhr Alathaias Arm. Etwas schlug ihr ins Gesicht. »Bleib wach! Bleib bei mir! Ich habe die Steine geholt. Sie waren im Drachenschädel. Was soll ich jetzt mit ihnen machen? Auf die Wunde pressen? Ist das richtig?«

Die Steine …

»Sieh mich an!«

Noch ein Schlag ins Gesicht. Was bildete sich diese verdammte Schlampe ein! Alathaia blinzelte. Aufkeimende Wut triumphierte über die bleierne Müdigkeit.

»Bleib wach!«

Alathaia war immer noch unfähig, zu antworten. Doch das Atmen fiel ihr leichter. Ihre Zunge war etwas weniger geschwollen. Nur die Augen machten ihr noch Schwierigkeiten. Sie wusste, dass Annella neben ihr saß, doch was sie sah, war ein Wolf. Wolfsaugen, kalt und gnadenlos.

»Ihre Kreaturen sind geflüchtet«, erklang nun eine ungewöhnlich helle Männerstimme. Gafayn! »Die Kämpfe sind beendet. Wir haben viele Tote … Für jene, die von den Blasrohrpfeilen getroffen wurden, scheint noch Hoffnung zu bestehen. Einige regen sich schon wieder.

Das Gift scheint sie nur gelähmt zu haben. Die Alben mögen wissen, was diese Brut hier mit ihnen vorgehabt hat.«

Alathaia dachte an die grotesk entstellten, lebenden Leichen auf den Pfählen und an die Alligatormänner. Sie wusste, warum die Fleischschmiedin Gefangene hatte machen wollen und was sie ihnen angetan hätte. Dass Emerelle ihr von all dem nichts gesagt hatte! Alathaia war sich sicher, dass die Königin gewusst hatte, was hier geschah. War sie geschickt worden, um zu sterben? Langollion war ein mächtiges Fürstentum, und Emerelle wusste um ihren Ehrgeiz. Sah sie in ihr eine zukünftige Konkurrentin bei den Königswahlen?

Alathaia konnte nicht anders, als Respekt vor der Herrscherin zu empfinden. Emerelle hatte alles so geplant, dass sie einen Sieg davontragen würde, ganz gleich, wie der Kampf um den Drachentempel endete. Entweder die Schlangenkönigin starb oder eine Fürstentochter, die ihr einmal zur Rivalin erwachsen könnte. Alles war so klar, so einfach zu durchschauen und dennoch verstand Alathaia es erst jetzt. Sie würde sich ein Beispiel an Emerelle nehmen. Und sie würde auf der Hut sein. Eines Tages würde die Königin auch zu ihr Meuchler schicken. Eine Schar Verzweifelter, die nichts zu verlieren hatte. Sie würde darauf vorbereitet sein, schwor sich Alathaia.

Die Elfe sah nun klarer. Annella war keine Wolffratze mehr, sondern nur noch eine Maurawani mit einer Vorliebe für ein barbarisches Äußeres. Sie versuchte, sich aufzusetzen. Annella half ihr. Auf sie gestützt kam sie auf die Beine. Wie lange war sie benommen gewesen? Ihr war es nur wie ein paar Augenblicke vorgekommen. Doch es musste länger gewesen sein. Viel länger. All ihre Streiter hatten sich im Allerheiligsten versammelt und sahen sie erwartungsvoll an.

Gleich neben ihr und Annella stand Gafayn, der gefallene Ritter, auf seinen schweren Schild gelehnt. Sein Wappen, der weiße Falke, war mit dunklem Blut besudelt. Sein linker Arm hing schlaff herab und dennoch nickte er ihr anerkennend zu. »Die dort draußen haben gespürt, als ihre Herrscherin starb. Sie sind mitten im Kampf davongelaufen. Hättest du sie nicht besiegt, wir alle wären jetzt tot.«

Alathaia schüttelte den Kopf. Sofort wurde das Schwindelgefühl wieder stärker. Noch war die Macht des Giftes nicht ganz gebrochen. »Hättet ihr nicht so tapfer gekämpft, wäre ich nicht bis hierhingelangt.« Ihre Zunge gehorchte ihr noch nicht ganz. Sie lallte leicht, und durch die Wunden in ihren Wangen wurde jedes ihrer Worte von einem Zischen begleitet. »Wir alle sind verraten worden. Und dennoch waren wir unüberwindlich. Ich danke euch, meine Schattenkrieger!« Sie blickte in die Runde. Die Zahl ihrer Mitstreiter hatte sich arg gelichtet. Nicht einer war unverletzt davongekommen. In ihren Augen lag Erschöpfung und das Wissen darum, wie nah sie der Niederlage gewesen waren. »Ihr wisst, niemand wird uns Heldenlieder singen. Jenseits der Mangroven ist die Schlangenkönigin nicht mehr als ein närrisches Koboldmärchen. Eine Schreckgeschichte für Kinder. Dies war keine Schlacht, die unter wehenden Bannern im hellen Lichte ausgetragen wurde. Wir kamen wie Schatten, um einen Schatten zu besiegen. Und Schatten werden wir auch in Zukunft sein, es sei denn, wir nehmen unser Schicksal in die eigene Hand und erstreiten uns unseren Weg zum Licht.« Sie sah ihren Gefährten an, dass sie wussten, wie gering ihr Lohn sein würde. Sie waren den Kerkern und den Galgen entkommen. Sie hatten für ihre Sünden gesühnt und waren frei. Doch sie würden über ihre Heldentaten nicht reden können. Ihre Namen waren nicht reingewaschen. Für die meisten von ihnen gab es keinen Ort, an den sie zurückkehren konnten.

»Ich werde in einigen Jahren die Fürstin von Langollion werden, und wisset, für mich werdet ihr immer meine treuen Kampfgefährten sein. Ich werde nicht vergessen, wer in dieser Nacht an meiner Seite sein Blut vergossen hat, und an meinem Hof werdet ihr immer in Ehren aufgenommen werden. Ich bin stolz darauf, mit euch gekämpft zu haben.«

Die meisten schienen zu erschöpft, um die ganze Tragweite ihrer Worte zu erfassen. Alathaia griff nach den beiden Steinen, die Annella ihr auf die Wunde am Arm gepresst hatte. Einer von ihnen hatte begonnen, gegen das Gift in ihrem Körper zu wirken. Oder doch beide? Sie sahen völlig unscheinbar aus. Wie Geröll aus den Bergen. Aber einst hatten die Himmelsschlangen sie in ihrer Stirn getragen.

Es musste ein Geheimnis um sie geben, und Alathaia war entschlossen, ihm auf den Grund zu gehen. Ihr blieb gar keine andere Wahl: Sie musste sich für die Zukunft wappnen. Sie musste diese Schattenkrieger an sich binden. Sie musste eine mächtige Zauberweberin werden. Eines Tages würde auch sie, als angebliche dunkle Fürstin, eine Nacht der langen Messer erwarten.

Alathaia blickte auf die tote Schlangenkönigin und schwor sich still, dass sie besser vorbereitet sein würde. Nach außen hin wollte sie die Maske wahren. Sie würde wie die anderen Fürstinnen auf Emerelles Hoffesten erscheinen, lächeln und tanzen. Aber im Stillen würde sie sich auf einen Krieg in den Schatten vorbereiten. Einen Krieg, der in dem Augenblick beginnen würde, in dem sie vor Emerelle trat, ihr vom Tod der Schlangenkönigin berichtete und verschwieg, was sie hier im Tempel gefunden hatte.

DER WEG ZURÜCK

VON BERNHARD HENNEN

Ganda betrachtete nun schon viele Stunden die kleine Hütte inmitten des Schilfmeers der Mückenseen am Rande des Milchlandes. Die Hütte war aus trockenen Schilfhalmen erbaut, die miteinander verflochten waren, so wie die Morgenrufer ihre Nester bauten. Die kleinen Vögel lebten im Sumpfgürtel, der die Seen einfasste. Ihre Brust war rot wie der Morgen, wenn die Sonne ihr Haupt über das trübe Wasser erhob. Sie waren stets die ersten Vögel, die ihre Stimme erhoben. Ihr Lied begann noch in der Nacht. Nur ihrem sehnlichen Rufen war es zu verdanken, dass die Sonne wieder zurückkehrte und die Dunkelheit vertrieb. Das jedenfalls glaubten die Kobolde, die in den Sümpfen lebten, ebenso wie sie glaubten, dass die alte Salma jede Erinnerung freilegen konnte.

Unverwandt blickte Ganda auf den dunklen Eingang der Hütte. Dünner, blau-grauer Rauch stieg daraus auf und streckte sich dem Himmel entgegen, aus dem die nahende Nacht die Farben trank. Dort, zurückgezogen und doch allen bekannt, lebte Salma. Die meisten nannten sie eine Hexe. Die wenigen, die ihr freundlich gesinnt waren, die Knochenfrau. Ihr Ruf reichte weit über die Grenzen des Sumpfes hinaus. Sie war eine Meisterin der Tränke, vermochte das Wetter zu beherrschen und Männer mit einem einzigen Blick zu verzaubern. Ganda lächelte in sich hinein. Diesen Zauber hatte auch sie einmal beherrscht. Sie betrachtete ihr Spiegelbild im dunklen Wasser. Den Fuchskopf auf dem schmächtigen Koboldleib. Sie war eine Lutin. Man sagte ihrem Volk nach, dass es nur aus Dieben bestand. Sie waren in der Tat geschickt darin, die Verteilung von Eigentum gerechter zu gestalten. Zuletzt hatten sie sogar geholfen, der Elfenkönigin den Thron zu stehlen.

Doch auch sie, Ganda, war bestohlen worden. Sie konnte sich nicht mehr an das Gesicht ihrer Mutter Sesha erinnern. Nur deren Stimme war ihr noch im Gedächtnis. Auch erinnerte sie sich noch an verschiedene Kleider ihrer Mutter und daran, dass sie hatte zum Fluss gehen wollen. Sie beide waren viel gereist. Immer alleine. Für Lutin war das grundsätzlich nicht ungewöhnlich. Aber je länger sie darüber nachgedacht hatte, desto merkwürdiger war es Ganda erschienen, hatten sie sich doch nie Zeit genommen, an einem Ort zu verweilen. Nie waren sie länger als ein oder zwei Tage geblieben. Manchmal auch nur für ein Mahl. Dann war es schon wieder weitergegangen. Fast so, als sei ihre Mutter vor etwas auf der Flucht gewesen. Aber wer oder was hatte sie verfolgt? Und war so schrecklich gewesen, dass Sesha dafür zuletzt sie, ihr Kind, allein in der Wildnis zurückgelassen hatte?

Ganda war von Kentauren gefunden worden und hatte in den Lagern der wilden Pferdemänner gelebt, bis Alfadas, der Hofmeister Emerelles, sie nach Burg Elfenlicht geholt hatte. Auch das war ungewöhnlich. Emerelle war immer freundlich zu ihr gewesen. Die meisten Albenkinder empfanden die Königin der Elfen als kaltherzig und distanziert. Warum hatte sie ein Lutinmädchen an ihrem Hof geduldet? Um eine Schuld zu begleichen?

Ganda betrachtete nachdenklich die schäbige Schilfhütte. Die Lutin hatte das Gefühl, dass sie zumindest einige der Antworten auf ihre Fragen kennen sollte. Sie lagen in ihren verschütteten Erinnerungen. Tief vergraben, für sie unerreichbar. Doch Salma könnte helfen. Hier zu sitzen und länger vor sich hin zu brüten, brachte nichts. Sie war so weit gereist, nun sollte sie die letzten Schritte tun, um endlich jene Antworten zu erlangen, vor denen sie sich zugleich auch fürchtete.

Zögerlich stand sie auf und ging durch das schlammige, flache Wasser zur Hütte. Alle anderen Kobolde, die an den Mückenseen lebten, bauten ihre Häuser auf hohen Stelzen. Sie schützten sich so vor der Flut und vor den alten Welsen, die sich in Vollmondnächten aus dem Wasser wanden und an den Ufern nach Beute suchten. Sie hatten den riesigen Fischen Namen gegeben, ja, manche verehrten sie, als seien sie Götter. Salma schien weder das Wasser noch die Welse zu fürchten. Ihre Hütte lag nur auf einem flachen Hügel.

Der zähe, schwarze Schlamm des Sumpfs zerrte an Gandas Stiefeln. Es fühlte sich an, als wolle der Sumpf sie davon abhalten, die kleine Insel der Hexe zu betreten. Keine Vogelstimme erhob sich. Kein Lufthauch rührte sich. Das Meer aus Schilfhalmen stand still.

Schweigen lag über den Mückensümpfen. Fern am Horizont war ein schmaler, blassblauer Streifen der letzte Wachposten des scheidenden Tages. Mond und Sterne waren von Wolken verborgen. Ein paar Herzschläge noch und das weite Schilfmeer wäre in Finsternis gehüllt.

Etwas Bleiches ragte vor Ganda aus dem Morast. Sie bückte sich danach. Dort steckten Hühnerrippen im Schlamm. Daneben lag ein Fischkopf. Ein Prickeln überlief die Lutin bis in die feinen Enden ihrer Schnauzhaare. Ein Knochenkreis war um die Hütte gesteckt, und ein Bannzauber in das Gebein gewoben. Ganda konnte aus dem magischen Muster nicht herauslesen, was sie erwartete, wenn sie in den Knochenkreis trat. Lud sie einen Fluch auf sich? Oder hielt Salmas Bann nur das Wasser fern?

Durch die Öffnung der Schilfhütte fiel warmer, roter Feuerschein. Das letzte Abendlicht war vergangen. Die Hütte schien die letzte Zuflucht in der Finsternis zu sein. Ganda war sich sicher, dass die Knochenfrau wusste, dass sie hier draußen stand. Salma stellte sie auf die Probe. Sie wollte wissen, wie mutig sie war. Entschlossen schritt sie über die Knochen hinweg, ging zur Hütte und trat gebeugt durch den niedrigen Eingang, um verblüfft innezuhalten. Die Hütte wirkte von innen größer als von außen. Nicht übertrieben, doch so viel, dass es auf den ersten Blick auffiel. Es gab einen trockenen, sauberen Holzboden, in den eine gemauerte Feuerstelle eingelassen war. Hinter der Grube voller glühender Kohlen saß Salma. Reihen von mit Haaren verknüpften Vogelknöchelchen fielen über ihre Brust und Oberarme und bildeten ein totenbleiches Gewand. Die Hexe wirkte jung. Sie hatte ihr Gesicht mit weißem Schlamm bestrichen, in dessen trockener Kruste sich ein Netzwerk feiner Risse abzeichnete. Dunkelbraune Augen musterten Ganda aufmerksam über eine lange, leicht gekrümmte Nase hinweg. Salmas Haar war dicht und blauschwarz wie Elsternfedern. Nicht einmal ein Hauch von Grau zeigte sich darin.

»Du hast lange gebraucht, um dich zu entscheiden, Ganda«, sagte die Hexe mit leiser, angenehmer Stimme.

»Du hast von meiner Ankunft in der Asche des Feuers gelesen?«, fragte Ganda überrascht und zugleich ein wenig skeptisch.

Salma lächelte. »Ich schaue gelegentlich durch die Spalten in der Schilfwand. Und was deinen Namen angeht …« Sie deutete auf Gandas Silberhand. »Es gibt gewiss in ganz Albenmark keine zweite Lutin mit einer solchen Hand. Du bist Kommandantin Schlüsselchen, die tapfere Weggefährtin des Elija Glops. Du warst an seiner Seite, als Emerelle aus ihrem Schloss vertrieben wurde, damit alle Kinder Albenmarks frei sein können. Du bist berühmt.«

Das war so nicht ganz richtig, aber Ganda war es müde, gegen die Legenden anzureden, die sich um Emerelles Thronverzicht gebildet hatten. Es waren seitdem noch keine zwanzig Tage vergangen und doch machten schon Dutzende Geschichten die Runde, eine dramatischer als die andere.

»Du hast eine gute Gelegenheit verpasst, dich als allweise Seherin dazustellen.«

»Ich würde eher sagen, ich habe eine gute Gelegenheit genutzt, dich hoffentlich davon zu überzeugen, dass ich bedingungslos ehrlich bin. Eine Angewohnheit, die einen dazu bringt, von allen abgeschieden, allein und verborgen im Schilf zu leben.« Sie lächelte, doch dies unterstrich die Bitterkeit ihrer Worte eher noch, als ihnen den Stachel zu nehmen.

Ganda war unsicher, was sie von Salma halten sollte. Das Lächeln hatte weitere feine Risse im trockenen Schlamm auf ihrem Gesicht entstehen lassen. Würde sie ihre Maske fallen lassen? Waren all das nur einstudierte Gesten und Sätze, um ihre Besucher einzulullen? Ganda war in ihrem Leben zu vielen Scharlatanen begegnet, um schnell Vertrauen zu fassen. Auf der anderen Seite hatte sie keine Wahl. Es gab niemanden außer Salma. Jedenfalls niemanden, dem sie sich hätte anvertrauen können.

»Es gibt etwas in meiner Vergangenheit … eine verschüttete Erinnerung. Ich muss sie zurückerlangen, um meinen Frieden finden zu können. Wirst du mir helfen, Salma?«

»Manchmal gibt es Gründe dafür, sich an etwas nicht zu erinnern.

Du wirst nicht unbedingt glücklicher werden, wenn du weißt, was dein Gedächtnis für dich ungeschehen machen wollte. Hast du das gut bedacht?«

»Ich wäre nicht hier, wenn ich es nicht wirklich wissen wollte«, entgegnete Ganda gereizt. Die Wahrheit war, dass sie auch Angst vor dieser Erinnerung hatte. Aber ihr war die Mutter gestohlen worden, Elija Glops, die Liebe ihrer Jugend, hatte sich ganz und gar den Idealen seiner Rebellion verschrieben. Er war nicht mehr wiederzuerkennen. Und Ollowain, in den sie sich gegen jede Vernunft verliebt hatte, war mit Emerelle irgendwo im Norden der Snaiwamark verschwunden. Sie dachte daran, wie er sie auf den Bauch geküsst hatte, um das Gift der Knochenviper aus der Wunde zu saugen. Ein Elfenkuss. Sie wünschte, sie wäre damals in der Bibliothek von Iskendria gestorben. Was nutzte es zu leben, wenn man alles verloren hatte? Wenigstens die Erinnerungen an ihre Mutter wollte sie zurück. Sie musste verstehen, warum ihre Mutter sie als Kind allein im Windland zurückgelassen hatte.

Salma sah sie an, als könne sie in ihren Gedanken lesen. Es lag kein Vorwurf oder gar Ärger im Blick der Knochenfrau. Auch kein Mitleid. »Jeder ist seines Glückes Schmied«, sagte sie schließlich nüchtern. »Du wirst ein wenig von einem bitteren Trank zu dir nehmen. Er wird dir helfen, dich ganz deinen Erinnerungen zu öffnen und das Hier und Jetzt hinter dir zu lassen.« Sie stand auf, wobei ihr Knochengewand jede ihrer Bewegungen mit leisem Klappern begleitete und nahm eine der Schilfmatten zur Seite, die an den Wänden lehnten. Dahinter standen tönerne Tiegel mit bunten Glasuren, zwei kleine Flaschen aus Zinn und einige irdene Becher sowie ein Krug mit angeschlagenem Rand. Sorgsam gab sie zwei Tropfen aus einer der Zinnflaschen in einen Becher und füllte ihn mit Wasser auf. Ohne ein weiteres Wort reichte sie Ganda den Trank.

Misstrauisch schnupperte die Lutin daran. Das Wasser roch nach Baldrian.

Salma wirkte amüsiert. »Du wirst es trinken müssen. Unsere Erinnerungen habe jede eine eigene Kammer im Palast unseres Gedächtnisses. Die Kammer zu deiner Mutter ist versperrt, und du hast wahrscheinlich mit gutem Grund den Schlüssel dazu fortgeworfen. Dies hier ist dein Dietrich. Du musst ihn nutzen, wenn du zu deinen Erinnerungen willst.«

»Was geschieht mit mir, wenn ich das getrunken habe?«

»Wir reden. Ich muss ein wenig über deine Vergangenheit wissen, sonst finde ich keinen Zugang zu deinen Erinnerungen. Dann werde ich dich in Trance versetzen. Wenn alles glückt, wirst du mir von deiner Mutter berichten. Manchmal ist bei meinen Besuchern anschließend die Erinnerung zurückgekehrt. Anderen muss ich erzählen, was sie mir gesagt haben. Nur sehr selten gelingt es nicht, die versperrte Türe zu durchschreiten.«

Ganda setzte sich auf eine schlammbesudelte Schilfmatte und leerte den Becher in einem einzigen Zug. Der Trunk schmeckte bitter. »Was willst du wissen?«

»Ein paar bedeutsame Augenblicke aus deiner Vergangenheit. Du wählst aus, was du erzählst. Aber sag immer die Wahrheit! Mit Lügen kommen wir nicht weiter …«

Ganda entschied, keine weiteren Fragen zu stellen. Salma hatte einen guten Ruf. Sie musste ihr vertrauen. So berichtete sie davon, wie sie mit den Trollen nach Burg Elfenlicht gekommen war, wo sie einst als Kind am Hof der Königin Emerelle gelebt hatte. Sie erzählte von ihrer Reise mit dem Schwertmeister Ollowain, davon, wie sie als Kommandantin Schlüsselchen mitgeholfen hatte, die Flugschriften Elija Glops' zu verbreiten, und wie sie ihre Jugend bei den Hornschildechsen verbracht hatte. Langsam wurde ihr die Zunge schwer, so, als habe sie zu viel Wein getrunken, und der Kopf sackte ihr immer wieder auf die Brust, während sie noch sprach.

»Du wirst dich nun hinlegen«, sagte Salma mit seltsam tonloser Stimme.

Ganda streckte sich neben die Feuerstelle aus. Der Rauch kitzelte sie in der Nase.

Die Knochenfrau beugte sich über sie. Sie hielt eine kleine Holzscheibe in Händen, auf die konzentrische Kreise in Rot und Grün gemalt waren. »Blick auf die Farben!« Immer noch war ihre Stimme bar jeder Emotion. Ganda gähnte, ihre Glieder waren schwer wie Blei. Die Kreise übten eine seltsame Wirkung auf sie aus. Es fühlte sich an, als würde sie in die roten und grünen Wirbel hineingezogen.

»Sieh in dich hinein, Ganda. Tief hinein. Du entdeckst eine Tür. Schlicht, schmucklos. Sie ist aus altem, grauem Holz gefertigt. Der Beschlag des Türschlosses aber ist neu. Er schimmert golden. Die Tür ist versperrt. Kannst du die Tür sehen?«

Ganda nickte.

»Rede mit mir. Du musst mir sagen, ob du die Tür siehst.«

»Ich sehe sie.« Ganda hatte das Gefühl, sich selbst in weiter Ferne sprechen zu hören. Als sei sie nicht mehr in der Hütte. Ganz deutlich sah sie die Tür vor sich. Sie wirkte abweisend. Nur das Schloss mit seinen Beschlägen war neu. Im grauen Holz zeigten sich feine Risse. Reste von roter Farbe hatten sich an einigen Stellen auf dem verwitterten Untergrund gehalten.

»Ich habe den Schlüssel für diese Tür«, erklang die Stimme Salmas. »Ich werde sie nun für dich öffnen. Dahinter liegt eine Treppe, die ins Dunkel führt.«

Ganda sah keinen Schlüssel. Wie von Zauberhand berührt, schwang die Tür auf und es war, wie Salma gesagt hatte: Ein dunkler Treppenschacht lag vor der Lutin.

»Jede der Stufen steht für ein wichtiges Ereignis in deinem Leben. Wenn du dich mit beiden Füßen fest darauf stellst, wirst du dich erinnern. Die erste Stufe ist der heutige Tag. Versuche es, betritt sie und sage mir, was du siehst.«

Ganda machte einen Schritt. Die Stufe war aus grauem Stein geschnitten und fest in den Wänden verankert. Sie bot sicheren Halt. Es stimmte, was die Knochenfrau gesagt hatte. Kaum, dass sie mit beiden Füßen darauf stand, sah sie sich im Schilf kauern. »Ich beobachte deine Hütte. Lange Zeit. Es beginnt zu dämmern ...«

»Geh weiter, Ganda, und sag mir, was du siehst.«

»Den Thronsaal Emerelles. Er ist voller Trolle. Zerrissene Bücher liegen herum. Das Schlangenmosaik auf dem Boden ist geschwärzt von Feuerstellen. Skanga ist dort. Sie spricht mit Elija ...«

»Geh weiter Ganda. Steig zur nächsten Stufe hinab.«

»Ollowain. Er tritt auf die Shalyn Fallah, die Brücke zum Herzland. Er ist in eine Tierhaut gekleidet und hält ein Schwert in Händen. Emerelle tritt ihm entgegen. Sie sollen miteinander kämpfen ...«

»Weiter Ganda ...«

Die Worte der Lutin erfüllten Salma mit Schrecken. Ganda war zu vielen machtvollen Geschöpfen begegnet. Nur hier und dort leuchteten einzelne Momente des Glücks auf. Ansonsten war ihr Leben erfüllt von Intrigen, Verrat und Gewalt. Und an all das erinnerte sie sich gut. Wie ihr die Hand in der Bibliothek von Iskendria abgehackt worden war. Daran, wie die Lutin Mira, die Gandas rotes Kleid getragen hatte, bei einem Überfall auf das Lager der Hornschildechsen auf tragische Weise umgekommen war, und daran, wie auf Burg Elfenlicht ihr Freund Bollo von einem plötzlich zum Leben erwachten Relief verschlungen worden war.

So viele Tote säumten Gandas Lebensweg, und sie erinnerte sich. Was war so schrecklich gewesen, dass im Palast ihrer Erinnerungen die Tür, hinter der sich ihre Mutter verborgen hielt, für immer verschlossen bleiben sollte? War es klug, an dieses Geheimnis zu rühren?

»Steig eine Stufe weiter.« Salma fiel es schwer, noch mit tonloser Stimme zu sprechen. Neugierig zu sein, war stets ihr größter Fehler gewesen. Er hatte sie auf einsame Pfade geführt und trotz besseren Wissens vermochte sie ihrer Neugier nur selten zu widerstehen.

»Um mich herum ist hohes Gras«, sagte Ganda. »Blutrote Mondblüten erheben sich. Ich habe Mutter gebeten, Wasser für mich zu holen. Sie wollte es eigentlich nicht ... Sie wollte durch den nahen Albenstern flüchten. Wir waren immer auf der Flucht, aber sie hatte mir nicht gesagt, wovor wir davonliefen. Es ist unheimlich still. Gerade haben noch Vögel im nahen Birkenhain gesungen, doch nun sind sie verstummt. Da ist etwas Dunkles ... Ich muss meine Mutter finden! Etwas ist geschehen ... Ich streife ziellos durch das Gras. Plötzlich steht er vor mir. Ein Ritter in einer rußgeschwärzten Rüstung. Ein Elf. Er hält eine gekrümmte Klinge in der Hand. Blut rinnt daran herab. Er wischt es mit einem Stofffetzen ab. Es ist … Ich erkenne den Stoff … Die Perlen, die darauf gestickt sind. Es ist Stoff vom Kleid meiner Mutter, aber ich sehe sie nicht.

Er sagt mir, dass ich keine Angst vor ihm haben muss und bietet mir etwas zu trinken an. Seine Stimme ist warm. Er hat freundliche Augen.

Ich nehme nichts von ihm an. Mutter hat mir verboten, Geschenke von Fremden zu nehmen. Er wirkt enttäuscht. Dann rät er mir, mich vor den großen Adlern der Steppe in Acht zu nehmen und geht.«

»Siehst du deine Mutter?«, fragte Salma. »Ist sie dort? Sieh dich um!«

»Ich … ich sehe einen Felsen, der ein wenig wie ein Bär aussieht. Ich kann nicht …«

»Ist sie dort?«

»Ihre Tasche ist dort. Ich habe sie genommen. Sie ist wunderschön bestickt. Das Muster sieht seltsam aus.«

»Und deine Mutter?«

»Ich gehe in das weite Grasland hinaus.«

Salma gab auf. Diese Tür würde sich nicht öffnen. Vielleicht hatte Ganda auch wirklich nicht auf den Boden gesehen und sich einfach dagegen gesträubt, sich der Wahrheit zu stellen. Ihre Mutter musste dort gewesen sein. Aber sollte sie diese Erinnerung zu ihr zurückbringen? Das wäre grausam. Obwohl … ihr kam ein Gedanke: Es ging auch anders.

»Du verlässt das Grasland, gehst zurück. Nun bist du wieder auf der Treppe, Ganda. Kannst du sie sehen?«

»Es ist dunkel. Ich … ich glaube, ich stehe auf der Treppe. Ich bin nicht mehr im Grasland. Aber da ist nichts mehr vor mir.«

»Dass du die Stufen nicht sehen kannst, heißt nicht, dass es sie nicht gibt. Fass dir ein Herz und steige tiefer. Nur so wirst du zu deiner Mutter finden.« Ganda verzerrte ihr Fuchsgesicht. Angst spiegelte sich in den Augen, die bislang ausdruckslos gewesen waren. Salma überlegte, sie aus der Trance zurückzuholen.

»Da ist wirklich eine Stufe«, sagte Ganda plötzlich aufgeregt. »Sie liegt tiefer. Ich wäre fast gestürzt, als ich hinabgestiegen bin. Ich sehe …

Rosen. Ein Turm, überwuchert von roten Rosen und über mir ist ein strahlender Himmel. Ich gehe rückwärts … Nein, ich schwebe! Ich … Jemand hat mich mit einem Tuch auf seinen Rücken gebunden. Meine Mutter hat mich oft auf diese Weise getragen. Ich kann immer noch nicht ihr Gesicht sehen. Irgendetwas ist anders … Sie bewegt sich seltsam. Uns folgt jemand. Ein Elfenjunge! Er ist noch keine zehn, glaube ich. Sehr zartgliedrig. Ich kenne ihn nicht. Er macht Sesha Vorhaltungen, zu viel zu wagen. Jetzt kann ich mich ein wenig drehen.

Das ist nicht meine Mutter! Jemand mit langem, rotem Haar trägt mich. Auch wenn der Elf sie als Sesha anspricht. Wer sind die beiden? Ich kann nur sehen, kann nichts sagen, nichts verändern. Bin ich ihre Gefangene? Ich verstehe nicht. Der Elf will sie davon überzeugen, etwas nicht zu tun. Aber sie ist dickköpfig. Sie hört nicht auf ihn. Jetzt klettert sie an Rosenranken zu einem vergitterten Turmfenster hinauf. Der Junge kauert sich hinter einen Schornstein und bleibt auf dem Dach unter uns zurück. Es ist ein langer Aufstieg. Ich fühle mich wie ein Vogel, der steil in den Himmel steigt. Ich möchte lachen, aber mir wurde eingeschärft, dass ich keinen Laut von mir geben dürfe, ganz gleich, was auch geschehe. Tief unter uns sehe ich einen Wachposten auf einem Wehrgang. Der Wind bauscht seinen weiten, roten Umhang auf. Er blickt zu uns hoch. Ich habe das Gefühl, dass er mir genau ins Gesicht schaut, aber er bleibt ganz ruhig, gibt keinen Alarm. Jetzt sind wir bei dem vergitterten Fenster. Ich höre das Mädchen, das mich trägt, etwas murmeln. Ich spüre, wie sich das magische Netz verändert. Dann biegt sie die Gitterstäbe auseinander, als seien sie nur dünne Weidenruten. Wir schlüpfen in die Turmkammer. Sie dreht sich um und richtet die Gitterstäbe wieder.

Es ist dunkel, ich kann die Kammer, in die wir eingedrungen sind, nur undeutlich sehen. Da ist ein Stehpult mit einem aufgeschlagenen Buch. Daneben ein Regal mit rautenförmigen Fächern, in denen Schriftrollen liegen. Das rothaarige Mädchen, das mich trägt, huscht hin und her. Es macht den Eindruck, als wüsste sie nicht genau, wonach sie suchen sollte. Ich höre das Geräusch von Schritten. Ich sehe eine Öffnung im Boden. Eine Wendeltreppe führt hier herauf. Ein

Licht erscheint im Treppenschacht. Die Schritte werden lauter, aber das Mädchen macht nicht einmal den Versuch, sich zu verstecken! Gleich werden wir entdeckt werden!«

Sesha blickte flüchtig zum Treppenaufgang. Sie vertraute ganz auf den Tarnumhang, den Emerelle ihr gegeben hatte. Ein wunderbares Stück aus zarter Seide und durchwirkt mit den mächtigen Zaubern eines Lamassu, eines jener geflügelten Stiere mit Männerköpfen, die als Zauberweber kaum Ihresgleichen fanden. Natürlich würde sie sofort entdeckt werden, wenn der Wächter, der dort kam, sein Verborgenes Auge öffnete, das ihm die Kraftlinien der magischen Welt offenbarte. Doch selbst dann gab es noch einen Hauch von Hoffnung. Fast alles hier im Studierzimmer Alathaias war von Magie durchwoben. Der Glanz der Zauber mochte ihn von dem Umhang ablenken.

Ganda rührte sich im Tuch auf ihrem Rücken, obwohl sie der Kleinen einen Trunk aus Opium verabreicht hatte. Aber sie vertraute darauf, dass sie still blieb. Sie war eine Lutin, dazu geboren, zu stehlen und gejagt zu werden. Von ihrer frühesten Kindheit an hatte sie gelernt, bei einem Einbruch keinen Laut von sich zu geben. Sie hatte sie fast immer mitgenommen. Wo sollte sie sie auch lassen? Merkad, ihr Vater, hatte einfach nicht die Nerven, die man brauchte, um so etwas hier durchzuziehen. Wenn etwas schieflief, würde er in Panik geraten. Er war kein Feigling – und wenn sie allein waren, konnte er sogar sehr charmant werden –, aber es fehlte ihm einfach an dem kalten Blut, das einen Meisterdieb ausmachte.

Eine Blendlaterne wurde durch den Treppenschacht geschoben. Sesha duckte sich unter einen Tisch, auf dem ein Stapel von mächtigen Folianten lag. Sie spürte die Zaubermacht, die in den Büchern gebunden war. Ein Prickeln überlief ihre Haut. Sie und Merkad hatten die Gestalt von Elfenkindern angenommen. Alles war besser, als wie eine fuchsköpfige Lutin auszusehen. Niemand vertraute ihnen, außer wenn es darum ging, Handelskarawanen durch das Goldene Netz zum Ende der Welt zu führen. Sie hatten gar keine andere Wahl, als Diebe zu sein!

Ein blonder Elf in geschwärzter Rüstung stieg aus dem Treppenschacht. Sesha war sich nicht ganz sicher, doch glaubte sie in ihm die Züge Alathaias wiederzuerkennen. War er einer ihrer Söhne? Der junge Elf sah sich aufmerksam um. Er hatte ein schmales Gesicht und eine kleine, feminin wirkende Nase. Er bewegte sich so leicht, als habe die Rüstung kein Gewicht. Etwas Katzenhaftes haftete ihm an, und Sesha beschlich das Gefühl, dass sie ihm nicht entkommen würde, wenn er sie entdeckte. Er strahlte Entschlossenheit aus. Was hatte ihn hier heraufgeführt? Hatte sie sich durch irgendetwas verraten, oder war es nur ein Kontrollgang, den er machte?

Sie hatte viel zu wenig Zeit gehabt, den Turm Alathaias auszuspähen. Sie wusste so gut wie nichts über die Gewohnheiten der Wachen und wann sie ihre Runden drehten. Sie war auf den dringenden Wunsch Emerelles hier. Vor zwei Tagen erst hatte die Herrscherin Albenmarks sie zu sich gerufen. Ein Treffen, das in aller Heimlichkeit stattgefunden hatte. Sesha war geschmeichelt gewesen, dass Emerelle ihr diese überaus wichtige Mission anvertraut hatte. Sie hatte der Elfenkönigin schon öfter als Diebin und Späherin gedient, aber so tolldreist wie heute war sie nie zuvor gewesen.

Emerelle gab in dieser Nacht ein Hoffest. Es war einer ihrer berühmten Bälle. Dort eingeladen zu sein, war ebenso sehr Ehre wie Verpflichtung. Alathaia war mit all ihren Söhnen und Töchtern geladen worden. Sesha wusste nicht genau, wie viele Kinder die Fürstin von Langollion hatte. Jedenfalls waren es außergewöhnlich viele für eine Elfe. Ganz offensichtlich waren jedoch nicht alle der Einladung gefolgt.

Der Elf untersuchte die vier vergitterten Fenster der Turmkammer. Je eines wies in jede Himmelsrichtung. Er strich mit den Händen über die Gitterstäbe. Bei dem, durch das Sesha gekommen war, stutzte er. Es konnte vorkommen, dass der Zauber, den sie gewirkt hatte, eine gewisse Restwärme hinterließ. Eigentlich sollte diese binnen weniger Augenblicke verfliegen, aber zum Wesen der Zauberei gehörte es, dass es immer eine kleine Wahrscheinlichkeit für Überraschungen gab.

Sesha fluchte stumm in sich hinein. Der Blondschopf sah sich misstrauisch in der Turmkammer um. Hoffentlich würde er nicht gleich anfangen, mit seiner gekrümmten Klinge unter Tischen und Stühlen herumzustochern.

Du musst die Ruhe bewahren, ermahnte Sesha sich stumm und spürte, wie Ganda sich in dem Tuch auf ihrem Rücken erneut regte. Ihre Anspannung übertrug sich auf ihre Tochter. Wenn die Kleine anfing zu quengeln, wäre es um sie beide geschehen. Sesha setzte sich im Schneidersitz auf den Boden und wiegte sich sanft vor und zurück. Sie musste sich selbst beruhigen, dann würde auch Ganda ruhiger. Vielleicht schlief sie sogar ein.

Der Elf wandte sich vom Fenster ab. Er hielt seine Laterne jetzt in die Höhe und betrachtete die Schränke und Regale entlang der Wände. Sehr langsam drehte er sich im Kreis. Seine Rechte lag dabei auf dem Schwertknauf. Er senkte die Laterne und ging in die Knie. Immer noch drehte er sich um die eigene Achse. Jeden Winkel der Turmkammer leuchtete er aus. Einen Herzschlag lang sah er Sesha genau in die Augen. Doch der Tarnumhang verbarg sie vor seinen Blicken.

Endlich richtete der Elf sich auf und ging zur Treppe zurück. Während Sesha auf seine Schritte lauschte, dachte sie an Merkad. Er musste das Licht in den Fenstern gesehen haben. Sicher war er schon ganz närrisch vor Sorge. Hoffentlich stieg er nicht die Rosenranken hinauf. Er hatte keinen Tarnumhang, der ihn verbarg, und obendrein war er auch kein sonderlich guter Kletterer.

Sobald das Licht im Schacht verschwunden war, kroch Sesha unter dem Tisch hervor und begann, am nächststehenden Schrank die Türen zu öffnen. Sie suchte ein paar unscheinbare Steine. Emerelle beharrte darauf, dass sie große Schätze seien und Alathaia sie keinesfalls in ihrem Besitz behalten durfte. Steine! Was so besonders an ihnen war, hatte sie nur zum Teil verraten.

Hinter der zweiten Schranktür fand Sesha Dutzende von Schmuckkästchen. Sie lauschte zur Treppe hin. Stille, die letzten Schritte waren verklungen. Vorsichtig begann sie, ein Kästchen nach dem anderen zu öffnen. Sie alle enthielten Steine! Geröll von irgendeinem Berg. Nichts Besonderes. Doch genau so sollten die Steine aussehen, nach denen sie suchte. Sesha atmete tief ein und zwang sich zur Geduld. Dann öffnete sie ihr Verborgenes Auge. Bedächtig sah sie sich um. Sie war überrascht, nicht geblendet zu werden. Um einige der Bücher verdichtete sich das Netz der magischen Kraftlinien, das alles durchdrang, ebenso wie um einen Dolch und einige der Schreibfedern, die in einem Kelch steckten. Doch das war es schon. Die Turmkammer war nicht mit allerlei Zauberrat angefüllt, so wie sie eigentlich erwartet hatte. Lediglich auf den Wänden und vor den Fenstern flimmerte ein eigenartiges Gespinst silberner und blauer Kraftlinien. Etwas in dieser Art hatte sie bislang noch nie gesehen. War es Fluchmagie? Oder irgendein Bannspruch? Auf jeden Fall hatte sie es nicht daran gehindert, hereinzukommen.

Das war jetzt nicht ihre Sorge! Sie musste die verdammten Steine finden. Sesha stellte die Kästchen nebeneinander auf den Boden. Eines davon enthielt die Steine, die sie suchte, aber welches? Das graue Bruchgestein, formlose Klumpen, war ebenfalls in das feinmaschige, magische Netz eingebunden. Jeder der Steine wurde von einer blassgelben Linie berührt, die sich in einer Spirale durch die Kammer wand und auch die Steine des Bodens und der Wände mit in das Netz einbezog. Lebewesen, die in Harmonie mit sich und der Welt standen, waren von einer Aura aus goldenen Linien umflossen. Sesha bemerkte, wie das Gold ihrer Aura einen Rotstich bekam. Sie ärgerte sich über das simple Versteck, das Alathaia gewählt hatte. Die Steine unter gleichartigen zu verbergen. Das war allzu einfach! Sesha hatte mit irgendeiner verhexten Truhe mit kompliziertem Schloss und mörderischem Zauberwerk gerechnet. Sie war gut darin, so etwas zu überwinden. Das hier war keine Herausforderung.

Sie sah wieder zu den Wänden. Diese blauen und silbernen Linien ... Was mochten sie bedeuten? Sie tastete nach dem kleinen, goldenen Amulett an ihrem Hals. Emerelle hatte es ihr mitgegeben. Es würde sie vor Blutmagie und anderen dunklen Zaubern bewahren. Aber bestimmt nicht vor dem, was in die Wände gewoben worden war. War die Macht des Mondlichts in den Zauber geflossen? Jedenfalls war dem Muster, das Alathaias Zauber zeigte, deutlich anzusehen, das keine verderbte Magie benutzt worden war. Das war eine Überraschung bei all den unheimlichen Geschichten, die man sich über die Elfenfürstin erzählte.

Sesha nahm den ersten Stein aus einem silbernen Kästchen. Sie drehte ihn. Er blieb mit dem Netzwerk aus Kraftlinien verbunden. Emerelle hatte behauptet, dass sich die Steine, auf die es ankam, eigenartig verhalten würden.

Sie hatte mehr als ein Dutzend Steine durchprobiert, als sie sich ein Kästchen mit Intarsien aus Pferdezähnen vornahm. Auch hier lagen nur drei schlichte graue Steine auf Stoff gebettet. Sesha hob den mittleren an und stutzte. War die Verbindung zum magischen Netz kurz abgerissen, als sie ihn aus dem Kästchen genommen hatte? Oder hatte ihr ihr Verborgenes Auge einen Streich gespielt? Sie beugte sich bis fast zum Fußboden hinab, legte den Stein ins Kästchen zurück und nahm ihn erneut heraus. Tatsächlich! Der feine safrangelbe Faden reiner Magie zerriss, wenn sie den Stein herausnahm. Fast augenblicklich entsprang dem Bruchstein ein zartes Ästchen aus gelbem Licht, das nach dem magischen Netz tastete und sich mit ihm verband.

Sesha nahm den Stein dreimal aus dem Kästchen und legte ihn wieder zurück. Jedes Mal wiederholte sich das Schauspiel. Was war das? Gehörten die Steine nicht in diese Welt? Nie zuvor hatte sie gesehen, dass etwas nicht mit dem magischen Netz verbunden war. Was hatte es mit diesen Steinen auf sich? Warum wollte Emerelle sie unbedingt in ihren Besitz bringen?

Sesha untersuchte auch die beiden anderen Steine im Kästchen. Sie verhielten sich auf dieselbe Art wie der erste. Alle drei hatten keine magische Aura. Nur den dünnen gelben Strang, der sie mit dem Netz verband. Und doch mussten sie von Magie durchdrungen sein, wenn sie sich aus eigener Kraft – oder gar aus eigenem Willen – in das Netz einbinden konnten. Sesha lachte. Steine mit eigenem Willen! Das war nun wirklich blanker Unsinn.

Hastig verstaute sie die Kästchen wieder in dem Schrank. Das mit den Pferdeintarsien schob sie in ihre Umhängetasche. Ein letztes Mal sah sie sich skeptisch um. Das war alles zu leicht. Sie war in Warenlager reicher Handelsherren eingebrochen, die besser gesichert gewesen waren. Es musste hier eine Falle für Diebe geben! Oder hielt sich Alathaia für unantastbar? Glaubte sie, ihr Ruf schütze sie besser als jedes Schloss? Sesha blickte noch einmal zu dem Zauber, der in die Wände und um die Gitterstäbe der Fenster gewoben war. Die Linien tanzten wie Schlangen, die den Bewegungen einer Flöte folgten. Es war ein Zauber von großer Kunstfertigkeit. Sesha trat an den Treppenschacht. Gewiss wäre es klüger, diesen Weg zu nehmen. Sesha schloss ihr Verborgenes Auge und sah sich gehetzt um. Sie fühlte sich plötzlich wie eine Maus, die in eine Falle getappt war. Es war leicht gewesen, in Alathaias Studierzimmer einzudringen, aber nun war ihr klar, es gab keinen Weg hinaus. Die dunkle Zauberin wollte sehen, wer versuchte, sie zu bestehlen, deshalb ließ sie die Diebe hineinkommen, statt sie durch Schlösser und machtvolle Magie abzuwehren.

Sesha sah zur Treppe. *Dann nehme ich eben diesen Weg!* Es würde auch hier nicht leicht werden, da war sie sich sicher. Sie spürte ein unangenehmes Kribbeln durch ihre Stiefelsohlen, als sie den Fuß auf die oberste Stufe setzte. Noch einmal öffnete sie ihr Auge für die magische Welt. Ein Gitterwerk rötlicher Linien floss die Stufen hinab. Mit jedem Herzschlag nahm das rote Glühen zu. Sie musste irgendeinen Alarm ausgelöst haben, als sie die Treppe betreten hatte. Draußen im Burghof erklang ein Horn.

Sesha fluchte. Sie war es, die sich von ihrer Arroganz hatte leiten lassen! Tollpatschig wie ein Welpe war sie in die Falle getappt. Unten auf der Treppe waren erneut Schritte zu hören. Diesmal würde nicht nur ein Elf kommen.

Sie wandte sich zu den vergitterten Fenstern um, sprach ein Wort der Macht und bog die Stäbe auseinander. Dann schlüpfte sie hindurch, dabei hatte sie das Gefühl, als hefte sich ein klebriges Spinnennetz an ihre Haare und Kleider. Fahrig strich sie sich über das Gesicht und griff mit der Linken in die Dornranken. Sie bewegten sich! Bei den Alben! Auch die Kletterrosen waren verhext.

Sesha löste das Seil, das sie um die Hüften geschlungen trug, und knotete es an dem Gitter fest. Es war so dick wie ihr Finger und aus

Seide gefertigt. Alle fünf Schritt hatte sie einen Knoten hineingeknüpft. Sie stieß sich vom Fenstersims ab und ließ sich rücklings in die Tiefe gleiten, als Laternenlicht in die Turmkammer fiel, und der Elf, der eben erst seine Wachrunde gedreht hatte, erneut erschien. Das seidene Seil schnitt in ihre Handflächen. Der erste Knoten bremste sie. Sie schwang in Richtung der Kletterrosen. Ranken krallten nach ihren Stiefeln und zerkratzten das Leder, als sie sich erneut abstieß. Weiter ging es hinab. Blut troff von ihren Händen und machte das Seil so schlüpfrig, dass sie beim nächsten Knoten keinen Halt fand.

Ganda auf ihrem Rücken wand sich in dem Tuch. Sie wimmerte leise, schrie aber nicht. Sesha war stolz auf die Kleine. Jedes andere Kind hätte in Panik das Verbot zu schreien vergessen.

Die Lutin griff fester um das Seil, obwohl sie das Gefühl hatte, dass das Fleisch in ihren Handflächen bis auf die Knochen abgeschliffen sein musste. Sie schaffte es, den nächsten Knoten zu halten und pendelte wieder der Turmwand entgegen. Sie konnte sehen, wie sich ihr die Rosenranken entgegenstreckten. Sesha schrie ein Wort der Macht hinaus und eine Sturmbö peitschte gegen das Gemäuer. Die Rosen wurden gegen den Stein gedrückt. Sie stieß sich ab, wurde von den Ranken nicht festgehalten und glitt tiefer. Nur ein paar Schritt noch, dann würde sie auf dem Dach stehen. Sie sah Merkad, der seine Deckung aufgegeben hatte. Und sie sah Wachen, die auf die Wehrgänge stürmten.

Über ihr am vergitterten Fenster zeigte sich das Gesicht des Elfen, den sie eben noch getäuscht hatte. Etwas blinkte silbern im schwachen Sternenlicht. Ein Dolch! Im nächsten Augenblick verlor sie den Halt. Sie stürzte dem Dach entgegen, zusammen mit dem durchtrennten Seil. Noch im Fallen drehte sie sich. Schlug sie auf dem Rücken auf, würde das Ganda umbringen.

Sie landete auf dem Bauch. Obwohl sie mit vorgestreckten Armen versucht hatte, den Aufschlag abzufedern, schlug sie mit dem Gesicht auf den Ziegeln auf. Blut rann von ihrer Nase, über die Lippen und troff vom Kinn auf ihre Brust hinab. Ihre Arme fühlten sich an, als sei jeder einzelne Knochen darin gebrochen. Ihre Schultergelenke brannten, als sei glühendes Eisen in sie geflossen. Sie war halb betäubt. Ganda weinte jetzt.

Merkad zog sie hoch. Kaum dass sie wackelig auf den Beinen stand, schlug ein Armbrustbolzen in die Schindeln, genau dort, wo sie gerade noch gelegen hatte. »Weg hier!«, schrie er und zerrte sie in Richtung des Kamins, der einzigen Deckung auf dem offenen Dach.

»Sie hat mich geliebt«, sagte Ganda ergriffen. Obwohl sie in tiefer Trance war, standen ihr Tränen in den Augen. Salma hatte so etwas erst einmal erlebt, bei einer Elfe, der sie vorgegaukelt hatte, mit dem Geist ihres toten Kindes zu reden. »Sie wäre eher selbst bei dem Sturz gestorben, als mich zu gefährden.«

Wenn Sesha so sehr auf dein Wohl bedacht gewesen wäre, dann hätte sie dich erst gar nicht mitgenommen, dachte Salma, aber sie schwieg. Solange Ganda von sich aus berichtete, wollte sie die Lutin nicht unterbrechen.

»Sie lassen sich an einem Seil über einen Kanal gleiten. Der Elf folgt ihnen. In voller Rüstung balanciert er auf dem Seil. Er ist unheimlich. Merkad lenkt ihn ab. Er trennt sich von uns und lockt den Ritter fort. Er ... ich glaube, sie haben ihn gefangen. Sesha hat auf ihn gewartet. Aber nicht sehr lange. Sie ist über einen Albenpfad geflüchtet. Sie kannte das Goldene Netz gut. Sie brauchte nicht einmal einen Albenstern, um es zu betreten. Wir sind in einer reichen Stadt. Viele Elfen leben hier. Sie tragen prächtige Gewänder. Meine Mutter hat den Tarnumhang abgelegt. Sie hat jetzt wieder die Gestalt einer Lutin. Sie hinkt und hält die Arme eng an den Leib gepresst. Sie hat sich verletzt. Wir sind in einem dunklen Laden. Ihr Arm wird verbunden. Plötzlich geht die Tür auf. Der Elf in der schwarzen Rüstung hat uns gefunden. Sesha springt durch ein Fenster. Sie hält mich fest an sich gepresst. Ich weiß, dass sie Schmerzen hat. Wieder treten wir über einen Albenpfad ins Goldene Netz ... Es ist gefährlich. Ein winziger Fehler und wir springen ein ganzes Jahrhundert in die Zukunft und es gibt keinen Weg zurück. In der Zeit kann man nur vorwärtsgehen. Sie erzählt mir davon. Wir sitzen an einem Lagerfeuer in einem Birkenwäldchen. Über uns steht ein riesiger Mond am Himmel. Wind flüstert in den Ästen. Sie kann gut erzählen. Sie beugt sich über mich. Ich sehe ihr Gesicht. Sie ist wunderschön. Eine Füchsin mit einer pfeilförmigen Blesse auf der Stirn. Meine Mutter.« Ganda schwieg. Sie lag völlig entspannt. Ihr war anzusehen, wie sehr sie in der endlich wiedergefundenen Erinnerung schwelgte. Einige Zeit verging. Dann bleckte sie die Zähne und knurrte leise. »Er ist wieder da. Der schwarze Ritter. Er hat uns gefunden. Meine Mutter ist verzweifelt. Er hetzt uns. Sie geht erneut durch einen Albenpfad. Ich spüre ihre Angst. Wie konnte er uns nur finden? Wir wandern durch das Goldene Netz. Es ist unheimlich hier. Ich spüre, wie etwas im Dunkel lauert. Meine Mutter versucht alles, um ihre Spur zu verwischen. Wir gelangen an einen Ort, an dem es sehr heiß ist. Verlassene Paläste umgeben uns. Große Krabben wandern über breite Straßen, zwischen deren Steinen Unkraut wuchert. Dann sind wir auf einem verschneiten Berg. Wir bleiben nie länger als ein oder zwei Tage. Sie sieht mich erschrocken an. Sie hat etwas entdeckt. Ich trage irgendeinen Makel. Sie legt einen Zauber auf mich, als wir im Grasland sind. Sie hat es eilig, wie immer. Und ich habe schrecklichen Durst. Ich bedränge sie, mir Wasser zu holen. Sie will durch den nahen Albenstern. Dann gibt sie nach. Sie streichelt mir über den Kopf. An der Hand trägt sie einen Ring. Sie lächelt, als sie sagt: ›Ich bin kurz Wasser holen.‹ Ihr wunderschönes, mit Perlen besticktes Kleid schwingt hin und her, als sie mit weiten Schritten davoneilt … Es war das letzte Mal, dass ich sie gesehen habe.«

»Erwache!«, sagte Salma mit fester Stimme. Es ist nicht nötig, dass Ganda weiter in ihrer Erinnerung voranschreitet, dachte sie. Dann würde sie ihre tote Mutter sehen. Sie sollte Sesha künftig als die wunderschöne Füchsin mit der Blesse auf der Stirn in ihrem Herzen tragen.

Ganda blinzelte benommen. Sie wirkte verwirrt. Dann lächelte sie.

»Du erinnerst dich?«

Die Lutin schüttelte den Kopf. »Nein. Ich hatte einen verwirrenden Traum. Doch seine Bilder verblassen schon. Ich weiß aber, dass meine Mutter mich geliebt hat. Sie war bei mir. Sie hätte ihr Leben für mich gegeben.« Ganda setzte sich auf. »Habe ich geredet?«

»Du hast mir alles erzählt. Willst du es hören?«

Ganda legte den Kopf schief. Ihre Fuchsohren zuckten unruhig. »Ich glaube nicht. Weißt du, am meisten hat mich immer die Angst gequält, dass Sesha mich einfach zurückgelassen hat. Dass sie mich nicht liebte und ich wie ein Bündel alter, nutzloser Kleider im Lager liegen geblieben bin. Ich weiß jetzt, dass es so nicht war. Vielleicht hat es ja einen Grund, dass ich mich nicht erinnere. Vielleicht ist es meine Aufgabe zu lernen, das, was vergangen ist, einfach ruhen zu lassen.«

Der Blick der Füchsin war in sich gekehrt. Salma hätte gerne gewusst, was sie jetzt dachte.

»Was bin ich dir schuldig, Knochenfrau?«

Salma wollte keine Münzen. Ganda war bedeutend. Sie verkehrte am Hof des Trollkönigs. Man konnte nie wissen, was es nutzte, dort jemanden zu kennen. »Du schuldest mir einen Gefallen. Eines Tages werde ich kommen und ihn einfordern.«

»Ich bin manchmal nicht leicht zu finden.« Die Lutin setzte sich auf und griff nach dem kleinen Beutel an ihrem Gürtel.

»Und mich nennen manche eine Hexe. Ich werde dich schon aufspüren, wenn ich meinen Gefallen einfordern möchte. Hexen haben Talent für so etwas.«

Ganda blinzelte schelmisch. »Dann vertraue ich auf dein Talent und gehe mit gutem Gewissen, ohne zu zahlen.« Sie erhob sich und bückte sich durch die niedrige Tür. Das mattrote Glühen der Feuerstelle ließ sie unheimlich aussehen. Salma musste an all die Toten denken, die den Lebensweg der Lutin säumten. Vielleicht wäre es besser, ihr kein zweites Mal zu begegnen.

»Danke. Du hast eine schwere Bürde von meinem Herzen genommen. Ich werde das nicht vergessen.« Sie hob ihre silberne Hand zum Gruß, dann verschwand sie in der Dunkelheit.

Salma war erleichtert, wieder allein zu sein. So hatte sie noch nie empfunden, wenn jemand zu ihr gekommen war, um seinen verlorenen Erinnerungen nachzuspüren. Sie legte ein wenig Holz auf die Glut und schob den Kupfertopf mit der Fischsuppe nahe an das wiederbelebte Feuer. Gandas Geschichte wollte ihr nicht aus dem Kopf gehen.

Sesha musste verrückt gewesen sein, dass sie sich dazu hatte überreden lassen, Alathaia zu bestehlen. Der schwarz gewappnete Elfenritter hatte sie im Grasland gefunden, daran hegte Salma keinen Zweifel. Hatte Ganda befürchtet, sie würde sich auch an den Anblick ihrer toten Mutter erinnern, wenn sie ihr von ihren verlorenen Erinnerungen erzählt hätte. So etwas konnte geschehen ... Manchmal war Unwissenheit ein Segen.

Sie spürte eine Erschütterung des magischen Netzes. Ganda war wohl durch den nahe gelegenen Albenstern gegangen. Auf den Goldenen Pfaden zwischen den Welten müsste sie nur ein paar Schritte tun, um nach Burg Elfenlicht zurückzukehren, wo jetzt die Trolle herrschten.

Salma rührte mit einem langstieligen Holzlöffel im Topf, und der Duft der Fischsuppe erfüllte die kleine Schilfhütte. *Sie hat etwas entdeckt. Ich trage irgendeinen Makel.* Diese Worte wollten Salma einfach nicht aus dem Sinn gehen. Was hatte Sesha an ihrer Tochter entdeckt? Sollte sie etwa ...

Die Knochenfrau schloss die Augen und sammelte sich. Dann öffnete sie ihr Verborgenes Auge, um die magische Welt zu betrachten. Blaue und silberne Kraftlinien tanzten auf den Wänden ihrer Schilfhütte. Salma keuchte auf und kroch ins Freie hinaus. Die fremden Kraftlinien stiegen in weitem Bogen in den Nachthimmel hinauf und verloren sich in der Ferne. Auch reichten sie durch den Eingang ihrer Hütte ein Stück in das Schilf. Dort zerfaserten sie und lösten sich auf.

Die Knochenfrau sah an sich herab. Ihre Aura war von den fremden Kraftlinien durchdrungen. Sie kannte nun Gandas Erinnerungen. Damit war der Fluch, den Sesha bei ihrem Diebstahl auf sich gezogen hatte, auf sie übergegangen. Alathaia, die grausamste aller Elfenfürstinnen, würde hierherkommen! Auch wenn ein neues Zeitalter angebrochen war und die Trolle nun die Herren Albenmarks waren, würde sie hier in der Einsamkeit der Mückenseen niemand vor der Willkür der Elfen schützen. Sie musste Ganda folgen!

Salma kroch in die Hütte zurück und raffte einige ihrer Tränke und einen alten Knochenkamm, den ihre Mutter ihr einmal geschenkt hatte, zusammen, als sie erneut eine Erschütterung des magischen Netzes spürte. Es war nur ein zartes Beben, und doch ließ es eisige Kälte in ihre Glieder rieseln. Es war zu spät zur Flucht. Sie griff in die Tasche, in die sie die beiden Zinnflaschen und etliche Tiegel verstaut hatte. Das alles war nun bedeutungslos. Es gab nur eines, was sie noch brauchte. Sie nahm es und verbarg es unter ihrem Knochenkleid. Traurig blickte sie auf die Fischsuppe. Eine Henkersmahlzeit würde Alathaia ihr wohl nicht gewähren.

Salma setzte sich in den Eingang ihrer Hütte und wartete. Es dauerte nicht lange, bis sich das Schilf teilte und ein Elf in schwarz schimmernder Rüstung vor sie trat. Ein prächtiger, roter Umhang spielte um seine Schultern. Sein Gesicht war hübsch. Er hatte freundliche Augen. »Du wirst mir sicher gerne erzählen, was sich hier heute Abend zugetragen hat. Mir scheint, du hattest eine Diebin zu Besuch, von der ich bisher glaubte, sie vor langen Jahren von Pfeilen durchbohrt auf der Flanke einer Hornschildechse sterben gesehen zu haben.« Seine Stimme war von angenehm warmem Klang.

»Wie kommst du darauf, dass ich dir die Geheimnisse verrate, die mir anvertraut wurden?«

Er schloss kurz die Augen und seufzte. Als er die Augen wieder öffnete, wirkte er traurig. »Glaube mir, zuletzt habe ich immer alle Antworten erhalten. Ich kenne viele Arten zu fragen.«

Salma war sich sicher, dass er nicht lange brauchen würde, sie zum Reden zu bringen. Sie konnte Schmerzen nicht gut ertragen. Allein bei dem Gedanken daran, was er ihr antun mochte, wurde ihr die Kehle eng. Aber sie würde sich ihm nicht ergeben. »Ihr Elfen seid nicht länger die Herren von Albenmark. Wir Kobolde stehen nun unter dem Schutz der Trolle. Du darfst mir nichts tun!«

Der schwarze Ritter nickte ernsthaft. »Ja, das stimmt. Und doch, fürchte ich, ist kein Troll hier, um dir beizustehen. Sag mir einfach, was ich wissen will, und ich werde gehen, ohne dir ein Haar zu krümmen. Ich werde es ohnehin erfahren. Du kannst mir nicht widerstehen.«

»Du bist dir ganz sicher, nicht wahr?« Trotz ihrer Angst schwang auch ein wenig Triumph in Salmas Stimme. »Weißt du, was der größte

Fehler von euch Elfen ist? Eure arrogante Selbstsicherheit. Natürlich kann ich schweigen, wenn ich es will. Und du wirst nichts tun können, um mir meine Geheimnisse zu entlocken.« Mit diesen Worten zog sie ihr Fischmesser unter dem Knochenkleid hervor und schnitt sich die Kehle durch. Und es war ihr eine letzte Genugtuung, das Entsetzen in den Augen des Elfen zu sehen – und auch ein klein wenig Bewunderung.

KINDER DER NACHT

VON BERNHARD HENNEN

Sie hatte Angst. Emerelle blickte zum dunklen Wald, der bis fast ans Ufer des eisbedeckten Fjords reichte. Wie lang war ihre Mutter schon fort? Eine Stunde? Zwei? Fahl, wie der Rauch eines fast erstorbenen Feuers, griff die Dunkelheit über die Bergkämme am fernen Horizont. Die Nacht war nah. Eine Nacht, in der Mond und Sterne klar am Himmel stehen würden, um die Winterlandschaft in eisiges Licht zu kleiden.

»Alles wird gut«, flüsterte ihr Bruder Meliander so leise, als habe er Sorge, etwas im Wald könne sie hören. Er drückte ihre Hand. Trotz der Kälte waren seine Finger verschwitzt.

»Mir ist so kalt«, hauchte sie in sein Ohr. Der Atem stand ihnen beiden in dichten, weißen Wolken vor dem Mund. Ufer und Wald waren tief verschneit. Die Spur ihrer Mutter, die sich zwischen den dunklen Bäumen verlor, war weit und breit die einzige Fährte im Schnee. Nirgends sonst war die Schneefläche durchbrochen. Es gab keine Spuren von Hasen oder die eines Fuchses, der am Ufer entlanggeschnürt wäre. Keine Vogelkrallen, die sich wie zarte Hieroglyphen im Weiß abmalten. Nichts! Auch war kein einziger Tierlaut zu hören. Nur das Knarren der Äste unter der Last des Schnees und ab und an das dumpfe Plumpsen, wenn eine Schneewechte von weit aufgefächertem Tannengrün glitt.

Meliander hob ihre rot gefrorenen Hände an seine Lippen und hauchte seinen Atem darauf. Es half nur wenig gegen die Kälte, aber Emerelle fühlte sich weniger verloren.

»Sie wird bald wieder zurück sein. Wir sind hier in Sicherheit. Und bis sie wieder hier ist, passe ich auf dich auf.« Er sagte das so feierlich, als lege er einen Eid ab. »Ich bin fast so gefährlich wie ein Drachenelf.«

Emerelle schluckte. Sie wusste nur zu gut um seine Gabe. »Du darfst nicht …«

»Schhh, Schhh.« Sanft legte er ihr die Finger auf die Lippen. »Sag nichts! Wir werden ein bisschen frieren und uns langweilen. Und das war es. Mutter wird bald zurück sein.«

Emerelle hätte ihm zu gerne geglaubt. Ihre Mutter hatte sie schon oft allein gelassen, um auf die Jagd zu gehen. Aber dieser Ort hier war anders. Emerelle blickte zu dem schroffen Berg, der sich auf der anderen Seite des Fjords erhob. Undeutlich sah sie im ersterbenden Licht die stehenden Steine, die sich wie eine Krone auf dem schneebedeckten Felshaupt erhoben. Etwas mit der Luft schien hier anders zu sein. Sie wirkte trüber. Ja, Emerelle hatte sogar das Gefühl, dass sie anders schmeckte, wenn sie tief einatmete. Auch die Bäume wirkten irgendwie falsch. Entlang des Ufers standen bleiche Birken, rotstämmige Kiefern und knorrige Eichen. Auf den ersten Blick wirkten sie so wie die Bäume, die sie kannte. Aber wenn sie sie länger betrachtete, wurden sie, ihr fremd. Es fehlte ihnen an Anmut.

Emerelle musste lächeln. Es war dumm, dieses Wort auf Bäume anzuwenden, das wusste sie, und doch entsprach es dem, was sie empfand. Die Bäume hier schienen wilder zu wuchern als an all den anderen Orten, an denen sie bisher gewesen waren. Sie sehnte sich zurück nach dem Jadegarten. Nach der Wärme und den Blumen dort. Nach dem Gefühl, an dem Ort zu sein, an den sie gehörten. Sie waren in der Festung der Drachenelfen geboren worden. Emerelle kämpfte gegen den Kloß in ihrem Hals an. Sie verstand nicht, warum Mutter sie fortgebracht hatte, warum diese Reise kein Ende nahm. Immerzu waren sie irgendwo in der Wildnis. Mutter traute niemandem. Manchmal hatte sie das Gefühl, dass Nandalee nicht einmal ihnen beiden vertraute. Manchmal, wenn sie glaubte, dass sie beide schliefen, sah ihre Mutter sie auf eine Art an …

Emerelle rieb sich mit den Händen über die Arme und vermochte doch die Kälte nicht zu vertreiben, die sich tief in ihr Innerstes gefressen hatte. Warum sah Mutter sie so an? Was hatten sie getan? Lag es an Melianders Gabe?

Emerelle kauerte sich in den Windschatten des weißen Felsens, der sich nahe dem Ufer erhob. Ein einzelner, großer Stein, dessen Farbe ihn von allen anderen Felsbrocken unterschied, die aus dem Schnee ragten. Er sah aus, als gehöre er nicht hierher – so wie sie.

Die Nacht kam schnell an diesem sonderbaren Ort. Schon hatten die Schatten des Waldes das Ufer erreicht. Tief zwischen den Bäumen erklang der dunkle Ruf eines Uhus. Er trug weit durch den tief verschneiten Wald. Sieben, acht Mal erklang der Ruf. Alle zehn Herzschläge. Dann verstummte er. Es gab also doch etwas Lebendiges an diesem Ort, dachte Emerelle erleichtert. Es war ein ganz normaler Wald! Sie blinzelte schläfrig und wünschte sich, Mutter hätte ein Feuer gemacht, an dem sie sich nun in einer warmen Decke einrollen könnte. Der Kopf sank ihr auf die Brust. Sie schloss die Augen, als Meliander neben ihr plötzlich aufkeuchte:

»Der Himmel! Sieh nur!«

Aufgeregt deutete er auf die Steilklippe am anderen Ufer. Hoch über dem Felsen war ein seltsames, grünes Licht erschienen. Emerelle hatte so etwas nie zuvor gesehen. Wie ein Vorhang aus Licht, der in weiten Falten über den Himmel zog, sah es aus. Dort, wo bei einem Vorhang der Saum gewesen wäre, strahlte das Licht intensiver. Deutlich sah sie die Sterne dahinter am Himmel. Es war, als habe sich ein bemaltes Glas vor die Welt geschoben. Emerelle hatte Ähnliches schon einige Male erlebt. Sie sah Dinge, die niemand anderes sah.

Aber Meliander hatte sie darauf aufmerksam gemacht. Dieses Licht war wirklich!

»Es ist schön, nicht wahr.« Ihr Bruder hatte den Kopf weit in den Nacken gelegt. Sein blasses Gesicht wirkte nicht länger angespannt. »Seltsam, dass Mutter uns nie davon erzählt hat. Ob das ein Zauber der Alben ist?«

»Vielleicht ...« Auch Emerelle war von dem Spektakel am Himmel wie gebannt. In kühnen Schwüngen wand sich das Licht über das nächtliche Firmament, wurde blasser und dann wieder heller. Etwas gelb Leuchtendes glitt am Saum des wogenden Lichtvorhangs entlang. Bislang hatte Emerelle sich immer vorgestellt, Licht sei wie ein Pfeil. Eine gerade Linie, so wie die leuchtenden Speere, die durch ein dichtes Laubdach auf den Waldboden hinabstießen. Doch dieses Himmelslicht war ganz anders. Als sei es lebendig und einzig dazu erschaffen, der Nacht Schönheit zu schenken.

Zeit hatte alle Bedeutung verloren. Emerelle wurde das Herz leicht. Sie gab sich ganz dem Zauber dieser Nacht hin. Vielleicht wäre dieser kalte Fjord doch ein Ort, der ihr ein Zuhause werden könnte. So abweisend er im Tageslicht war, so magisch war die Nacht.

Plötzlich tauchte ein blassblauer Blitz das Haupt der Steilklippe in grelles Licht. Emerelle blinzelte geblendet. Zwischen den stehenden Steinen erschien eine zitternde gelbe Träne aus Licht. Eine zweite folgte ihr. Dann eine dritte. Fackeln!

Oben auf dem Gipfel lag der Albenstern, durch den sie hierhergekommen waren. Eines von jenen magischen Toren, die es erlaubten, Reisen von vielen Wochen Dauer mit wenigen Schritten zu tun. Mehr und mehr Fackeln kamen durch das Tor. Wie ein Strom leuchtend gelber Tränen flossen sie den Hang hinab.

Sie wollten hierher, zum Ufer des Fjords.

Nandalee hob den Bogen und zog die Sehne durch. Ein eisverkrusteter Busch verbarg sie vor dem Schneehasen, der aus seinem Bau gehoppelt war. Misstrauisch witternd hob er den Kopf, sah in ihre Richtung und huschte zurück in die Sicherheit seiner Erdhöhle.

Die Elfe stieß einen stummen Fluch aus und ließ die Waffe sinken. Das Geäst des Busches hatte ihre Silhouette auflösen sollen. Wie hatte er sie bemerkt?

Es war schon dunkel. Sie sollte längst auf dem Weg zurück zu den Kindern sein. Emerelle und Meliander hatten nicht einmal ein Feuer. Als sie in den Wald gegangen war, hatte sie nicht erwartet, dass es eine so lange Jagd werden würde. Es gab hier fast kein Wild. Sie hatte auf Rentiere gehofft oder vielleicht auch auf einen Elch. Aber die Wälder am Ufer des Fjords waren verlassen. Das Wild abgewandert. Ein paar Hasenspuren im Schnee und die Fährte eines Wolfes, etwa zwei Tage alt, das war alles, was sie hatte entdecken können. Die Wolfsspur führte hoch in die Berge. Der Jäger hatte den Fjord verlassen. Auch er schien hier vergeblich auf Pirsch gewesen zu sein.

Wütend blickte die Elfe zu dem Hasenloch. Er würde wieder herauskommen. Ganz sicher! Sie nahm den Pfeil von der Sehne und kauerte sich nieder. Sie würde warten. Nandalee atmete langsam aus und rang um Gleichmut. Zorn half jetzt nichts. Ebenso wenig die Gedanken an die Kinder. Die beiden brauchten etwas zu essen, und all ihre Vorräte waren erschöpft. Zu lange dauerte ihre Flucht. Aber hier könnten sie bleiben. Hier würden die Himmelsschlangen nicht nach ihnen suchen. Nicht in der Welt der Menschenkinder. Hier an diesem Fjord könnten sie eine Hütte bauen. Es war ein guter Ort, um die beiden großzuziehen. Hier gab es keine Menschen – so weit in den Norden wagten sie sich nicht vor. Wenn es nur genug Wild gäbe. Nandalee seufzte. Sie dachte an all das, was geschehen war. Den Krieg, der drei Welten verwüstet hatte. All die Toten und …

Sie starrte auf den Dunst ihres Atems in der eisigen Luft. Das war es gewesen! Der Hase hatte ihren Atem hinter dem Busch aufsteigen sehen. So hatte sie sich verraten. Wie hatte sie das nur vergessen können. Sie kam aus Carandamon. Unzählige Male war sie mit Duadan, dem Ältesten ihrer Sippe, auf die Jagd gegangen. Schon als Kind hatte sie gelernt, ihren Atem zu verbergen. Ganz klar sah sie Duadans Antlitz in ihrer Erinnerung. Seine eisgrauen Augen, die schmalen, blassen Lippen, das asketische Gesicht, gerahmt von langem, weißem Haar. Über den Abgrund der Zeit bedachte er sie mit einem spöttischen Lächeln für den erbärmlichen Anfängerfehler, den sie gemacht hatte.

Nandalee nahm ein wenig Schnee auf und schob ihn sich in den Mund. Langsam zerschmolz er auf ihrer Zunge. Kälte sickerte ihre Kehle hinab. Sie atmete aus. Es gab keinen verräterischen Dunst mehr. Das nächste Mal würde der Hase sie nicht mehr bemerken. Sie musste nur warten und ab und an Schnee in den Mund nehmen.

Sie stellte sich vor, wie der warme Saft gebratenen Fleischs in ihren Mund troff, wenn sie eines der Schenkelstücke des Hasen aß. Geduld, ermahnte sie sich stumm. Sie war die erste Tugend des Jägers. Jene Tugend, die sie selbst als Drachenelfe nie wirklich hatte meistern können. Geduld.

Meliander war ganz still geworden. Er lehnte an ihrer Schulter und zitterte leicht. Ihm setzte die Kälte mehr zu als ihr. Er schlief, den Kopf in den Nacken gelegt. Sicher begleitete ihn das wunderbar wogende, grüne Himmelslicht noch in seine Träume. Die Fackeln am Berg mussten eine Illusion sein. Meliander wäre niemals eingeschlafen, hätte er sie auch gesehen.

Emerelle blickte zu der Lichterkette, die langsam den Berg hinabfloss. Sie schätzte sie auf über hundert Fackeln. Die vorderen Lichter verschwanden bereits im Waldstreifen am Fuß der Steilklippe. Warum sah sie immer wieder diese Trugbilder? Was hatten sie mit ihr zu tun? War sie verflucht?

Meliander seufzte im Schlaf. Sie blickte auf sein schmales Gesicht, gerahmt von schwarzem Haar. Er wirkte so zerbrechlich. Mutter trieb er zur Verzweiflung. Sie hatte früh begonnen, ihnen Fechtstunden zu geben. Aber Meliander hatte einfach kein Talent. Und er machte keinen Hehl daraus, dass er Schwertkämpfe und Schießübungen für überflüssig hielt. Er konnte erstaunlich selbstbewusst sein, und manchmal hatte Emerelle das Gefühl, als habe er ein stilles Vergnügen daran, die Erwartungen ihrer Mutter zu enttäuschen. Er liebte es zu lesen. Jede Zeile verschlang er gierig wie ein Verhungernder. Und jedes Wort schien sich in sein Gedächtnis zu brennen. Er konnte Geschichten Wort für Wort wiedergeben, die er vor Jahren gelesen hatte.

Ihre Mutter Nandalee interessierte sich nicht für Bücher. Einmal hatte sie ihnen von einer Reise erzählt, die sie vor vielen Jahren in eine fremde Welt geführt hatte. Ihr Vater Gonvalon war bei ihr gewesen und auch der Schwertmeister Nodon. Diese Reise war zu einer Suche nach alten Geheimnissen in Sälen voller Geschichten, die auf gebrannte Tontafeln niedergeschrieben waren, geworden. Immer noch klangen Emerelle die Worte ihrer Mutter in den Ohren. *Auf neunzig von hundert Tafeln stand völlig Belangloses. Listen von Kornsäcken, Amphoren und Rindern. Auf neun von hundert Tafeln standen weitschweifige Lügen. Und auf einer von hundert eine unvollständige Wahrheit. Es ist Zeitverschwendung an solche Orte zu gehen.* Meliander hatte ihr darauf spitzzüngig geantwortet: *Könnte es sein, dass auch diese Geschichte eine unvollständige Wahrheit ist?* Danach hatten sie tagelang nicht mehr miteinander gesprochen. Es war töricht, ihre Mutter zu reizen. Sie war zu aufbrausend. Und Meliander, der so still und zerbrechlich wirkte, ging keiner Gelegenheit zu einem Streit mit ihr aus dem Weg. Auch wenn er Schwert und Bogen verachtete, hatte er das Herz eines Kriegers. Und er war keineswegs so harmlos, wie er wirkte. Emerelle dachte an den Vorfall in der Wüste. Noch immer quälte die Erinnerung daran sie in den Träumen. Die Schreie und das viele Blut. Meliander hatte ihrer Mutter schwören müssen, dass er so etwas nie wieder tun würde.

Emerelle blickte zum Himmel hinauf, in der Hoffnung, dass das verwunschene grüne Licht dort die Erinnerung vertreiben würde. Aus den Augenwinkeln sah sie die Fackeln sich aus dem Schatten des Waldes lösen. Reiter! Sie kamen über das steile Ufer auf das Eis des zugefrorenen Fjords hinab. Genau in ihre Richtung. War es doch keine Illusion?

Emerelle kniff die Augen fest zusammen. Als sie sie wieder öffnete, war die Reiterkavalkade ein gutes Stück näher gekommen. Der Duft des Frühlings wehte über das Eis. Es roch nach Apfelblüten und jungem Gras. Es waren Elfen, die in langsamem Trab auf sie zukamen. Im Fackellicht sah Emerelle nun mehr Einzelheiten. Alle Reiter waren festlich gewandet, doch nicht für den Winter. Ihre dünnen Gewänder flatterten im eisigen Wind, sodass Emerelle intuitiv die Arme über der Brust kreuzte und mit ihren frostklammen Fingern über ihre Schultern strich. Sie wusste, dass es einen Zauber gab, der die Kälte bannte. Aber ihre Mutter lehrte sie die Kunst des Zauberwebens nicht. Vielleicht war es wegen Meliander und seiner ... Art.

Bunte Seidenbanner wogten im Winterwind. Emerelle kannte keines der Wappen, die sie zeigten. Alles an diesen Elfen wirkte fremd. Nie hatte Emerelle so viele Angehörige ihres Volks an einem Ort versammelt gesehen. Sie hatte sich anfangs verschätzt. Das mussten weit mehr als hundert Elfen sein! Wie ein Gestalt gewordener Traum erschienen sie Emerelle. Eine Vision, was ihr Volk vielleicht einmal sein könnte.

Alles an ihnen erschien ihr vollkommen: die Kleider von seltsamem Schnitt, die Rüstungen aus spiegelndem Silberstahl, die ganz offensichtlich nicht für den Kampf geschaffen waren. Dafür waren sie zu schön; sie waren wundervoll ziseliert, zeigten Blumenranken und Fabeltiere auf den Brustplatten und prunkten mit goldenen Intarsien. Selbst die Pferde des Festzuges waren anders. Sie erschienen ihr anmutiger als alle Pferde, die sie bislang gesehen hatte. Schlanker, fast zerbrechlich, und zugleich strahlten sie eine unbändige Kraft aus. Manche hatten bunte Bänder in ihre Schweife und Mähnen geflochten. Das Geschirr klirrte von Beschlägen aus Silber und Gold. Amulette waren an das Leder geheftet, und zierliche Silberglöckchen hingen von den Zügeln.

Der lange Zug der Reiter hatte fast das Ufer erreicht. Sie waren weniger als fünfzig Schritt entfernt. Die Hufe der Pferde wirbelten kaum den Schnee auf dem Eis auf. Es sah aus, als würden sie über das Eis schweben.

Nun fielen Emerelle auch die Wölfe auf, die neben dem Festzug herliefen. Sie waren fast so groß wie Ponys und standen gut im Futter. Ganz anders als der eine leibhaftige Wolf, den Emerelle einmal gesehen hatte. Ein garstiges Biest, mit vorstehenden Rippen. Auch solche, vertrautere Wölfe, entdeckte sie jetzt. Sie waren noch weiter zurück, kamen gerade erst aus dem Wald am Fuß der Klippe.

»Das alles ist nur eine Illusion. Ein Traumbild, gemalt auf Glas, dass sich zwischen mich und die wirkliche Welt schiebt«, sagte Emerelle ernsthaft. Sie musste ihre Stimme hören, um sicher zu sein, dass sie wach war, und zugleich hatte sie Angst, die Reiter zu vertreiben. So festlich sah der Zug aus. So schön. Wunderbarer noch als das verwunschene Licht, das noch immer über den Himmel wogte und zarte, blassgrüne Schatten in den Schnee zeichnete.

An der Spitze ritt eine Frau in einem seltsamen Kleid, das, gewoben aus schillernden Frühlingsfarben, wie lebendig wirkte. Ihr Schimmel war mit rotem Zaumzeug voller goldener Beschläge aufgeschirrt. Die Reiterin saß seltsam im Sattel. Nicht rittlings. Ihre Beine ruhten beide auf der rechten Flanke des Schimmels. Sie war kleiner als die anderen

Elfen, und doch spiegelte sich in ihrem schmalen Gesicht eine Entschlossenheit, vor der selbst Drachen zurückgeschreckt wären. Dunkelblondes Haar fiel in Wellen auf ihre nackten, milchweißen Schultern. Ihre schmalen Lippen waren von dunklem Rot, wie der Saft von Waldbeeren. Kaskaden von Farben flossen über das Kleid der Elfe, das im Licht des Mondes, des Himmelleuchtens und der flackernden Fackeln wie aus reiner Magie erschaffen schien. Die geheimnisvolle Elfe hatte Emerelle fast erreicht. Jetzt, da sie so nah war, erkannte Emerelle, *woraus* das Kleid gemacht war. Sie starrte ungläubig zu der Reiterin hinauf. Sie war bedeckt mit Hunderten lebenden Schmetterlingen. Ihre Flügel hatten alle Farben des Regenbogens eingefangen. Sie trugen die Erinnerung an unbeschwerte Frühlingstage in diese frostklare Winternacht.

Wieder roch Emerelle den Apfelblütenduft. Wenn dies doch nur Wirklichkeit sein könnte! Sie würde alles darum geben, im Gefolge dieser Elfe mitzureiten, zwischen den Spielleuten und silbern gewappneten Rittern, an der Seite der wunderschönen Hofdamen, der Falkner und Herolde. Doch ihr Schicksal war die Einsamkeit. Seit sie den Jadegarten verlassen hatten, wachte ihre Mutter darüber, dass kein Albenkind sie beide zu sehen bekam. Nicht Elfen, Kobolde oder Kentauren, keine Dryade und kein Troll, niemand. Es war, als gäbe es sie gar nicht mehr, all diese anderen Geschöpfe. So viele Monde schon. Nicht einmal als unscheinbare Dienstmagd würde sie an einen Hof wie den dieser wunderschönen Elfenfürstin gelangen, deren Zaubermacht sie in unvergänglichen Frühling kleidete.

Die Reiterin zügelte ihr Pferd und sah zu Emerelle herab. Ihre Augen waren vom selben hellen Braun wie das Fell eines Rehkitzes. *So braun wie meine eigenen Augen*, dachte Emerelle verwundert. Diese Elfenfürstin ... sie konnte sie sehen! Das alles war keine Illusion. Sie war hier. Sie ... Erschrocken wich Emerelle vor ihr zurück. Diese Reiterin – das war sie selbst!

»Emerelle! Siehst du sie nicht? Emerelle!« Meliander packte und schüttelte sie. »Komm zu dir!«

Die Reiterkavalkade verschwand, als seien es nur Geister gewesen, die über den nächtlichen Fjord gekommen waren. Nein, etwas war geblieben: die hageren Wölfe vom Ende des Festzugs. Sie kamen über das Eis auf die beiden Elfenkinder zugelaufen.

»Steig auf den weißen Felsen!« Meliander versuchte verzweifelt, sie auf den Stein hinaufzuschieben, doch Emerelle war noch ganz von ihrer Vision gefangen. Halb benommen tastend, fand sie auf der vereisten Oberfläche keinen Griff. Immer und immer wieder rutschte sie zurück in den Schnee.

Der vorderste Wolf hatte sie jetzt fast erreicht. Seine Rippen zeichneten sich deutlich unter dem graubraunen Fell ab. Er hatte lange Hunger gelitten. Emerelle konnte in seinen Augen lesen. Der Leitwolf wusste, dass er leichte Beute gefunden hatte.

Nandalee schob ein weiteres Stück Schnee in ihren Mund. Die feinen Härchen in ihrem Nacken richteten sich auf. Kälte rieselte ihre Kehle hinab und griff bis in ihr Innerstes. Etwas bewegte sich bei dem Hasenbau. Sie zog den Pfeil aus dem Schnee und hakte die Nocke auf der Sehne ein. Endlich. Ein paar Atemzüge noch. Sie lächelte. Ein vorsichtiger, kleiner Bastard war dieser Hase. Er ... Ein Kribbeln lief von ihrem Nacken den Rücken hinab. Das war nicht die Kälte. Nandalee sprang auf und rannte los. Meliander! Er hatte es wieder getan, trotz seines Versprechens.

Sein Zauber hatte das Gefüge der Kraftlinien erschüttert. Das magische Beben würde bis in die andere Welt reichen. Ihre Heimat. Jenen Ort, an dem sie erbarmungslos gejagt wurden.

Äste zerrten an ihren Kleidern und peitschten ihr ins Gesicht. Zwei Mal glitt Nandalee im Schnee aus. So schnell ihre Beine sie trugen, rannte sie zurück zum Fjord. Emerelle und Meliander waren zu nah beim Albenstern. Sie waren zu leicht am Ufer zu entdecken. Sie hätte sie nicht zurücklassen dürfen. Was war schon eine weitere hungrige Nacht?

Als sie aus dem Wald stürmte, sah sie als Erstes das Blut auf dem Eis des Fjords. Silberner Mondschein und der Abglanz des verwunschenen Lichts, das über den Himmel tanzte, verfälschten alle Farben und Formen. Die Gestalten auf dem Eis wirkten verzerrt. Das Blut fast schwarz.

»Emerelle! Meliander!« War sie zu spät? Mit fliegender Hast stürmte Nandalee die Böschung hinab. Tränen standen ihr in den Augen. Da bewegte sich etwas bei dem weißen Stein am Ufer. Emerelle winkte ihr zu. Neben ihr stand Meliander. Er vermied es, sie anzuschauen. Er wusste, was er getan hatte.

Nandalee ließ ihren Bogen fallen und riss die beiden an sich. »Ihr lebt!«

»Ich musste meine Kräfte nutzen«, sagte Meliander mit gepresster, schuldbewusster Stimme. »Sie wollten uns fressen. Wir konnten uns nicht anders wehren. Ich hatte keine Wahl.«

Nandalee blinzelte die Tränen fort. Auf dem Eis nahe dem Ufer lag zerrissenes Fleisch inmitten von Blut. Sie brauchte eine Weile, um in den Kadavern Wölfe zu erkennen. Es sah aus, als hätte sich ihr Innerstes nach außen gekehrt. Nandalee kannte diese Gabe. Diesen Fluch … Sie dachte an die Höhle des Schwebenden Meisters zurück. Daran, wie Sayn, einer ihrer Mitschüler gestorben war, vor so vielen Jahren. Auch er hatte so ausgesehen.

»Es tut mir leid.« Meliander vergrub den Kopf an ihrer Brust und begann zu weinen. »Ich wollte mein Versprechen nicht brechen. Was hätte ich denn …«

Sie drückte ihn fest an sich. »Ich weiß.« Ihre Hand zerwühlte sein schwarzes Haar. Sie wusste nur zu gut, wie er sich fühlte. »Alles wird gut«, sagte sie leise und wusste, dass es eine Lüge war.

Die Worte waren kaum über ihre Lippen, da flackerte ein blaues Licht, grell wie ein Blitzschlag, um die Kuppe der Steilklippe. Nandalee blickte auf. Nichts würde gut werden. Der Erste von ihnen hatte sie gefunden. Sein schlangenhafter Leib wand sich den Fels hinab. Einer der großen Drachen. Keine Himmelsschlange, aber kaum kleiner. Er musste nahe dem Albenstern im Goldenen Netz der magischen Wege durch Raum und Zeit gelauert haben, so schnell, wie er gekommen war.

»Ihr beide geht in den Wald«, befahl Nandalee, griff nach ihrem Bogen und richtete sich auf. »Seht nicht zurück! Ich werde ihn aufhalten.«

Emerelle schüttelte den Kopf. »Wir helfen dir.«

»Das könnt ihr nicht. Ich locke ihn aufs Eis. Er ist zu groß, er wird einbrechen. Dann fliehen wir gemeinsam. Ich hoffe, sein Hass auf uns macht ihn blind. Wir haben Glück, dass kein Geflügelter gekommen ist. Aber ihr kennt die Schlangendrachen. Sie sind schnell und von boshafter Klugheit. Wenn wir jetzt zusammen in den Wald fliehen, wird er am Ufer entlang bis zum toten Ende des Fjords laufen und uns sehr bald einholen. Er ist schneller als wir. Uns bleibt keine andere Wahl, als uns zu trennen. Geht jetzt!«

Emerelle standen Tränen in den Augen. Sie rührte sich nicht von der Stelle, bis Meliander ihre Hand nahm und sie mit sich fortzog.

Den Bogen in der Rechten ging Nandalee auf das Eis hinaus. Dabei ließ sie den Drachen nicht aus den Augen. Er hatte keine Schwingen, glich eher einer Schlange mit kurzen Beinen. Den Kopf voran, kam er die Steilklippe hinab, so wie ein Eichhörnchen einen Baumstamm hinabläuft. Nur dass er fast zwanzig Schritt lang war. Felsen brachen aus der Wand, und Geröllawinen gingen ab, wo sein massiger Körper den brüchigen Stein splittern ließ. Er bewegte sich geschickt, verlor auch dann nicht die Balance, wenn er kleine Lawinen auslöste.

Dumpfes Grollen begleitete seinen Abstieg an der Felswand. Inmitten einer Wolke aus aufgewirbeltem Staub und Schnee erreichte er den Fuß der Steilklippe. Nun lag nur noch der gefrorene Fjord zwischen ihnen. Kaum zweihundert Schritt weit. Als er sein Haupt hob und zu Nandalee hinübersah, war der Blick seiner kalten blauen Augen voller Selbstgefälligkeit. Er war sich ganz sicher, dass sie ihn nicht besiegen konnte.

Nandalee spürte, dass er ein Zauberweber war. Er versuchte, in ihren Gedanken zu lesen. Doch das hatte noch nicht einmal der Dunkle – der älteste unter den Drachen – vermocht. Sie allein besaß die Gabe, dass ihre Gedanken ihr Geheimnis blieben. Kein anderer Elf hatte sich je diesem Zauber entziehen können. Sie alle waren für die Drachen wie aufgeschlagene Bücher gewesen. Nur Nandalee nicht, und deshalb hatten die geschuppten Herrscher ihr immer schon misstraut. Sie konnte spüren, dass es den weißen Schlangendrachen verunsicherte. Sein Gestus der Selbstherrlichkeit begann zu bröckeln. Sie war als Drachentöterin bekannt.

Nandalee sprach ein Wort der Macht, um ihrer Stimme die Kraft zu geben, weit über den Fjord zu tragen. »Ist dies ein guter Platz zum Sterben? Hast du mit deinem Leben abgeschlossen?« Es waren nur abgedroschene Phrasen, aber Nandalee war sich dennoch sicher, dass sie ihre Wirkung nicht verfehlen würden. Jeder Drache, dem sie bislang begegnet war, war stolz und überheblich gewesen.

Der Weiße glitt zum Ufer hinab. Kiefernstämme splitterten unter seinem massigen Leib, als seien sie nur dürres Geäst. Er wollte sie beeindrucken, ihr seine Macht und Stärke zeigen. Sie sollte wissen, dass sie neben ihm kaum mehr als ein Wurm war.

Nandalee schob die Lederklappe von ihrem Köcher und tastete über die Befiederung ihrer Pfeile, ohne den Drachen aus den Augen zu lassen. Sie wusste, keiner ihrer Pfeile würde ihn töten können. Er war zu groß, zu massig. Die Geschosse würden wahrscheinlich an den dicken Hornschuppen abprallen. Und selbst wenn sie sein Schutzkleid durchdrangen, wären sie nicht mehr als Nadelstiche für den Drachen. Sie konnte höchstens darauf hoffen, ihn zu blenden. Und darauf, dass er durch das Eis brach. Sie würde Meliander und Emerelle Zeit erkaufen.

Das Haupt des Drachen war groß wie ein Kutschwagen. Es saß auf einem langen, schlangenhaften Hals, den er nun über das Eis des Fjords reckte. Nandalee sah, wie sich die Nüstern des Untiers blähten. Er zog die Lefzen zurück, sodass sie seine Reißzähne sehen konnte. Jeder einzelne so lang wie ein Schwert.

»Mache ich dir so viel Angst?« Noch immer war ihre Stimme durch den Zauber verstärkt. »Was lässt dich zögern, weißer Wurm? Komm her, damit ich dich unter meinem Absatz zertreten kann!«

Er legte den Kopf schief und sah sie an. Es war eine spöttische, überlegene Geste. Er wusste, dass sie ihm nicht mehr entkommen konnte. Nandalee musste sich eingestehen, dass sie ihn unterschätzt hatte. Er ließ sich zu keiner Dummheit verleiten. Gewiss hatte auch er auf Nangog gekämpft, so wie sie. Er ahnte, wie sie dachte, worauf sie hoffte.

Nandalee überlief ein Kribbeln. Sie spürte, wie sich die magische Matrix um sie herum veränderte. Jenes unsichtbare Netz, das alles miteinander verband. Der Drache zog Kraft daraus und wob einen Zauber. Was hatte er vor? Plötzlich riss er sein Maul auf und hauchte über den gefrorenen Fjord. Augenblicklich spürte Nandalee, wie das Eis unter ihren Füßen arbeitete. Es knisterte und knirschte. Ein Hauch, so kalt, dass ihr der Atem auf den Lippen gefror, schlug ihr ins Gesicht. Er verstärkte das Eis. Nun würde es sein Gewicht tragen.

Ohne Hast glitt der große Drache vom Ufer auf den Fjord, kam mit schlangenhaften Bewegungen näher. Zwei Paar kurze Beine trugen seinen Leib. Lange, bleiche Krallen kratzten über das Eis.

Nandalee hob ihren Bogen. Er war jetzt knapp hundert Schritt entfernt und damit in Reichweite, aber auf diese Distanz würde ihr Pfeil zu viel von seiner Durchschlagskraft verlieren. Sie musste ihn näher kommen lassen, wenn sie ihn verwunden wollte. Sie atmete langsam aus, versuchte, einen kühlen Kopf zu bewahren und wog ihre Möglichkeiten ab. Wie konnte sie ihn besiegen? Welchen Zauber konnte sie weben, um ihm zu schaden? Sie wich ein wenig zur Seite aus, auf den Fjord hinaus. So würde sie ihn weiter von den Kindern fortlocken.

Der Drache bewegte sich nun schneller. Noch fünfzig Schritt. Plötzlich schloss er die Augen.

Nandalee lief noch ein paar Schritte, um eine Position links vom Drachen einzunehmen. Sofort reagierte er darauf. Die Elfe fluchte. Ihr Gegner hatte sein Verborgenes Auge geöffnet. Jenes Auge hinter dem Stirnknochen, das einen Blick auf die magische Welt öffnete. Er sah nun nur noch die Kraftlinien, die alles durchdrangen. Er orientierte sich an ihrer Aura.

Sie würde keinen Pfeil in seine Augen schießen können. Das Verborgene Auge war gut geschützt, ebenso wie seine richtigen Augen, über die sich schuppenbedeckte Lider gesenkt hatten. Nandalee empfand Respekt vor ihm. Er war nicht einfach nur ein Raubtier. Er war ein gewiefter Kämpfer, der ganz offensichtlich schon Erfahrungen mit Bogenschützen gesammelt hatte und wusste, wie er sich vor ihnen schützte.

Nandalee ließ den Eibenholzbogen auf das Eis fallen und zog den Zweihänder, den sie auf ihrem Rücken trug. Todbringer war dafür erschaffen worden, die Devanthar, die Götter der Menschen zu töten. Und er war auch ein Drachentöterschwert! Der Weiße hielt inne. Er sah die Aura der Klinge. Er wusste, was dieses Schwert anzurichten vermochte. Ganz sicher kannte er die Geschichten, die man sich über Todbringer erzählte. Das erste Mal seit er durch den Albenstern getreten war, zögerte der Drache.

Nandalee hatte in unzähligen Kämpfen gefochten. Sie wusste, dass wenn der Gegner überrascht war, der beste Augenblick zum Angriff gekommen war. Ohne zu zögern, stürmte sie dem Drachen entgegen.

Mit langen, federnden Schritten eilte sie über das Eis. Der Drache öffnete seine Augen. Es war klüger, im Nahkampf nicht auf das verzerrte Bild, das Auren und Kraftlinien zeigte, zu vertrauen. Sein eisig blauer Blick musterte sie, ohne zu blinzeln. Nandalee sah in seinen Augen, dass er seine Überraschung überwunden und einen Entschluss gefasst hatte, wie sie zu besiegen sei. Sein langer Schweif peitschte über das Eis und wirbelte die dünne Schicht von Schnee darauf auf. Der Drachenschwanz endete in einem Dorn, fast so lang wie ihr Arm.

Nandalee war nur noch zwanzig Schritt vom Drachen entfernt. Noch zehn. Sie blinzelte gegen den Schnee an, den der Weiße aufgewirbelt hatte, und sah, wie sich der Drachenschweif drohend zum Himmel hob, so wie der Schwanz eines Skorpions.

Der Drachenkopf schnellte vor. Mit weit aufgerissenem Kiefer schnappte er nach ihr. Überdeutlich sah sie die langen, gelblichen Reißzähne und die gespaltene, blaurote Zunge des Ungeheuers. Der Gestank von Verwesung schlug ihr mit dem Atem der Bestie entgegen. Nandalee warf sich nach hinten, landete hart auf dem Eis und riss dabei ihr Schwert hoch. Die schnappenden Kiefer verfehlten sie um eine Handbreit, während sie auf dem Rücken über das Eis schlitterte und mit dem Schwert nach der Kehle des Drachen stach.

Das Ungeheuer zuckte zurück, doch zwischen den schneebleichen Schuppen zeigte sich eine feine, rote Linie, aus der Blut rann. Nandalee wusste, dass es kaum mehr als eine Schramme war. Diese Wunde würde dem Weißen nur gefährlich werden, wenn ihr Treffer auch sein Selbstvertrauen verletzt hatte.

Nandalee rollte zur Seite und war mit einem Satz wieder auf den Beinen, als sich dort, wo sie gerade noch gelegen hatte, die Dornenspitze des Drachenschweifs knirschend ins Eis bohrte. Der Boden unter ihren Füßen erbebte. Ein Netz von Rissen breitete sich rings um die Einschlagstelle aus. Mit einem Ruck kam der Drachenschweif wieder frei und schnellte ihr entgegen. Nandalee machte einen Satz nach vorn und sprang über den Drachenschwanz hinweg. Wasser sickerte durch die Risse im Eis und machte es rutschig. Als sie landete, schlitterte sie noch ein Stück. Noch bevor sie ihr Gleichgewicht wiederfand, schnappten die Drachenkiefer erneut nach ihr. Nandalee duckte sich und stieß ihr Schwert nach oben. Der Silberstahl prallte mit hellem Klang gegen die Fangzähne des Ungeheuers. Blut und Geifer schossen aus seinem Maul.

Nandalee war von geschupptem Fleisch umringt. Der peitschende Schweif, der gewundene Leib des Drachen und der lange Hals, sie waren überall um sie herum. Er hatte sich in weitem Kreis um sie gewunden. Sie wusste, dass sie ihm nicht mehr entkommen konnte. Ihr Leben würde hier enden. Jetzt ging es nur noch darum, ihn so schwer zu verletzen, dass er ihre Kinder nicht mehr verfolgen konnte.

Wieder fuhr die Schwanzspitze des Weißen nieder, und das Eis zerbrach. Er hatte Angst vor ihrem Schwert, begriff Nandalee. Er wollte Abstand halten und sie ins eisige Wasser stürzen, um sie zu ertränken. Das Eis unter ihren Füßen riss. Nun stand sie auf einer großen, leicht schwankenden Scholle. Wasser drang durch ihre Stiefel, und tödliche Kälte stieg von ihren Füßen die Waden hinauf. Sie würde ihre Kraft aufzehren, sie langsamer werden lassen, bis sie dem zustoßenden Dornschwanz nicht mehr schnell genug ausweichen konnte. Nandalees Hände schlossen sich um den lederumwickelten Griff ihres Schwertes. Noch war Leben in ihr!, dachte sie voller verzweifelter Wut. Sie würde noch mehr von seinem Blut vergießen, bevor sie unterging. Er sollte seinen Sieg teuer erkaufen.

»Wir müssen ihr helfen.« Melianders Stimme klang seltsam unbeteiligt. Ihre Mutter kämpfte um ihr Leben, aber er hörte sich an, als ginge es um eine Lappalie.

Als sie nicht antwortete, wandte er den Blick zu ihr. Sein Gesicht zeigte keine Regung. Es war eine Maske der Gleichgültigkeit. Aber seine Augen ... sie veränderten sich, während er Emerelle unverwandt ansah. Ihr Grün wurde immer heller, bis sie schließlich eher gelb als grün aussahen. Die Pupillen verengten sich, wurden zu zwei langen, schmalen Spalten. Das waren nicht mehr die Augen ihres verträumten Bruders ...

»Wirst du mit ihm dasselbe tun wie mit den Wölfen?«

Meliander schüttelte langsam den Kopf. Er sah dabei aus, als sei er gerade erst erwacht, noch halb im Traum gefangen. »Er ist zu groß, zu mächtig. Ich kann ihn nicht beherrschen. Höchstens einen Teil von ihm. Und auch dafür brauche ich dich.« Er streckte ihr die Hand hin. »Ich brauche deine Kraft.«

Emerelle sah, wie der schreckliche Dornschwanz des Drachen erneut niederstieß. Bis zum Waldrand hörte sie das Geräusch splitternden Eises. Nandalee könnte jeden Augenblick von dem Dornschwanz durchbohrt werden. Zu zögern hieß, sie zu töten. Entschlossen griff sie nach Melianders Hand. Er hatte dem Fjord den Rücken zugewandt, als interessiere ihn überhaupt nicht mehr, was dort geschah. Seine unheimlichen Augen waren auf sie gerichtet. Seine Lippen bewegten sich, ohne dass er einen Laut hervorbrachte.

Emerelle stöhnte auf. Ein intensiver Schmerz durchlief sie. Es fühlte sich an, als zerre etwas an ihren Adern. An allen zugleich. Sie dachte an die Wölfe, daran, wie Melianders Macht ihr Innerstes nach außen gekehrt hatte. Erwartete sie dasselbe Schicksal? Krämpfe schüttelten sie. Sie war nicht länger Herrin ihres Körpers. Sie wollte Meliander bitten aufzuhören, doch ihre Zunge gehorchte ihr nicht mehr. Auch Meliander schien Schmerzen zu leiden. Rote Tränen rannen ihm aus den Augenwinkeln, und Blut troff von seiner Nase.

Emerelle spürte jetzt die Gedanken ihres Bruders. Sie war mit ihm verbunden. Sie beide waren eins geworden. Ihr gemeinsamer Wille ganz auf den weißen Drachen gerichtet.

Und plötzlich sahen sie durch dessen Augen. Sahen, wie ihre Mutter gefangen im weiten Kreis des Schuppenleibes auf Eisschollen balancierte. Mit immer schwächer werdenden Schwerthieben kämpfte Nandalee gegen den Drachen an. Sie beide teilten seinen Schmerz, wenn Todbringer ihn traf. *Sie* traf ... Ihr gemeinsamer Leib war bedeckt von einem Netzwerk von Schnitten. Er verlor an Kraft, aber Emerelle spürte, dass er immer noch überzeugt davon war, dass er siegen würde.

Mutter sah schrecklich aus. Sie war vom aufspritzenden Wasser durchnässt. Ihre Kleider wärmten sie nicht mehr, sondern waren zu einem Panzer aus Kälte geworden, der ihr die Lebenskraft aus dem Leib zog. Nandalees langes, blondes Haar klebte ihr in gefrorenen Strähnen im Gesicht. Ihr linker Arm hing schlaff herab und blutete. Nur mit der Rechten konnte sie das Schwert kaum noch halten. Es fehlte ihr an der Kraft, um mit dem Zweihänder noch wuchtige Schläge auszuführen. Sie war geschlagen, das war unübersehbar, aber sie würde niemals aufgeben.

Meliander nutzte den Zauber, den er gewoben hatte, nicht nur, um durch die Augen des Drachen zu sehen. Er vergeudete keine Zeit damit, den Todeskampf ihrer Mutter zu verfolgen. All sein Denken war auf den großen Drachen selbst gerichtet. Er focht einen stillen Kampf mit ihm. Emerelle fühlte, wie er versuchte, ihm die Herrschaft über dessen Leib zu entreißen. Doch der Weiße war machtvoll. Noch hatte er nicht durchschaut, was ihm widerfuhr. Hielt er es nur für Krämpfe, die dem eisigen Wasser geschuldet waren? Mal krümmten sie einen seiner Klauenfüße, dann streckten sie seinen Schweif.

Der Schweif! Meilanders Gedanke klang so laut in ihrem Kopf, als hätte er ihr aus nächster Nähe in die Ohren geschrien. Der Drache hatte seinen Schwanz mit dem langen Dorn daran wieder aufgerichtet. Im nächsten Augenblick würde er erneut auf Nandalee niederstoßen.

Emerelle hörte ihren Bruder mit den Zähnen knirschen. Ein Geräusch, das sie aus dem Leib des Drachen in ihren eigenen Körper zurückholte – doch immer noch teilte sie dessen Gedanken und Gefühle. Emerelle sah nun wieder durch ihre eigenen Augen. Meliander neben ihr hatte sie losgelassen und beide Hände zu Fäusten geballt.

Ihre eigenen Hände zitterten. Sie fühlte sich so schwach, dass sie fürchtete, jeden Augenblick zu Boden zu sinken. Voller Angst sah sie auf den Fjord hinaus. Es war dies der Moment, der über das Schicksal ihrer Mutter entscheiden würde.

Jetzt begriff der Drache, was mit ihm geschah. Er warf den Kopf herum und sah zu ihnen ans Ufer herüber. Emerelle war sich seiner Gedanken bewusst, als wären es ihre eigenen. Er wollte einen Zauber weben, der aus dem Eis des Fjords Pfeile formte, um sie auf das Ufer schnellen zu lassen. Auch wenn sie Meliander nicht mehr bei den Händen hielt, war Emerelle durch ihren Bruder noch mit dem Drachen verschmolzen. Sie fühlte, wie jeder Atemzug seine mächtigen Lungen mit Luft füllte. Fühlte die Schnitte, die ihre Mutter ihm beigebracht hatte und das eisige Wasser, das seine Krallen und Teile seines Rumpfs umspülte. Seine Glieder waren ihre Glieder. Sie spürte, wie sich die Muskeln des Schweifs spannten. Nandalee war gestürzt. Verzweifelt klammerte sie sich an eine Eisscholle, wehrlos jedem weiteren Angriff ausgeliefert. So durfte es nicht enden! Emerelle gab Meliander all ihre Kraft. Sie wusste, dass ihr Bruder den Drachen besiegen konnte.

Der Schweif stieß zu. Doch er schoss nicht hinab zum Eis. Er krümmte sich zur Seite, traf den Drachen direkt unter dem Kiefer in den Hals, und der lange Dorn stieß hinauf, durch den Gaumen in das Hirn des Drachen.

Emerelle spürte einen scharfen Stich in ihrer Kehle, der zu blendendem Schmerz wurde und all ihr Denken auslöschte.

Halb kriechend schleppte sich Nandalee zum Waldrand. Ihre Kinder lagen im Schnee hingestreckt. Ein Anblick, der Nandalee alles vergessen ließ. Den Schmerz ihrer Wunden. Die Kälte, die unbarmherzig von ihrer Lebenswärme trank.

Ihre Waffen hatte die Elfe auf dem Eis zurückgelassen. Ihren Köcher abgestreift. Kleine, nadelspitze Schneeflocken stachen ihr ins Gesicht. Ein unbarmherziger Nordwind war aufgekommen und trieb ihr den Schnee fast waagrecht entgegen. Nandalee blinzelte. Ihre dicke Schaffellweste knirschte bei jeder ihrer Bewegungen. Sie hatte sich voll Wasser gesogen, das nun zu gefrieren begann.

Schnee sammelte sich in den Falten der Wintermäntel ihrer Kinder. Sie lagen reglos. Unter Melianders Nase glänzte Blut. Nandalee wusste, dass die beiden ihr geholfen hatten. Sie hatte den machtvollen Zauber gespürt, den ihre Kinder gewoben hatten, um sie zu retten. Das hätte nicht geschehen dürfen! Die beiden waren zu jung, um die Kraft beherrschen zu können, die sie entfesselt hatten. Die Kraft, die alle Welten durchdrang, tötete jene, die sie unbedacht gebrauchten.

Ängstlich tastete sie nach Melianders Gesicht. Es war so kalt, so blass. In dem Moment schlug er die Augen auf. Seine wundervollen, grünen Augen! Er lächelte. »Mama«, sagte er leise. Auch Emerelle erwachte, als bestünde ein unsichtbares Band zwischen ihr und ihrem Bruder. Nandalee hatte das schon früher beobachtet. Die beiden waren Zwillinge, so verschieden sie auch erschienen, manchmal war es, als seien sie eins.

Emerelle griff nach ihrer Kehle. Sie hustete, als sie sich aufsetzte. »Ich habe ihn sterben gespürt«, flüsterte sie. »Ich konnte fühlen, wie der Dorn durch seine Kehle stach. Wie sein Leben …« Sie sah sich mit angstweiten Augen um. »Wir leben doch noch …«

Nandalee strich ihr sanft über die Lippen. »Alles ist gut. Ihr habt mich gerettet …« Ihr stockte die Stimme. »Ich … wir müssen fort von hier. Noch andere Drachen werden kommen.«

»Warum verfolgen uns die Drachen?«, fragte Meliander.

»Weil sie die Lügen glauben, die man über mich erzählt. Ich soll sie verraten und einen von ihnen ermordet haben.« Erschrocken blickte Emerelle zu ihr auf. Sie konnte sehen, wie ihre Tochter um Worte rang.

»Aber ... du bist doch eine Drachenelfe. Du trägst die Tätowierungen des Dunklen. Du hast ihm immer treu gedient!«

»Warum sagst du ihnen nicht einfach, dass das nicht stimmt?«, fragte Meliander ruhig, so wie es seine Art war. Er wirkte viel weniger aufgewühlt als Emerelle. Vielleicht ließ er es sich auch einfach weniger anmerken. Auch wenn er ihr Sohn war, blieben ihr seine Gefühle oft ein Rätsel.

Nandalee lächelte traurig. »Sie hören mir nicht zu. Sie glauben allein dem neuen Fürsten unter den Drachen. Deshalb müssen wir einen Ort suchen, an dem sie uns nicht finden können.« Sie blickte zu dem Berg auf der anderen Seite des Fjords, auf dem das magische Tor lag. Das leichte Schneetreiben verwischte ihn zu einem undeutlichen Schemen unter dem Mond. »Könnt ihr gehen?«

Sie beide nickten gleichzeitig.

Nandalee half ihnen auf. Sie wünschte sich, die beiden würden über das reden, was geschehen war. Würden mehr Fragen stellen oder ihr Vorwürfe machen, aber sie waren still. Und sie selbst fand auch keine Worte. Ihre Kinder hätten das nicht erleben dürfen. Sie war es, die die beiden in Gefahr brachte. Die Drachen wollten vor allem ihren Kopf, da war sich Nandalee ganz sicher. Meliander und Emerelle würden sie wohl nicht töten. Vielleicht hatte der Älteste sogar Interesse an den Kindern. Wenn die zwei in Sicherheit sein sollten, dann musste sie sie verlassen. Und sie musste einen Lehrer finden, der sie in der Kunst des Zauberwebens unterrichtete.

Der Wind frischte weiter auf und griff mit eisigen Fingern über den Fjord hinweg nach ihnen. Nandalee sprach ein Wort der Macht und zog die Kinder dicht an sich heran. Ihr Zauber erschuf einen Kokon aus warmer Luft, der sie umfing und die Kälte bannte.

Schweigend, jeder für sich in Gedanken, gingen sie dicht nebeneinander. Nandalee sammelte ihre Waffen ein, als Meliander plötzlich den schützenden Kokon verließ. Ihr Sohn trat vor den Kadaver des Drachen. Lange sah er in die toten blauen Augen. Dann schob er die ledrigen, mit feinen Schuppen besetzten Augenlider zu. Die Geste befremdete Nandalee. Es sah fast so aus, als verabschiede sich Meliander von einem Gefährten. Hatte ihr Sohn in den Gedanken des Drachen gelesen? Oder lag es daran, dass sie beide den Augenblick des Todes geteilt hatten?

Emerelle, die den Tod des Drachen ebenso mitgefühlt hatte wie ihr Bruder, hielt Abstand zum Kadaver des Weißen, ja, sie sah ihn nicht einmal an.

»Kommt!«, sagte Nandalee bestimmt und führte sie zu dem Berg mit dem Steinkreis. Der Aufstieg war beschwerlich. Immer wieder glitten die beiden Kinder im tiefen Schnee oder auf eisverkrusteten Felsen aus. Doch sie jammerten nicht. In Schweigen gehüllt kämpften sie sich vorwärts.

Als sie endlich die stehenden Steine erreichten, war das verwunschene Licht vom Himmel verschwunden. Mächtige, schwarze Wolken zogen über ihnen hinweg, und nur ab und an fand eine Bahn Mondlicht zu ihnen hinab.

Nandalee kniete inmitten des Steinkreises nieder. Ihre Hände tasteten über den blanken Felsboden, von dem der Wind allen Schnee davongetragen hatte. Sie schloss die Augen, um alles um sich herum zu vergessen. Hier kreuzten sich sieben Albenpfade, jene Hauptlinien der Kraft, die sich wie ein goldenes Gitterwerk durch das Dunkel zwischen den Welten spannten. Zwei dieser Linien musste sie berühren und zum Schwingen bringen, um ein Tor in ihre Heimatwelt zu öffnen. Davon, für welche der Albenpfade sie sich entschied, hing es ab, an welchem Ort sie erscheinen würden, wenn sie das Tor durchschritten.

Sie spürte, wie die Kraftlinien zu vibrieren begannen. Jemand kam hierher. Ein blauer Blitz blendete sie. Zwei Schlangen aus rotem und grünem Licht erhoben sich aus dem Felsboden, neigten sich einander zu und formten einen Torbogen, durch den sich der wuchtige Kopf eines großen, roten Drachen schob. Gelbe Augen mit geschlitzter Pupille blickten Nandalee überrascht an. Die mächtigen Kiefer klafften auf, als sie ein Wort der Macht rief, das das Tor augenblicklich verschloss. Ein scharfer, zischender Laut erklang. Das Tor aus Licht verschwand. Emerelle und Meliander fiel der abgetrennte Drachenkopf vor die Füße. Ein glatter Schnitt, wie von einem riesigen Henkersbeil geführt, ging durch Hinterkopf und Hals. Die Kinder blieben unheimlich still. Während ihre Tochter sich bemühte, nicht hinzusehen, schien Meliander fasziniert zu sein. Zu Nandalees Erleichterung verzichtete er aber darauf, auch diesem toten Drachen die Augenlider zuzudrücken.

Nandalee konzentrierte sich wieder ganz auf den Albenstern. Sie hatte sich entschieden, wohin sie gehen würde! Sie durfte jetzt keinen Augenblick mehr zögern und betete stumm zu den Alben, dass nicht auch sie einen Ort wählte, an dem Feinde sie erwarteten. Im Geiste griff sie nach den Kraftlinien. Eine blaue und eine gelbe Lichtschlange erhoben sich und formten ein neues Tor. »Schnell!« Sie sprang auf, zog die Kinder zu sich, vorbei an dem Drachenhaupt, und trat durch das Tor auf einen Pfad aus goldenem Licht. Nandalee spürte, dass sie aus dem Dunkel heraus beobachtet wurden. Das war neu. Früher hatte sie nie so empfunden, wenn sie das Goldene Netz betrat.

Nach wenigen Schritten erreichten sie einen weiteren großen Albenstern, an dem sich ebenfalls sieben der magischen Wege kreuzten. Nandalee öffnete das Tor und wob mit voller Absicht einen Fehler in ihren Zauber. Das Goldene Netz war nicht nur ein Ort, der Entfernungen von Hunderten von Meilen zu wenigen Schritten zusammenschrumpfen ließ, auch die Zeit verlief hier anders als in den Welten, die durch die magischen Pfade miteinander verbunden waren.

Vor ihnen lag ein Tor aus hellem, türkisfarbenem Licht.

»Wohin gehen wir?«, fragte Emerelle. Sie und ihr Bruder waren stehen geblieben.

Nandalee sah die beiden streng an; sie duldete keinen Widerstand, solange sie noch im Goldenen Netz waren. Reden konnten sie später! Sie nahm die Kinder fest bei der Hand und zog sie hinter sich her durch das Tor.

»Hier sind wir in Sicherheit«, sagte sie dann mit aller Entschlossenheit. *Zumindest vorläufig* … Doch diesen Gedanken behielt sie für sich.

Als sie sich umdrehte, war das magische Tor bereits verschwunden. An seiner Stelle erhob sich ein bleicher Felsfinger zwanzig Schritt in die

Höhe. Es war der einzige Fels weit und breit. Eine karge, flache Landschaft erstreckte sich bis zum Horizont. Einzelne Büsche wuchsen in Sand und Geröll. Nicht weit entfernt kreisten schwarze Vögel mit weiten, rechteckigen Schwingen am wolkenlosen Himmel. Die Sonne stand im Zenit. Es war drückend heiß, und die Luft schmeckte nach Staub.

Nandalee zog ihre nasse Schaffellweste aus, streifte die Stiefel und die Hose aus Hirschleder ab. »Zieht euch aus. Schnürt die Kleider zu einem Bündel. Es genügt, wenn ihr eine Tunika anbehaltet.«

»Wo sind wir hier?«, fragte nun auch Meliander.

»Im Bainne Tyr, im Milchland. Einen halben Tagesmarsch von hier liegt die Wasserstelle, an der ich meinem Pegasus Sternauge zum ersten Mal begegnet bin.«

»Werden wir Sternauge dort wiedersehen?« Emerelle sah sie mit großen Augen voll freudiger Erwartung an. »Ich würde so gerne noch einmal auf ihm reiten.«

»Er ist nicht hier.« Nandalee versuchte, sich ihre Trauer nicht anmerken zu lassen. »Er ist an einem anderen, schöneren Ort, wo es grüne Weiden gibt und die Sonne das Land nicht in einen Glutofen verwandelt.«

Meliander sah sie durchdringend an. Sie spürte, dass er ahnte, was sie verschwieg. Die beiden waren neun. Zu alt, um die Wahrheit hinter schönen Lügen zu verstecken. Beide hatten sie gehorsam ihre Kleider zu Bündeln verschnürt. »Gehen wir! Und teilt euch euer Wasser gut ein! Es ist ein weiter Weg bis zur nächsten Wasserstelle, und wir haben nur wenig zu trinken dabei«, sagte sie und hoffte, dass keine weiteren Fragen mehr kämen. Ohne sich noch einmal nach den Zwillingen umzusehen, ging sie nach Westen. Bis Sonnenuntergang mussten sie noch sieben Meilen schaffen.

»Ist das die Wasserstelle, zu der in der Dämmerung die wilden Pegasi kommen?« Emerelle musste fast laufen, um mit ihr Schritt zu halten. Erwartungsvoll blickte sie zu ihr auf.

»Nein«, entgegnete Nandalee knapp, zu müde für weitere Halbwahrheiten. Sie hoffte, dass die beiden durchhalten würden. Der Zauber gegen den Drachen musste sie viel Kraft gekostet haben.

Meliander und Emerelle schliefen, als der Blaue Stern in der Ferne am Nachthimmel erschien. Drei Wochen waren sie von Wasserloch zu Wasserloch durch das Bainne Tyr gezogen. Aus der Savanne von einst war eine Wüste geworden; das Land vom Drachenfeuer verbrannt. Immer wieder hatten sie auf ihrer Wanderschaft weite Knochenfelder entdeckt. Sie waren alles, was von den großen Herden, die hier einst gelebt hatten, noch geblieben war.

Nandalee heftete ihren Blick auf den Horizont. Das Himmelsschiff erstrahlte in einem tiefen, dunklen Blau. Getragen vom Wind schwebte es ihr entgegen. Endlich war es gekommen! Wenn es um die Alben ging, gab es keine Gewissheiten. So sehr hatte Nandalee darauf gehofft, den Blauen Stern zu sehen. Und zugleich hatte sie sich vor diesem Augenblick gefürchtet.

Sie blickte zu den schlafenden Kindern. Die beiden hatten sich vom Schrecken des Drachenkampfs erholt und auch die Strapazen der langen Wanderungen gut überstanden. Sie waren stark! Jeder von ihnen auf seine Art. Sie war stolz auf sie, auch wenn Nandalee sie das nur selten spüren ließ.

Das Bainne Tyr war still geworden. Früher hatte es selbst in der Nacht ständig Tierlaute gegeben. Laute, die vom Leben und Sterben im weiten Grasland gezeugt hatten. Der hechelnde Ruf der Hyänen, das majestätische Gebrüll der Löwen, die durch das hohe Gras gestreift waren. Die Laute der Gazellen und Büffel. Nun gab es nur noch das Geräusch des Windes, der am dürren Geäst der wenigen Büsche zerrte, und das leise Prasseln des Sandes, der an den Felsen nagte, bis auch von ihnen nur noch Sand blieb.

Alle Hoffnungen Nandalees lagen bei dem Himmelsschiff, das sich langsam näherte. Die sieben blauen Zacken des Sterns waren Segel, die von Lampen angestrahlt wurden. Das Schiff war der Palast des Sängers, einer der wenigen Alben, die diese Welt noch nicht verlassen hatten. Einst waren sie die Schöpfer Albenmarks gewesen, doch dann hatten sie sich von ihrer Welt abgewandt und waren allenfalls noch ferne Beobachter. Seit Anbeginn der Zeit segelte der Blaue Stern über die Himmel, und trotz allem war er ein Zeichen der Hoffnung geblieben.

Er zeigte, dass zumindest einer ihrer Götter noch hier war. Nandalee hatte fest an ihn gedacht, als sie durch das Goldene Netz nach Bainne Tyr gegangen war. Vielleicht hatten ihre Gedanken ihn ja hierhergeführt. Sie lächelte. Nein, das zu glauben war vermessen.

Ein Schatten löste sich vom Himmelsschiff. Ein Bote? Nandalee erhob sich vom ersterbenden Feuer und ging ein Stück. Sie wollte nicht, dass die Kinder erwachten. Ein großer Adler glitt vom Himmel hinab. Als er mit weit ausgebreiteten Schwingen nur ein paar Schritt von ihr entfernt landete, überragte er Nandalee um mehr als eine Haupteslänge.

»Glotz nicht, als hättest du noch nie so ein liebliches Vöglein gesehen. Hilf mir gefälligst herunter, wenn ich mir schon die Mühe mache, hier zu dir herabzukommen«, erklang eine raue, vertraute Stimme. Auf dem Rücken des Adlers kauerte eine kleine, dick eingemummte Gestalt. Sata, die Koboldin, die auf dem Blauen Stern das Regiment führte und erste Dienerin des Sängers war. Nandalee war ihr schon früher begegnet und wusste um ihr loses Mundwerk. Wie es schien, war sie mit den Jahren nicht freundlicher geworden.

Nandalee strich über das dichte, braune Gefieder des Greifvogels und trat an dessen Seite. Der Adler drehte den Kopf. Schwarze Augen musterten sie misstrauisch.

»Mach dir keine Sorgen. Er hat gefressen … vor zwei oder drei Tagen. Bist ja ein ganz schönes Knochengerippe, Nandalee. Komm noch ein bisschen näher. Ja, so ist es gut. Ich benutz deinen Kopf als Tritt und steig dir dann auf die Schultern.«

»Du willst was …«

»He, nicht hochgucken, sonst tret ich dir noch ins Gesicht, dumme Elfenkuh. Nun stell dich mal nicht so an. Ich wette meinen Goldzahn, dass meine Stiefel sauberer als deine Haare sind.« Sata tastete mit der Stiefelspitze nach Nandalees Kopf, setzte die ganze Sohle neben ihren Scheitel und dann den zweiten Fuß auf ihre linke Schulter.

Nandalee griff nach oben und setzte die Koboldin behutsam auf den Boden. Sie war federleicht. Die Alte konnte kaum mehr als Haut und Knochen sein, so wenig wog sie. Sata trug ein sommergelbes Kleid, das mit bunten Blumen bestickt war, dazu eine etwas zu weite, mit Perlen geschmückte Weste. Sie hatte sich einen rosa Schal um das Gesicht geschlungen, aus dem kleine, schwarze Knopfaugen blitzten. Das dunkle, drahtige Haar war zu einem Dutt gedreht, aus dem dünne Vogelknöchelchen ragten.

Sata musterte sie abschätzig und schüttelte den Kopf. »Werde ich dich jemals ordentlich angezogen sehen, Nandalee?«

Die Elfe sah an sich hinab. Auch sie hatte sich in den vergangenen Wochen erholt. Die Wunden, die ihr der Weiße geschlagen hatte, waren verheilt, und die zehrende Kälte des Eiswassers längst von der gleißenden Sonne des Bainne Tyr aus ihren Knochen gebrannt. Natürlich war sie nicht wie für einen Hofball gekleidet, aber sie fand an dem Leinenhemd, das sie trug, nichts auszusetzen. Die Ärmel waren abgerissen, sodass man deutlich den tätowierten Drachenschweif auf ihrem linken Arm sehen konnte. Der Saum reichte immerhin bis zur Mitte ihres Oberschenkels. Das Bainne Tyr war eine Wüste geworden. Mehr Kleidung zu tragen wäre unangenehm. Nandalee verstand nicht, wie man sich hier so dick einmummen konnte wie die Koboldin. Selbst in der Nacht wurde es nicht wirklich kühl.

Sata schob ihren Schal zurück, und ein schmaler, faltiger Mund kam zum Vorschein. »Die Drachen suchen dich immer noch.« Sie kramte in der Innentasche ihrer Weste und zog eine kurze Tabakpfeife daraus hervor. Mit dem Daumen drückte sie auf das Kraut, das im Kopf der Pfeife steckte, dann tastete sie nach Tabakkrümeln in der Tasche. »Es war klug von dir, deine Flucht durch das Goldene Netz zu nutzen, um auch durch die Zeit zu fliehen.« Die Koboldin hob eine einzelne Braue. »Es war doch wohl Absicht und kein Fehler, der dir bei deinem Zauber unterlaufen ist.«

Nandalee ließ sich nicht dazu herab, darauf zu antworten. »Wie viele Jahre sind seit dem Untergang Nangogs vergangen?«

»Zweiundzwanzig. Die überlebenden Himmelsschlangen wurden von den Alben mit einem grausamen Fluch belegt, doch die Geschuppten herrschen noch immer in Albenmark. Und sie wollen deinen Kopf, Nandalee. Den Kopf der Verräterin. Deinen Namen kennt man überall. Du wirst ihnen nicht lange entfliehen können. Auf dem Blauen Stern wirst du nicht willkommen sein.«

»Aber der Sänger ...«

»Welchen Grund hast du zu glauben, dass er dich empfangen würde, Nandalee?«

»Ich bitte nicht für mich. Nur für die Kinder. Sie sind unschuldig.«

Nandalee sah zu den Kleinen hinüber. Leise ging sie zum Schlafplatz der beiden. Die alte Koboldin folgte ihr. Sie bewegte sich lautlos wie eine schwebende Feder. Nachdenklich betrachtete Nandalee ihre Kinder. Nun war der Augenblick gekommen, den sie ersehnt und zugleich gefürchtet hatte. Lange sah sie die beiden an und kämpfte mit den Tränen. Doch sie wollte nicht, dass sie ihr anmerkten, dass ihre Zeit auf dem Blauen Stern mehr als nur ein kurzer, abenteuerlicher Ausflug sein würde. Sie straffte sich, so wie sie es oft getan hatte, wenn ein Kampf kurz bevorstand.

Sata ging zu dem zu dunkler Glut zusammengesackten Feuer, kniete nieder und steckte sich mit einem glimmenden Ast ihre Pfeife an. Die Pfeife im Mundwinkel, kam die Koboldin zu ihr zurück. »Wenn du sie jetzt verlässt, wirst du sie in diesem Leben nicht mehr wiedersehen.«

Nandalee dachte über die verborgene Bedeutung der Worte nach. »Ich werde also wiedergeboren werden. Mein Schicksal wird sich in diesem Leben nicht erfüllen.«

Die Koboldin lachte leise. »Du bist eine Rebellin. Wie kannst du glauben, dass du einen kurzen Weg ins Mondlicht vor dir hast? Du wirst noch viele Male wiedergeboren werden. Dein Schicksal wird sich erfüllen, wenn du bereit bist, deinen Stolz und dein Leben aufzugeben, um eine Menschentochter zu retten.«

»Eine Menschentochter? Niemals ... Die Menschen sind wie Läuse. Sie saugen ihrer Welt das Blut aus. Es gibt nichts Gutes an ihnen. Außer, dass sie leicht umzubringen sind.«

Sata blies einen Rauchkringel zum Nachthimmel. »Ich sagte ja, es liegt noch ein langer Weg vor dir.«

»Werde ich die beiden wiedersehen?«

»Du wirst sie zumindest kennen. Sie werden sein wie du. Es wird eine Zeit geben, da wird jedes Kind in Albenmark ihre Namen kennen. Du wirst dich nicht erinnern, dass sie deine Kinder sind, wenn du wiedergeboren wirst. Du wirst die Gabe, Seelen zu erkennen, niemals erlernen. Und du wirst sie nicht mögen …« Sata nahm einen tiefen Zug aus ihrer Pfeife. »Aber du wirst sie dennoch beschützen.«

»Woher weißt du all das?«

»Der Sänger vertraut mir. Er versucht auf vielerlei Weise, die Zukunft zu schauen. Ein schwieriges Geschäft. Ich schätze, es ist leichter, mit eingeseiften Händen einen Aal zu halten.« Sata blies einen weiteren großen Rauchkringel zum Himmel. »Er hat keine Geheimnisse vor mir. Was er weiß, weiß auch ich.«

»Weißt du auch etwas über die Kinder?«

Die Koboldin rollte mit den Augen. »Hast du Kekse?«

»Was?«

»Gebackenes. Gerne mit Honig …«

»Ich bin mit den Kindern seit Wochen auf der Flucht, wie kommst du darauf …«

»Wie kommst du darauf, dass ich dir gegenüber die Geheimnisse der Zukunft preisgeben werde? Sehe ich aus wie ein Klatschweib? Eine Frage gestatte ich dir noch. Aber überleg sie dir gut. Wenn es etwas Dummes ist, werde ich nicht antworten und deine Gelegenheit ist vertan.«

Nandalee musste nicht nachdenken. »Nimmst du die Kinder mit auf den Blauen Stern? Nur dort sind sie in Sicherheit.«

Sata warf ihr einen scharfen Blick zu. »Sehe ich aus wie ein gutes Kindermädchen?«

»Besser, sie sind bei dir, als an meiner Seite zu sterben.«

Statt beleidigt zu sein, schenkte die Koboldin ihr ein schmallippiges Lächeln. »Das nenne ich mal ein offenes Wort. Dann werde ich ebenso offen sein. Der Sänger hat mich geschickt, um die beiden zu holen – mit deinem Einverständnis oder mit Gewalt. Die beiden sind wichtig für die Zukunft Albenmarks. Dir hingegen bleibt nur noch der letzte Akt. Du hast deine Rolle gespielt, Nandalee. Würdest du dich ändern, könntest du mit dem Leben davonkommen. Aber ich glaube, einen aussichtslosen Kampf einfach aufzugeben wäre gegen deine Natur.«

»Ich glaube, wir haben vor allem grundverschiedene Vorstellungen davon, was *aussichtslos* ist. Mir genügt es, wenn der Älteste stirbt. Ich muss nicht mit dem Leben davonkommen. Wenn es mir gelingt, ihn zu töten, und meine Kinder nicht mehr seinen Zorn fürchten müssen, dann war es für mich ein Erfolg. Mein Leben ist nebensächlich.«

Sata klopfte die Pfeife an einem Stein aus und steckte sie in die Innentasche ihrer Weste. »Sollte so eine Mutter reden? Glaubst du nicht, dass deine Kinder dich lebend brauchen?«

»Würden wir jemals in Frieden leben können, solange der Älteste herrscht? Immer auf der Flucht zu sein, das ist kein Leben.« Sie dachte an die vergangenen Jahre. Daran, was sie Emerelle und Meliander zugemutet hatte. »Die Kinder ertragen das nicht mehr.«

Einen Moment lang lag Mitgefühl in den harten, schwarzen Augen der Koboldin. »Dein größter Mangel, Nandalee, ist, dass du die Welt nur mit deinen Sinnen siehst, aber nicht mit deinem Herzen. So bleibt dir oft das Wesentliche verborgen, selbst wenn es unmittelbar vor dir steht.«

»Dass es euch Philosophen nicht an vollen Bäuchen mangelt, liegt daran, dass es Jägerinnen wie mich gibt. Ich bin in der Wildnis, während du in der Sicherheit des Blauen Sterns über meine Makel nachdenken kannst. Ich brauche all meine Sinne, um zu überleben. Für Herzensangelegenheiten ist mir nie viel Zeit geblieben.« Sie dachte an Gonvalon, ihren Lehrer und Geliebten. Er hätte Sata wahrscheinlich zugestimmt. Diese Erkenntnis stachelte ihren Ärger nur noch weiter an. Was bildete sich diese Koboldin ein, über sie urteilen zu wollen. »Gedanken verändern diese Welt nicht. Es sind allein Taten, die dies vermögen.«

Sie wandte sich von Sata ab. Immer noch kämpfte sie gegen ihren Zorn an. Sie atmete langsam aus. Versuchte, mit dem entweichenden Atem auch ihren Ärger aus sich fließen zu lassen. Dieser Augenblick war zu kostbar, um ihn durch ihre unbeherrschte Art zu vergällen. Sie kniete sich zwischen den schlafenden Kindern nieder und sah sie lange an. Wie würden sie aussehen, wenn sie erwachsen waren? Was erwartete sie in der Welt? Nandalee wusste, sie würde es nie erfahren.

Sanft berührte sie die Schlafenden. Meliander und Emerelle erwachten augenblicklich. Viel zu schnell. Es tat ihr weh zu sehen, wie sehr sich die beiden schon daran gewöhnt hatten, auf der Flucht zu sein. Jederzeit bereit, davonzulaufen. Das war kein Leben! Was sie tun wollte, war das Richtige, auch wenn es ihr das Herz brach. »Alles ist gut«, sagte sie sanft. »Eine alte Freundin ist gekommen. Sie wird euch an einen sicheren Ort bringen. Seht zum Himmel. Ihr werdet mit ihr zum Blauen Stern fliegen, zum Himmelsschiff des Sängers. Ihr werdet von nun an im Palast eines Alben leben. Und vielleicht, wenn er euch als würdig erachtet, wird er euch lehren, Zauber zu weben.«

»Und du?«, fragte Meliander augenblicklich. »Wo wirst du sein?«

Sie zwang sich zu einem zuversichtlichen Lächeln. »Ich werde das sein, wozu ich geboren bin: eine Jägerin. Ich werde aufhören, vor den Geflügelten davonzulaufen. Ich werde sie jagen und töten. Ich werde überall und nirgends sein. Ihr Fleisch gewordener Fluch.«

»Wann wirst du wieder zurückkehren?« Emerelle kämpfte gegen Tränen an. Der Blick ihrer großen, rehbraunen Augen hielt Nandalee fester als jede Umarmung. Sie wollte nicht gehen, wollte ihre Kinder nicht im Stich lassen, aber sie hatte keine Wahl.

Nandalee sah zu Boden. Starrte auf die Steine und den rotbraunen Sand zu ihren Füßen. Sie wollte sich nicht mit einer Lüge verabschieden. Nicht behaupten, sie sei bald wieder zurück. Sie wusste, sie würde den Tod des Ältesten nur mit ihrem eigenen Leben erkaufen können. Die Elfe kämpfte gegen den Kloß in ihrem Hals, der ihre Worte ersticken wollte, noch bevor sie die Zunge erreichten. Fast hätte sie sich doch noch zu dem falschen Versprechen hinreißen lassen, bald wieder zurück zu sein. Sie hob den Kopf. Stellte sich der Trauer und dem Schrecken in den Augen ihrer Kinder. Sie konnte sie nicht gesenkten Hauptes verlassen. Das sollte nicht das letzte Bild ihrer Mutter sein, das sie in ihrer Erinnerung behielten. »Ich liebe euch. Was immer auch geschehen mag und ganz gleich, was man euch eines Tages vielleicht über mich erzählen wird, dies ist die einzige Wahrheit: Meine Liebe zu euch ist unsterblich. Sie wird euch immer begleiten.«

»Genug der Worte«, sagte Sata barsch. »Wir müssen gehen!«

Doch die Kinder rührten sich nicht. Wie schön sie waren, dachte Nandalee bitter. Emerelle mit ihren tiefgründigen Augen und ihrer zarten, zerbrechlichen Art. Und der blasse Meliander, in dessen Blick ein Verstehen lag, das noch kein Neunjähriger erlangt haben sollte.

»Bitte, steht nun auf und geht mit ihr.« Nandalee zwang sich zu einem Lächeln. »Ihr wisst doch, Kobolde können ziemlich garstig werden, wenn man sich ihnen widersetzt.«

»Das habe ich gehört!«, schnarrte Sata und zog sich auf den Rücken des Adlers hinauf. »Los jetzt, bringen wir es hinter uns. Und glaubt nicht, dass Fliegen schön sei. Ich kotz mir jedes zweite Mal in meinen Schal.«

Meliander sah neugierig zu der Koboldin auf.

Das war der richtige Spruch für ihn gewesen, dachte Nandalee erleichtert. Sata mochte sich gerne als hartherzig geben, aber sie wusste, wie mit Kindern umzugehen war.

»Kennst du die Geschichten darüber, dass die großen Adler in ihren Horsten die Eierschalen ihrer Kinder verwahren und diese zersplitterten Schalen wunderbarer anzuschauen sind als das kostbarste Geschmeide?« Jetzt hatte Sata auch Emerelles Aufmersamkeit.

»Davon habe ich noch nie gehört«, sagte ihre Tochter schüchtern.

»Dann sollten wir bei Gelegenheit einmal nachschauen gehen. Ich bin immer dafür, Geschichten auf den Grund zu gehen. Und jetzt kommt, steigt auf die Füße des Adlers und haltet euch gut fest. Und kotzt ihm bloß nicht auf die Krallen. Das kann er nicht leiden!«

Meliander sprang auf und grinste. »Ganz sicher nicht!«

Emerelle hatte sich ebenfalls erhoben und war zum Adler gegangen, dann blickte sie unsicher zu ihr zurück.

Nandalee konnte nicht anders. Sie nahm sie ein letztes Mal in den Arm, drückte sie fest an sich und schob sie dann zum Adler. »Stiehl eine Eierschale für mich. Ich würde sie auch gerne einmal sehen, wenn ich wiederkehre.«

Emerelle nickte ernst. »Das mache ich.«

»Festhalten!«

Der große Vogel weitete seine Schwingen. Schwer schlagend lief er gegen den Wind, fort von dem fast verloschenen Feuer, dem einzigen Licht in der weiten Savanne. Besorgt sah Nandalee, wie ihre Kleinen durchgerüttelt wurden. Dann hob der Adler ab. Zuerst flog er so tief, dass die Spitzen seiner Schwingen das hohe Gras streiften. Doch er gewann schnell an Höhe und flog in weitem Bogen dem Blauen Stern entgegen.

Nandalee kämpfte gegen den Kloß in ihrem Hals. Sie würde die beiden wiedersehen, schwor sie sich.

Der Adler war jetzt nur noch ein schwarzer Schattenriss vor dem Blauen Stern.

Die Drachenelfe wandte sich ab, ging zum Lager zurück und nahm ihre Waffen. So oft schon war sie in aussichtslose Kämpfe gezogen. Sie würde auch diesmal siegen ... Was galten schon die Prophezeiungen einer Koboldin? Sie allein hielt ihr Schicksal in den Händen, nichts war vorherbestimmt.

Im Osten kündete erstes, silbernes Licht das Nahen eines neuen Morgens an. Nandalee blickte nicht mehr zurück zum Blauen Stern, als sie Todbringer über ihre Schulter schlang. Fest entschlossen ging sie dem Horizont entgegen. Zum ersten Mal kämpfte sie nicht mehr für fremde Herren, sondern allein für die Zukunft ihrer Kinder. Sie durfte nicht verlieren.

NURAMON UND DIE GEMEINSCHAFT DES WELDARON

VON JAMES A. SULLIVAN

1

Nuramon erwachte im honiggelben Schein der Barinsteine. Wieder einmal tauchte die Erkenntnis, wo und zu welcher Zeit er sich befand, nur langsam aus der Tiefe empor, als müsste sein wiedergeborenes Ich entscheiden, an welches Leben es sich knüpfte – an das, in dem er der Sohn des Weldaron war und im Kampf gegen die Drachen von Ischemon den Tod gefunden hatte, oder an das, in dem er als Enkel Weldarons wiedergeboren wurde, nachdem der Sippenbegründer ins Mondlicht gegangen war. Manchmal wünschte er sich, er könnte in jenem früheren Leben erwachen, den Kampf überstehen und mit seinen Cousins heimkehren. Doch dann erinnerte er sich an das, was Ceren gesagt hatte: »Mit der Wiedergeburt bist du auf deine eigene Weise heimgekehrt.«

Trotz der tröstenden Worte fühlte er sich in diesem Leben fremd. So viele waren ins Mondlicht gegangen – darunter die Mütter und Väter seiner beiden Leben. Wenn andere von seinen Taten in Ischemon erzählten, fragte er sich, warum er nicht mit dem Tod ins Mondlicht gegangen war. Was hätte erfüllender sein können, als den Heldentod zu sterben? Wie sollte sein Schicksal in diesem Leben über das hinauswachsen, was sein früheres Ich geleistet hatte?

Diese und andere Fragen hatte er an Ceren gerichtet, und in ihrer Geistergestalt hatte sie ihm gesagt, dass Erfüllung selten etwas mit großen Taten zu tun habe, sondern eher etwas mit einem tiefsitzenden Gefühl. Es werde sich einst in ihm ausbreiten – vielleicht sogar unerwartet. Er solle sein Leben leben. Aber wie sollte er das tun, wenn ihn alle auf sein voriges Leben ansprachen und damit mehr den Nuramon von einst vor sich sahen als den Nuramon der Gegenwart?

Die Gemeinschaft hatte ihn aufgezogen. Seine Geschwister aus dem anderen Leben waren nun seine Tanten und Onkel. In seinem früheren Leben war er, soweit er wusste, einer der wenigen gewesen, die keine Kinder gezeugt hatten, und auch in diesem Leben lag ihm der Gedanke daran fern. Vielleicht, weil in den letzten Jahren so viele Kinder zur Welt gekommen waren und Elfen aus anderen Teilen Albenmarks sich ihnen angeschlossen und die Kultur ihrer jeweiligen Heimat mitgebracht hatten.

Nuramon schaute sich in seiner Wohnstatt um und fragte sich, ob sein früheres Ich das Schlichte und Überschaubare ebenfalls geschätzt hatte. Ein Raum aus magisch geformtem Holz wölbte sich über ihn. An den gewundenen Stämmen hingen Beutel und Kräuter; in den geraden Stamm waren kleine Höhlen eingelassen, in denen sich seine Kleidung, aber auch seine Rüstung und seine Waffen befanden. Das Licht seiner Barinsteine lenkte den Blick besonders auf das schmale Schwert, das Emerelle ihm in seinem früheren Leben zum Geschenk gemacht hatte.

Weldaron war ein Meister der Lichtkunst gewesen. Ceren hatte ihm zwar die Zauberei beigebracht, aber das Wissen über die Barinsteine hatte er sich selbst angeeignet. In Nuramons letztem Leben hatte er das Geheimnis von Weldaron gelernt. Der Vater hatte sein Wissen mit ihm geteilt, und Nuramon hätte dieses Wissen weitertragen sollen. In Ischemon jedoch war es mit ihm gestorben. Niemand machte ihm in seinem neuen Leben deshalb Vorwürfe, dennoch hatte er das Gefühl versagt zu haben. Denn nun mussten sie alle mit den verbliebenen Barinsteinen leben und vermochten keine neuen zu erschaffen. Glücklicherweise waren es genug, um mit Cerens Macht die ganze Siedlung auszuleuchten. Aber Weldarons Plan, selbst erschaffene Barinsteine bei anderen Sippen gegen andere magische Güter zu tauschen, war mit Weldaron ins Mondlicht gegangen.

Dieser Wald, dessen Äste und Laub sich wie Adern und Schuppen durchs Gewölbe zogen, war die einzige Siedlung ihrer Gemeinschaft. Die durch Magie verwachsenen Bäume und Sträucher waren zurückgewichen, hatten Wege erschaffen und waren zu ihren Häusern geworden. Weldaron hatte darin die Zukunft gesehen: sich die Welt so zu gestalten, wie sie sein sollte. Und darum, was sein sollte, wurde nach wie vor gestritten. Nuramon hatte die Entstehung seiner Wohnstatt Ceren überlassen, denn sie lenkte die Magie des Waldes in jeden Stamm, jeden Ast und in jedes Blatt; und er hatte das Gefühl, dass sie auf den Grund seiner Seele blicken konnte und ihn deswegen besser kannte als er sich selbst.

Die anderen sagten es nicht, aber er wusste, dass seine Wohnstatt nicht dem Ideal entsprach. »Zu viel Wildwuchs«, hatte Weldaron angeblich oft zu Gebäuden gesagt und dann Änderungen vorgenommen.

Nuramon kleidete sich in Birkenfarben und trat auf den verschlungenen Hauptweg hinaus. Er schaute hinauf ins Blätterdach, wo Leuchtkäfer umherflogen. Es duftete nach dem würzigen Kräutergebäck seiner Tante Baruvee. Er würde, nachdem er bei Ceren gewesen war, wahrscheinlich in dessen Genuss kommen, denn sie hatte ihn eingeladen, bei ihr zu essen; und später würden sie gemeinsam kochen.

Einige Kinder saßen vor der Doppeltür zu Baruvees Wohnstatt und kauten mit vollen Mündern und kicherten und jauchzten dann, ehe sie zum nächsten Bissen ansetzten. Er musste lächeln – auch als die Kleinen ihm zuwinkten. Sie mochten ihn. Aber auch sie sahen ihn als den Helden von Ischemon, nicht als den Wiedergeborenen, dem ein anderes Schicksal bevorstand.

Der Weg zur Lichtung war ein Weg der Begegnungen – vor allem seine Onkel und Tanten, Cousins und Cousinen traf er hier beinahe jeden Morgen. Idirielle, eine seiner jüngeren Cousinen, saß an der Hecke am Rande ihres Gemüsegartens und rieb sich ihre Hände mit einem frisch duftenden Öl ein. Es half ihr dabei, ihr bereits viel gelobtes Gespür für Magie zu verfeinern. Ceren hatte gesagt, Idirielles Fähigkeiten seien erblüht wie der Setzling eines magischen Baumes, der erst wie ein gewöhnliches Gewächs wirkt, sich aber mit der Zeit selbst erkennt und sein wahres Wesen entfalten kann. So hatte Idirielle sich mit dem Gespür für die Magie des Waldes viel über sich selbst erschlossen und sich als die Person erkannt, die sie, ohne es zu wissen, schon immer gewesen war.

»So früh schon auf den Beinen?«, fragte sie, als sie Nuramon erblickte. Was wie eine Anklage hätte klingen können, verstand Nuramon aus ihrem Mund als Ausdruck ehrlichen Interesses.

»Seit wir nicht mehr fechten, brauche ich weniger Schlaf«, entgegnete er. Früher hatte sich Idirielle mit ihm im Kampf geübt, doch nachdem sie sich mit Cerens Hilfe selbst erkannt hatte, hatte sie das Schwert beiseitegelegt und ihre Magie nur noch dem Gedeihen der Pflanzen gewidmet.

»Das ist doch schon eine Weile her«, sagte sie. »Das wird sich wohl nicht erst jetzt auf deinen Schlaf auswirken.«

»Nein, aber sonst bleibe ich noch liegen und lasse meine Gedanken wandern. Heute ist es anders.«

Sie fragte nicht, warum, und verabschiedete ihn.

Unterwegs grüßte er andere seiner Gemeinschaft. Sie grüßten zurück, doch die meisten behelligten ihn – anders als früher – nicht mit Fragen. Wedored, einer der Älteren unter seinen Onkeln, hatte nicht einmal Zeit, ihn mit Worten zu grüßen. Mit schweren Schritten lief er an ihm vorüber und nickte ihm nur zu. Da er waldfarbene Kleidung, eine Kappe und seinen Bogen trug, vermutete Nuramon, dass Wedored verschlafen hatte und der Jagdgesellschaft nacheilte.

Nachdem Ceren ihn als Schüler angenommen hatte, war Nuramon kaum vor der Neugier der anderen sicher gewesen. Jedes Wort, das Ceren ihm anvertraut hatte, wollten sie aus seinem Munde hören. Inzwischen hatte es nachgelassen, wenngleich die Taten von Ischemon alles andere als vergessen waren. Einerseits erfüllte es ihn mit Freude, dass sie sich so wohlwollend an sein vergangenes Leben erinnerten, andererseits wünschte er sich, die Gemeinschaft würde ihn mit Idirielles Augen betrachten. Sie akzeptierte alle so, wie sie jetzt waren, und fragte nicht danach, wie sie früher gewesen sein mochten.

Varaldin und Belrion, Cousins aus seinem früheren Leben, waren mit all den Erzählungen aus Ischemon zurückgekehrt, ehe sie ins Mondlicht entschwunden waren. Ceren hatte seine Seele erkannt, und Emerelle war bei seiner Geburt dabei gewesen. Sie hatte Ceren zugestimmt, dass er die Seele ihres gefallenen Gefährten in sich trug.

Seit damals war Emerelle nicht mehr erschienen, und so kannte er sie nicht. Ihre Taten, von denen die Reisenden erzählten, beflügelten jedoch seine Vorstellung. Er träumte davon, einst wieder an ihrer Seite zu kämpfen und diesmal zu überleben.

Noch ehe Nuramon von dem schattigen Pfad auf die Lichtung hinaustrat, spürte er im Wind, der ihm entgegenwehte, Cerens Magie. Sie verstärkte den vertrauten Duft von Erde, Gräsern, Kräutern und Laub.

Rund um die Lichtung ragten Häuser zwischen den Stämmen der Bäume in die Höhe – vor einigen gab es eine hüfthohe Hecke oder eine Mauer. Die Felder, auf denen sie Getreide, Rüben und vieles mehr anbauten, legten sich wie ein Kranz um die riesige Birke – Ceren. Es war, als würde ihre Magie die Felder nähren, dabei lag immer ein Teil von ihnen im Schatten des mächtigen Stammes. An sonnigen Tagen wie heute, da am Himmel nur einige wenige Wolken bei hohen Winden über den Wald fegten, verriet der Schatten die Zeit. Über den sandigen Pfad näherte sich Nuramon dem Herz ihrer Gemeinschaft.

Nicht nur die Größe der Birke war außergewöhnlich. Mit ihren sich windenden Ästen, die zur breiten Baumkrone beitrugen und den schmalen Zweigen am Ende, die mit den Blättern herabhingen, wirkte sie wie eine weiße Trauerweide. Sie war ein alter Baum, aus einer Zeit, als sich die Dinge noch hatten finden müssen.

Langsam trat Nuramon aus dem warmen Morgenlicht in den kühlen Schatten der alten Birke, und mit einem Mal war sie da – die Elfengestalt Cerens. In ein weißes Kleid mit grünlichem Schimmer gehüllt stand sie barfuß vor ihm. Mit weißem Haar und schwarzen Augen, von schmaler Statur und mit aufrechter Haltung hatte sie das Aussehen, das Nuramon vertraut war. Sie hatte ihm offenbart, dass sie ihre Gestalt wählen könne, doch im Laufe der Zeit zu dieser gefunden habe.

»Ist es wieder geschehen?«, fragte sie mit klarer Stimme.

»Das Erwachen in der Fremde?«, erwiderte er.

Sie nickte.

»Ja. Ich hatte wieder das Gefühl, nicht hierherzugehören, weil meine Seele nicht nur hier gebunden ist.«

»Hast du immer noch das Gefühl der Gleichzeitigkeiten?«

»Ist das denn möglich? Dass für die Seelen die Dinge gleichzeitig geschehen?«

»Manche Dinge sind nicht an den üblichen Lauf der Zeit gebunden«, antwortete Ceren. »Wie sonst sollte sich den Orakeln der Blick in die mögliche Zukunft bieten?«

»Heißt das, ich könnte als Wiedergeborener ein Orakel werden?«

Ihre blassen Lippen verzogen sich zu einem Lächeln. Kopfschüttelnd sagte sie: »Vielleicht wirst du dich eines Tages an die verborgene Vergangenheit erinnern. Damit wäre viel gewonnen. Aber nur wenigen ist es gegeben, einen Blick in die mögliche Zukunft zu wagen, ohne sie damit unmöglich zu machen.«

»Und du? Viele glauben nach wie vor, du hättest Orakelkräfte.«

»Ich werde mich nie mit den Orakeln messen können, doch ich ahne, was geschehen könnte, und hoffe, dass das geschehen wird, was sein sollte. Manche sagen, wir alle können in die Zukunft schauen, aber nur wenige von uns vermögen es auf eine Weise zu tun, die das Gesehene nicht verdirbt. Mir ist eine Behutsamkeit gegeben, die vieles bewahrt.«

»Dann siehst du auch mein Schicksal?«

»Ich sehe das Schicksal, das in Ischemon starb. Vielleicht war ich nicht behutsam genug und sehe nun nur das, was hätte sein können, und weiß nun nicht, was sein wird.«

»Du hast mir nie gesagt, was hätte sein sollen.«

»Und auch heute werde ich es dir nicht offenbaren. Ich möchte die Hoffnung, dass doch das geschieht, was sein sollte, nicht zunichte machen.« Sie hob die Hände. Ihre dunklen Fingernägel glänzten ebenso wie ihre nachtschwarzen Augen. Sie strich ihm über die Wange und erweckte die vagen Erinnerungen an seine Mutter, die er noch als Kind erlebt hatte, ehe sie ins Mondlicht ging. »Wenn du deine Lehren abgeschlossen hast, wirst du vielleicht selbst Dinge sehen und Hoffnungen hegen.«

Nuramon lächelte und fragte: »Was wirst du mich heute lehren? Die Magie der Barinsteine?«

»Du scheinst mir nicht zu glauben, dass Weldaron sich das allein erarbeitet hat.«

»Du könntest denselben Boden bestellen, aus dem diese Erkenntnis erwuchs, damit ich es mir ebenso allein erschließen und es der Gemeinschaft zum Geschenk machen kann.«

»Das könnte ich in der Tat, aber ich möchte dich weiterhin Dinge lehren, die du noch nicht kennst.« Sie legte ihre Fingerspitzen an seine Brust. »Dinge, die nicht in dir verborgen sind. Ich möchte dich Dinge lehren, die dir helfen, das in dir Verborgene selbst zu entfesseln. Ich möchte, dass du dir selbst zum Lehrmeister wirst. Denn es zählt nur das, was du fühlst. Daraus erwächst alles andere.« Das sagte sie ihm oft, doch er zweifelte noch immer daran. Für ihn waren Wirkungen wichtig, auch wenn sie sich nicht auf die eigenen Gefühle stützten.

»Die magischen Sinne also?«, erwiderte er.

Ceren nickte und deutete auf den Weg, den er gekommen war. »Taste dich durch meine Wurzeln zurück zu deiner Wohnstatt.«

Zögernd wandte Nuramon sich um. Er hatte seine Sinne eine Weile lang nicht ausgesandt. Die letzten Monate war er mit Heilung und Kräuterkunde beschäftigt gewesen und hatte mit den anderen die Felder und Gärten bestellt, damit sie nie wieder Hunger leiden mussten. Ceren hatte ihnen in diesen Zeiten, in denen so viele mit ihrem Wissen ins Mondlicht entschwunden waren, das Überleben gesichert.

Sie fasste Nuramons Hand und führte sie behutsam an ihre Rinde. Ein Augenblick des Befremdens überkam ihn, weil Ceren zugleich die Geistergestalt war wie auch der Baum selbst. So, wie der Geist seine Hand geführt hatte, so führte der Strom, der die Birke durchfloss, nun seine Sinne über die Lichtung. Er fühlte jeden Halm und jedes Sandkorn; er spähte voraus in den Wald und sah die Leuchtkäfer, während er noch den Duft der Kräuter am Rand der Lichtung roch. Er hörte das Flüstern der Kinder, die auf den Wegen Verstecken spielten, und spürte sie mit seinen schwebenden Sinnen auf, ehe er seine Wohnstatt erreichte und durch die Tür hindurch ins Innere fuhr.

»Lösche die Barinsteine«, sagte Ceren.

Er fühlte sich mit den Barinsteinen verbunden, doch er konnte nur wahrnehmen und nicht handeln. Jedes Mal, wenn er etwas bewirken wollte, war er wieder hier auf der Lichtung bei Ceren und nicht dort in seiner Wohnstatt im Schein der Barinsteine. Er vermochte zwar augenblicklich dorthin zurückzukehren, doch dann kam er erneut nicht voran. Er konnte keinen Weg erspähen, der zu einer Veränderung führte. Wieder und wieder nach einem Pfad suchend, vergaß er die verstreichende Zeit und ermüdete bald darüber.

Çerens Hand auf seiner Schulter zu spüren, holte Nuramon zurück auf die Lichtung. Es erschien ihm, als wären nur wenige Augenblicke vergangen, aber der Schatten der Birke war weitergewandert. Es würde bald Mittag sein.

»Verzeih«, sagte Nuramon.

»Warum?«, erwiderte Ceren.

»Ich konnte die Barinsteine nicht löschen.«

»Weil ich dich vor eine Aufgabe gestellt habe, die du nicht meistern konntest. Ich wollte nur sehen, wie du vorgehst.«

»Es konnte mir demnach gar nicht gelingen?«

»Du hättest mich überrascht, hättest du einen Weg gefunden – ohne Verzweiflung, an einem Tag wie jedem anderen. Deine Sinne haben die richtigen Pfade genommen. Du musst noch lernen die Magie, die du spürst, auf deine anderen Sinne zu übertragen, bis du die verschiedenen Spielarten der Magie nicht nur zu fühlen vermagst, sondern auch zu sehen, zu hören, zu riechen und zu schmecken. Es ist, als würdest du eine besondere Sprache lernen. Übe dich im Wahrnehmen, und du wirst die Pfade erkennen, die dich zum Handeln führen.«

Nuramon dankte Ceren, und nachdem er ihr versprochen hatte, am Nachmittag wiederzukehren, hüllte sich ihre Geistergestalt in einen Nebel, schwand dahin, und doch blieb ihre Präsenz mit der Birke bestehen.

Nachdenklich machte sich Nuramon auf den Rückweg. Seine Tante erwartete ihn zum späten Frühstück, und dann würden sie gemeinsam ein Mittagessen kochen und es sich an ihrem langen Tisch mit allen schmecken lassen, die sich einfanden.

Gerade als Nuramon aus dem Tageslicht in den Wald treten wollte, traf er auf Alithrielle. Sie war in seinem Alter und hielt nicht viel von ihm. Dennoch begegnete er ihr mit einem freundlichen Gruß.

»Was muss ich tun, um deine Verachtung zu wecken?«, erwiderte sie und strich sich ihr braunes Haar zurück.

»Dinge, für die du dich selbst verachten würdest«, antwortete er.

Sie schaute an ihm vorbei hinaus auf die Lichtung. »Ganz gleich, was sie dich lehrt: Du wirst nicht zum neuen Weldaron werden. Die Zeit der Väter, Großväter und Urgroßväter ist ebenso vorbei wie die der Drachen. Es ist die Zeit der Jüngeren.«

»Ich bin nicht wie Weldaron«, erwiderte er. »Ceren hat dafür gesorgt, dass mir seine Ambitionen völlig fremd sind.«

»Sie hat auch Weldaron umsorgt, obwohl er all die Macht in Händen hielt und wir jetzt eine Sippe aus Tanten und Onkeln sind.« Weldaron war ihr Urgroßvater.

»Alithrielle, ich teile viele deiner Ansichten. Ich glaube auch, dass unsere Zeit gekommen ist und dass Gemeinsinn wichtiger ist als die Ambitionen eines Einzelnen. Weldaron wandelte auf einem Pfad, der uns Spott brachte und über kurz oder lang Feinde beschert hätte.«

»Wenn *ich* so etwas vor dem Rat sage, dann heißt es, ich beschmutze das Andenken unseres Sippenbegründers«, entgegnete Alithrielle. »Sagst du es aber, ist es die ach so große Erkenntnis!«

»Und doch hättest du meine Stimme sicher, würdest du dich im Rat zur Wahl stellen.«

»Ich brauche deine Stimme nicht; ich mag deine Stimme am liebsten, wenn sie schweigt.«

»Was ist es, Alithrielle? Welches Leid habe ich dir zugefügt? Oder geht es um etwas, das ich in meinem anderen Leben getan habe?«

»Es geht nicht darum, was du getan hast, sondern um das, was du noch tun wirst. Es geht um das, was du bist, und das, was alle in dir sehen.«

»Und wenn ich es selbst nicht in mir sehe?«

»Du kannst nicht anders. Deswegen wirst du nicht Nein sagen, wenn sie dir Macht anbieten. Weil du niemanden enttäuschen willst, wirst du die gebotene Macht annehmen.«

»Und was wäre schlimm daran, dass unseresgleichen Verantwortung für die Gemeinschaft übernimmt? Du selbst sagtest, dies sei die Zeit der Jüngeren.«

»Du bist nicht jung, Nuramon. Du bist wiedergeboren. Du kannst nicht die Bewunderung und die Erwartungen, die dir wegen der Taten in deinem letzten Leben entgegengebracht werden, genießen und zugleich so tun, als wärest du einer von uns.«

»Wenn du wüsstest, wie gerne ich die Bewunderung los wäre, wenn damit auch die Erwartungen schwinden würden. Ein unvoreingenommener Blick von euch allen. Ein Blick, der mich weder dafür lobt noch straft, dass ich in Ischemon das Leben ließ und wiedergeboren wurde. Also sag es mir. Womit habe ich deine Abneigung verdient?«

Sie starrte ihn mit ihren blauen Augen an, lächelte verächtlich und ging an ihm vorbei auf die Lichtung. Er schaute ihr nach und schämte sich seiner Seele. Er wollte nicht Nuramon der große Held sein; er wollte nicht, dass Alithrielle ihn verachtete.

2

Nuramon schreckte auf. Die Kampfglocken läuteten. Ein Angriff! Auf dem Weg vor seiner Tür ertönten Schritte, und ein monströses Brüllen zog über den Wald hinweg. Nuramon lief zur Tür und spähte hinaus. Die Wache war in voller Rüstung.

»Geh wieder hinein, Nuramon!«, rief ihm Wedored zu. Seine schwere Rüstung hob seine breiten Schultern hervor. Alithrielle reichte ihm im Vorbeigehen einen Stoßspeer. Für Nuramon hatte sie keinen Blick übrig. »Geh wieder hinein!«, wiederholte Wedored.

»Aber …«, erwiderte Nuramon, doch sein Onkel duldete keinen Widerspruch: »Ceren sagt, du sollst beschützt sein!«

»Ich …«

»Keine Zeit, Nuramon!« Wedored wollte sich abwenden, aber Nuramon packte ihn am Arm. »Sag mir, was los ist! Was ist das für eine Bestie?« Kaum hatte er die Frage gestellt, ertönten hoch oben über den Baumkronen monströse Schreie aus mehreren Kehlen.

Mit glänzenden Augen antwortete Wedored: »Drachen! Sie haben es auf Ceren abgesehen. Und nun geh hinein und sei froh, dass du dich dem nicht auch in diesem Leben stellen musst!« Er schob ihn zurück ins Innere seiner Wohnstatt und schloss die Tür.

Während sich die Schritte seines Onkels entfernten, blieb Nuramon wie angewurzelt stehen – wie in einem Traum, in dem er sich bewegen wollte, es jedoch nicht vermochte; und er fragte sich, ob Todesangst über ein Leben hinaus lähmen konnte?

Als die ersten Elfenschreie ertönten, war es, als hätte ihm jemand einen Stoß versetzt. So eilte er zu dem Stamm und holte aus einem der Fächer seine Rüstung, in die einige Drachenschuppen aus Ischemon eingearbeitet waren; das schmale Schwert, mit dem er in Ischemon gekämpft hatte und in dem noch immer der Zauber von damals steckte, und die leichten Handschuhe, die jeder Hitze trotzen. Es hieß, die Hände seien das einzige gewesen, das an seinem toten Körper unverletzt geblieben war. Ceren meinte, heilende Hände zauberten manchmal auch im Tode noch.

Nachdem er seine Rüstung angelegt, die Handschuhe übergestreift und sich mit seinem magischen Schwert gegürtet hatte, erstarrte er erneut. Er hatte Angst – nicht vor Schmerz, nicht vor dem Tode, nicht einmal vor der Wiedergeburt; sondern davor, dem Elfen, der er im letzten Leben gewesen war, nicht gerecht zu werden. Nur eine andere Angst löste die Lähmung: dass der Kampf enden könnte, ohne dass er etwas dazu beigetragen hatte.

Unsicher trat er aus seiner Wohnstatt hinaus und spürte die Blicke der Vorbeieilenden, die ihn streiften. Sie schienen nicht zu wissen, dass Ceren ihn in Sicherheit wissen wollte. Niemand wies ihn zurück. Baruvee lief mit Schwert im Gurt und Schild in der Hand an seine Seite. Er hatte sie noch nie in Rüstung gesehen. Zum Kampf bereit und das blonde Haar zurückgebunden, wirkte sie wie die wandernde Kriegerin, die sie einst gewesen war.

»Ceren hat sich geirrt«, sagte sie. »Die Zeit der Drachen ist nicht vorbei.« Am Mittag hatten sie sich beim Kochen darüber unterhalten, was nun aus Albenmark werden würde, da die Herrschaft der Drachen gebrochen war. Alle Vorstellungen, zu denen sie gemeinsam gefunden hatten, schienen in diesem Augenblick verweht zu sein. Als wäre es eine Antwort auf Baruvees Worte, drang ein Chor aus Elfenschreien an ihre Ohren, gefolgt vom Brüllen einer Bestie und einem Zischen, das neue Schmerzensschreie nach sich zog.

Noch ehe sie die Biegung zur Lichtung erreichten, flackerte der Schein, der von draußen auf den Weg fiel, und nach einem Erbeben des Bodens, das Nuramon kurz aus dem Gleichgewicht brachte, knisterten die Barinsteine und deren Licht geriet für einen Moment ins Zittern.

»Das magische Geflecht ist erschüttert«, sagte Baruvee.

»Es muss Ceren sein«, erklärte Idirielle, die hinter ihnen herankam. Ihre alte Rüstung passte ihr auch nach all der Zeit noch immer. Sie trug ihren mit roten und braunen Drachenschuppen besetzten Schild; das schmale Schwert steckte im Gurt. Ihre hellbraunen Locken quollen unter ihrem Helm hervor. »Was immer ihr geschieht, geschieht diesem Ort«, sagte sie.

Nuramon war zwar unruhig, dennoch vermochte er zu fühlen, was Idirielle meinte. Pulsierend drang die Magie durch den Boden und durch die Luft von der Lichtung heran und strahlte in den Wald herein. »Wie ein Hilferuf«, sagte er nickend. Idirielle blickte ihn mit ihren grauen Augen an, als hätte sie etwas an ihm entdeckt.

»Kommt!«, sagte Baruvee. »Haltet euch an mich!«

In diesem Leben kannte Nuramon Kämpfe nur aus den Übungen. Er wusste, wie er Idirielle besiegen konnte; und sie wusste, wie sie ihn besiegte, doch mit anderen hatte er selten gefochten, und gegen Bestien hatte er nie gekämpft.

Gemeinsam mit Baruvee und Idirielle trat Nuramon auf die Lichtung hinaus. Einige Felder standen in Flammen, hoch oben brannte ein Teil von Cerens Baumkrone. Funken wirbelten durch die Luft und schwebten wie sterbende Leuchtkäfer zu Boden. Von Cerens Elfengestalt war nichts zu sehen, doch Nuramon spürte ihren Zauber wie einen stürmischen Wind, der wieder und wieder die Richtung wechselte. Hielt Ceren Ausschau nach den Drachen?

Zu ihrer Rechten, direkt am Eingang zum Wald, sammelten sich jene, die im Kämpfen nicht geübt waren, hinter einer brusthohen Mauer aus glatten Steinen, die durch Cerens Harz zusammengehalten wurden. Es herrschte aufgeregtes Treiben. Die einen spannten Bögen und füllten Köcher, die anderen, viele davon Teil der Jagdgemeinschaft, die am Tage noch unterwegs gewesen war, standen an der Mauer, hatten ihre Pfeile eingenockt und spähten in die Höhe – ebenso wie jene Elfen, die auf der Lichtung verteilt waren und Lanzen und Bögen bereithielten.

Nuramon ließ sich Bogen und Köcher geben und blickte Idirielle an. Sie nickte, denn selbstverständlich hatte sie nicht vergessen, wie sie sich gemeinsam darin geübt hatten, dass er mit dem Bogen schoss, während sie sich selbst und ihn mit dem Schilde schützte.

Zwar vermochte Nuramon mit seinen Handschuhen Pfeil und Bogen zu führen, aber mit befreiten Fingern war er schneller und treffsicherer. Also zog er sich die Handschuhe aus und befestigte sie an seinem Gürtel. Kaum hatte er den Hüftgurt mit dem Köcher angelegt und die Sehne des Bogens geprüft, da zog ein Grollen seinen Blick in die Höhe. Ein bläuliches Gebilde flog über die Lichtung. Ringsum tönten die Bögen wie hundert klappernde Störche. Die Pfeile schossen ihrem Ziel entgegen. Was im Licht des Feuers scheinbar eine Gestalt war, strebte auseinander. Es waren drei Drachen mit blauen Schuppen. Der Größte von ihnen schoss mit angelegten Flügeln geradeaus weiter, die kleineren beiden entfalteten ihre Schwingen und spien neues Feuer in die Baumkrone. Pfeil um Pfeil prallte von ihnen ab, ehe sie mit heftigen Flügelschlägen davonflogen.

Hinter der Mauer tauschten die Schützen ihre Bögen gegen große Schilde, manche mit Drachenschuppen oder Drachenhaut überzogen, andere waren mit magischen Steinen gespickt. Die Schützen hielten sie über ihre Köpfe. In den Häusern am Rand der Lichtung wurden die Läden geschlossen.

»Kommt!«, rief Baruvee und bedeutete ihnen, ihr zu folgen.

Kaum hatten sie sich einige Schritte vom Eingang zum Wald entfernt, zischte es schräg hinter ihnen.

Sie wandten sich um. Idirielle hob den Schild, und wie früher suchte Nuramon sofort den Schutz dahinter, während Baruvee mit ihrem eigenen Schild an Idirielles Seite kam. Nuramon legte einen Pfeil auf die Sehne. Einer der kleineren beiden Drachen flog am Rand der Lichtung in die Tiefe und stieß einen Flammenstrahl aus seinem Maul aus. Sträucher und Bäume fingen Feuer, die Schilde hinter der Mauer blieben jedoch ebenso unversehrt wie die Häuser.

Der Drache mochte mehr als acht Schritte lang sein. Sein riesiger Kopf war von kantigen Hörnern übersät, als würden dort grobe Saphirkristalle herausstechen. Die Augen der Bestie leuchteten feuerrot – ein hervorragendes Ziel, doch ehe Nuramon zum Schuss kam, war der Drache vorübergeflogen. Sein Pfeil ging ins Leere. Hinter der Mauer senkten sich die Schilde, und die ersten Schüsse folgten von dort, während sich an den Häusern die Läden öffneten und Pfeile aus den Fensteröffnungen schräg in die Höhe zischten, ohne dass die Schützen sichtbar waren.

Unbeeindruckt strebte der Drache weiter und zog Nuramons Blick auf eine Hecke, die bereits zum Teil in Flammen stand. Dort musste einer der Drachen zuvor bereits angegriffen haben.

Zwischen den Bäumen kauerten Verletzte, während Bewaffnete aus dem Wald strömten und dem Drachen die letzten Pfeile nachsandten, und Unbewaffnete mit Wassereimern und schweren Decken kamen, um die Hecke zu löschen.

Nuramon folgte Idirielle und Baruvee auf dem sandigen Weg, der zu Ceren führte.

»Was sind das für Drachen?«, fragte Idirielle mit unruhigem Atem. »Ich spürte Wut – eine vielstimmige Wut, die sich Bahn bricht.«

Nuramon hatte nichts dergleichen gespürt.

Baruvee hielt den Blick in die Höhe gerichtet, antwortete aber: »Das sind Blauschädel.«

»Ich dachte, die würden nur noch in Sagen existieren«, erwiderte Nuramon.

»Das dachte ich auch.«

»Sie kommen!«, rief Idirielle. »Von dort!«

Nuramon staunte; Baruvee rief in die Runde: »Sie kommen aus Nordwesten!«

Tatsächlich erschienen dort die beiden kleineren Drachen. Ihre Bäuche waren heller als der Rest ihres Körpers. Nuramon schoss, doch sein Pfeil prallte ebenso ab wie all die anderen. Auch beim zweiten Drachen vermochte keine Spitze die Drachenhaut zu durchdringen. Die Bestie senkte den langen Hals und spie etwas aus, das in die Tiefe fiel, nahe dem Baumstamm Cerens auf die Erde platschte, zu allen Seiten spritzte und in Flammen aufging. Wen das Feuer erfasst hatte, versuchte es zu löschen. Manche warfen Mäntel und Rüstungsteile von sich, andere wanden sich am Boden. Als wären all die Schreie aus Schmerz und Verzweiflung ein Zauber, fing sogar die Luft nahe dem Stamm der Ceren mit einem Knall Feuer. Alle dort wichen vor der Stichflamme zurück. Sie verging zwar schnell, doch hier und dort brannte der Boden. Sogar auf den Sand war die Flüssigkeit gespritzt und bot den Flammen Nahrung.

Das Feuer drohte den Baumstamm zu erreichen, doch Wedored versuchte dort, die Flammen mit Alithrielles Mantel zu ersticken.

Ein Brüllen ertönte über der Lichtung, und der größte der drei Drachen erschien. Seine Stirn war mit den kristallartigen Hörnern geradezu überwuchert. Die Bestie senkte den Kopf, als wäre der Schädel eine schwere Last, der sie nachgeben musste. Schon fürchtete Nuramon, der Drache würde wie einer der beiden kleineren die zähe Flüssigkeit auf die Erde spucken, doch das Wesen landete in der Baumkrone. Die Funken sprühten aus dem Laub heraus, ein Ruck ging durch das Geäst, und ein Knacken ertönte.

Nuramon wich von seinen beiden Gefährtinnen begleitet wieder zurück, um besser auf den Drachen schießen zu können, doch es schien, als hätte sich das Wesen dort oben versteckt. Dennoch flogen vom Rande der Lichtung die Pfeile in die Höhe. In den Häusern waren alle Fenster für die Schützen geöffnet. Statt des Brüllens der Bestie, auf das sie hofften, erfüllte ein Leuchten die Baumkrone, als wäre sie ein riesiger Lampion. Wieder ging ein Ruck durchs Geäst.

»Das ist das Muttertier!«, rief Baruvee. »Sie will Ceren herausreißen. Kommt!« Sie lief der Birke entgegen; Nuramon folgte mit Idirielle, und er wusste nicht, was sie dort am Stamm tun sollten, was er – als Einziger von ihnen mit einem Bogen ausgestattet – nicht auch vom Rand der Lichtung vermochte.

Auf dem Weg kamen ihnen Krieger entgegen, die Verletzte, deren Gesichter Nuramon vor lauter Verbrennungen nicht erkennen konnte, dem Wald entgegenzerrten. Er wollte ihnen mit einem Heilzauber helfen, doch Baruvee winkte ihn hinter sich her. Sie hatte recht. Es gab genug heilende Hände im Wald, aber die Zahl der Kämpfenden würde dahinschwinden, wenn sie die Drachen nicht bald vom Himmel holten oder vertrieben.

Nuramon erblickte erneut Wedored. Dieser hatte das Feuer am Fuße des Baumes gelöscht und gebot nun seinen Schützen, geradewegs nach oben zu schießen. Das war es also, was Baruvee vorschwebte: am Stamm zwischen den Ästen in den Bauch des Drachens zu schießen und zu hoffen, dass die Pfeilspitzen durch die Haut der Bestie drangen.

Die Schützen versuchten es – zunächst ohne sichtbaren Erfolg. Als Nuramon mit Idirielle und Baruvee bei Wedored ankam und weit oben etwas Blaues zwischen dem Geäst durchschimmerte, ertönte ein bestialisches Grollen, gefolgt von einem Zischen.

»Weg hier!«, rief Idirielle mit aufgerissenen Augen, und kaum hatte sie es ausgesprochen, flammte in der Baumkrone etwas auf. Die drei Schützen liefen mit Baruvee und Idirielle vom Baumstamm fort, Nuramon rettete sich an der Seite Wedoreds mit einem Sprung vor der brennenden Flüssigkeit, die den Stamm herablief und das bereits am Boden brennende Feuer anfachte.

Alithrielle hielt Wedored die Hand hin und half ihm beim Aufstehen, und der zog seinerseits Nuramon auf die Beine. Gemeinsam entfernten sie sich von den Flammen, während brennende Tropfen sich wie Regen hier und dort ergossen und im Gras aufflammten. Alithrielle hob ihren Schild über Wedoreds Kopf, während Idirielle mit ihrem Nuramon Deckung bot.

Außer Atem brachte Wedored die Worte nur stockend hervor: »Warum nur … bist du nicht … zu Hause geblieben!«

»Wo ist Ceren?«, fragte Nuramon und schaute sich nach deren Geistergestalt um.

»Sie verschwand vor unseren Augen, als die Krone Feuer fing«, antwortete Wedored.

Baruvee trat mit den drei Schützen an sie heran und zeigte in Richtung Mauer und Eingang zum Wald, wo die Jagdgemeinschaft Pfeile abschoss. Auch hier auf der Lichtung strebten die Schützen Stück um Stück vom Baumstamm fort, und immer mehr Bogenschützen suchten sich an den Fenstern der Häuser einen Platz.

»Hochklettern können wir wegen des Flammenspeichels vergessen«, sagte Wedored und schaute zum Stamm, an dem sich an manchen Stellen Flammen festgesetzt hatten.

»*Das* war dein Plan?«, erwiderte Alithrielle, und auch Nuramon wunderte sich, dass sein Onkel etwas so Halsbrecherisches in Betracht gezogen hatte.

»In der Verzweiflung machen wir manchmal …«, sagte er, doch der bebende Boden ließ ihn abbrechen.

Über ihnen raschelte das Laub. Nuramon stolperte zurück, während neben ihm der Boden aufriss und eine gewundene Wurzel zum Vorschein kam, die vor Cerens Magie geradezu strahlte. Auf dem Weg schoss der Sand in die Höhe und rieselte knisternd hernieder. Entlang der schlangenartigen, Wurzeln, die zum Vorschein kamen, hatte Nuramon schon oft seine Sinne geschickt. Ruckartig neigte sich Cerens Stamm zur Seite, und weitere Wurzeln drangen aus dem Boden hervor.

»Das Biest will sie herausreißen!«, rief Baruvee erneut.

Aus dem Brüllen der Drachenmutter sprach die Anstrengung, mit der sie an dem Baum zerrte.

»Es gelingt ihr aber nicht«, sagte Idirielle. »Cerens Magie ist zu stark.«

Nuramon spürte, wie Cerens Macht von den Wurzeln unten nach oben in die Baumkrone floss und sich dort entfesselte. Inzwischen brüllte die Drachenmutter vor Schmerz, und als wäre es ein Zeichen des Sieges, erschien Ceren in ihrer geisterhaften Elfengestalt zwischen Nuramon und Alithrielle.

»Wir haben nicht viel Zeit«, sagte sie mit zitternder Stimme und schwankendem Körper, während der Drache die Baumkrone unter wildem Gebrüll hin- und herriss und die Pfeile vom Waldrand weiterhin auf ihn einprasselten. »Sie wollen meine Lebenskraft«, sagte Ceren. »Sie sind nicht sie selbst – verdorben durch etwas, das in ihnen nistet. Sie werden nicht eher ruhen, bis sie die Quelle meiner Macht und dieses Waldes leergesogen haben. Wenn sie meine Wurzeln so weit abgenagt haben, dass sich die Bande zum Albenstern lösen, wird der Zauber versiegen. Sie wollen …« Mit einem Mal verschwand Ceren.

Idirielle schaute sich suchend um, und auch Nuramon vermochte Cerens Präsenz nicht mehr zu spüren.

»Ceren!«, rief Nuramon, während sich hoch oben die Drachenmutter losriss und mit schweren Schlägen ihrer Schwingen über dem Wald in Sicherheit brachte.

»Wo ist Ceren?«, fragte Baruvee.

Nuramon wusste es nicht.

Idirielle hob den Blick, doch statt zu antworten, sagte sie: »Die zwei Jungtiere.«

Baruvee und Wedored tauschten Blicke, dann rief Baruvee in die Runde: »Macht euch bereit! Sie kommen zurück!«

Die beiden kleineren Drachen schossen aus zwei Richtungen der Baumkrone entgegen und setzten sich wie der große Drache zuvor darin fest. Sie zerrten an der Birke, während die Schützen weiterhin Pfeile in die Höhe schossen – darunter einer, der aus einem Fenster strebte und in einem grellen Grün leuchtete.

»Sie haben die magischen Pfeile geholt«, sagte Wedored. Davon gab es nicht viele, und sie wurden wie Schätze gehütet – für Augenblicke wie diesen. Mit den legendären Drachentöterpfeilen konnten sich ihre Geschosse nicht messen, aber in ihnen steckte die ganze Kunstfertigkeit ihrer Gemeinschaft.

Ein leidvolles Krächzen drang aus der Baumkrone, gefolgt von

Flammen, die herausschossen. Da das Krächzen sich wiederholte, vermutete Nuramon, dass der magische Pfeil einen der Drachen verletzt hatte.

»Ein paar gezielte Treffer, und sie ziehen sich vielleicht zurück«, sagte Baruvee.

Wedored setzte zum Sprechen an, stockte aber, denn über Baruvee bewegte sich ein Schatten, flog hernieder und prallte so schwer auf, dass der Boden bebte und Nuramon aus dem Gleichgewicht brachte. Idirielle griff nach ihm; er griff nach Idirielle; sie gaben sich Halt und bewahrten einander vor einem Sturz.

Die Drachenmutter stand vor ihnen und hob den Kopf.

Während Baruvee ihr Schwert zog und Wedored, von Alithrielle mit dem Schild beschützt, den Stoßspeer hob, schlug die Drachenmutter mit den Flügeln und reckte den Schädel in Richtung des Baumstammes. Sie schwang ihnen dabei ihren stacheligen Schweif entgegen.

Wedored, Alithrielle und Baruvee duckten sich, und auch Nuramon gelang es gerade noch, unter dem Drachenschwanz hinwegzutauchen. Idirielle jedoch, die früher immer schneller als er gewesen war, fegte es von den Beinen. Sie schrie nicht einmal, sondern atmete laut aus, als hätte der Aufprall all die Luft aus ihrem Körper gepresst.

Der Drache rammte seinen Schädel gegen den Stamm. Im Schutz des Pfeilhagels gingen Baruvee, Wedored und Alithrielle mit anderen Herannahenden mit Speer oder Schwert auf die Bestie los.

Nuramon eilte an Idirielles Seite und half seiner Kampfgefährtin auf die Beine.

Außer Atem presste Idirielle die Worte »Es ist nichts« hervor. Nuramon reichte ihr den Schild, den sie beim Sturz verloren hatte, da stieß die Drachenmutter einen kurzen Flammenstrahl aus, der Baruvee, Wedored und die anderen zurückweichen ließ.

Alithrielle fing den Flammenstrahl mit ihrem Schild auf. Die magische Schicht, mit der er überzogen war, leuchtete auf. Sie reichte, von Zaubersteinen genährt, über den Rand des Schildes hinaus und war nach vorne gewölbt. So wurde die Flamme zurückgeworfen und konnte nicht um den Schild herumwirbeln. Wäre der Strahl breiter gewesen, hätte ein einziger Schild nicht genug Schutz geboten, so aber vermochte Alithrielle zu verharren. Sie schrie vor Anstrengung. Die Hitze würde der Schild ebenso wenig zurückhalten wie den beißenden Gestank des Drachenatems.

Schon war Baruvee mit ihrem Schild an ihrer Seite. Kaum ließ der Feuerstrahl nach, warf sich die Drachenmutter gegen Cerens Stamm. Wurzelwerk drang aus der Erde und war dem Drachen mit einem Mal im Weg. Er schlug mit den Schwingen, gerade als Nuramon einen Pfeil auf der Sehne hatte.

Die Bestie schwebte über dem Boden, brachte mit verwirbelnder Luft die Schützen in ihrer Nähe aus dem Gleichgewicht, verharrte aber an Ort und Stelle.

Nuramon war weit genug entfernt, um den Windstößen zu entgehen – jedoch nicht weit genug, um vor einem Flammenstrahl sicher zu sein. Aber er erspähte, was er sich erhoffte: eines der Augen der Drachenmutter.

Er zielte; wartete, weil sich der Drache bewegt hatte; zielte dann erneut – und schoss. In diesem Moment schloss der Drache die Augen, doch der Pfeil durchdrang das Lid, und dunkelrotes Blut spritze aus der Wunde. Brüllend reckte die Drachenmutter den Hals in die Höhe.

»In Deckung!«, rief Wedored, und schon war Idirielle an Nuramons Seite, während Alithrielle und Baruvee mit Wedored im Rücken nebeneinander zu ihnen zurückwichen. Sie führten die Schilde zusammen.

Gerade noch rechtzeitig fand Nuramon hinter Idirielles Schild Schutz. Es wurde hell und heiß, und Nuramon stemmte sich gemeinsam mit Idirielle und den anderen gegen den Druck des Flammenstrahls. Der Drachenatem stank so sehr, dass Nuramon die Luft anhielt.

Kaum brach der Flammenstrahl ab, streifte etwas die drei Schilde entlang. Der Drachenschweif! Ein Stück entfernt traf dieser eine andere Gruppe ihrer Verbündeten und schnitt Dilveric, einem Cousin Nuramons, den Arm auf.

Die Drachenmutter stieß erneut den Kopf gegen den Baum und

stemmte sich dann mit dem Körper gegen den Wurzelballen. Zugleich schrien die beiden jüngeren Drachen in der Baumkrone, und mit einem Ruck wurde die Birke aus dem Boden gerissen. Zwei magische Pfeile – beide von der Mauer aus abgeschossen – trafen ihr Ziel, und die beiden Drachen in der Baumkrone lösten sich aus dem Geäst und ließen die Birke fallen. Der Wurzelballen setzte sofort wieder auf den Boden auf, und der Baum, der Stamm von glühenden Rissen überzogen, kippte zur Seite.

Als verliefe die Zeit langsamer, stürzte Cerens Baumkörper zwischen die Hecke und die Mauer, schlug sich zwischen zwei Häusern in den Wald hinein und brach in Stücke. Überall floss hier Magie – aus den abgerissenen Wurzeln ebenso wie aus dem Baumstamm. Die im Erdreich verbliebenen Wurzelstränge versprühten die Zauberkraft geradezu, und so wurde der Boden hier in der Mitte der Lichtung zu einer ungezügelten magischen Quelle.

Ein Aufstöhnen der Drachenmutter, das Nuramon zufrieden vorkam, erinnerte Nuramon an Cerens Worte. Es sagte ihm, dass es den Bestien um die Birke und deren magische Quelle ging.

»Das ist die Gelegenheit!«, rief Baruvee. »Mir nach!« Mit gezücktem Schwert und erhobenem Schild rannte sie auf die Drachenmutter zu. Wedored und Alithrielle folgten ihr. Idirielle zögerte einen Moment, aber dann setzte auch sie sich in Bewegung, und Nuramon hielt sich im Schutz ihres Schildes. Schon im Laufen nockte er einen weiteren Pfeil ein und schoss gemeinsam mit anderen, die in der Nähe waren, auf die Drachenmutter, die keine vier Schritt von ihm entfernt war. Sein Pfeil drang zwischen die Schuppen, und auch von den anderen fanden einige den Weg in den Körper der Bestie.

Von allen Seiten stürmten die Bewaffneten näher, doch die Drachenmutter warf den Kopf zur Seite und spie Feuer. Wer nicht hinter Schilden Schutz fand, ging in Flammen auf. Schmerzensschreie erfüllten die Luft, doch kaum verging der Flammenstrahl, übertönten die Kampfschreie alles, und Nuramon lief weiter mit Idirielle voran. Sie zog ihr Schwert; er ließ seinen Bogen fallen und tat es ihr gleich; denn im Getümmel, das nun entstand, gab es keine freie Schusslinie mehr.

Die anderen beiden Drachen landeten auf der Lichtung – der eine am Rand, der andere in der Nähe des Muttertieres.

Die Drachen spuckten Feuer, und immer wieder suchte Nuramon hinter Idirielles Schild Schutz. Es gab stets nur eine kurze Pause zum Durchatmen, von der Nuramon eine dazu nutzte, die Handschuhe von seinem Gürtel zu lösen und sich überzustreifen.

Beim Blick über den Schild fiel Nuramon auf, dass die Flammenstöße der Drachen kürzer und kürzer wurden, und als die Drachenmutter überhaupt kein Feuer mehr spuckte, wagte sich Nuramon an Idirielles Seite wieder vor. Kaum hatten sie den Drachen zwei Mal mit ihren Schwertern getroffen, riss die Bestie das Maul auf. Nuramon fürchtete, dass er sich geirrt hatte und doch gleich in Flammen stehen würde. Idirielle hob bereits den Schild, aber aus dem Maul der Drachenmutter drang nur heiße Luft, gefolgt von einem feuchten Grollen. Falls die Bestie ihren Speichel ausspuckte, würden er und Idirielle und alle um sie herum bei all den kleinen Feuern, die am Boden brannten, in Flammen aufgehen.

Sie wandten sich zur Seite und liefen los – keinen Augenblick zu spät, denn hinter ihnen platschte etwas auf den Boden. Fauchend schoss eine Flammenwand in die Höhe. Die Hitze im Rücken liefen sie geradewegs auf den jungen Drachen zu, der sich ein wenig von der Drachenmutter entfernt hatte. Wedored war bei ihm und rief andere zu sich, um gemeinsam seinen Speer zu halten, dessen Spitze in der Seite der Bestie steckte. Nuramon war als Erster zur Stelle, steckte sein Schwert fort, packte den Speer und war froh dank der Handschuhe einen festen Griff zu haben. Indes gingen Idirielle und Alithrielle gemeinsam mit dem Schwert gegen die Bestie vor.

Der junge Drache schnappte nach Wedored und zerbiss den Speer. Mit der Stirn rammte er Wedored und streifte Nuramon, sodass er zu Boden fiel. Nuramon blickte auf und sah eine blutende Wunde. Die Bestie hatte Wedoreds Schuppenrüstung durchbissen.

Wedored zog das Schwert, und kaum war Nuramon wieder auf den Beinen, tat er es ihm gleich. Mit erhobenen Klingen stürmten sie voran, während Alithrielle und Idirielle an ihre Seite kamen. Der Drache schnappte nach dem Speerstück, das ihm noch im Leib steckte und riss es heraus. Mit zwei Schwerthieben setzte Nuramon dem Tier zu, während Wedored auf eines der Beine einhackte. Das dunkelrote Blut, das aus den Wunden drang, glänzte wie poliertes Kristall.

Die Bestie kreischte, schwang den Kopf nach links und rechts. Ein Schwall Magie wehte über die Lichtung, als saugte der Drache sie auf, um sich mit einem Sprung in die Luft zu erheben. Nuramon erwischte mit seinem Schwert den Bauch des Drachen, ehe dieser mit heftigen Flügelschlägen an Höhe gewann.

»Wedored!«, rief Nuramon, während zwischen dem Muttertier in der Mitte und dem anderen Jungtier am Rand nach wie vor das Chaos herrschte.

Nuramon wollte seinen Onkel heilen, doch der Boden erbebte und unter Gebrüll stürmte das Muttertier heran, sodass Nuramon und Wedored zur Seite springen mussten. Die Drachenmutter blickte ihrem Jungtier hinterher; sie reckte den Hals in die Höhe.

Nuramon rammte ihr das Schwert in den Hals. Auf den Schmerzensschrei folgte eine Art Jaulen vom Rand der Lichtung.

Nuramon wich zurück, während der Schweif der Drachenmutter wie eine gigantische Peitsche umherschwang und drei Speerträger von den Beinen fegte.

Idirielle war bereits im Sprung, als Nuramon es ihr gleichtat und gerade noch dem stacheligen Schwanz entging. Kaum war Nuramon wieder mit den Füßen auf dem Boden, schlug er nach dem Schweif, streifte ihn jedoch nur. Er spürte die magische Kraft, die aus dem Boden drang und in wilden Wellen mal hierhin, mal dorthin wehte. Die in der Erde verbliebenen Wurzeln vermochten die Macht der Albenpfade weder zu lenken, noch zu zügeln. In seiner Nähe jedoch verging der Zauber, und er spürte den Sog, der von der Drachenmutter ausging. Sie wandte sich nach links, und Nuramon erkannte, dass das Auge, das er mit dem Pfeil getroffen hatte, geschlossen war.

»Sie kann uns hier nicht sehen!«, rief Nuramon gegen den Kampflärm an. »Wir müssen auf dieser Seite bleiben!«

Idirielle nickte, und gemeinsam mit Baruvee gingen sie gegen die

Drachenmutter vor. Andere kamen zu ihnen – darunter zwei seiner Cousinen, Marnyrielle und Sarilee, die stets so fasziniert von Drachengeschichten gewesen waren, und die nun voller Eifer ihre Speere in die Seite der Bestie stießen, während er und Idirielle mit ihren Schwertern zwischen die Schuppen der Bestie stachen.

Die Drachenmutter brüllte und wand sich unter all den Hieben, die sie trafen. Instinktiv duckte sich Nuramon, doch Marnyrielle und Sarilee traf der Schweif ebenso wie Idirielle. Sie wurden zurückgeschleudert, doch Wedored und Alithrielle waren zur Stelle. Sein Onkel war ganz blass, und hielt sich die freie Hand an seine Wunde, während Baruvee einem Kopfstoß des Drachens auswich.

Idirielle war nicht einmal auf den Beinen, da wandte sich die Drachenmutter erneut um und schnappte nach Wedored, als wäre er der Feldherr dieses Kampfes. Was eben noch eine Wunde gewesen war, die er wahrscheinlich selbst mit heilender Hand ein wenig abgeschwächt hatte, wurde nun zu einer lebensbedrohlichen. Alithrielle fing Wedored auf und schleppte ihn von der Drachenmutter fort.

Seite an Seite stellten sich Idirielle und Nuramon dem Drachen in den Weg. Die Bestie schnappte zu. Idirielle sprang nach links, Nuramon nach rechts, und doch drangen die messerscharfen Zähne durch seine Rüstung, und ein brennender Schmerz flammte in Nuramons Seite auf. Er hörte Idirielle schreien, während überall Rufe der Verzweiflung anschwollen. Hilferufe, Todesschreie, Schreie größter Anstrengung. Um ihn herum gaben viele den Kampf auf, um Verwundete fortzuzerren.

Unter Schmerzen quälte Nuramon sich auf die Beine und schaute zu Idirielle. Eine der kristallartigen Drachenspitzen steckte in ihrer Brust. Die Drachenmutter bäumte sich vor Schmerz brüllend auf. Aus der Stirn spritzte das dunkelrote Blut und prasselte wie heißer Regen auf sie hernieder. Anders als der stinkende Atem roch das Blut des Drachen nach würzigen Kräutern. Die Bestie brüllte immer lauter. Weder die Pfeile noch die Schwert- und Speerstiche hatten dem Wesen solche Qualen bereitet. Doch dass die Kristallspitze in Idirielles Wunde abgebrochen war, schien die Bestie um den Verstand zu bringen.

Einen Moment überlegte Nuramon, ob er sich an Alithrielle ein Beispiel nehmen sollte und Idirielle vom Kampfgeschehen fortziehen sollte, doch die Bestie senkte ihr Haupt zur anderen Seite, wo die anderen Elfen ihren Zähnen und ihrem entflammbaren Speichel auszuweichen versuchten. Die Kristallhörner fingen seinen Blick ein. Sie waren nun von Blut befleckt.

Heilende Hände gab es genug. Sie würden alle, die überlebten, zu retten wissen, doch dieser Kampf musste schnell enden. Nuramon war bereit zu tun, was er schon im letzten Leben getan hatte.

Ein Hauch von Magie erfasste ihn, beflügelte ihn und ließ den Schmerz in der verwundeten Seite verblassen. War das ein Wink des Mondlichts? War dies seine Bestimmung? Würde er den Blauschädel töten und statt selbst zu sterben ins Mondlicht gehen?

Als hätte er seinerseits Flügel, die von Magie getragen wurden, sprang er nach kurzem Anlauf auf den Rücken der Bestie, hielt sich mit einer Hand an einem schmalen Zacken des Kamms fest, der wie ein Gebirge über den Körper verlief. Obwohl der Zacken nicht durch seine Handschuhe schnitt, schmerzte es, als er sich daran festhielt.

»Nuramon!«, rief Baruvee, und ihm war so, als würden auch andere voller Sorge seinen Namen rufen. Vielleicht war er dieser Welt bereits halb entschwunden.

Mit einem Ruck und einem Schütteln versuchte die Bestie, Nuramon abzuwerfen. Nur mit aller Kraft vermochte er sich festhalten. Er durfte das Schwert nicht fallen lassen, so sehr eine freie Hand ihm in seiner Lage geholfen hätte.

Kaum wandte die Bestie ihm mit ihren langen Hals den Kopf zu, schlug Nuramon mit dem Schwert zu. Er sah, wie zwei übereinander geschobene Lider sich schlossen, um das unverletzte Auge zu schützen, doch Nuramon hatte nicht aufs Auge gezielt, sondern auf das größte der kristallartigen Hörner, die den Drachen wie ein von Stein überwuchertes Wesen erschienen ließ.

Nuramons Schwert, von der Magie durchdrungen, die schon in seinem letzten Leben den Drachen zugesetzt hatte, durchtrennte zwei Hörner. Blut spritzte Nuramon ins Gesicht und trübte seinen Blick.

Etwas traf ihn in der Brust, dann gab es kein Oben und kein Unten mehr. Hart schlug er auf dem Boden auf und vernahm nichts mehr, außer dem schmerzverzerrten Gebrüll der Drachenmutter.

Er war bereit – zu sterben oder ins Mondlicht zu gehen.

»Nuramon!«, schrie Baruvee. »Weg da!«

Die Stimme seiner Tante riss ihn aus seiner Starre. Verschwommen sah er, dass sich vor ihm etwas bewegte. Er rollte zur Seite, und ein Luftzug wehte mit einem Fauchen an ihm vorbei.

Als er sein Schwert bei sich am Boden sah, gurgelte etwas neben ihm. Kaum hatte er die Waffe aufgenommen und sich umgewandt, blickte er ins Auge der Bestie. Sie starrte ihn aus ihrem unverletzten Auge an, öffnete das Maul und spuckte ihm ihren Speichel entgegen. Er traf ihn, als hätte jemand ein wasserdurchtränktes Tuch auf ihn geworfen.

Die Bestie wandte sich ab und biss hier und dort nach anderen, die ihr zugesetzt hatten.

Nuramon war von dem übelriechenden Drachenspeichel durchnässt. Falls er jetzt dem Feuer zu nahe kam, oder auch nur ein zu großer Funken auf ihn herabregnete, würde er in Flammen aufgehen.

Er wollte voranstürmen, da streckte die Bestie ihm ihren Kopf wieder entgegen und schnappte nach ihm. Er wich aus, doch kaum hatte er sein Schwert gehoben, riss die Drachenmutter ihren Kopf zurück, und sein Hieb ging ins Leere. Sie holte tief Luft, und der heiße Atem und das aufscheinende Licht kündigten an, dass sie wieder Feuer speien würde.

Es gab keinen Schild in der Nähe, keinen noch so kleinen Schutz. Es gab nur den Weg nach vorn. So sprang Nuramon vor und rammte der Bestie das Schwert in die Brust. Er rollte sich zur Seite fort, duckte sich unter den Schwingen weg und hoffte, die Bestie habe ihn aus dem Auge verloren.

Die Drachenmutter brüllte ununterbrochen. Ein Flammenstrahl schoss in die Höhe, verpuffte mit einem Röcheln, und der Hals erzitterte. Der Kopf schien der Bestie nur noch eine schwerere Last zu sein.

Schwer atmend sah Nuramon dabei zu, wie die Speere und Schwerter und Pfeile auf die Bestie trafen. Die Drachenmutter sah auf ihn herab. Das große Auge weitete sich. Schnaufend öffnete sich das Maul der Bestie, und Nuramon war bereit, auszuweichen, doch der Drachenkörper geriet ins Taumeln. Der Hals schlängelte sich langsam und knickte schließlich unter der Last des schweren Kopfes ein. Die Bestie fiel zu Boden, die Schwingen bedeckten den Körper halb, und der Kopf donnerte direkt vor Nuramon auf die Erde. Magie aus einer von Cerens abgerissenen Wurzeln durchdrang den Kopf, ohne sich darin festzusetzen.

Nach Atem ringend, zog Nuramon sein Schwert aus dem Körper der Bestie und schaute zu Idirielle, die am Boden lag und sich die Brust hielt. Er eilte zu ihr. Sie lächelte ihn an. »Ich bin froh, lange genug gelebt zu haben, um zu sehen, wie du diese Bestie tötest.« Sie holte tief Luft. Sie hatte sich selbst den Drachenkristall aus der Wunde gezogen.

»Du hast unrecht«, erwiderte Nuramon und zog seine Handschuhe aus. »Wir alle haben die Bestie gemeinsam bezwungen. Und ... du wirst leben.« Er legte er seine Hand behutsam auf ihre. »Wenn du mich dir helfen lässt.«

Lächelnd löste Idirielle ihre Hand von ihrer Wunde und legte sie in seine, die mit einem Mal brannte. »Lass uns einander helfen, Cousin«, sagte sie, während sich ihr Heilzauber wie kühles Wasser über seine Wunde ergoss.

»Spürst du die Jungtiere?«, fragte Nuramon, während er zwei Finger direkt an die Wunde legte. Es wäre leichter gewesen, ihr die Rüstung auszuziehen, doch womöglich war der Kampf noch nicht vorbei.

»Ich spüre nur magische Flüsse, die sich in der Luft verwirbeln.« Idirielle legte die Hand auf das aufgerissene Erdreich. »Ich könnte sie nutzen, um was verbrannt ist, wieder wachsen zu lassen.«

»Ceren?«

»Nein. Falls noch irgendetwas von ihr am Leben ist, wird sie selbst die Magie zu nutzen wissen. Aber da ist nichts. Die Birke dampft vor Magie. Ein sterbender Körper. Mir wird jetzt erst klar, dass ich Ceren durch die Magie des Waldes spürte und nicht umgekehrt.« Idirielle stöhnte auf. »Dein Zauber setzt sich fest. Er tut, was er tun muss.«

Nuramon spürte, wie die Magie aus seinen Fingerspitzen floss und dort etwas verwob, das vorher zerschnitten gewesen war. Und auch er spürte, wie die Magie der Lichtung ihm Kraft bescherte und Idirielles Heilzauber ihn durchdrang. »Es wird Stunden dauern, bis alles zusammengewachsen ist«, sagte er.

»Ich weiß nicht, ob ich mich je von dem erholen werde, was heute Nacht geschehen ist. Ich weiß nicht, ob wir das alle je überwinden werden. Du musst mich nicht ganz heilen. Ich werde leben, und nun geh und sorge dafür, dass auch andere leben.«

Als hätten sie Idirielles Worte gehört, stießen Alithrielle und Baruvee mit Wedored in ihrer Mitte zu ihnen.

Sein Onkel hatte keinen Blick für ihn übrig, sondern starrte nur auf die tote Drachenmutter.

»Du musst ihm helfen, Nuramon«, sagte Baruvee.

Nuramon und Idirielle lösten sich voneinander. Nuramons Seite schmerzte zwar, aber sie blutete nicht mehr.

Erst als er vor Wedored am Boden hockte, schaute dieser Nuramon mit müden Augen an. »Ich hätte es wissen müssen«, sagte er. »Du wurdest deinem Erbe gerecht.« Seine Augen schlossen sich.

»Nein!«, hauchte Alithrielle.

»Zieht ihm den Panzer aus«, sagte Nuramon. »Ich muss an die Wunde gelangen. Niemand stirbt unter meinen Händen – nicht hier, nicht heute.«

Lächelnd öffnete Wedored wieder die Augen und umfasste mit seinen blutigen Händen Nuramons Finger. »Spar dir deine Kraft!«, sagte er. »Ich habe getan, was ich tun musste. Und nun bleibt nichts mehr.«

»Wedored, ich kann dich heilen! Hier fließt so viel Magie, dass niemand sterben muss. Und wenn es mir nicht gelingt, dann den anderen.«

»So viel Magie«, flüsterte Wedored. »Ja. So viel, dass es nicht nur um Leben und Tod geht. Die Dinge ordnen sich neu.« Ein Strahlen umgab Wedored, und mit einem Mal schien alles auf der Lichtung in diesem Moment gefangen – als staunte alles, sogar die Bäume und Sträucher, die tote Drachenmutter und die Flammen, die noch hier und dort am Boden loderten. Alles sah dabei zu, wie sich ein silberner Glanz um Wedored legte, er heller erstrahlte und wie ein höheres Wesen wirkte.

Er war nicht der Einzige, den dieser Glanz umgab. Überall auf der Lichtung, ob hier, nahe den Überresten Cerens, oder dort drüben, hinter der Hecke oder der Mauer, erstrahlte das Silberlicht.

Selbst Baruvee neben ihnen wurde von dem Glanz erfasst. Sie hob erst den einen, dann den anderen Arm, um das Strahlen an sich zu betrachten. »So also endet es«, sagte sie. Ihr kamen die Tränen, und sie schaute zwischen Alithrielle, Idirielle und Nuramon hin und her. »Vertraut auf das, was Ceren euch gelehrt hat.« Sie kniete sich neben Wedored und schloss ihn in die Arme.

Er nickte. »Ich wünschte, wir hätten Zeit gehabt, all das zu erkunden«, sagte er.

Baruvee lächelte. »Wir beide wussten von unseren Gefühlen. Ich wusste es seit der ersten Liebesfeier. Ich habe dich erkannt. Ich wusste, dass du es warst.«

»Und ich wusste, dass du es warst«, entgegnete Wedored.

Nuramon hatte nicht geahnt, was die beiden füreinander empfanden. Wedored war ein Sohn Weldarons, Baruvee war als Fremde zu ihnen gestoßen. Ihre Geliebten waren bereits im Mondlicht, doch sie hatten sich nicht zueinander bekannt.

»Ob die anderen auf uns warten und es verstehen werden?«, fragte Wedored, dessen Gesichtszüge im Licht verblassten.

»Natürlich werden sie das«, antwortete Baruvee, die von Licht eingehüllt kaum noch von Wedored zu unterscheiden war.

Dann, von einem Augenblick auf den anderen, waren sie fort.

Nuramon schaute sich um und sah Marnyrielle, die ihre Schwester Sarilee anlächelte und sich dann auflöste. Nicht nur die Tanten und Onkel, Eltern und Großeltern entschwebten hier, auch einige der Jüngeren fanden hier auf der Lichtung ihren Weg ins Mondlicht.

Alithrielle weinte und setzte sich zu Idirielle. »Allein schaffen wir das nicht«, sagte sie. »Die beiden jungen Drachen werden zurückkommen, um ihre Mutter zu rächen.«

Nuramon wollte etwas sagen, aber er mochte Alithrielle nicht verärgern. Idirielle jedoch entgegnete: »Selbst wenn sie zurückkehren, wir haben auf dieser Lichtung bereits alles verloren, worum wir gekämpft haben.« Sie schaute hinüber zu Cerens Körper.

Die Birke lag entwurzelt auf dem Boden, und die Baumkrone stand, halb im Wald liegend, in Flammen. Cerens Körper so zu sehen, versetzte Nuramon einen Stich – als hätte ihm jemand einen vergifteten Dolch in die Brust gestoßen.

»Das ist also das Ende unserer Gemeinschaft?«, fragte Alithrielle.

»Nein«, antwortete Nuramon trotz der Trauer, die ihn ergriff. »Wenn sie zurückkommen, werden wir auch sie töten und bewahren, was uns hier geblieben ist.«

Alithrielle sah ihn an, ohne dass er an ihrer Miene ablesen konnte, was sie fühlte. »Was bleibt, wenn das Herz von all dem hier zerborsten am Boden liegt«, fragte sie und löste sich von Idirielle. Diese erwiderte: »Es ist an uns, die Dinge gemeinsam weiterzuknüpfen – oder neuzuknüpfen.«

Alithrielle nickte und ging zu Cerens Überresten hinüber.

Idirielle ließ Nuramon kaum Zeit, darüber nachzudenken, was Alithrielle fühlte und ob sie ihn noch immer hasste. Sie sagte: »Du bist deinem Namen gerecht geworden und hast dir in diesem Leben Ruhm erworben. Ich habe immer gewusst, dass du das tun würdest.«

»Ich sollte tot sein, Idirielle. Ich sollte in Flammen umgekommen sein. Sollte ich in diesem stinkendem Drachenspeichel dem Feuer zu nahe kommen, ist es selbst jetzt noch um mich geschehen. Ich habe Glück gehabt.«

»Ich glaube nicht an Glück, Nuramon«, sagte Idirielle mit ernster Stimme. »Ich glaube an das Schicksal. Und ich glaube, dass du Ceren näherstandest, als ich es je getan habe.«

»Warum glaubst du das?«

»Weil ich merke, dass ich immer nur die Macht des Waldes gefühlt habe, aber nicht Ceren selbst. Irgendetwas von ihr sollte doch noch spürbar sein. Irgendeine Kleinigkeit, die verblieben ist. Als sie verschwand, hatte ich das Gefühl, sie wäre noch irgendwo. Aber du wusstest es besser.«

»Ich spürte nur, dass sie fort ist, aber ich will es nicht wahrhaben. Ich möchte, dass sie erscheint, wenn sich alles gelegt hat. Ohne sie kann ich hier nicht bleiben. Ich würde am Schmerz zugrunde gehen. Der Boden ist verwundet, ihr Körper gebrochen, ihr Geist entschwunden. Vielleicht ist dies tatsächlich das Ende unsere Sippe.«

3

Nachdem Nuramon als einer der Letzten in der Badegrotte gewesen war, um sich Blut und Drachenspeichel vom Körper zu waschen, vermied er es, sofort zum Rat zu gehen. Idirielle war dort und würde ihm berichten. In frische Kleidung gehüllt, begab er sich zurück auf die Lichtung. Es würde Stunden dauern, bis er das reinigende Harz von seiner Rüstung und den Handschuhen waschen konnte und damit den Gestank des Drachenspeichels loswurde. Stattdessen trug er einen leichten Schuppenpanzer, wie ihn die Wachen am Rande der Siedlung bevorzugten. Nur sein Schwert war ihm von der alten Ausrüstung geblieben.

Auf dem Weg zur Lichtung erschien ihm alles fremd. Die Leuchtkäfer waren fort, und viele der Barinsteine waren erloschen. Die Vögel schwiegen. Es war, als trauerte der Wald um Ceren und als wartete er darauf, wie es mit der Sippe des Weldaron weitergehen würde.

Auf der Lichtung waren einige Schützen hinter den Hecken und Mauern und in den Häusern postiert. Und einige aus der Jagdgemeinschaft standen bei dem Kadaver der Drachenmutter und begutachteten die tote Bestie wie eine Beute. Nuramon sprach kurz mit ihnen, bemerkte dann aber, als er zu Cerens zerbrochenem Stamm blickte, dass dort nur eine Elfe verweilte: Alithrielle.

Er überlegte, ob es klug war, sie anzusprechen, aber auch er wollte zu Cerens Überresten. Schweigend starrte er auf die verkohlten Stellen des Stammes und spürte, wie die Magie aus dem Boden drang, den zerbrochenen Stamm umging und nach oben stieg. Die Überreste fassten nicht nach dem Zauber dieses Ortes.

»Solltest du nicht dort drüben sein, um deinen Triumph zu feiern?«, fragte Alithrielle. »Nuramon der Drachentöter!« Ihre Worte überraschten ihn nicht, aber ihre Stimme zitterte, und in ihren Augen standen Tränen.

»Mein Platz ist nicht bei der Drachenmutter, sondern bei der Mutter unserer Gemeinschaft.«

»Es wird nun so kommen, wie ich es gesagt habe: Sie werden dich zum Anführer wählen, und du wirst annehmen.«

»Bleibst du deswegen dem Rat fern«, fragte er.

»Es gibt viele Gründe, Dingen fernzubleiben. Die meisten bleiben Ceren fern, weil sie den Anblick nicht ertragen. Viele bleiben der Drachenmutter fern, weil sie sie an Verlust oder Schmerz erinnert. Und ich bleibe dem Rat fern, weil ich weiß, was sie tun werden, und es nicht ertrage.«

»Vielleicht bleibe ich dem Rat aus ähnlichen Gründen fern.«

»Irgendwann werden wir uns dem Rat nicht mehr entziehen können. Wir werden hingehen. Und sie werden dich bitten, Weldarons Erbe zu werden, und du wirst Ja sagen. Ganz gleich, was wir hier alles verloren haben: Du wirst bleiben und gegen die Drachen kämpfen wollen.« Sie lächelte bitter. »Dabei wissen wir nicht, ob es bei den beiden Drachen bleibt. Wir wissen nicht einmal, ob sie tatsächlich nur bei Nacht angreifen.«

»Woher glaubten wir das überhaupt zu wissen?«

»Wedored sagte es, und auch von anderen habe ich es gehört. Aber das ist Wissen aus Sagen: dass diese Drachen nachts jagen und tagsüber ruhen. Wer weiß, ob es wirklich so ist? Wer weiß, wie viele hier erscheinen werden, um Cerens Überreste zu fressen und die Magie des Waldes in sich aufzunehmen? Und wenn erst einmal bekannt ist, was hier geschah, würde es mich nicht wundern, wenn andere Sippen uns angreifen.«

»Was schlägst du vor?«, fragte Nuramon. »Würdest du das alles aufgeben?«

»Zum Glück muss ich diese Entscheidung nicht für die Sippe treffen. Aber ich kann sie für mich selbst treffen. Ich glaube, ich sollte die Gemeinschaft verlassen.«

»Und wenn wir dich brauchen?«, fragte er leise.

Alithrielle schüttelte den Kopf. »Wedored war wie ein Vater für mich, und als er ging, hat er *dich* gelobt. Für mich hatte er keine Worte und keinen Blick übrig.«

»Seine letzten Worte galten Baruvee.«

»*Ich* war es, die ihm die Augen für Baruvee geöffnet hat.« Alithrielle schaute in die Runde. »Hier gibt es nichts mehr, was mich hält.«

»Nicht einmal dein Hass auf mich?«

»Ich hasse dich nicht, Nuramon. Ich hasse, was aus dir werden könnte.«

»Die meisten hier sehen in mir den Krieger von Ischemon – das, was ich war. Und du siehst in mir, was ich in Zukunft sein könnte – ein neuer Weldaron. Ich wünschte, ihr alle würdet mich so sehen, wie Idirielle mich sieht – wie ich bin. Nicht mehr, nicht weniger.«

»Da ich fortgehen werde, kann ich es dir auch sagen.« Sie holte tief Luft und zögerte, ehe sie weitersprach: »Es gab diesen Augenblick im Kampf, als du das getan hast, wozu ich nicht fähig war. Während ich Wedored fortzerrte, war ich erleichtert, dem Kampf zu entkommen. Das gleiche hättest du für Idirielle und dich selbst tun können, aber du wusstest, dass die Rettung aller darin besteht, den Kampf so schnell wie möglich zu beenden. Die Spötterin in mir dachte, du wärest bereit, Idirielle zu opfern; aber wenn ich ehrlich bin, dann bewundere ich, dass du nicht die Einzelne im Blick hattest, sondern uns alle.« Sie lächelte. »Und nachdem ich das nun gesagt habe, kann ich unmöglich bleiben.«

»Was muss ich tun, *damit* du bleibst und uns alle weiterhin mit deinem besonderen Blick betrachtest?«

Alithrielle grinste. »Manche Elfen lieben es offenbar, verspottet zu werden.« Dann wurde sie ernst. »Zeig mir etwas, wofür es sich zu bleiben lohnt – etwas, das ich nicht verspotten werde. Dies ist die Zeit der Heilung und Hoffnung, nicht die Zeit für Zwist und Zweifel. Dies ist die Zeit der Neuanfänge.« Mit diesen Worten wandte sie sich langsam ab und ging zurück in den Wald.

Nuramon schaute ihr nach. Sie hatte recht, es *war* die Zeit der Hoffnung und es *war* die Zeit der Neuanfänge, aber er wollte Alithrielle nicht verlieren. Es war wichtig, Widerspruch zu haben. Ihre Zweifel hatten ihn und die ganze Gemeinschaft mit wachsamem Blick auf sich selbst und auf die Umgebung schauen lassen.

Voller Trauer schaute Nuramon auf Cerens Überreste – auf die Stellen, die unversehrt waren. Der Schmerz, den er zuvor wie einen Stich gespürt hatte, flammte wieder auf. Er bemühte sich, ihn zu unterdrücken, und versuchte, einen Hauch von Cerens Geist zu gewahren. Doch die Magie des Waldes stieg weiter auf, als wäre die Birke nicht da.

Ein Flüstern lag jedoch in der Luft, und Nuramon fragte sich, ob die Drachen in der Ferne zu einem neuen Angriff riefen. Ein Hauchen schwebte im Wind – oder in seinem Kopf? Er stutzte und legte seine Hand an Cerens Stamm.

»Nuramon«, wisperte eine Stimme. »Wir haben nicht viel Zeit.«

»Ceren!«, flüsterte Nuramon. »Du bist noch da.«

»So schwach, dass du mich nicht gespürt hast. So schwach, dass ich nicht weiß, wie lange ich noch für euch da sein kann.«

»Was können wir tun, um dich zu halten und erneut aufblühen zu lassen?«, fragte er. Oder hatte er es nur gedacht, aber nicht ausgesprochen?

»Deine Gedankenstimme ist schön«, sagte sie in seinem Kopf. »Das Schlimmste ist geschehen. Ihr wurdet auf einen anderen Pfad verschlagen, ebenso wie ich. Eure Zukunft in diesem Wald ist zerbrochen. Die Blauschädel werden zurückkehren und sich von der Magie dieses Ortes nähren. Sie werden meine Wurzeln, die noch im Boden liegen, ausgraben und fressen. Sie werden sich alles einverleiben, was von mir hier zurückbleibt.«

»Dann müssen wir kämpfen«, dachte Nuramon und war sich sicher, dass kein Wort über seine Lippen gekommen war.

»Nein, ihr dürft nicht bleiben«, sagte sie, und ihre Stimme zitterte. »Ihr müsst fortgehen und nach altem Eichenwissen suchen. Bleibt ihr hier, werdet ihr alles verlieren.«

»Du musst mit dem Rat sprechen, dich ihm offenbaren«, sagte Nuramon. »Dann werden sie diesen Weg gehen.«

»Nein. Du bist der Einzige, der mich hört. Es ist an dir, sie zu überzeugen.«

»Und wenn mir das nicht gelingt? Ich weiß nicht, was die anderen von mir erwarten. Sicherlich werden sie nicht davon ausgehen, dass ich diesen Ort aufgebe. Sie werden das als Niederlage betrachten, vielleicht sogar als Verrat an dir und an unserem Erbe.«

»Wenn sie nicht bereit sind zu gehen, dann musst du so viel meines Holzes nehmen, wie du zu tragen vermagst, und deinen eigenen Pfad beschreiten. Und selbst wenn niemand an deiner Seite bleiben möchte, musst du gehen und nach dem alten Eichenwissen suchen.« Wieder zitterte ihre Stimme. »Suche ... das alte ... Eichenwissen.« Dann war sie fort, ohne ihm erklärt zu haben, wer oder was das *alte Eichenwissen* war.

Aber schlimmer als die Ratlosigkeit war die Furcht, dass es das letzte Mal gewesen sein mochte, dass er Cerens Stimme vernommen hatte.

4

Auf dem Weg zum Rat kam Nuramon an der Nische vorbei, in der die Toten aufgebahrt waren – jeder Körper vor einem anderen Stamm. Später würden sie drüben im Totenhain zwischen die Wurzeln eines Baumes gebettet. Auf den geschwungenen Bänken saßen die Trauernden. Nun, da der Rat tagte, waren nur noch wenige hier verblieben – vor allem Eltern mit ihren Kindern.

Nuramon ging an der Doppeltür vorüber; er war vorhin vor dem Bad bei den Toten gewesen. Siebzehn lagen dort, und vierunddreißig waren ins Mondlicht entschwunden. Das hatte Idirielle ihm erzählt. So etwas hatte es in der Gemeinschaft selten gegeben – vielleicht noch nie.

Er dachte an Cerens Worte, und erneut war er sich nicht sicher, ob er sie tatsächlich vernommen hatte oder ob er sich das alles nur eingebildet hatte – aus dem Wunsch geboren, sie nicht zu verlieren.

Nachdenklich setzte er seinen Weg fort und hörte die Stimmen des Rates, noch ehe er durch das Tor in das Laubgewölbe getreten war. In dem runden Raum mit seinen Sitzstufen, die im Halbkreis um die Stühle der Ratsmitglieder angeordnet waren, gab es kaum noch freie Plätze. Seine Cousine Sarilee erklärte gerade, dass ihre Gemeinschaft nur noch aus hundertsiebenundzwanzig Elfen bestand. »Wir wissen nicht, wie lange die beiden Jungtiere von Cerens Magie beeindruckt sein werden«, sagte sie mit kraftvoller Stimme. »Irgendwann wird sie die Sehnsucht nach ihrer Mutter hierher zurückführen. Und dann müssen wir vorbereitet sein.« Ihr langes, schwarzes Haar hatte sie hochgesteckt. Auch sie war vorhin im Bad gewesen und hatte sich das Drachenblut vom Körper gewaschen. Er hatte nur kurz mit ihr reden können, aber sie war fest entschlossen, den Wald zu verteidigen. Sie wies auf Alithrielle. »Es mag sein, dass weitere Drachen kommen werden. Aber wir dürfen diesen Ort, der uns alles bedeutet, nicht aufgeben.« Einige flüsterten ihre Zustimmung, andere drückten sie mit Fingerschnippen aus.

Nuramon erblickte Idirielle, die hinter dem leeren Sitz stand, der Baruvee gehört hatte. Sarilee stand vor dem Stuhl ihres Vaters Riumon, der wie so viele Mitglieder des Rates ins Mondlicht gegangen war. Offenbar hatte sie seinen Platz als Wortführer des Rates eingenommen, obwohl mit Dilveric und Elethriul noch zwei von acht Ratsmitgliedern verblieben waren. Dilveric saß mit hängenden Schultern da. An seinen verletzten Arm schauten Heilkräuter unter dem Verband hervor. Elethriul, die Älteste der Gemeinschaft, war nicht wiederzuerkennen. Sie hatte sich ihre braunen Locken abgeschnitten und sah Nuramon entgegen. Mit ihr entdeckten ihn auch die anderen.

Es wurde still im Saal, und Nuramon spürte die Blicke wie Berührungen – manche sanft, manche schmerzhaft.

»Nuramon!«, sagte Sarilee. »Wir haben dich erwartet.«

»Es tut mir leid. Ich war auf der Lichtung.«

»Gibt es etwas Neues?«, fragte sie.

»Von den Drachen ist nichts zu sehen. Und die Jagdgemeinschaft lässt fragen, ob wir die Drachenmutter zerlegen werden.«

»Darüber wurde entschieden«, antwortete Dilveric und strich sich das blonde Haar zurück, um sich dann die Stirn zu massieren. »Wir werden die Drachenmutter behandeln wie eine Beute. Auf die Weise, wie Varaldin und Belrion es uns gezeigt haben. Ich erinnere mich noch der Schritte und werde die anderen anleiten.«

Nuramon nickte und ging hinüber zu Idirielle, die sich noch die Brust hielt, aber gestärkt wirkte und ihn anlächelte. Er nahm neben ihr auf der untersten Sitzstufe Platz.

Sarilee schaute in die Runde. »Es ist so weit. Unsere Gemeinschaft steht an einem Scheideweg. Nach Weldarons Entschwinden vermochten wir diesen Rat nur deswegen durchzusetzen, weil wir uns die Möglichkeit offenließen, zu einem Oberhaupt zurückzukehren, sollten wir in Gefahr geraten.« Sie schaute zu Nuramon, und sofort schoss ihm die Hitze in den Kopf. *Er?* Sie wollten *ihn* also tatsächlich als Oberhaupt?

Nuramons Blick wanderte zu Alithrielle, die ihn schief anlächelte, als wollte sie sagen: *Siehst du, ich wusste, dass das geschehen wird.*

»Nuramon! Wir haben dich kämpfen sehen. Wir kennen dein Erbe, und wir wissen, dass Ceren in dir etwas Besonderes erkannt hat. Der Rat muss seine Macht einem Oberhaupt verleihen, bis die Gefahr gebannt ist.«

»Und du bist der Meinung, dass ich der Richtige bin?«, erwiderte Nuramon und erhob sich von seinem Platz. »Wir haben die Drachenmutter gemeinsam bezwungen. Jeder Stich und jeder Hieb hat dazu beitragen. Ich habe gekämpft wie andere auch. Aber zu kämpfen ist etwas ganz anderes, als über das Schicksal unserer Gemeinschaft zu entscheiden. Wozu brauchen wir ein Oberhaupt, wenn der Rat ebenso entscheiden kann?«

»Weil es bestimmt wurde, dass wir in einer solchen Lage ein Oberhaupt wählen.«

»Dann lasst uns die Bestimmung ändern«, entgegnete Nuramon.

Elethriul erhob sich und zog alle Blicke auf sich. »Die beiden Blauschädel können jeden Moment zurückkehren«, sagte sie. »Es ist nicht die Zeit, darüber zu streiten, wer *nicht* das Oberhaupt sein will.«

»Ich glaube, die meisten hier würden dir ihre Stimme geben, Elethriul«, sagte Nuramon.

»Die Erfahrung lehrt, dass es besser ist, über das Vorgehen zu entscheiden und dann darüber, wer diese Entscheidung am besten trägt. Und wieviel Macht der Rat dem Oberhaupt dann zurückgibt, das können wir dann gemeinsam bestimmen.«

»Nun gut«, sagte Sarilee. »Wir haben darüber beraten, was nun geschehen soll. Einige«, sie schaute zu Alithrielle, »sind dafür, unserem Wald den Rücken zu kehren. Andere wollen bleiben und unsere Heimat gegen die Drachen und jede andere Gefahr verteidigen.«

Da es sich so anhörte, als würde Sarilee die Gemeinschaft abstimmen lassen, hob Nuramon die Hand.

»Nuramon, wir haben bereits über das Für und das Wider des Bleibens beraten. Es ist alles gesagt, was zu einer Entscheidung notwendig ist.«

Nuramon sprach trotzdem: »Ich verstehe. Ich bitte auch nicht darum, dass *meine* Worte gehört werden, sondern die Worte Cerens.« Ein Raunen ging durch den Saal.

»Ceren hat zu dir gesprochen?«, fragte Elethriul.

»Ihre Stimme war in meinen Gedanken, als ich ihre Überreste berührte.« Er erzählte ihnen, was Ceren gesagt hatte, und wenngleich er an vielen Gesichtern ablesen konnte, dass sie ihm glaubten, sah er auch zweifelnde Mienen.

»Das alte Eichenwissen«, sagte Elethriul. »Das könnte ein Name sein – vielleicht der eines beseelten Baumes. Es mag sein, dass Ceren auf der Suche nach Heilung ist. Und wir können ihr dazu verhelfen.«

»Fortgehen?«, sagte Sarilee. »Alles aufgeben, was wir uns hier aufgebaut haben? Und das aufgrund eines so vagen Hinweises? Gewiss,

Ceren trug Entscheidendes zu unserem Wald bei, aber sie war nicht alles, was diesen Ort ausmacht.«

»Und doch wird dieser Wald ohne sie niemals wieder das sein, was er gewesen ist«, sagte Nuramon und bemerkte, dass Alithrielle ihn mit verständnisloser Miene anstarrte.

Dilveric erhob sich und sprach: »Wir alle haben gelitten, und ich möchte dich nicht beleidigen, Nuramon, aber bist du dir sicher, dass sie zu dir gesprochen hat?«

»Ich glaube es, aber ich würde euch belügen, sagte ich, dass ich mir sicher bin.«

»Wenn du nicht sicher bist, wie können wir dann unsere ganze Gemeinschaft deinem Wort anvertrauen?«, fragte Dilveric und setzte sich wieder.

Nun erhob sich Alithrielle und stützte sich auf Wedoreds Stuhl. »Weil er schon so gut wie das Oberhaupt dieser Gemeinschaft war. Er hätte es nur geschehen lassen müssen und hätte dann den Aufbruch beschließen können.« Viele der Anwesenden begleiteten ihre Worte mit Fingerschnippen.

Sarilee nickte. »Und doch könnte es der falsche Weg sein. Idirielle! Hast du Ceren auch gespürt?«

Idirielle erhob sich und stellte sich neben Nuramon. »Nein, aber ich vermag nur die Magie des Waldes zu spüren. Sie selbst – so wurde mir klar – spürte ich nie direkt.«

»Was tun wir also?«, fragte Dilveric.

»Es steht allen frei, das zu tun, wonach ihnen ist«, sagte Nuramon. »Ich werde gehen und so viel von Cerens Holz mitführen, wie ich tragen kann.«

»Ich werde dich begleiten«, sagte Idirielle. Andere Stimmen wurden laut. Ein Dutzend, schätzte Nuramon.

»Auch ich werde dich begleiten«, sagte Alithrielle, und einige der Jüngeren schlossen sich ihr an.

»Ich bleibe, denn ich vertraue niemandem so sehr, dass ich mein Zuhause aufgebe«, sagte Sarilee und erhielt Zustimmung von Dilveric und anderen. Die meisten aber wirkten unentschlossen.

Elethriul schaute in die Runde. »Gehen wir doch zu Cerens Überresten und schauen, ob auch andere von uns etwas gewahren. Und dann entscheiden wir gemeinsam, was zu tun ist.«

Für Nuramon wäre Elethriul ein gutes Oberhaupt der Gemeinschaft gewesen. Sie war die Älteste, nicht verwandt mit Weldaron, sondern eine von jenen, die früh zur Gemeinschaft gestoßen waren. Doch es hatte bereits Jahre gedauert, sie zu überreden, einen Sitz im Rat zu akzeptieren.

Während die Versammlung sich auflöste und manche Nuramon ihren Zuspruch oder zumindest ihr Verständnis ausgesprochen hatten, trat Alithrielle an ihn und Idirielle heran.

»Ich hätte alles erwartet«, sagte sie, »aber nicht, dass du den Wald aufgeben würdest. Sie *muss* zu dir gesprochen haben. Ganz gleich, was da draußen passiert, wenn ihr mich dabeihaben möchtet, werde ich euch begleiten. Wenn nicht, gehe ich meiner eigenen Wege.«

Nuramon schaute zwischen Idirielle und Alithrielle hin und her. »Wenn wir drei zusammenstehen, dann können wir Ceren retten.«

5

Bis auf die Kinder und jene, die sie trösteten, hatte sich die ganze Gemeinschaft im Morgengrauen auf der Lichtung versammelt. Sie hofften, dass die Sagen der Wahrheit entsprachen und die Blauschädel bei Tag ruhten. Dennoch waren die meisten bewaffnet, selbst wenn sie kaum oder gar nicht im Kampf geübt waren. Sarilee war entschlossen zu bleiben und hatte den Vorschlag gemacht, später am Rande der Lichtung einen Graben auszuheben und dahinter einen mit Speeren und Spießen gespickten Wall anzulegen.

Als sie sich um Cerens Überreste versammelt hatten, wurde es nur allmählich still.

Wie zuvor legte Nuramon die Hand an eine unverkohlte Stelle der Rinde und lauschte mit seinen Zaubersinnen. Idirielle und anderen wählten sich ihrerseits ein Stück des zerbrochenen Stammes und berührten es. Viele von ihnen schlossen die Augen, um sich auf die Magie zu konzentrieren.

»Ich spüre nur die aufsteigende Kraft«, sagte Idirielle. »Sie setzt sich im Holz nicht fest, sondern umgeht es und erhebt sich in die Luft.« Andere gaben ebenfalls an nur die Magie zu spüren und nichts anderes.

Da fasste Elethriul ein verkohltes Stück des Stammes und zog die Rinde ab. Darunter kam weißes Holz zum Vorschein, auf das sie die Fingerspitzen legte. Lange verharrte sie wie Nuramon, doch auch sie schien nichts zu gewahren – bis sie stutzte, die Finger vom Stamm löste und sich suchend umschaute. Sie ging um den zerbrochenen Baum herum zu dem Wurzelballen und schaute auf den Boden.

»Was hast du entdeckt?«, fragte Sarilee.

Statt zu antworten, grub Elethriul mit den Händen eine Wurzel aus dem Erdreich aus, dann winkte sie Idirielle zu sich. »Niemand vermag die Magie dieses Ortes so zu fassen wie du. Greife sie an der Wurzel und reiche sie mir.«

Nachdem Idirielle sich die Hände mit ihrem Öl eingerieben hatte, bückte sie sich und griff die Wurzel mit der einen Hand, mit der anderen fasste sie Elethriuls Hand. Diese winkte Nuramon zu sich. »Du führst den abgerissenen Wurzeln die Magie zu.«

Nuramon nickte, aber er hatte keine Ahnung, was das bewirken sollte. Kaum hatte Elethriul seine Hand gefasst, drang ein magischer Strom seinen Arm herauf und ließ ihn verkrampfen.

»Ruhig«, sagte Elethriul mit sanfter Stimme und wiederholte es, bis Nuramon entspannt atmete und seine andere Hand an eine der herausgerissenen Wurzeln führte. Zuerst spürte er nur, wie die Magie zwar in den Stamm hineinfloss, aber bald wieder nach oben davonstieg.

»Lenke die Kraft in die Bahnen«, sagte Elethriul. »Sie hat dich gelehrt zu sehen, nun musst du nur einen kleinen Schritt weitergehen.«

Nuramon war zuvor daran gescheitert, entlang der Bahnen der Ceren etwas zu bewirken. Erst am Tag zuvor hatte er es nicht einmal vermocht, in seiner Wohnstatt auch nur einen Barinstein zu löschen. Dennoch versuchte er es. Mit geschlossenen Augen sah er all die Adern vor sich, durch die magische Kraft strömen konnte.

Er wusste nicht, wo er ansetzen sollte, da sagte Elethriul: »Du musst durch deine Sinne der Magie den Weg weisen. Nichts weiter. Kein Zauber, keine noch so kleine Veränderung. Du musst nur entlang der Adern gewahren, und die Magie wird folgen.«

Er tat das, was Ceren ihn gelehrt hatte, und ließ seine Sinne wieder und wieder durch die magischen Adern der Birke streben.

»Es geht kaum noch etwas verloren«, hörte er Sarilee flüstern. Und doch geschah nichts.

Als Dilveric sagte, es habe keinen Zweck und es sei zu gefährlich zu lange auf der Lichtung zu verweilen, schwand Nuramons Hoffnung. Dennoch folgte er mit seinen Sinnen wieder und wieder den magischen Adern, die die Birke durchzogen. Nachdem er die einzelnen Bahnen kaum mehr voneinander zu unterscheiden vermochte und ihm seine Sinne zu entgleiten drohten, akzeptierte er den Gedanken, dass er mit Idirielle, Alithrielle und einigen wenigen anderen der Sippe den Rücken kehren würde.

Mit einem Mal sprach eine vertraute Stimme: »Ihr überrascht mich.« Nuramon öffnete die Augen, und direkt vor ihm stand Ceren in ihrer Elfengestalt – halb durchsichtig und zitternd, als verwehte der Wind ihre Erscheinung.

»Ihr könnt eure Finger lösen«, sagte sie.

Nuramon tat es und fürchtete, Ceren würde sofort verschwinden, doch sie tat es nicht.

»Es hat sich genug gesammelt, dass ich euch erscheinen kann, aber das Gefüge ist aus dem Gleichgewicht, und bald schon werde ich euch nicht mehr auf diese Weise begegnen können. Ich hatte nicht gehofft, noch einmal zu euch sprechen zu können.« Sie schaute in die Runde. »Was ich euch sage, geschieht aus Erfahrung. Die Sagen entsprechen der Wahrheit. Die Blauschädel werden euch nicht bei Tageslicht angreifen, aber bei Nacht schwebt ihr in Gefahr. Sie werden kommen und alles vernichten.« Ceren schaute entlang ihres zerbrochenen Stammes in den Wald hinein. »Dieser Ort ist verloren. Hier kann es weder Frieden noch Heimat für euch geben. Diesen Ort umgibt der Duft des Todes. Sie werden alles niederbrennen. Ihr würdet sterben, und jene, die dabei nicht ins Mondlicht entschwinden, würden in anderen Sippen wiedergeboren. Und so würde eure Gemeinschaft enden.«

»Aber es gibt Hoffnung«, sagte Idirielle leise.

»Wenn ihr meinen Rat annehmt, bleibt Hoffnung. So schwer es ist, ihr müsst den Wald verlassen und euch als Gemeinschaft eine neue Heimat suchen. Schlagt mein Holz; nehmt es mit auf eure Reise. Sucht das alte Eichenwissen, das ich kannte, als ich noch jung war. Er wird wissen, was zu tun ist. Wendet euch nach Süden.«

»Wirst du noch da sein, wenn wir deinen Stamm und deine Äste zerteilen?«, fragte Nuramon.

»Ich werde da sein – aber nicht so wie nun. Nur noch einen Moment, und meine Stimme wird für eure Sinne kaum wahrnehmbar sein. Aber ich werde euch immer lauschen, und ich werde zu euch sprechen, obwohl ihr meine Worte nicht als Worte vernehmt. Vielleicht werdet ihr sie als Gefühl spüren.« Sie schaute Nuramon in die Augen, und in seinem Kopf hörte er die Worte: »Vertraue deinen Gefühlen, Nuramon. Nur um sie geht es.«

»Das heißt, wir werden uns vielleicht nie wieder so begegnen können wie nun?«, fragte Alithrielle und zog Cerens Blick auf sich.

»Wenn ihr meine Überreste zum alten Eichenwissen bringt, dann besteht Hoffnung, dass wir uns einst so begegnen werden wie nun und wie früher. Aber es ist ein beschwerlicher Pfad – einer, der einen langen Atem benötigt. Einer, bei dem ihr zusammenstehen müsst, ganz gleich, was diese Welt euch in den Weg legt. Die Blauschädel – sie werden vielleicht eine Weile an meinen verbliebenen Wurzeln nagen und sich an der magischen Quelle nähren. Das gibt euch Zeit. Aber irgendwann werden sie euch nachsetzen, denn sie wollen mich. Sie wollen sich die Macht beseelter Bäume einverleiben. Und mir ist es nicht gegeben, mich dagegen zu schützen. Ich bin gescheitert.«

»Aber wir werden nicht scheitern«, sagte Nuramon. »Wir werden das alte Eichenwissen suchen.«

»Ist das ein Name?«, fragte Elethriul.

Ceren nickte. »Früher nannte man ihn Alaen Aikhwitan. Eine beseelte Eiche größer noch, als ich es war, fähig dazu umherzuwandern. Zuletzt hatte er im Süden unweit der Ioliden Wurzeln geschlagen. Wenn es für mich eine Rettung gibt, dann bei ihm, und wenn es für euch eine Zuflucht gibt, die eurem Wesen entspricht, dann bei ihm. Es ist ein langer Weg, der vor euch liegt.« Ihre Stimme wurde leiser, ihre Erscheinung geriet ins Wabern. »Er wird euch durch schwieriges Gelände führen. Aber am Ende erwartet euch eine Erfüllung. Der Pfad des Weldaron endet in diesem Wald, seine Sippe aber wird weiterleben und neue Wege einschlagen.« Sie schaute Nuramon wieder in die Augen, und statt in seinem Kopf, sprach sie vor allen zu ihm. »Was dich angeht: Am Ende – das war und wird immer Teil meiner Hoffnung sein – wirst du deine Erfüllung finden. Vertraue mir, indem du dir selbst vertraust.« Ein Hauchen, wie ein langgezogenes Ausatmen umgab Ceren, bis ihre Gestalt sich auflöste.

So oft Nuramon in Gedanken und schließlich auch mit seiner Stimme Cerens Namen sagte, sie schwieg. Sie alle schwiegen und starrten auf die Überreste der Birke.

Elethriul war die Erste, die Worte fand: »Ich will nicht sagen, dass ich frei von Zweifel und unberührt von Ängsten bin, aber ich werde dich begleiten, Nuramon. Und ich hoffe, dass wir alle als Gemeinschaft diesen Ort verlassen.«

Sarilee nickte langsam. »So sehr ich diesem Wald verbunden bin, ich möchte nicht seinem Untergang zusehen.« Sie wandte sich an Elethriul. »Die Gemeinschaft ist versammelt. Ich schlage dich als Oberhaupt vor, Elethriul.« Von Fingerschnippen bis zu lautem Zuspruch reichte die Unterstützung dieses Vorschlags, und auch Nuramon schnippte mit dem Daumen seine Finger entlang.

Elethriul aber hob die Hand. »Nein«, sagte sie. »Ich werde jene sein, die Wissen bewahrt und weitergibt. Ich werde nicht kämpfen und ich werde nicht spähen, verhandeln oder bestimmen, sondern beraten.« Sie wandte sich Nuramon zu. »Es ist an dir, diese Last zu tragen.«

»Und wenn ich es nicht will?«, erwiderte Nuramon.

»Du bist die Inkarnation eines Helden, der Erbe des Weldaron und der Einzige, in dem Cerens Stimme lebendig ist. Sei nicht wie ich. Lass dich nicht lange zu etwas überreden, das dir ohnehin bestimmt ist.«

Dilveric nickte. »Ich unterstütze Elethriuls Vorschlag.« Er blickte zu Sarilee. Ihre unzufriedene Miene verriet, was sie davon hielt, dennoch sagte sie: »Wer dafür ist, Nuramon zum Oberhaupt der Gemeinschaft zu machen, möge die Hand heben.«

Weit mehr als genug Hände hoben sich, aber bei Weitem nicht alle. Doch selbst bei jenen, die ihre Hand nicht gehoben hatten, fand Nuramon anerkennende Blicke.

»Akzeptierst du die Wahl?«, fragte Sarilee mit starrer Miene.

»Unter einer Bedingung«, entgegnete Nuramon.

»Und die wäre?«

»Der Rat, wie Weldaron ihn einführte, bestand aus von ihm ausgewählten Elfen. Das muss enden. Das Oberhaupt der Gemeinschaft soll ein Mitglied des Rates sein. Es darf einen Sitz einnehmen und zwei Ratsmitglieder bestimmen. Fünf sollen von der Gemeinschaft gewählt werden. Ich werde Entscheidungen treffen, aber der Rat kann mich überstimmen. Und ich kann abgesetzt werden, wenn die Mehrheit des Rates es will. Wenn wir diesen Ort als Gemeinschaft verlassen, müssen wir dem Neuen offen gegenüber sein. Wir müssen das Alte, das uns auf dem Weg zurückhält, hinter uns lassen. Denn wenn uns die Jahre nach Weldaron eines gelehrt haben, dann, dass der Rat, vom Geiste Cerens erfüllt und mit dem Wissen Weldarons, unsere Geschicke besser lenken kann als eine einzelne Person. Elethriul weiß das, und Baruvee, Wedored und viele der anderen, die nun im Mondlicht sind, wussten es ebenfalls.«

Sarilee nickte. »Du überraschst mich«, sagte sie.

»Ich überrasche mich selbst«, erwiderte Nuramon.

»Wann brechen wir auf?«, fragte Dilveric.

»So bald wie möglich«, antwortete Nuramon, ohne zu zögern. »Sollten die Blauschädel bereits heute Nacht zurückkehren, werden sie diesen Ort verlassen vorfinden.«

»So endet es hier also«, sagte Alithrielle und schaute sich um, blickte dann aber zu Nuramon. »Wie ich es erwartet habe: mit dir als Oberhaupt.« Sie lächelte. »Aber zugleich so, wie ich es *gar nicht* erwartet habe. Denn du bist anders als Weldaron.«

6

Wie alle anderen beteiligte sich Nuramon an den Vorbereitungen. Er half allerdings weder beim Zerlegen des Drachen noch bei dem von Cerens Körper. Allein die Vorstellung, wie die magischen Klingen Cerens Holz teilten, setzte ihm zu. Mit Alithrielle und Sarilee plante er die Abreise und traf eine Entscheidung nach der anderen. Dann half er mit zaubernden Fingern dabei, Barinsteine aus dem Holz zu lösen. Mit anderen legte er Vorräte zurecht und verpackte sie. Danach bestattete er mit Idirielle einige der Toten: Er legte die Wurzeln frei; Idirielle machte sie mit ihrem Zauber biegsam. Gemeinsam betteten sie dann die Toten zu deren letzten Ruhe. Die Verstorbenen zurückzulassen, bedrückte Nuramon und auch die anderen, mit denen er sprach, aber sie waren sich sicher, dass alle, die hier ihr Leben verloren hatten, wiedergeboren werden würden.

Nachdem Nuramon schließlich beinahe erschöpft mit Elethriul und anderen über den wenigen Landkarten gesessen hatte, die sie besaßen, schickte Idirielle ihn ins Bett. Sie selbst hatte geruht und brachte ihn zu seiner Wohnstatt.

Sein Schlaf dauerte nur kurz und war wenig erholsam. Die Zeit lief ihnen davon. Der Nachmittag war bereits fortgeschritten, als Nuramon in seine Rüstung stieg und sich fragte, ob Elethriul zusätzlich zu dem reinigenden Harz, das er aufgetragen hatte, etwas anderes angewendet hatte, um den Gestank des Drachenspeichels loszuwerden.

Nuramon fühlte sich nicht wie ein Anführer. Nachdem er Idirielle und Alithrielle je einen Sitz im Rat zugesprochen hatte und die Gemeinschaft die übrigen Plätze besetzt hatte, fühlte er sich wie ein einfaches Ratsmitglied. Für ihn war Elethriul das Oberhaupt.

Auf dem Weg zur Lichtung war er allein. Weder Barinsteine noch Leuchtkäfer erhellten ihm den Weg, und das Sonnenlicht reichte kaum bis zum Boden, so dicht war das Laubdach. Als er auf die Lichtung kam, sah er noch Überreste von Ceren: den Wurzelballen und die vielen verkohlten Teile des Stammes. Alles andere schien verschwunden zu sein. Es war befremdlich und schmerzvoll, die Birke nicht in der Mitte der Lichtung zu sehen, die sonst an einem sonnigen Tag wie diesem mit ihrem Schatten die Zeit angezeigt hatte.

Der Kadaver der Drachenmutter war noch da – ohne Schuppen und ohne Haut. Die Jagdgemeinschaft hatte die kristallartigen Hörner ebenso entfernt wie die Zähne. Was sie dem stinkenden Kadaver sonst abgewonnen hatte, wusste Nuramon nicht, und er wollte es nicht wissen.

Nuramon war froh, dass das Schweigen, das auf der Lichtung herrschte, von Dilveric gebrochen wurde. »Wir sind bereit«, sagte er und wies auf die Pferde. Nuramon war nur selten ausgeritten und hatte lange kein Pferd mehr versorgt, aber Dilveric führte ihn zu Gaureen, Baruvees grauer Stute. »Sie wäre stolz, dass du dich um sie kümmerst.«

Überall machte sich die Gemeinschaft bereit. Sie hatten nicht genug Pferde für alle, also erwog Nuramon, Gaureen anderen zu überlassen, aber Idirielle war dagegen. »Die Gemeinschaft wird sich an diesen Auszug erinnern. Da solltest du auf Baruvees Pferd sitzen.«

Sie hatten drei alte Kastenwagen dabei. Es waren Geschenke, die einst zwergische Gäste mit Gaben gefüllt Weldaron vermacht hatten. Nun trugen sie viele ihrer Güter, und die Kinder schauten aus kleinen Fenstern heraus und flüsterten den Vorbeigehenden etwas zu. Es brachte Nuramon zum Lächeln. Auf den Dächern der Wagen war ein Teil von Cerens Holz in Bündeln verpackt. Ihre Zweige hatten sie mit einem Zauber zu einem Geflecht gemacht, das sich über die Bündel wölbte.

»Wir müssen uns beeilen«, sagte Alithrielle. »Der Abend naht.« Sorge stand ihr ins Gesicht geschrieben.

»Ist denn alles getan?«, fragte Nuramon.

»Alles, wozu Zeit war. Alles andere ist in Verstecken verborgen – vor allem die Barinsteine, die wir nicht mitnehmen können.«

»Ich kann kaum glauben, dass wir diesen Ort verlassen«, sagte Nuramon und schaute auf die beiden waldfarbenen Bündel, die bereits auf sein Pferd geladen waren. Das eine waren seine wenigen Habseligkeiten, das andere Bündel war sein Teil von Cerens Holz. Gemeinsam mit Elethriul hatte er beschlossen, dass alle einen Teil mitführen sollten, auf dass Ceren ihnen lauschen und vielleicht sogar zu ihnen sprechen konnte.

Ein angemessenes Lebwohl konnte es nicht geben, denn der Abend nahte zu schnell, und der Verwesungsgeruch der Drachenmutter hing über die Lichtung. So wurde es ein Abschied ohne große Worte, ein Abschied der Blicke und des Schweigens.

Nuramon war der Erste, der auf den von geflochtenem Geäst überwölbten Weg auf der anderen Seite der Lichtung ritt. Auch hier war von den Leuchtkäfern keine Spur, aber die Vögel und Insekten wirkten, als wollten zumindest sie ihnen einen feierlichen Abschied gewähren. Der breite Tunnel führte durch einen ausgehöhlten Baum – ihr Torhaus. Die Wachen hatten die Pforte bereits geöffnet und standen mit ihrem Gepäck bereit, sich dem Zug anzuschließen. Auf den Torflügeln stand nun in grüner Schrift eine Warnung für jene, die ahnungslos herkamen – eine Warnung vor den Drachen.

Der Wald lichtete sich, und es gab Stellen, an denen sie hinaus in das breite Tal mit seinen Wiesen hätten ziehen können. Doch dort wären sie ein leichtes Ziel für die Blauschädel gewesen. So strebten sie auf Wegen, die ihnen allen wohlbekannt waren, durch die Wälder, und erreichten nach einem sanften Aufstieg einen flachen Hügel mit hochgewachsenen Tannen, der genug Platz für ein Lager bot. Die Jagdgesellschaft nutzte diesen Ort oft, um die Beute auszunehmen, und Reisende machten hier ihre letzte Rast vor der Heimat und schickten Boten voraus. Ebenso war es ein wichtiger Aussichtspunkt, denn vom Pfad aus reichte der Blick zwischen Bäumen hindurch beinahe über das gesamte Tal. Ihr altes Heim fügte sich im Osten in die Wälder ein.

Früher hatte man von hier aus Cerens Baumkrone sehen können, nun erzählte die Vielfalt des Laubes in der Mitte des Waldstücks von dem Ort, der ihnen alles bedeutet hatte.

»Was jene sagen werden, die uns dort suchen, aber nur verlassene Wohnstätten finden?«, fragte Idirielle, als sie abgestiegen waren und den Blick über das Land schweifen ließen.

»Sie werden die Schriften finden, die wir hinterlegt haben«, sagte Nuramon, schaute sich um und sah bedrückte Gesichter. Für niemanden war es leicht, den vertrauten Wald zurückzulassen, und er selbst fragte sich erneut, ob sie das Richtige taten. »Hier draußen fließt die Magie anders als bei uns daheim«, sagte er.

Idirielle holte ihre Kette unter ihrem Hemd hervor. Daran war ein glatter Anhänger befestigt, der wie ein Edelstein wirkte. Sie umfasste ihn. »Ich spüre jetzt ihren Zauber, und darüber spüre ich die Magie, die uns umgibt, anders.«

Nuramon staunte. Was wie ein Edelstein aussah, war ein Stück der Ceren?

Idirielle lächelte ihn an. »Hier, Cousin!«, sagte sie und holte einen weiteren Anhänger an einer geflochtenen Kette hervor. »Ich habe ihn für dich geformt«, sagte sie. »Es war nicht leicht, ihren Stamm zu zerteilen, aber dabei spürte ich, was ich zuvor nicht gespürt hatte.« Sie legte ihm die rote Kette um. »Rubinflachs leitet die Magie gut«, sagte sie.

Nuramon spürte Cerens Zauber wie eine sanfte Berührung auf seiner Brust, als wollte sie ihm sagen, dass er auf seine Gefühle hören sollte. »Sie ist bei uns, auch wenn sie nicht zwischen uns erscheint oder mit Worten zu uns spricht.«

Alithrielle kam zu ihnen. »Es herrscht Unruhe«, sagte sie. »Manche überlegen zurückzukehren. Du musst zu ihnen sprechen.«

»Was soll ich ihnen sagen, das nicht bereits gesagt wurde?«, erwiderte Nuramon.

»Das gehört zu den Aufgaben eines Oberhauptes: Dinge wieder und wieder zu sagen; Dinge wieder und wieder zu tun.«

Nuramon nickte und überlegte, was er sagen sollte, da zog ein Brüllen aus der Ferne über das Land. Aus den Wolken stachen fünf

Schatten mit der Dämmerung hernieder. Alithrielle hatte Recht behalten, es waren noch weitere Blauschädel gekommen.

Unruhe herrschte um sie herum und Stimmen mahnten zur Stille. Nuramon stockte der Atem, während er an der Seite Idirielles und Alithrielles dabei zu sah, wie die Drachen sich über den Himmel bewegten – wie Gewitterwolken, die zum Leben erwacht waren.

Wie in der Nacht zuvor flogen die Blauschädel über den Wald ihrer Gemeinschaft und verschwanden schließlich darin. Nuramon stellte sich vor, wie sie auf der Lichtung aufsetzten und die Überreste der Drachenmutter fanden, wie sie den Boden aufrissen, um Cerens Wurzeln zu fressen und sich in der Magie zu wälzten.

Mit einem Mal flammte etwas inmitten des Waldes auf. Zuerst dachte Nuramon, dort wäre jemand von ihrer Gemeinschaft zurückgeblieben, doch binnen weniger Momente fing der Wald Feuer. Das war kein gezielter Angriff, sondern ein Ausdruck von Wut. Auch die Blauschädel hatten in der letzten Nacht viel verloren.

»Sie suchen nach uns«, sagte Alithrielle.

»Bei allen Alben«, flüsterte Sarilee, die hinter Nuramon stand, vor sich hin. »Wir wären alle dort umgekommen.«

Nuramon wandte sich von dem Anblick ihrer brennenden Heimat ab. »Wir verbringen hier die Nacht«, sagte er. »Wir müssen leise sein und dürfen kein Licht machen. Wenn sie merken, dass wir uns nicht in unseren Wohnstätten und Gewölben verkrochen haben, werden sie nach uns suchen. Wir müssen kampfbereit sein und dennoch ausruhen. Wenn wir den Morgen erleben, werden wir ihnen vielleicht entkommen.«

Er erhielt Zustimmung, und so schlugen sie leise und im Dunkeln ihr Lager auf. Selbst die Pferde verstummten, als wüssten sie, in welcher Gefahr sie alle schwebten.

Nachdem er sich zur Ruhe gelegt hatte, lauschte Nuramon auf das Flüstern der Gemeinschaft. Aus manchem hörte er Schmerz und Verzweiflung heraus, aus anderem Hoffnung und Trost.

Er lag zwischen Alithrielle und Idirielle. Sie schwiegen, jeweils allein mit den Gedanken an die letzte Nacht und was daraus erwachsen war und noch erwachsen würde. Es konnte in dieser Nacht kaum andere Gedanken geben.

Hier draußen gab es keine Sicherheit, es sei denn, sie schenkten sie sich gegenseitig. Sie würden aufeinander achtgeben und andere Siedlungen warnen müssen. Sie würden Boten aussenden, die von ihrem Schicksal erzählten, zugleich aber auch nach Alaen Aikhwitan fragten.

»Werden wir es schaffen?«, fragte Alithrielle leise, und es schmerzte Nuramon, sie, die sie immer so selbstsicher gewesen war, so zweifelnd zu erleben.

Er sah ihr Gesicht nur als Schimmer. »Es wird ein langer Weg, vielleicht unser letzter. Wenn wir scheitern, ist unsere Sippe verloren – und mit ihr Ceren. Wir müssen alles aufbieten – ganz gleich, auf welche verschlungenen Pfade es uns verschlägt und was uns dieses Schicksal alles abverlangt. Dazu müssen wir auf unserem Weg die verlorene Heimat *in uns* tragen – in unseren Erinnerungen, in unseren Erzählungen, unseren Liedern, und in unserer Magie.«

»Ich weiß nicht, ob ich dem gewachsen bin«, sagte Alithrielle.

»Ich auch nicht«, erwiderte Nuramon. »Niemand von uns weiß das. Wir können nur hoffen und handeln.«

»Nuramon«, flüsterte Idirielle von der anderen Seite. »Dieser Weg – das ist dein Schicksal, dein Weg ins Mondlicht. Deine Worte – es ist, als hättest du ein Leben lang darauf gewartet, sie mit uns zu teilen. In Ischemon trug dein Opfer zum Sieg bei, so wie letzte Nacht auf der Lichtung. Und nun bist du bereit, unsere Sippe zu retten.«

»Nein«, antwortete Nuramon. »Wir werden das gemeinsam tun. Du, ich, Alithrielle – und all die anderen. Und vielleicht gehen wir dann auch gemeinsam ins Mondlicht.«

»Ja«, hauchte Idirielle, und ebenso Alithrielle. Dann schwiegen sie in der Dunkelheit inmitten der Gemeinschaft.

Nuramon fasste den Anhänger, den Idirielle ihm geschenkt hatte, und dachte an Ceren. Er spürte ihren Zauber unter seinen Fingern, ihre Stimme vernahm er jedoch nicht. Aber während er langsam in den Schlaf hinabsank, hatte er das Gefühl, von schimmernden Augen wohlwollend betrachtet zu werden.

ASKALEL

VON BERNHARD HENNEN

Askalels Schwert durchtrennte die gegnerische Klinge wie ein Federmesser Papier. Der blonde Elfenkrieger, der Askalels ohne sonderliche Finesse geführten Hieb, elegant hatte parieren wollen, zuckte zurück. Zu langsam. Das Schwert durchschnitt seine Kehle.

Eine Lücke tat sich im Schildwall der Elfen auf. Askalel stürmte vor. Speere stachen nach ihm. Bester Stahl aus den Essen von Gobhayn kreischte über seine Rüstung. Einer der Speere traf ihn unter der linken Achsel, vermochte ihn aber nicht zu verwunden. Er war ... anders, auch wenn er aussah wie ein Elf.

Leomwyn kämpfte sich an seine Seite. »Du riskierst zu viel!«, rief sie über den Kampfeslärm hinweg. »Du wirst nicht immer so viel Glück haben wie gerade.« Sie riss den Schild hoch und wehrte einen Speerstoß ab, der auf seinen Nacken gezielt hatte.

Askalels Klinge zerteilte ein weiteres gegnerisches Schwert. Er stieß nach, traf den Krieger, der sich ihm tapfer in den Weg gestellt hatte, in den Bauch und sandte ihn mit gurgelnden Schreien zu Boden. Die Elfen von Gobhayn waren gute Kämpfer, ihre Disziplin unerschütterlich, ihre Waffen das Beste, was in Elfenschmieden gefertigt wurde. Es war eine Schande, gegen sie zu kämpfen. Sie hätten Verbündete sein sollen, nicht Feinde.

Hörner erschollen von den Mauern. Die Verteidiger wichen zurück. Nur einer mit einem breiten weißen Helmbusch und einem Brustpanzer, den prächtige Rosenmuster schmückten, blieb stehen und deutete herausfordernd auf Askalel. »Dein Schwert ist aus dem Stahl der Drachentöterpfeile gefertigt? Das ist wenig ritterlich!«

Das stimmte wohl. Dieser geheimnisvolle Stahl, den die Zwerge an einem Ort gewannen, den sie nicht preisgeben wollten, durchschnitt jedes Material mit Leichtigkeit. Er war äußerst selten und wurde meist verwendet, um Speerspitzen für die Ballistengeschosse zu fertigen, die gegen die Himmelsschlangen, die Götterdrachen, eingesetzt wurden.

»Darf ich deine Waffe einmal sehen?« Der Krieger mit dem breiten Helmbusch schob sein Schwert in die Scheide.

Der Kerl wusste aufzutreten, dachte Askalel beeindruckt. Er trat ihm einen Schritt entgegen und reichte seinem Feind seine Waffe mit dem Griff voran.

»Bist du verrückt geworden?«, zischte Leomwyn entsetzt hinter seinem Rücken.

Tarb der Minotaurus stellte sich demonstrativ an seine Seite und schob seinen mächtigen Turmschild vor ihn. »Nicht klug«, zischte er, wortkarg wie immer.

Ihr Gegner nahm das Schwert und musterte es neugierig. Mit der Linken löste er den Kinnriemen und nahm seinen Helm ab, um besser sehen zu können. »Erstklassige Arbeit. Ein sehr schönes Wellenmuster im Stahl. Kommt die Waffe aus den Schmieden in Mylal auf dem schönen Tanthalia?«

»Du hast ein gutes Auge für Stahl«, bescheinigte ihm Askalel.

Sein Feind bedachte ihn mit einem nachdenklichen Lächeln. »Ich sehe da aber auch die Schmiedekunst eines Zwergs, richtig?«

Askalel war überrascht. »Richtig.« Er nickte anerkennend. »Der Zwerg Frar hat mir Urdor, der seine Gesellenjahre bei Glamir verbrachte, geliehen, um diese Waffe zu fertigen. Er war den Schmieden in Mylal behilflich. Er hat sehr viel Erfahrung mit der Verarbeitung des Drachentöterstahls.«

Sein Gegenüber berührte sehr vorsichtig die Schneide und verletzte sich augenblicklich. »Unglaublich,« hauchte er. »Ich habe die Waffe kaum gestreift. Diesen Urdor hätte ich gern kennengelernt. Er hat eine Schicht Drachentöterstahl, dünn wie ein Draht, auf die Schneide gelegt und mit dem übrigen Stahl eins werden lassen, nicht wahr?«

Askalel nickte. »Es hat lange gedauert, bis es glückte. Sie haben sieben Monde an der Klinge geschmiedet.«

»Ich wäre gern dabei gewesen.« Sein Feind lächelte wehmütig. »Vor langer Zeit war ich für einige Jahre in Mylal und habe dort gelernt. Es waren gute Jahre ... Gibt es dort noch den *Rosenpalast* in der kleinen Bucht, eine halbe Wegstunde von den Schmieden entfernt? Ich habe es geliebt, den Sängerinnen dort zu lauschen.«

Askalel musste schmunzeln. »Ja, den gibt es noch. Ebenso die Sängerinnen und auch die Flötenspielerinnen.«

Sein Gegner reichte ihm das Schwert zurück. »Es ist nicht ritterlich, eine solche Waffe zu führen. Ihr seid uns drei zu eins an Truppen überlegen. Emerelle und Ilak, die Blutkönigin, sind eure Heerführerinnen. Ihr werdet Gobhayn erobern. Metzele meine Getreuen nicht mit diesem unseligen Schwert nieder. Es sollte allein gegen die Himmelsschlangen eingesetzt werden. Ich habe dich beobachtet, Askalel. Du hast es nicht nötig, eine solche Waffe zu führen. Du bist ein exzellenter Schwertkämpfer. Schade, dass es nicht mehr ist wie früher. Am Himmel von Nangog haben wir noch alle auf derselben Seite gekämpft.«

»Es könnte wieder so sein.« Askalel war zu jung, um in dem langen Krieg um die Zerbrochene Welt gekämpft zu haben, aber er kannte natürlich die Geschichten. Er nahm sein Schwert und schob es vorsichtig in die Scheide. »Sagt dem Herrscher der Stadt doch, dass ihr euch ergeben solltet. Ich werde mich bei Emerelle für einen gerechten Frieden einsetzen. Elfen sollten nicht Elfen bekämpfen. Ich sehe es genauso wie Ihr.«

»Sich zu ergeben, wenn man angegriffen wurde und den Kampf nicht provoziert hat, entspricht nicht meinen Vorstellungen von Ehre. Aber ich wäre geneigt, Emerelles Entschuldigung und ein gutes Wehrgeld für unsere Toten zu akzeptieren.«

Askalel verschlug es die Sprache. Er musterte den hochgewachsenen, ungewöhnlich breitschultrigen Elfen. Er trug eine gut gefertigte Rüstung. Den Brustpanzer ergänzten Arm- und Beinschienen, die ebenfalls fein aus dem Metall getriebene Rosen schmückten. Die Rüstung war schön, doch sie unterschied sich nicht wirklich von denen der anderen Krieger Gobhayns. Dies war die Stadt der Schmiede, berühmt für ihre Waffen und Rüstungen. Einzig der Helm mit dem quer gestellten Federkamm verriet den Anführer. Hauptleute trugen so etwas … Askalel selbst hatte stets auf solchen Firlefanz verzichtet.

»Du weißt nicht, wer ich bin, nicht wahr?« Sein Gegenüber lächelte breit. Er streifte den speckigen eisenbeschlagen Lederhandschuh von seiner Rechten und streckte sie Askalel hin. »Pryonn, Meister der Schmiede. Es ist mir eine Ehre, dir begegnet zu sein, Askalel.

Ich gestehe, ich bin überrascht. Bei deinem Ruf hätte ich einen anderen Mann erwartet.«

Askalel nahm seinen blutbesudelten Handschuh ab und umfasste Pryonns Handgelenk zum Kriegergruß. »Es ist auch mir eine Ehre. Ein Fürst, der sich wappnet wie seine Krieger, neben ihnen in erster Reihe ficht und als Letzter das Schlachtfeld verlässt – du scheinst ein Mann zu sein, wie ihn sich Barden ausdenken. Ein ungewöhnlicher Mann.«

Pryonn löste den Griff. »Ich muss zurück zu meinen Getreuen, ein paar hässliche Überraschungen für euch vorbereiten.« Er schritt zu der mit breiten Eisenbändern beschlagenen Ausfallpforte in der Mauer, die noch einen Spaltbreit offen stand.

»Ihr könnt euch doch ergeben ... Lasst uns dieses Blutvergießen beenden,« versuchte es Askalel noch einmal.

Pryonn sah nicht zurück, winkte ihm aber. »Wie ich schon sagte: Eine Entschuldigung Emerelles und angemessene Wehrgelder für unsere Toten. Dann können wir über alles reden.«

Askalel ließ den Kopf sinken. Er würde mit Emerelle reden. Viele im Heer waren gegen diesen Kampf. Vielleicht hätte sie ein Einsehen. Große Hoffnungen machte er sich allerdings nicht. Der lange Kampf gegen die Himmelsschlangen hatte Emerelle verändert.

Der Meister der Schmiede blieb vor der Ausfallpforte stehen. Jetzt blickte er doch zurück. »Wenn wir uns am Turm der Essen zum letzten Gefecht stellen, sei weit fort Askalel. Ich würde es bedauern, dich dort zu sehen.«

***

Sie hatten sich schon versammelt, die Hauptleute und Zauberweber, die verbündeten Fürsten, die Ohrenbläser. Sie nutzten den eleganten Pavillon oberhalb der Stadt auf dem Hügel, dessen rotes Ziegeldach von schneeweißen Säulen getragen wurde, um sich dort zu beraten. Drei der vier Mauerringe Gobhayns waren bereits gefallen. Es blieben nur noch die innere Stadt und der Turm der Essen, die Schmieden von Gobhayn, die zu einer eigenen Festung ausgebaut waren. Die Stadt würde fallen, daran gab es keinen Zweifel. Die Frage war nur, wie hoch der Preis des Sieges werden würde.

Askalel nahm die letzten Stufen zum Pavillon. Die Wachen wichen ihm aus. Die Gespräche verstummten, als er in den Kreis der Berater trat.

»Es war gut, dass du die überraschende Attacke durch die Ausfallpforte abwehren konntest«, empfing ihn Ilak. »Unser Angriff auf das Haupttor hätte empfindlich gestört werden können. Du hast einen Rückschlag abgewendet und in einen Sieg verwandelt, Askalel.« Die Schlangenkönigin aus dem Waldmeer überragte alle anderen Anwesenden. Wenn sie sich auf ihrem Schlangenleib hoch aufrichtete, war sie groß wie ein Troll. Ihre Schuppen glänzten im Abendlicht wie poliertes Gold. Von den Hüften an aufwärts hatte sie den Leib einer Elfe, doch war ihre Haut nicht blass, sondern von der Farbe dunklen Waldhonigs. Ihr schmales Antlitz fassten schwarze Locken ein, die von einem goldenen Haarreif zurückgehalten wurden. Der Wind spielte in ihrem Haar, das ihr, gleich einem nachtschwarzen Umhang, weit über den Rücken fiel. In den geschlitzten Pupillen, die ihre goldenen Iriden teilten, lag etwas Raubtierhaftes, das Askalel üblicherweise gefiel, doch nicht heute.

»Der Angriff war schlecht geplant«, schnarrte er Ilak an. »Siebzehn meiner Gefolgsleute werden sich nie wieder eines Sieges erfreuen. Dabei sollten wir heute nur als Reserve dienen, um im Zweifel den Angriff zu verstärken.«

»Der Sinn einer Reserve ist, einzugreifen, wenn eine Notlage eintritt«, sagte Emerelle kühl. »Genau das habt ihr getan.«

Seine Schwester trug ein eng anliegendes weißes Kleid, das ihr bis zu den Knöcheln hinab reichte. Obwohl Emerelle einen roten Schwertgurt um die Hüften gelegt hatte, wirkte sie nicht sonderlich kriegerisch. Sie war von zierlicher Gestalt und ein wenig kleiner als die Mehrzahl der Elfen, die am Kriegsrat teilnahmen. Doch zugleich war sie von eiserner Entschlossenheit. Kaum jemand wagte es, ihr zu widersprechen.

»Sollte ein guter Heerführer nicht Pläne schmieden, die keine Notfalllösungen erforderlich machen?«, entgegnete er gereizt.

»Ich bitte dich, Askalel«, mischte sich nun Falrach ein. »Du weißt, dass ein Kampf nur bis zu einem gewissen Grad vorhersehbar ist. Wir haben ihnen heute eine weitere Verteidigungslinie entrissen. Und das ist das Verdienst deiner Nachtfalken. Sie sind eine unserer stärksten Einheiten.«

Askalel bedachte Emerelles Vertrauten mit einem abfälligen Blick. Der Kerl glaubte, dass man den wahrscheinlichen Verlauf von Kämpfen mit Spielfiguren auf einem Tisch nachstellen konnte. Das war blanker Unsinn! Und was er über die Nachtfalken gesagt hatte, grenzte an eine Beleidigung. Sie waren die beste Einheit in dem bunt zusammengewürfelten Heer, das Emerelle folgte. Falrach wusste das genau. Er hatte sich zurückgehalten, um die anderen Hauptleute nicht zu brüskieren. So war er, dieser blonde Mistkerl mit den rauchgrauen Augen. Immer auf Ausgleich bedacht und dabei äußerst berechnend. Askalel warf einen Blick auf den Spieltisch, auf dem jene schön geschnitzten Figuren versammelt standen, die die unterschiedlichen Truppen der Belagerer und der Verteidiger der Stadt Gobhayn darstellten.

»Figuren auf einem Tisch verschieben ...« Askalel schnaubte verächtlich. »Du solltest dich der Wirklichkeit eines Schlachtfeldes aussetzen, wo für jeden der Tod in jedem Augenblick gegenwärtig ist. Wo es nach Blut und Scheiße stinkt und Großmäuler zu wimmernden Waschlappen werden und manchmal Feiglinge überraschend über sich hinauswachsen.« Mit Genugtuung las Askalel die stumme Zustimmung in den Gesichtern etlicher der Hauptleute. Nur weil Falrach Emerelles Vertrauter war, hielten sie sich mit ihrer Meinung über diesen Spieltisch zurück.

»Das genügt jetzt«, sagte Emerelle mit einer Ruhe, die keinen Widerspruch duldete. »Falrach hat sich oft genug bewiesen. Sein Mut ist über solch billige Anwürfe erhaben. Wir werden ...«

»Ich habe mit Pryonn, dem Meister der Schmiede, gesprochen«, unterbrach Askalel seine Schwester. »Er ist zu einem Frieden bereit, wenn du dich für den Angriff entschuldigst und wir ein Wehrgeld für jeden Toten entrichten. Lass uns dieses Gemetzel hier beenden.«

Alle Versammelten sahen ihn an, einige fassungslos, andere verärgert.

Ilak lächelte. »Ein Wehrgeld?«, fragte die Schlangenelfe spöttisch. »Du hast nicht verstanden, warum wir nicht mit ihnen verhandeln werden. Du solltest häufiger an den Beratungen teilnehmen und deine Zeit nicht ausschließlich mit den Nachtfalken verbringen.«

»Nicht? Wer ist es denn, der euch den Rücken freihält, wenn es *leichte* Abweichungen von einem von Falrachs Plänen gibt? Meine Nachtfalken! Wollt ihr, dass sie ihre Schlachten mit Worten schlagen, oder wollt ihr sie als das haben, wozu ich sie geformt habe? Nämlich als Draufgänger, die nicht fragen, sondern kämpfen, wenn sie geschickt werden. Zwölf Jahre habe ich ihnen gegeben. Sie sind die besten Krieger, die die Fahrenden Ritter aufzubieten haben. Und das sind sie, weil sie nicht beieinanderhocken und reden, sondern all ihre Kraft aufbieten, um jeden Tag noch besser zu werden, als sie es am Tag zuvor schon waren.«

»Verschone uns mit Reden über deine Truppe. Wir alle wissen, wie gut sie sind«, mischte sich Falrach ein. »Aber wenn du bei den Besprechungen anwesend gewesen wärest, dann wüsstest du, warum wir vor den Toren Gobhayns stehen. Alles hat für sie einen Geldwert. Sogar die Leben ihrer toten Freunde! Sie zahlen den Drachlingen keinen Tribut. Sie sind eine freie Stadt. Eine Stadt, die den überwiegenden Teil der Waffen aus ihren Schmieden an die Drachlinge verschachert. Waffen, die gegen uns eingesetzt werden. Wir haben auch auf ihre Schwerter und Rüstungen geboten. Ihre Preise waren eine Frechheit. Unbezahlbar, wenn man nicht über einen Drachenhort gebietet. Wir haben sie darum gebeten, keine weiteren Geschäfte mit den Drachlingen zu machen. Die Antwort Pryonns war, dass seine Stadt nun einmal von Geschäften lebe. Wenn wir den Quell der besten Waffen für die Drachlinge auf immer versiegen lassen, dann bringt uns das für den weiteren Verlauf des Krieges so viel wie zwei oder drei gewonnene Schlachten, Askalel. Jedem hier in der Versammlung ist das klar.«

Falrach, wie er leibte und lebte! Er hatte das Wort nicht ausgesprochen, und doch hatte er ihn wie einen Dummkopf aussehen lassen.

»Und ich dachte, wir kämpfen darum, die Welt von der Tyrannei der Himmelsschlangen zu befreien. Geht es nur mir so, oder hat hier sonst noch jemand das Gefühl, dass wir vom Weg abkommen?« Askalel sah sie alle der Reihe nach an. Viele wichen seinem Blick aus. Er war also nicht der Einzige, der so empfand.

»Tyrannei hat viele Gesichter«, mischte sich nun sein Bruder Meliander ein. Er schlug einen versöhnlichen Ton an. »Ich mag Albenkinder nicht, die all ihr Streben dem Gold unterordnen. Albenkinder, für die ein Leben in eine Zahl umgemünzt werden kann. Ich möchte eine Welt erschaffen, in der andere Werte das Handeln bestimmen. Freiheit, Brüderlichkeit und vor allem Gerechtigkeit, die sich weder am Stand noch an Geschlecht noch an der Zugehörigkeit zu einem der Völker Albenmarks orientiert.«

Sein Brüderchen war sogar noch besser als Falrach darin, die anderen mit schönen Worten einzulullen, dachte Askalel grimmig. Aber er würde ihnen allen in ihre Suppe der Selbstgerechtigkeit spucken. »Und diese Ideale sind es wert, dass ihr eine Stadt in Schutt und Asche legt, die keinen Krieg mit uns führte? Ich frage mich, ob das unverblümte Streben nach Gold da nicht ehrlicher ist.«

»Wir haben diesen Weg beschritten und werden ihn nun auch bis zum Ende gehen«, entschied Emerelle. »Militärisch gesehen ist die Sache sehr einfach. Die Schmiede von Gobhayn verkaufen Waffen an unsere Feinde. Sie haben sich Aufforderungen, dies zu unterlassen, widersetzt. Damit haben sie sich selbst zum Ziel gemacht. Wir werden dafür sorgen, dass nie wieder Waffen in Gobhayn geschmiedet werden.«

»Und wir müssen es schnell beenden«, unterstrich Falrach. »Wir blockieren alle Wege, auf denen die Schmiede den Himmelsschlangen eine Nachricht schicken könnten. Kein Bote und keine Brieftaube verlässt die Stadt, ohne abgefangen zu werden. Auch jedwede magische Verbindung ist unterbrochen. Doch auch daraus ergibt sich ein Problem. In nicht allzu ferner Zukunft wird den Drachlingen auffallen, dass sie keine Nachrichten von ihren Lieblingsrüstungsschmieden mehr erreichen. Bis dahin muss die Stadt der Schmiede gefallen sein, und unser Heer muss sich wieder zerstreut haben, um nicht den Flammen der Himmelsschlangen zum Opfer zu fallen.« Er deutete hinab auf die Stadt, auf den letzten Verteidigungsring und den schwer befestigten Turm der Essen. »Gobhayn muss morgen fallen! Die Zeit drängt! Und du, Askalel, wirst mit deinen Getreuen den entscheidenden Angriff führen. Danach seid ihr für sechs Monde von allen Pflichten freigestellt. Ihr könnt rasten, könnt neue Rekruten in eure Reihen aufnehmen. Morgen aber müsst ihr für uns siegen. Es gibt einen Schwachpunkt in der Verteidigung ...«

Natürlich, dachte Askalel. Seine Nachtfalken waren wieder einmal dazu auserkoren, dort zu stehen, wo die größte Gefahr lauerte. Und als ob sechs Monde genügen würden, neue Rekruten einzubinden. Jeder in seiner Schar war auf irgendeine Art einzigartig. Und deshalb war er auch nicht durch beliebige Rekruten zu ersetzen! Sie waren nicht wie die Spielsteine auf Falrachs Tisch. Wurde eine Figur aus dem Feld geschlagen, kam sie im nächsten Spiel ganz selbstverständlich wieder zurück. Seine Recken, die fielen, fehlten für immer. Der Krieg zehrte die Nachtfalken langsam auf. Längst waren sie nur noch ein Schatten der Truppe, mit der er vor Jahren in den Krieg gezogen war.

»Darf ich dir Olrich vorstellen, Askalel?« Falrach deutete auf einen Zwerg mit struppigem, schlohweißem Bart, der zum Gefolge des Fürsten Dragasch gehörte.

Askalel konnte sich nicht erinnern, den Kerl je zuvor gesehen zu haben. Allerdings hatte er auch nie sonderliches Interesse für Zwerge aufgebracht. Sie waren übellaunig und, was noch unverzeihlicher war, sie schmeckten schlecht.

»Olrich hat vor vielen Jahren dabei geholfen, die Essen der großen Schmiede zu erneuern. Er wird dir bei deinem Angriff morgen den Weg weisen. Mit etwas Glück kommt ihr inmitten unserer Feinde heraus, werdet sie überrumpeln und die Festungstore zum Turm der Essen öffnen.«

»Merkwürdige Vorstellung von Glück, inmitten von Feinden zu stehen«, murmelte Askalel.

Falrach ignorierte ihn, fuhr fort und erläuterte, welcher Weg sie in die Festung führen würde. Und so sehr es Askalel auch gefiel, dem Kerl mit seinen seltsamen Vorstellungen von Schlachtplänen zu widersprechen, blieb er dieses Mal still. Dieser Plan war wirklich gut. Perfide, aber gut. Mit etwas Glück würden sie die Besatzung des Turms der Essen überraschen und überwältigen, bevor es zu organisiertem Widerstand kam. Es gab Hoffnung, den Kampf um Gobhayn zu beenden, ohne dass noch ein einziger seiner Nachtfalken sein Leben verlor.

***

»Dieses Gitter hier …« Olrich strich sich über den Bart. »Das ist gefährlich.« Der Zwerg flüsterte, dabei waren sie mindestens siebenhundert Schritt von den Mauern des Turms der Essen entfernt. Er hatte die Nachtfalken in ein felsiges, von tiefen Rinnen durchzogenes Gelände im Westen der Stadt geführt.

Es war früher Morgen. Bis das erste Silber des beginnenden Tages am Horizont erschien, würden noch mindestens zwei Stunden vergehen. Es war die Nachtzeit, zu der Wachen begannen, unaufmerksam zu werden. Die Stunden, in denen der Kampf gegen den Schlaf die Furcht vor den Feinden vergessen ließ.

Es war vollkommen unnötig zu flüstern, dachte Askalel. Niemand auf den Mauern konnte sie hier hören. Sie standen vor einer Tunnelöffnung, die durch ein schweres Eisengitter versperrt wurde.

»Ich könnte das Ding rausreißen«, behauptete Tarb der Minotaurus, der sich, wie stets, dicht hinter Askalel hielt.

Olrich hob warnend eine Hand. »Auf gar keinen Fall.« Dann deutete er auf die Fugen, dort, wo das Gitter ins Gestein eingelassen war. »Hier ist ein wenig Spiel. Dieses Gitter reagiert auf Druck von außen …«

»Klar reagiert es«, feixte Tarb. »Es wird aus seiner Verankerung brechen.«

»Nein!«, zischte der Zwerg. »Wenn wir von außen drücken, dann lösen wir etwas aus …« Er hob den Kopf, sah sich suchend um und knurrte ärgerlich. »Gut versteckt …«

»Vielleicht suchst du etwas, was es gar nicht gibt«, bemerkte die

Elfe Leomwyn trocken und erntete dafür beifälliges Gelächter aus der Schar der Nachtfalken.

»Mich wundert, wie ihr auch nur eine einzige Schlacht überlebt habt«, knurrte Olrich und zog einen kleinen leuchtenden Stein aus einer seiner Taschen, um die Übergänge zwischen den dicken Eisenstangen und Fels genauer zu betrachten. »Leichtfertigkeit ist der Pate eines schnellen Todes, heißt es in meinem Volk.«

»Und eine flinke Zunge lockt flinke Klingen, sagt man dort, wo ich herkomme.« Leomwyn tätschelte die Knäufe der Dolche, die sie in einem Brustgurt trug.

»Lasst Olrich seine Arbeit tun«, beendete Askalel das Geplänkel, bevor ernsthaft böses Blut aufkam. Er blickte über seine kleine Schar. Die Nachtfalken waren etwas ganz Besonderes, aber sie waren reizbar geworden. Emerelle hatte sie in den letzten Monden zu oft in den Kampf geschickt. Für einige Zeit von jeglichen Gefechten freigestellt zu werden, würde ihnen guttun.

Das Heer der Fahrenden Ritter war eine seltsame Truppe. Es fand sich kurz vor Schlachten überraschend zusammen. Boten gingen durch das Goldene Netz, um die in ganz Albenmark verstreuten Truppen zu den Bannern zu rufen. Ein stehendes Heer wäre allzu leicht ein Opfer der Himmelsschlangen geworden. Obwohl sie sich dank des Drachentöterstahls durchaus der Götterdrachen erwehren konnten, wäre es leichtfertig gewesen, für einen längeren Zeitraum größere Truppen auf engem Raum zu versammeln. Vor nicht allzu langer Zeit hatten die Flammen der Himmelsschlangen die ganze Welt Nangog verschlungen und hier in Albenmark aus dem fruchtbaren Bainne Tyr, dem Milchland, wo einst die Pegasi weideten, eine trostlose Einöde gemacht. Falrach hatte recht. Bei der Erstürmung Gobhayns war nun höchste Eile geboten. Jede Stunde mochte den Drachlingen das Ausbleiben von Nachrichten aus der Stadt auffallen.

Noch einmal ließ Askalel den Blick über seine Schar schweifen. Die weitaus meisten von ihnen waren Elfen, doch es gab auch Faune, eine Selkie, zwei Trolle, drei Zwerge und einen Kobold, einen Minotaurus und noch etliche andere Albenkinder. Kein anderer Trupp in

Emerelles Heer setzte sich aus so vielen Völkern zusammen. Jeder, der sich den Nachtfalken anschloss, hatte sich dadurch qualifiziert, in etwas außergewöhnlich gut zu sein.

»Ösi?«

Der Kobold ließ sich vom Rücken des Kentauren Topokles gleiten. Ösi war etwas fußfaul. Allerdings war es für einen Kobold auch wirklich nicht leicht, mit einer Schar Schritt zu halten, in der nur die Blütenfee Isala noch kleiner war als er.

»Mein Hauptmann.« Ösi salutierte lässig, indem er sich mit einem Finger an die Schläfe tippte.

Askalel mochte diese Geste der Ehrbezeugung nicht. In seinen Augen sah es so aus, als ob ihm der kleine Kerl einen Vogel zeigte. Und zuzutrauen war das Ösi. Keinem anderen der Nachtfalken saß der Schalk so sehr im Nacken wie ihm.

»Schau doch mal nach, ob du eine Falle entdecken kannst, Ösi.«

»Ich brauche keine Hilfe«, knurrte Olrich. »Schon gar nicht von einem Kobold.«

»Darf ich dich darauf hinweisen, dass nicht du derjenige bist, der hier Befehle erteilt?« Askalel legte dem Zwerg eine Hand auf die Schulter und spürte, wie Olrich erschauderte. Manchmal war es von Vorteil, einen üblen Ruf zu haben.

»Der Zwerg hat schon recht.« Ösi zupfte nervös an seinem spitzen Kinn. »Das sieht verdächtig nach einer Falle aus. Und da das alles hier von Elfen gebaut wurde, sollte man von einer verdammt miesen Falle ausgehen. Ihr Langohren macht keine halben Sachen.«

»Wenn wir mit Wurfankern und Seilen versuchen, über die Mauern zu gehen, wird das ganz sicher eine blutige Sache werden. Wenn wir es hingegen durch die Tunnel schaffen, könnten wir die Verteidiger überraschen und einen Sieg mit geringen Verlusten erringen …« Askalel seufzte und betrachtete den Tunneleingang. Er war relativ breit, schien sich weiter hinten aber zu verengen. Das Ganze erinnerte ihn an die Öffnung eines Trichters. »Wozu dienen die Tunnel, Olrich? Die sehen schon recht merkwürdig aus.«

»Nicht merkwürdig, einzigartig!« Das Antlitz des Zwergs strahlte.

»Hier in der Gegend gibt es oft tagelang einen stetigen Westwind vom Meer her. Die Tunnelöffnungen fangen den Wind ein. Eigentlich waren die Tunnelmündungen, diese ins Gestein getriebenen Trichter, vor denen wie hier stehen, noch durch hölzerne Aufsätze erweitert. Ich vermute mal, die sind in die Lagerfeuer des Heeres gewandert. Die Tunneleingänge wurden absichtlich so gestaltet, dass sie viel Wind einfangen. Sie leiten ihn zu den Essen. Dort kann der Wind genutzt werden, um die Schmiedefeuer aufglühen zu lassen und eine erstaunliche Hitze zu erreichen. Die Elfen hier kochen ihren Stahl in großen steinernen Bottichen und lassen ihn in Formen für Stangen und Barren abfließen. Wie ich schon sagte: Einzigartig!« Olrich deutete auf das Gitter. »Das hier gab es allerdings noch nicht, als ich geholfen habe, die Tunnel anzulegen.«

»Dein Schwert, Hauptmann«, sagte Ösi sehr bestimmt. »Du schneidest damit mühelos die Stäbe durch. Und Tarb hält dabei das Gitter fest, denn wenn es stürzt und auf den Steinboden schlägt, wird das einen Lärm machen, als habe man einen Gong, groß wie ein Karrenrad, geschlagen.«

»Aber er darf auf keinen Fall gegen das Gitter drücken«, zischte der Zwerg besorgt. »Ich bin überzeugt, der leiseste Druck wird ausreichen, um irgendetwas Unerfreuliches auszulösen.«

»Krieg ich hin«, bemerkte der Minotaurus in seiner knappen Art. »Bin nicht blöd.« Er trat vor und umklammerte das Gitter mit beiden Händen.

Askalel zog sein Schwert. Die Schneide durchtrennte die dicken Eisenstäbe so leicht wie Kornhalme. Es dauerte nur Augenblicke, dann konnte Tarb das Gitter aus dem Eingang herausnehmen und gegen die Felswand lehnen.

Der Zwerg sah ehrfürchtig auf Askalels Schwert. »Ich hatte ja davon gehört. Aber es mit eigenen Augen zu sehen ... Unglaublich, was der Drachentöterstahl vermag.«

»Er öffnet Wege so leicht wie Körper.« Askalel deutete mit der Klinge voraus in den Tunnel. »Du kennst den Weg. Ich schlage vor, du gehst vor und Ösi hält sich an deiner Seite.«

»Es wäre gut, Isala vorauszuschicken«, schlug der Kobold stattdessen vor. »Sie sieht hervorragend im Dunkeln. Sie wird, so winzig, wie sie ist, kaum Fallen auslösen, und sollte es eine Wache geben, wird sie nicht auffallen. Wer erwartet schon, einer kaum fingerlangen Blütenfee mitten in der Nacht in einem Tunnel zu begegnen, der nur den Wind fangen soll.«

Das war die Stärke seiner Truppe, dachte Askalel stolz. Jeder dachte mit. Sie kannten einander seit Jahren, waren gut aufeinander eingespielt und vertrauten sich gegenseitig. Er verzichtete allerdings darauf, Ösi zu loben. Das stieg dem Kerl allzu leicht zu Kopf, und dann wurde er unausstehlich.

Isala hatte schon mitbekommen, dass über sie gesprochen wurde. Sie flog auf zierlichen Libellenflügeln heran. Ihr goldenes Haar war zu winzigen Zöpfen geflochten. Auf Kleidung verzichtete sie. Dafür hatte sie sich den Körper mit Bandag bemalt. Der rotbraune Saft zeigte verschlungene Rankenmuster, die sie so gut wie unsichtbar werden ließen, wenn sie in einer Hecke saß.

Kurz erläuterte Askalel, was er von ihr erwartete und worauf sie achten sollte. Dann schwirrte sie davon.

»Wie eng wird der Tunnel?«, wollte Tarb wissen.

Olrich sah ihn nachdenklich an. »Wenn du den Kopf einziehst und deine Hörner senkst, solltest du es bis zum Ende schaffen. Alle Gänge verengen sich zum Schluss, um die Kraft des Windes weiter zu verstärken. Aber vorher gibt es eine Pforte, durch die man sie verlassen kann. Du schaffst das.«

»Olrich?« Askalel nahm eine Gewandnadel, die einen schwarzen Falken zeigte, aus der Tasche an seinem Schwertgurt. »Steck dir diese Fibel an. Du ziehst an unserer Seite in den Kampf und gehst als einer der Ersten voran. Für heute Nacht bist du einer von uns. Und wenn du deine Sache gut machst, kannst du bleiben. Mir fehlt jemand, der sich mit Tunneln auskennt.«

Der Zwerg sah ihn überrascht an. »Ein Nachtfalke«, hauchte er. »Es wäre mir eine Ehre.« Er nahm die Fibel und steckte sie sich an sein Wams.

»Was erwartet uns im Tunnel?«

»Wahrscheinlich schon irgendwelche Fallen. Aber ich habe ein Auge für so was. Sie müssten sehr ausgefuchst sein, um mir zu entgehen, und ich …«

»Ich bin ja auch noch dabei«, sagte Ösi gönnerhaft. »Ich sehe, was du übersiehst.«

Der Zwerg bedachte den Kobold mit einem mörderischen Blick, dann fuhr er fort: »Wahrscheinlich wird es weitere Gitter geben, und wenn die Elfen von Gobhayn vorsichtig sind, noch irgendwo einen Wächter.«

»Pech für ihn«, schnaubte Tarb.

»Der Tunnel macht zum Glück einige Biegungen.« Olrichs Zähne schimmerten gelblich in seinem weißen Bart. »Der Wächter wird uns also nicht schon auf hundert Schritt kommen sehen. Wir müssen nur leise sein.«

Es klang, als sei die Überraschung, die Falrach fest eingeplant hatte, machbar, und dennoch gingen Askalel die Abschiedsworte Pryonns nicht aus dem Kopf: *Wenn wir uns am Turm der Essen zum letzten Gefecht stellen, sei weit fort Askalel. Ich würde es bedauern, dich dort zu sehen.*

***

»Ich komme nicht an dem Licht vorbei, ohne dass er mich entdeckt«, flüsterte Isala ihm ins Ohr. Die Blütenfee saß auf Askalels Schulter und hielt sich an einer Haarsträhne fest. »Aber er wirkt auch müde. Vielleicht können wir ihn ja überrumpeln.«

Askalel kauerte an der Wand des Tunnels, der vor ihm eine weite Kurve machte. Er hatte sich gerade so weit vorgebeugt, dass er den Wächter sehen konnte, einen Krieger in voller Rüstung, der an die Wand gelehnt dastand. Er hielt den linken Arm hoch. Ob er sich damit an der Wand abstützte, war nicht klar zu erkennen. Etwa zwanzig Schritt vor Askalel, auf halbem Weg zu dem Krieger, ruhte ein kopfgroßer Barinstein auf einem Sockel. Sein warmes, honigfarbenes Licht erleuchtete etwa vierzig Schritt des Tunnels und ließ den Wächter zu kaum mehr als einem vagen Schattenriss am Rand der Dunkelheit werden. Isala hatte recht. Selbst etwas so Kleines wie eine Blütenfee würde in dem gut ausgeleuchteten Gang nicht unentdeckt bleiben.

Sie hatten drei Gitter aus dem Tunnel geschnitten, und Olrich und Ösi hatten fünf verschiedene Fallen entdeckt: hauchzarte Metalldrähte, dicht über dem Boden gespannt, und Platten, die in Wandfugen verborgene Klingen hätten vorschnellen lassen, wäre jemand auf sie getreten. All das hatten sie gemeistert. Sie würden nicht an diesem Kerl scheitern, dachte Askalel grimmig.

Der Luftzug, der seit einiger Zeit ununterbrochen vom Tunneleingang her wehte, frischte zu einer Bö auf, die Askalels Umhang bauschte. Isala musste sich mit beiden Händen an seinem Haar festhalten, um nicht von seiner Schulter geweht zu werden.

»Sturmangriff?«, fragte Tarb. Der Minotaurus konnte nur stark gebückt stehen und brannte darauf, aus dem Tunnel herauszukommen.

Ganz gleich, wie schnell sie waren, dem Wächter würde auf jeden Fall noch Zeit für einen Alarmruf bleiben. Das konnten sie nicht riskieren. Wäre es nicht so hell, hätte Askalel Isala geschickt, damit sie dem Wächter aus einer winzigen Phiole Kontaktgift in den Nacken träufelte. Das wäre schnell und lautlos gewesen. So harmlos die Blütenfee auch aussah, kannte Askalel keine Frau, die skrupelloser war, wenn es darum ging, Feinde aus dem Weg zu räumen.

»Olrich, wie weit ist es von hier aus bis zu der Pforte, die aus dem Tunnel führt?«

Der Zwerg, der einst an diesem Tunnel mitgebaut hatte, spähte zu dem Wächter, kratzte sich nachdenklich am Bart und legte die Stirn in Falten. »Es sollten höchstens noch zweihundert Schritt sein. Eher weniger. Aber gewiss mehr als hundert.«

Vielleicht war der Weg kurz genug, die Garnison bei den Essen trotz eines Alarms noch zu überrumpeln. Aber es war ein Risiko. Askalel kroch ein Stück zurück. »Finde Gomlon«, raunte er Isala zu, »und bring ihn nach vorn.«

»Der hat sich Mut angetrunken«, murrte Tarb in für seine Verhältnisse fast ausschweifender Wortfülle.

Askalel war nicht sonderlich überrascht. Gomlon war zwar der mit Abstand beste Schütze in seiner Truppe, aber er war in zu viele Kämpfe gezogen. Wenn er nicht trank, zitterte er, doch wenn er trank, neigte er dazu, nur noch von seinem mutmaßlich unmittelbar bevorstehenden Tod zu reden.

Eine neuerliche Bö fegte durch den Tunnel, zerrte an Askalels Umhang und blies ihm das Haar in die Augen. Wie es wohl erst gewesen sein mochte, als draußen am Tunneleingang noch die Holztrichter gestanden hatten? Selbst jetzt reichte die Kraft des Windes, um einen Kobold fast von den Beinen zu reißen.

Jemand drängte sich zwischen seinen Gefährten hindurch. Leises Gemaule ertöne, gezischte Flüche. Dann schob sich Gomlon an Tarb vorbei.

»Wem soll ich das Lebenslicht löschen?« Der Zwerg stank nach billigem Fusel und ... waren das Reste von Erbrochenem in seinem Bart? Askalel blickte nicht genauer hin. Er sah auch über die rote Nase hinweg, aus der klares Sekret rann, ebenso über die tränenden Augen und über die beiden Flaschen, die in Lederschlaufen vom Gürtel des Zwergs hingen. Der nannte seinen Fusel gern Zielwasser. Selbst gemessen an den sehr niedrigen Standards des Zwergs, sah Gomlon heute besonders übel aus.

Askalel wies den Tunnel hinauf. »Ein Stück hinter der Krümmung, so gerade außer Sicht, steht ein Wächter. Der muss weg, bevor er Alarm auslöst.«

Gomlon nickte, kam dabei leicht aus dem Gleichgewicht und musste sich mit einer Hand an der Wand abstützen. »Ziemlich viel Seegang hier ...« Er kicherte leise. Als Einziger.

Wieder fegte eine Bö durch den Tunnel.

»Der Wind ist nicht gut.« Gomlon rülpste.

Der Kerl war zu laut, dachte Askalel. Er würde noch alles verderben.

»Was raus muss, muss raus.« Gomlon hob entschuldigend die Hände. Dann schnallte er die Armbrust von seinem Rücken. Vorsichtig lehnte er sie an die Wand, griff nach einer der Flaschen am Gürtel und nahm einen tiefen Schluck. Mit einem genüsslichen Seufzer fuhr er sich mit dem Handrücken über den Mund. »Bereit.« Er nahm einen Bolzen aus dem Kasten an seiner Hüfte und prüfte mit dem Daumen die Befiederung. »Wird ihm ein schönes rundes Loch in die Stirn stanzen. Dann gibt es keinen Alarm mehr.«

An Selbstbewusstsein hatte es Gomlon nie gemangelt. Im Gegensatz zu Mut war das überreichlich vorhanden.

Der Zwerg spannte die Armbrust mit einer Kurbel, legte den Bolzen auf die Führungsschiene und ging in die Knie. Jetzt wirkte er gar nicht mehr betrunken. Jede seiner Bewegungen war ruhig und zeugte von jahrelanger Erfahrung. Langsam schob er sich auf den Knien vorwärts, wobei er sich dicht an der Tunnelwand hielt.

»Schirm ihn mit deinem Schild gegen etwaige Böen ab«, raunte Askalel dem Minotaurus zu. »Halt dich aber, so gut es geht, aus dem Blickfeld der Wache.«

Tarb rollte mit den Augen. »Soll ich auch Eier legen?«

Ein besoffener Zwerg und ein Minotaurus, der versuchte, witzig zu sein – seine Truppe war manchmal auch außergewöhnlich anstrengend. Askalel hielt sich dich hinter Gomlon und war froh, dass der Wind dessen Ausdünstungen von ihm fortblies.

Der Wächter war kaum zu erkennen. Er stand leicht außerhalb des Lichtkreises, den der große Barinstein in das Dunkel des Tunnels schnitt.

Heulend zog der Wind über sie hinweg. Aus den Böen war eine beständige steife Brise geworden.

Plötzlich beugte sich der Wächter vor. Hatte er sie entdeckt?

Gomlon zog den Abzug durch. Der Armbolzen schnellte davon. Ein Herzschlag nur, dann sank der Wächter in sich zusammen. Dabei hielt er seinen linken Arm seltsam verdreht nach oben.

Askalel sprang auf und stürmte vor. Er zwängte sich an dem Säulenstumpf mit dem leuchtenden Stein vorbei und war binnen Augenblicken bei dem Wächter. Der Kerl hatte eine dünne Kette um sein Handgelenk geschlungen, die über ihm in der Decke verschwand. Im Halbdunkel am Rand des Lichtkreises war sie unsichtbar geblieben.

Der Erste aus der Truppe, der zu ihm aufschloss, war Ösi. Er blickte auf die Kette. Dann hinauf zur Decke. »Das ist nicht gut, Hauptmann ...« Wie um die Worte des Kobolds zu unterstreichen, war vor ihnen im Tunnel ein Knirschen zu hören, als würde ein schwerer Stein über einen Felsen geschoben.

»Lauft!«, schrie Askalel. Wenn Olrichs Einschätzung stimmte, waren es keine hundert Schritt mehr bis zu der Pforte, die aus dem Tunnel hinaus führte. Das konnten sie schaffen!

Askalel stürmte vor. Der Wind zerrte an ihm und trug das Klirren von Rüstungen und Waffen mit sich sowie das Stampfen dutzender schwerer Sohlen auf dem Felsboden.

Der Tunnel machte eine scharfe Kurve. Hitze schlug Askalel entgegen. Sie mussten jetzt unterhalb der Essen sein.

Plötzlich war da ein Lichtschein vor ihnen. Die Hitze wurde stärker. Bäche aus gleißendem Licht rannen die Wände hinab. Sie breiteten sich auf dem Boden des Tunnels aus. Die Pforte war keine zehn Schritt entfernt, klar zu erkennen in der grellen Helligkeit.

Das Licht strömte ihm entgegen. Die zitternde Luft darüber sah aus wie zerfließendes Glas. Askalel erstarrte. Das Licht floss schnell, kam den Tunnel herab in seine Richtung.

»Sie lassen die Schmelzöfen ab!«, schrie Olrich hinter ihm. »Das ist flüssiger Stahl! Rennt!«

Askalel wandte sich um. »Zurück!«, schrie er und schwenkte die Arme. »Zurück zum Ausgang!«

Es dauerte einen Augenblick, bis seine Nachtfalken begriffen.

Er rannte ihnen entgegen, die Hitze im Rücken, die ihm inzwischen den Atem nahm. Er blickte über die Schulter. Der Stahl bewegte sich fast so schnell wie Wasser. Er war nur noch wenige Schritt entfernt.

Askalel lief an dem toten Wächter vorbei, der sterbend mit der Kette, die um sein Handgelenk geschlungen war, dieses Inferno entfesselt hatte.

»Zurück!«, schrie Askalel.

»Wir werden alle verbrennen«, kreischte Olrich.

»Lauft!«, rief auch Tarb.

Im Gang vor ihnen war ein rumpelndes Geräusch zu hören. Dann schlug etwas Metallisches so hart auf den Boden, dass Askalel spürte, wie das gewachsene Gestein unter seinen Füßen vibrierte.

»Ein Fallgatter!«, rief Leomwyn.

Askalel reckte den Hals, doch konnte er das Hindernis jenseits der Krümmung des Gangs noch nicht sehen. Unübersehbar war hingegen, dass ihre Flucht ein Ende gefunden hatte. Seine Getreuen drängten sich immer enger zusammen, doch sie kamen nicht mehr weiter.

Askalel blickte zurück. Der weißglühende Stahl erreichte den toten Wächter. Flammen leckten an ihm empor. Sein Leib schien dahinzuschmelzen. Er sank in sich zusammen, verschwand im Stahl, bis nur noch ein Rauchwölkchen über dem fließenden Metall stand.

Askalel hastete weiter, dem Gedränge entgegen, und nun sah er das Eisengitter, das sich von der Decke herabgesenkt hatte, und begriff, er würde es nicht mehr rechtzeitig erreichen. Er hauchte ein Wort der Macht und begann einen Zauber zu weben, der ihn gegen die Hitze schützen sollte. Er konnte spüren, wie etliche andere seiner Gefährten dies auch versuchten. Doch Magie bestand aus Ausgleich. Wenn er sich in einen Kokon schützender Kälte hüllen wollte, dann musste sie irgendwoher kommen. Er entzog der Umgebung Kälte, bündelte sie und legte sie wie einen schützenden Mantel um sich.

Oder so hätte es zumindest sein sollen …

Doch nun wollte der Zauber nicht gelingen. Es war zu heiß im Tunnel! Da war nichts, was man nehmen und bündeln konnte, um sich in Kälte zu flüchten.

»Schwert!«, sagte Tarb unvermittelt, packte ihn bei den Hüften und hob ihn hoch. »In die Wand rammen.«

Askalel verstand nicht.

»Schwert!«, drängte der Minotaurus. Der glühende Stahl hatte sie nun fast erreicht.

Von ohnmächtiger Wut erfüllt, sah Askalel, wie das Verderben seinen Nachtfalken entgegenströmte. Er zog seine Waffe und rammte die Klinge in die Tunnelwand. Der Drachentöterstahl versank bis zum Heft im Stein. Askalel zog sich daran hoch, bis er dicht unter der Decke hing.

Der geduckt stehende Minotaurus war noch immer auf Augenhöhe mit ihm. »Es war mir eine Ehre, dein Krieger …« Er keuchte auf. Seine Augen weiteten sich vor Schmerz. Tarb stütze sich mit den Händen an der Wand ab und sank doch in die Knie. Flammen loderten um das Fell an seinen Beinen. Es stank nach verbranntem Horn, als seine Hufe binnen eines Herzschlags Asche wurden. »… dein … Krieger … gewesen zu sein«, stieß er hervor. Er kippte zur Seite und war binnen zweier Herzschläge in dem weißglühenden Metall verschwunden.

Der Tunnel hallte von den Schreien der Nachtfalken wider. Einige versuchten verzweifelt, sich durch das Fallgitter hindurchzuzwängen. Manche schrien seinen Namen, flehten ihn an, doch zu helfen, oder beteten zu den Alben, damit diese ein Wunder wirkten. Die meisten seiner Getreuen sahen dem Untergang jedoch gefasst entgegen. Sie standen ruhig da. Einige legten die Rechte auf ihr Herz und verneigten sich zu einem letzten Gruß vor ihm. Die Elfe Leomwyn lächelte ihn sogar an.

Gomlon verfiel in irres Gelächter. Er ließ seine Armbrust fallen und rannte der glühenden Lohe entgegen. »Was für ein Zwergentod!«, jubelte er. »Eins werden mit dem Erz!« Er warf sich in den Stahl … und verschwand.

Bebend vor Zorn, sah Askalel zu, wie die Nachtfalken verschlungen wurden. Es dauerte keine dreißig Herzschläge, dann war nur noch das Fallgatter zu sehen, das ihnen zum Verhängnis geworden war. Die Berührung des fließenden Stahls ließ die Stäbe rot glühen.

Japsend rang Askalel nach Luft. Seine Kleidung dampfte. Dann begann sein Umhang zu schwelen. Die Hitze rötete seine Haut. Doch mehr geschah ihm nicht. Er war der Sohn Nachtatems, des mächtigsten Drachen, der je über Albenmark seine Flügel ausgebreitet hatte. Feuer konnte ihn nicht töten. Aber es vermochte ihn zu peinigen. Sein Umhang ging in Flammen auf, sein langes schwarzes Haar kräuselte sich und verbrannte. Alles, was er am Leib trug, wurde Feuer und Rauch. Das Leder des Waffengurts verschmorte. Die Nachtfalken-Fibel seines Umhangs fiel hinab in den Stahl. Die schwarze Emaille widerstand einen Herzschlag lang, zeigte einen letzten Augenblick das

Schattenbild des Vogels, der ihr Wappentier gewesen war, vor glühendem Hintergrund; dann war die Fibel verschwunden, so wie auch seine Gefährten verschwunden waren.

Askalel schrie. Er ließ all seinen Schmerz und Zorn heraus, duldete, dass jene Dunkelheit, die um einen zu hohen Preis eingedämmt worden war, sich wieder Bahn brach, ließ das Ungeheuer in sich frei. Er war um so vieles größer als der Elf, als der er sich ausgegeben hatte. Er hatte den Körper seines Vaters geerbt, auch wenn er sich dazu entschieden hatte, sich die Gestalt des Volkes seiner Mutter zu geben. Er war ein Raubtier, das es liebte zu jagen. Einst hatte er den Entschluss gefasst, von jeder Sorte Fleisch zu kosten, die auf Albenmark existierte. Er war auf diesem dunklen Weg weit gegangen, bis ihn die Begegnung mit seiner einzigen Liebe verändert hatte.

Doch wohin hatte ihn all das geführt? Er kämpfte in Elfengestalt gegen Drachen. Dabei war er doch in beiden Lagern zu Hause. Er hatte Gefährten gefunden, die ihm ihr Leben anvertraut hatten. Hätten sie gewusst, was er in Wahrheit war, wäre keiner mit ihm gezogen. Er hatte Vertrauen mit Lügen belohnt, und nun hatten die Nachtfalken den Preis dafür gezahlt.

Er mahlte mit den Zähnen. Pryonn hatte ihm Feuer geschickt? Es würde auf ihn zurückfallen. Das maßlose Feuer seines Zorns!

Askalel hatte seinen Körper zusammengepresst, um auf die Größe eines Elfen zu schrumpfen. Er könnte hundertmal mehr sein. Sein Leib war so verdichtet, dass eine Klinge seine Haut nicht durchdringen konnte, es sei denn, sie war aus Drachentöterstahl gefertigt, und sein Leib konnte Hitze nicht nur widerstehen. Er war eine Kreatur des Feuers, er würde in sich ein Feuer erwecken, das noch heißer war als der kochende Stahl!

Der glühende Strom unter ihm *erkaltete*. Er war nicht mehr von strahlendem Weißgelb, sondern hatte nun einen dunklen Rotton angenommen, durchsetzt mit grauen Flecken.

Askalel ließ sich fallen. Als seine Füße den Boden berührten, gab es ein Geräusch, als ob man ein Stück Fleisch in eine heiße Pfanne warf. Er verspürte durchaus Schmerz. Eine äußere Schicht Fleisch verkohlte. Aber es war nicht jener Schmerz, der jegliches Denken auslöschte. Den kannte er nur aus Erzählungen.

Das verkohlte Fleisch riss von seinem Fuß, als er den ersten Schritt tat. Er zog sein Schwert aus der Wand und stapfte weiter. Der Schmerz befeuerte seinen Zorn. Er veränderte sich … Jegliches Haar war von seinem Körper gebrannt. Seine Haut war rot wie eine gekochte Languste. Etwas regte sich unter der Haut. Schwarze Schuppen brachen hindurch. Seine Fingernägel wurden Krallen, sein Leib größer, gedrungener. Er wollte sich nicht vollends verwandeln, aber er lockerte die Fesseln, die er sich auferlegt hatte.

Wenn die Geschichten der Gazala um seine Geburt stimmten, dann war er halb Drache, halb Elf gewesen, als er aus dem Leib seiner Mutter kroch. Ein Ungeheuer in den Augen aller, weder Drache noch Elf. Für beide Seiten eine abscheuliche Missgeburt. Und obendrein hatte er noch im Mutterleib eines seiner Geschwisterchen zerfetzt und seinen Bruder Meliander so schwer verletzt, dass er bei der Geburt fast gestorben wäre.

Nandalee, seine Mutter, hatte ihn vor den Blicken aller versteckt und ihn eingesperrt. Sein Vater Nachtatem, der Erstgeschlüpfte, hatte ihm davon erzählt. Nachtatem war derjenige gewesen, der ihm zeigte, wie man seine Gestalt formte. Er hatte ihn auch gelehrt, wie ein schwarzhaariger Elfenjunge auszusehen, und dann hatte Nachtatem ihn fortgebracht, in die Wälder bei den Slanga-Bergen, hoch im Norden. Der Götterdrache hatte sich um ihn gekümmert. Das war seine Wahrheit, auch wenn Nandalee sich viel später in Haiwanan versucht hatte, sich mit Lügengeschichten dafür zu rechtfertigen, dass sie sich nie um ihn gekümmert hatte.

Die Pforte nahe dem Tunnelende war fast zu eng für seinen verformten Leib. Er zwängte sich hindurch und scheuerte sich die wunde Haut vom Leib. Dann nahm er die Treppe hinter der Pforte. Er beherrschte sich kaum mehr, wob nur noch unvollkommen jenen Zauber, der sein wahres Gewicht an das Gewicht eines Elfenleibs anpasste. Steinerne Stufen knirschten und rissen unter seinem Tritt. Der Boden erbebte, als er voll des Zorns die Treppe hinaufstieg.

Zwei Krieger kamen ihm entgegen. Sie trugen Schuppenpanzer und offene Bronzehelme, auf denen weiße Pferdeschweife wippten. Blankes Entsetzen stand ihnen ins Gesicht geschrieben, als sie ihn sahen und doch wichen sie nicht zurück.

Ihr Mut nötigte Askalel Respekt ab. Doch Respekt war nichts, was ihn auch nur einen Herzschlang lang zögern ließ. Er durchtrennte die Schäfte der vorstoßenden Speere, und dann durchtrennte sein erster Hieb Schild, Schulter, Rumpf. Es war ein schräger Schnitt, von der Schulter abwärts bis zur Hüfte. Die obere Hälfte des Elfenkriegers rutschte vom unteren Torso herab. Der zweite Recke wollte aufschreien, als ein Rückhandhieb ihn seitlich am Kopf traf und Helm wie Schädel zerteilte, so wie Schüler in einer Fechtstunde auf dem Übungshof Melonen mit wuchtigen Schwerthieben zerteilten.

Die Tür oben an der Treppe stand offen. Askalel hörte die rhythmischen Schritte von Stiefeln. Von vielen Stiefeln. Die Garnison war zur Verteidigung bereit, der Augenblick, sie zu überraschen, verpasst.

Nein, dachte Askalel, es hatte ihn gar nicht erst gegeben. Pryonn hatte schon gestern geahnt, dass sie auf diesem Weg kommen würden. Und der Meister der Schmiede hatte ihn gewarnt. Hätte er nur auf ihn gehört! Nun blieb ihm nur noch, seine Toten zu rächen.

Er stürmte durch die Tür. Links von ihm lagen die Stahlschmelzen, aus denen der Tod in den Tunnel geleitet worden war. Dichter schwarzer Rauch quoll aus gedrungenen Schornsteinen. Böiger Wind drückte ihn hinab in den Hof, wo er die Sicht behinderte und jeden Atemzug zur Qual machte. Askalel spürte das Wirken von Magie. Den Rauch der Essen gegen die Verteidiger einzusetzen war vermutlich einer von Falrachs vielen Tricks, die in der Summe den Sieg erzwingen sollten.

»Falrach«, zischte Askalel. Ihn würde er sich auch noch holen! Der Stratege hatte die Nachtfalken in den Tod geschickt.

Pfeile trafen Askalel am Rücken und zersplitterten wirkungslos. Seine Gegner hätten genauso gut auf einen Felsen schießen können. Er wandte sich um, stieß einen Schrei aus, der noch weit in der Stadt zu hören sein musste, und stürmte vor. Ein Trupp von zwanzig Speerträgern formierte sich hastig zu einer Doppellinie. Der Stahl von Gobhayn war auf seine Brust gerichtet. Der Stahl, um dessentwegen die Stadt sterben sollte.

Er hob das Schwert, das lächerlich klein in seiner aufgedunsenen Faust wirkte. Er war jetzt groß wie ein Troll. Sein Körper rot … gehäutet. Vereinzelt wucherten schwarze Drachenschuppen auf seinem Leib. Er hatte die Sinne eines Raubtiers. Witterte die Angst seiner Gegner.

Sein Schwert fuhr nieder, zog blutige Bahnen, und das Schreien begann.

***

Emerelle duckte sich in einen Hauseingang. Pfeile prasselten dicht vor ihr gegen die Mauer. Sie führte den Angriff an, so wie sie es immer getan hatte. Die Schramme auf ihrer Wange wollte nicht aufhören zu bluten. Das musste ein Drachentöterpfeil gewesen sein! Wussten sie, was sie war? Das Geschoss hatte sieben Krieger hinter ihr durchbohrt, bevor es in einer Hauswand verschwunden war. Es hatte eine Panik ausgelöst. Alle waren in Deckung gesprungen. Der Angriff war in sich zusammengebrochen.

»Was?«, zischte Emerelle gereizt.

Auf ihrer Schulter stand eine Blütenfee. Sie hielt sich an einem der dünnen Schläfenzöpfe der Elfe fest. »Tunnel … alle … vorbei …«

Der Lärm der Schlacht übertönte die zarte Stimme. Nun stieß sie sich ab. Mit schwirrenden Libellenflügeln schwebte sie unmittelbar vor Emerelles Gesicht. Sie war nackt, bis auf eine Kette um den Hals, von der ein winziger schwarzer Anhänger hing, ein Falke aus schwarzer Emaille. »… Falle. Der Tunnel …«

Emerelle stieß die Tür hinter sich auf und zog sich ins Haus zurück. Das Getöse der Schlacht ließ ein wenig nach.

»Was ist passiert?«

»Es war eine Falle!«, stieß die Blütenfee hervor. »Sie alle sind tot. Flüssiger Stahl kam in die Tunnel. Ein Gitter hielt uns gefangen. Alle sind tot. Alle ...« Die kleine Fee sah sie flehend an, als glaubte sie, dass es in ihrer Macht stünde, dies ungeschehen zu machen.

Falrach hatte sie vor den Tunneln gewarnt. Sie war es gewesen, die darauf bestanden hatte, diesen Angriff zu wagen. Wäre er geglückt, hätte ihr Sieg deutlich weniger Blut kosten können. Loyal, wie Falrach war, hatte er es als seinen Plan ausgegeben.

»Was wirst du tun?«, fragte die Blütenfee.

Emerelles Gedanken überschlugen sich. Die Frage war eher, was würde sie nicht tun. Sie war überzeugt, dass sie es gespürt hätte, wenn ihr Bruder gestorben wäre, auch wenn ihr Band zu Askalel nicht annähernd so stark war wie das zu ihrem anderen Bruder, Meliander. Er hatte also überlebt und mitangesehen, wie seine geliebten Nachtfalken in einer heimtückischen Falle erbärmlich zugrunde gegangen waren. Sie konnte sich vorstellen, was er nun tun würde. Es wäre besser, wenn es möglichst wenige Zeugen dessen gab, was nun vermutlich beim Turm der Essen geschah.

»Ich danke dir für deinen Bericht.« Sie nickte der Blütenfee zu und trat zur Tür hinaus.

Meliander stand, hinter eine Pavese geduckt, mitten in der Gasse. Armbrustschützen aus dem Volk der Zwerge umringten ihn. »Wir haben die Bogenschützen vom Dach des Lagerhauses vor uns vertrieben. Noch zwei Straßen, dann sind wir beim Alten Markt, und die Altstadt gehört uns!«

»Wir ziehen uns zurück!«, entschied Emerelle.

Meliander sah sie fassungslos an. »Wir gewinnen!«

»Zurück!«, befahl Emerelle scharf. Sie trat neben den Hornbläser der Zwerge. »Gib das Signal zum Rückzug. Wir müssen den Angriff abbrechen. Sofort!«

***

Askalel trat einen abgetrennten Arm zur Seite und sah den beiden überlebenden Speerträgern nach, die schreiend in Richtung des Festungstors liefen. Er schmeckte Blut im Mund und kämpfte gegen den

Wunsch an, niederzuknien und seine Zähne in das warme Fleisch der Toten zu schlagen. Es hatte nur wenige Herzschläge gedauert, die Speerträger niederzumachen. Er war so tödlich wie der kochende Stahl, den die Elfen von Gobhayn in den Tunnel abgelassen hatten. Wer ihm in den Weg kam, starb.

Er wandte sich zu den Bogenschützen um, die auf ihn geschossen hatten, als er auf den Hof getreten war. Dichte Rauchschleier behinderten seine Sicht. Er öffnete das Verborgene Auge inmitten seiner Stirn, das ihn in die magische Welt blicken ließ. Rauch gab es dort nicht. Nur ein Gespinst feiner goldener Linien, in denen die Magie der Welt lag. Er entdeckte auf dem Wehrgang hinter sich etliche Auren, durchzogen von schwarzen Schlieren der Angst. Sie verschwanden schnell. Vermutlich suchten sie Zuflucht in einem Turm.

Askalel öffnete seine richtigen Augen. Ja, da war ein Turm, umwogt von Rauch.

Er lief dem Bollwerk entgegen, stürmte die Wendeltreppe hinauf und genoss das Entsetzen im Blick des ersten Kriegers, der ihm begegnete, einem Kämpfer in leichter Lederrüstung mit einem Köcher voller Pfeile an der Hüfte. Der Kerl wandte sich schreiend um, doch seine Gefährten hinter ihm auf der Treppe behinderten eine schnelle Flucht. Askalels Schwert traf ihn an der Hüfte.

Schreiend ging der Bogenschütze zu Boden. Askalel hätte über ihn hinwegsteigen können. Stattdessen setzte er den unartikulierten Schmerzenslauten ein Ende, indem er mit einem Aufstampfen das Gesicht des Kerls zermalmte. Diese gezielte Grausamkeit hatte sofort den gewünschten Erfolg. Die Panikrufe seiner Gegner wurden noch schriller.

Eine Schützin ließ sich auf die Knie nieder und hob flehend die Hände. Das Blut aus ihrem Hals spritzte bis zur Decke empor, als ihr Kopf die Stufen hinabrollte. Es hatte keine Gnade für seine Nachtfalken gegeben, und auch er würde keine Gnade gewähren.

Zwei weitere Bogenschützen fielen unter seinen Hieben, bevor er die Tür vom Turm zum Wehrgang erreichte. Eine rothaarige Kriegerin sah ihn kommen und zog es vor, von der Mauer in den Hof hinabzuspringen, statt sich ihm zu stellen. Er hörte, wie ihre Knochen brachen, und hielt einen Herzschlag lang inne, um zuzusehen, wie sie versuchte, davonzukriechen. Er erinnerte sich an seine Jagden nach Fleisch, erinnerte sich, welche Kräfte Todesangst freisetzen konnte.

Ein Stück vor ihm schwang ein Trupp Verteidiger eine Balliste herum. Der Speer wies auf seine Brust. Sollte es ein Drachentöterpfeil sein, würde er nun sterben. Er ging ruhig auf das Geschütz zu. Es war ihm gleichgültig, was mit ihm geschah. Mailyn hatte ihm einst das Leben lebenswert gemacht. Sie war ihm entrissen worden. Er hatte die Nachtfalken erschaffen und seinem Leben erneut einen Sinn gegeben. Nun waren auch sie ihm genommen worden. Er fühlte nur noch dumpfen Zorn.

Der Sicherungshebel der Balliste wurde zurückgezogen. Der Speer schnellte ihm entgegen und zerschellte an seiner Brust. Eschenholzsplitter prasselten in sein Gesicht, ohne ihn zu verletzen. Nicht einmal jene, die seine weit geöffneten Augen trafen, richteten Schaden an.

Er ging vorwärts, als sei nichts geschehen, und weidete sich am Entsetzen der Geschützbedienung. Im Geiste indes sah er Tarb, den Minotaurus, der sein Leben gegeben hatte, um ihm zu helfen. Er sah Leomwyn und ihren letzten Gruß an ihn. Er sah all die anderen. Wären sie wenigstens im Kampf gefallen ... Aber auf diese Art? Durch kochenden Stahl? Das war eines Kriegers unwürdig! Niemandem hier in der Festung würde er die Gnade eines würdigen Kriegertodes gewähren.

Er stürmte los, metzelte die Geschützbedienung nieder, die vor Entsetzen erstarrt war. Dann sprang er von der Mauer und trat hinter die rothaarige Kriegerin, die es bis zu ihrem letzten Atemzug nicht aufgab, vor ihm zu fliehen. Nicht einmal mit gebrochenen Beinen.

In wilder Raserei suchte er sich immer weitere Opfer. Die Festung hallte von Entsetzensschreien wider. Er aber war im Blutrausch gefangen, bis eine gefasste Stimme ihn abrupt zu sich kommen ließ.

Blut hatte Askalel geblendet. Er blinzelte, blickte über die Schulter und sah undeutlich einen ungewöhnlich breitschultrigen Elfen vor sich stehen. Dieser trug einen quer gestellten Federkamm auf dem Helm.

»Stell dich mir, Ungeheuer!«

Askalel fuhr herum und blinzelte erneut. Pryonn, der Meister der Schmiede, hatte ihn gefordert. Der Blick des Stadtfürsten wanderte zum Schwert. Er legte verwundert den Kopf schief und musterte Askalel ungläubig. »Bist du das, Askalel? Ein Ungeheuer?«

»Ich bin, wozu du mich in den Windtunneln unter den Essen gemacht hast, als du den kochenden Stahl hineinlenktest.«

»Ich hatte dich gewarnt, Askalel ...«

Er wollte das nicht hören. Mit einem Schrei stürzte er sich auf Pryonn. Der Stadtfürst wich dem wütenden Hieb aus, statt den Fehler zu machen, ihn mit seinem Schwert parieren zu wollen.

Pryonn drehte sich zur Seite, ließ Askalel erneut ins Leere stoßen und nutzte die Gelegenheit zu einem kraftvollen Stich in die Flanke, auf Höhe der Leber – einem Stich, der jeden anderen getötet hätte. Doch der Stahl Gobhayns drang nicht einmal durch Askalels Haut.

Dabei war der Stadtfürst ein überaus geschickter Kämpfer. Immer wieder schaffte er es, Askalels Klinge auszuweichen, und landete noch zwei weitere Treffer, die jedoch keinerlei Wirkung zeigten.

»Ich habe dich für vieles gehalten, aber nicht für einen Feigling und Dummkopf, Askalel«, stieß der Meister der Schmiede hervor, während sie sich erneut lauernd umkreisten.

Die Worte schmerzten mehr als seine von dem glühenden Stahl geschundenen Füße. Mit einem Aufschrei warf sich Askalel vor und trieb Pryonn mit einer Reihe wütender Hiebe vor sich her. Erst als er den Fürsten bis unmittelbar vor die Festungsmauer abgedrängt hatte, hielt er inne.

»Warum bist du zurückgekommen, Askalel?« Der Meister der Schmiede griff nach dem Kinnriemen seines Helms und nahm ihn ab. Sein Gesicht war gerötet. Er blutete aus zwei kleinen Schnittwunden am Oberschenkel und am linken Arm. Der Kampf zehrte an seinen Kräften. »Dachtest du, wir würden nicht davon ausgehen, dass das Geheimnis der Tunnel verraten wird? Dachtest du, wir würden uns nicht vorbereiten? Ich hatte dich doch gewarnt, dich nicht an dem Kampf um den Turm der Essen zu beteiligen. Warum bist du hier? Haltet ihr euch für unbesiegbar?« Er schnaubte verächtlich. »Ich bereue es nicht, euch das Gegenteil bewiesen zu haben, zumindest in den Tunneln. Und nun bring es zu Ende, du ... du ...« Die Muskeln an seinem Kiefer traten hervor. »Was immer du bist, so schrecklich du auch aussiehst, ein Krieger bist du nicht. Wer unbesiegbar in den Kampf zieht, der hat das Herz eines Hasen, auch wenn er sich wie ein reißendes Raubtier gebärdet.«

Askalel trat einen Schritt zurück. Von einem Gegner in den letzten Augenblicken vor dessen Ende beschimpft und verflucht zu werden, hatte er schon oft erlebt. Aber einen Feigling hatte ihn bislang noch niemand genannt. Doch genau das war er wohl: ein Feigling! Er war nahezu unverwundbar und besaß ein Schwert, dem nichts widerstand. Von der Erkenntnis der Wahrheit in diesem Vorwurf übermannt, taumelte er noch einen Schritt zurück. Dann, einem Impuls folgend, reichte er Pryonn mit dem Griff voran sein Schwert, so wie er es schon einmal getan hatte.

Der Fürst zögerte nicht, die Waffe an sich zu nehmen. Dann legte er sein eigenes Schwert zu Boden.

Askalel nahm die Klinge auf und wog sie prüfend in der Hand. Eine erstklassige Arbeit.

»Was bist du?«, fragte ihn der Meister der Schmiede leise.

Einige Herzschläge lang antwortete Askalel nicht. Er sah an sich herab, betrachtete den geschundenen Leib, die Krallen, die wenigen Schuppen, seinen aufgedunsenen Körper. »Ein Ungeheuer«, sagte er schließlich. »Dein Tod.«

Der Fürst lächelte siegessicher. »Letzteres gewiss nicht. Du vernachlässigst deine Deckung, weil es dir immer gleichgültig war, ob du getroffen wirst. Ich glaube nicht, dass du diese Nachlässigkeit so schnell ablegen kannst, wie dich diese Klinge finden wird.« Er hob Askalels Schwert zum Fechtergruß und griff an.

***

Emerelle sah das Entsetzen in den Gesichtern der Kriegerinnen, die durch das Tor stürmten. Ihre Waffen hatten sie fortgeworfen. Niemand versuchte, das Festungstor zum Turm der Essen wieder zu schließen.

»Ich gehe allein!«, entschied Emerelle.

»Das ist eine herausragend dumme …«

Ilak hielt Meliander zurück. »Lass deine Schwester ziehen, sie weiß für gewöhnlich, was sie tut.«

Die Hand der Elfe schloss sich fester um den Griff ihres Schwertes. Es war keine Klinge, die durch Drachentöterstahl veredelt worden war. Askalels Schwert war einmalig. Sie hatte ihn beauftragt, es fertigen zu lassen, und ihm den kostbaren Stahl besorgt. Es hatte eine Geste des Vertrauens ihm gegenüber sein sollen. Jetzt zeigte sich, was es wirklich gewesen war: eine unglaubliche Dummheit!

Öliger schwarzer Rauch drang durch das Tor der Festung und zog in die Straßen der Stadt. Gobhayn war gefallen. Alle Kämpfe ausgetragen. Bis auf einen womöglich.

Mit festem Schritt betrat Emerelle den Turm der Essen, das letzte Bollwerk der Stadt. Sie hatte schon vieles gesehen. Der Krieg gegen die Drachen währte bereits lange, und er war nicht arm an Grausamkeiten gewesen. Doch das hier auf dem Hof … Sie war dankbar für den Rauch, der über den Leichen wirbelte und nicht alles ihrem Blick preisgab. Askalel hatte seine Feinde regelrecht zerstückelt.

Sie wollte seinen Namen rufen, doch was sie sah, ließ all ihre Worte versiegen. Vorsichtig stieg sie über die Toten hinweg und sah sich um.

Es dauerte lange, bis sie ihn entdeckte. Askalel kauerte im Eingang eines Treppenschachts. Er hatte einen kopflosen Leichnam auf seinen Schoß gezogen, und als Emerelle vor ihn trat, steckte Askalels Linke in der Brust des Toten.

Ihr Bruder zerrte einen Fleischklumpen hervor, schob ihn sich zwischen die Lippen und kaute. Dann sah er zu ihr auf. Wahn lag in seinem Blick.

Der Tote hielt Askalels Schwert in der Rechten. Emerelle keuchte. Ihr Bruder war verrückt geworden. Sie sollte sehr vorsichtig sein. »Geht es dir gut?«

Er sah sie an, kaute weiter und sagte nichts.

»Bist du verletzt?«

Sie erhielt keine Antwort. Behutsam trat sie ein wenig näher und ging vor ihm in die Hocke. Jetzt erst bemerkte sie das Blut, das an seiner Seite hinabrann. Er saß in einer großen Pfütze.

»Darf ich deine Wunde sehen?«

Askalel hielt im Kauen inne. Er starrte sie an. »Ich esse sein Herz, denn er war sehr mutig.«

Emerelle schluckte. Sie wusste, dass die Trolle durch derartige Barbarei tapfere Feinde ehrten. Ihr Bruder war offensichtlich zu lange allein im Norden gewesen. Es war gut, dass sie allen verboten hatte, die Festung zu betreten. Askalel hatte sich nicht mehr unter Kontrolle. Er sah wie ein Monster aus. Die Haut verbrannt, die Füße grausam verstümmelt. Und dann die Schuppen, die Krallen … Er vermochte seine wahre Gestalt nicht mehr ganz zu verbergen.

Wenn sie untätig vor ihm sitzen blieb, könnte sie zusehen, wie er langsam verblutete. Aber er war ihr Bruder.

Emerelle verbat sich, darüber nachzudenken, warum dem Toten der Kopf fehlte.

Endlich beendete ihr Bruder sein grausiges Mahl. Er lächelte. »Hab ihm mein Schwert überlassen. Er war ein guter Krieger. Sehr schnell … Er hat nur einen Fehler gemacht.« Askalel stieß einen Laut aus, von dem Emerelle nicht zu sagen vermochte, ob es ein grausam missglücktes Lachen oder ein Schluchzer am Rande der Tränen war. »Er hat nicht bedacht, dass im Vergleich zu meiner Faust ein Schmiedehammer weich wie Bienenwachs ist. Hab seinen Kopf erwischt, als er mich erwischt hat.« Askalel grinste breit. »War wirklich verdammt schnell, dieser Pryonn. Und mutig.«

»Darf ich ihn zur Seite nehmen und mir deine Wunde ansehen?«

Askalel nickte müde.

Sie nahm den Toten bei den Füßen und zog ihn zu sich heran. Pryonn hielt das mörderische Schwert noch immer umklammert. Nun lag es dicht vor ihr. Sie könnte … Aber Askalel war nicht nur ein Ungeheuer, er war auch ihr Bruder, trotz allem.

»Nur ein Schnitt«, murmelte er benommen. »Nichts Wichtiges verletzt. Hab … viel Blut verloren. Konnte mich nicht konzentrieren. Keinen Zauber weben … Die Magie entschlüpft mir immer wieder.«

Das war ein untrügliches Zeichen dafür, dass er *sehr viel* Blut verloren hatte. Der Schnitt lief quer über seinen Bauch. Wie es schien, war er wirklich nicht tief. Vermutlich könnte sie ihn heilen, aber um das zu tun, müsste sie sich auf eine Art mit ihm verbinden, vor der sie sich ekelte. Er war ein Ungeheuer!

Oder vielleicht hatte sie auch nur Angst davor, in ihm etwas zu begegnen, was auch in ihr schlummerte, und dass die kurze Verbindung mit ihm genügte, um in ihr zu wecken, was er war. »Ich werde deine Wunde nähen.«

Er stieß ein gurgelndes Lachen aus. »Hast du vergessen, wie ich bin?«

Sie bedachte ihn mit einem schmallippigen Lächeln und tastete nach der Tasche an ihrem Schwertgurt. »Man sagt vieles über mich, aber in einem sind sich alle einig: Ich bin nur sehr selten unvorbereitet.« Sie holte eine kleine Rolle Draht hervor, in die eine gekrümmte Nadel geschoben war.

Er lächelte immer noch spöttisch, als sie ein Drahtende durch das Nadelöhr schob und verknotete. Erst als die Nadel ohne Mühe durch sein Fleisch fuhr, verschwand sein Lächeln.

»Drachentöterstahl?«

»Was dachtest du denn?«

Das war alles, was sie sagte. Sie presste die Wundränder zusammen und setzte enge Stiche. Dreiundzwanzig waren es, als sie den Draht mit einer Schere kappte. Nur wenig Blut sickerte nun noch aus dem Schnitt. »Du wirst gehen. Nimm den Weg durch die Tunnel. Lass dich nicht sehen.« Sie blickte auf den kopflosen Fürsten mit dem klaffenden Loch in der Brust. Sie konnte es nicht riskieren, dass Askalel, ihr Bruder, vor den Augen aller solche Dinge tat. Es gab viele Gerüchte über ihn. Üble Geschichten.

Gegen Geschichten konnte man anreden. Aber das hier ... Wenn er Derartiges vor den Augen des Heeres tat, würde das auch auf sie und Meliander zurückfallen. Der Kampf gegen die Himmelsschlangen war noch lange nicht entschieden. Sie konnte es sich nicht leisten, dass Gerede aufkam, ob er vielleicht ein größeres Ungeheuer war als die Götterdrachen. Und ob diese Dunkelheit womöglich auch in ihr und Meliander schlummerte.

»Du jagst mich davon wie einen räudigen Hund? Habe ich dir nicht deine Festung erobert, wie du es wünschtest?«

»Du hast dir Frieden verdient«, entgegnete sie beschwichtigend.

Er setzte an, etwas zu sagen. Dann schwieg er jedoch. Schließlich beugte er sich vor, um sein Schwert zu nehmen.

Emerelle legte die Hand auf die Waffe. »Du hast es fortgegeben. Damit hast du dein Anrecht auf dieses Schwert verwirkt.«

Seine Augen verengten sich. »Und das entscheidest du?«

Statt zu antworten, nahm Emerelle das Schwert aus der Hand des Toten. Bruder oder nicht, sie schreckte niemals davor zurück, zu tun, was getan werden musste.

***

Drei Jahre später

Askalel mochte Bilkis nicht. Die Stadt war zu laut, zu bunt und zu unübersichtlich. Er war lange in der Wüste gewesen. Die sagte ihm mehr zu als das Gewimmel hier. Der Hafen von Bilkis war der Umschlagplatz für die Schätze Schurabads. Weihrauch, Sterneisen, Gold und Edelsteine wurden von Karawanen aus den Tiefen der Wüste hierhergebracht. Aber auch Säulen aus blutrotem Porphyr oder der unvergleichliche Marmor aus Ischkent fanden hier einen Umschlagplatz – steinerne Schätze, aus denen die Paläste der Drachenfürsten und der geheimnisvollen Lamassu errichtet wurden.

Auf dem Hügel beim Westhafen thronten die Paläste der Fernhändler. Hier bei den Sardinenpiers war von diesem Wohlstand nichts mehr zu sehen. In den schmutzigen Gassen, die sich im Schatten von Wäscheleinen und zerschlissenen Sonnensegeln wanden, herrschte das Elend. Es stank nach den wässrigen Suppen, die Kobolde und Damien aus Fischabfällen kochten, nach den ungewaschenen Decken der Betten, in denen die Fieberkranken siechten, und den Abfällen im Hafenbecken, die selbst die Ratten verschmäht hatten.

Drei Tage weilte Askalel nun schon hier am Hafen, um das Sternenhaus zu beobachten. Einst, in den Gründertagen der Stadt, war es ein kleiner Palast gewesen. Nun wirkte das Bauwerk verfallen. Seine Wände waren lange nicht mehr getüncht worden, über dem rechten Flügel erhob sich eine halb eingestürzte Kuppel. Aber die fünf Stufen vor dem Eingang wurden täglich geschrubbt, es wucherte kein Unkraut entlang der Hausmauern. Die Ordnung, die sich in völliger Mittellosigkeit aufrechterhalten ließ, wurde verbissen verteidigt, ganz anders als vor den umliegenden Häusern. Denen war anzusehen, dass der bloße Kampf ums Überleben alle Kräfte ihrer Bewohner aufgezehrt hatte.

Askalel lehnte sich auf dem wackeligen Stuhl zurück. Er saß unter dem Sonnensegel der Schänke, die sich schwülstig *Heimathafen* nannte. Es war das einzige Gasthaus nahe dem Sardinenpier, und der Eingang zum Sternenhaus auf der anderen Straßenseite ließ sich von hier aus gut im Blick behalten.

Die Hitze machte Askalel schläfrig. Er trug eines jener weiten, knöchellangen Gewänder, die zur Tracht der Nomaden in der Wüste gehörten. Sie schützten davor, sich am Sand wundzuscheuern, der überall hinfand und das Tragen von Hosen schnell zur Tortur machte. Den Schwertgurt hatte er abgenommen. Er lag samt Waffe neben ihm auf dem verschrammten Tisch. Ein Glas Minztee verströmte einen angenehmen Wohlgeruch.

Drei Jahre war er nun schon auf der Suche nach Mailyn, ohne auch nur wissen zu können, ob ihre Seele wiedergeboren worden war. Mit Reue dachte er an den Tag, an dem er sie zum ersten Mal gesehen hatte. Er hatte ihre ganze Sippe niedergemetzelt. Nur sie hatte er verschont, das kleine Mädchen, das kaum stehen konnte. Etwas an ihr hatte sein Herz berührt. Dabei war er damals eigentlich vollkommen frei von sentimentalen Gefühlen gewesen. Es galt, den Maurawan klarzumachen, welchen Preis sie für jeden Mordanschlag auf ihn zahlen würden. Für jeden Pfeil, der ihn traf, löschte er eine ihrer Sippen aus.

Vielleicht war die Tatsache, dass er Mailyn verschont hatte, der Grund dafür gewesen, dass man sie auserwählt hatte, sich ihm zu opfern. Das Mädchen, dem der Gnadenlose Gnade gewährt hatte, besaß vielleicht eine verborgene Eigenschaft, die darauf hoffen ließ, dass sie ihn besänftigte. Oder vielleicht hatte man sie auch nur erwählt, weil sie keiner Sippe mehr angehörte. Weil es niemanden gab, der die Stimme für sie erhoben hätte, um sie vor dem grausamen Schicksal zu bewahren, das man ihr zugedacht hatte.

Askalel nahm seinen Tee und nippte daran. Es hieß, eine außergewöhnlich blasse Elfe, die vor einigen Jahren nach Bilkis gekommen war, um sich selbstlos der Armen und der Kranken anzunehmen, lebe im Sternenhaus. Eine Elfe, Vindayne mit Namen, deren Schönheit allein schon heilsam war. Deren Anblick träumen ließ und selbst Raubtiere besänftigte. Er hatte auf seinen Wanderungen durch Schurabad immer wieder von ihr erzählen hören.

Alle, die von ihr berichteten, waren sich einig gewesen, dass sie eine gute Seele war. Selbst wütende Straßenköter wurden handzahm und ließen sich streicheln, wenn sie vor ihnen stand, und auch die raffgierigsten Händler spendeten für das Sternenhaus, wenn sie ihnen in die Augen sah und um eine milde Gabe bat.

»Geschichten«, murmelte Askalel und nippte noch einmal an seinem Tee. In den letzten drei Jahren war er so oft Geschichten hinterhergelaufen. Wann immer er von einer Elfe hörte, die sich für andere aufopferte, die selbstlos bis zur Grenze der Selbstzerstörung war, begann er, voller Hoffnung nach ihr zu suchen.

Sechzehnmal war er auf seiner Suche enttäuscht worden. Aber Vindayne … könnte die Richtige sein! Alles, was er über sie erfahren hatte, klang nach Mailyn. Sie schien keine Verbindung zu einer Elfensippe zu haben. Dort drüben in dem Haus gab es keine anderen Elfen. Er hatte drei verschiedene Damienfrauen ein und aus gehen sehen, einen Kobold und einen Faun. Nur Vindayne selbst war nie durch die Tür getreten.

Leise näherte sich ihm Yoyomi, die Besitzerin der Schänke. Er musste sich nicht zu ihr umdrehen, um es sicher zu wissen. Ihre kurzen, trippelnden Schritte waren unverwechselbar.

»Darf ich Euch die Fischsuppe empfehlen, mein Fürst? Sie ist aus frischem Fang von heute Morgen bereitet und wird Euch …«

»Nein«, entgegnete er knapp. Seine Vorstellungen von *frisch* würden sie nie erfüllen. Und Fisch war nicht seins. Er bevorzugte warmes Fleisch.

»Wenn ich Euch sonst zu Diensten sein kann ...«

»Ich melde mich, wenn ich etwas benötige.«

Yoyomi räusperte sich leise. »Darf ich mir die Bemerkung erlauben, dass Ihr zu wenig trinkt? Bei dieser Hitze ... Und etwas essen solltet Ihr auch.«

Er wandte sich zu ihr um. Die Damien trug ein gelbes Kleid mit weißen Blüten, dazu eine weiße Bauchbinde. Das Kleid war abgetragen, die Säume der Ärmel fadenscheinig. Aber sie war deutlich besser gewandet als an den beiden vorangegangenen Tagen. Yoyomi hatte auch Schminke aufgelegt, ein wenig Rot auf den Wangen und einen grünen Schatten über den Lidstrichen. Ihr Haar war hochgesteckt und wurde von zwei hölzernen Haarnadeln gehalten, die schimmernd gelb bemalt waren und wohl wie Gold aussehen sollten.

Askalel musste schmunzeln. Offensichtlich hatte sich Yoyomi Hoffnungen gemacht, sie könne ihn beeindrucken. Tiefe senkrechte Falten zeigten sich rechts und links ihres Mundes, wenn sie lächelte. Sie wirkte erschöpft, versuchte aber, sich nichts anmerken zu lassen. Askalel spürte ihre Gefühle. Sie fand ihn attraktiv und war sich ihrer eigenen Mängel nur zu bewusst. Sie träumte davon, dass ihr Leben besser werden würde, wenn es ihr gelänge, ihn zu umgarnen. Ihre Ansprüche an *besser* waren offenbar nicht sonderlich hoch. Er trug einen staubigen Kaftan, dazu einen alten Schal, den er um den Kopf gewickelt hatte. Sein langes schwarzes Haar war seit Tagen ungewaschen, und er hatte einen Zauber gewoben, der ihn nach altem Schweiß stinken ließ, obwohl dies bei Elfen eigentlich unmöglich war. Aber solange er seine Ohren verbarg, mochte er auch als Damien durchgehen. Vermutlich hatte Yoyomi nicht erkannt, was er wirklich war. Elfen sahen üblicherweise nicht so schäbig aus wie er.

Er sollte ein wenig nett zu ihr sein. Womöglich war sie nützlich. »Hast du genug getrunken?«

Ein scheues Lächeln huschte über ihr Antlitz. Askalel konnte spüren, wie ihre Hoffnung zunahm. »Ich bin die Hitze gewöhnt.«

Er blickte von seinem bequemen Platz auf der Terrasse in die weitgehend leere Schänke. Die beiden Gäste, die es außer ihm noch gab, könnte auch der Kobold bedienen, der Yoyomi zur Hand ging.

»Dann weißt du, dass in der Mittagsstunde ein warmer Tee und eine kurze Rast neben all den Dingen, die das Leben schwer machen, gut sind.« Er nickte zu dem Stuhl, der ihm gegenüberstand.

Das Lächeln reichte nun bis zu ihren Augen. »Barna, bring mir einen Minztee.«

Ihre Stimme war hart. Sie war es gewohnt, sich durchzusetzen. Sie mochte zerbrechlich wirken, doch das war sie nicht. »Ein schönes Kleid«, bemerkte Askalel. In der Kunst, höfliche Gespräche zu führen, war er nicht sonderlich erfahren. Aber er war sich sicher, dass Yoyomi es ihm leicht machen würde.

Wieder stahl sich das scheue Lächeln auf ihre Lippen. Zwei Herzschläge lang. Es war dort ein ungewohnter Gast, das sah er ihr an. Sie führte ein Leben, das keinen Grund zu lächeln bot. »Ich habe dieses Kleid viele Jahre nicht getragen, und ihr wart so lange ganz in Gedanken versunken, dass ich nicht mehr zu hoffen wagte, dass Ihr überhaupt bemerkt habt, dass ich heute etwas anderes trage.«

»Mir entgeht es nicht, wenn die Welt schöner wird.«

Jetzt lächelte sie nicht mehr. Sie legte den Kopf schief und sah ihn misstrauisch an. An Komplimente war sie nicht gewöhnt.

Der Kobold brachte den Tee und stellte ihn wortlos vor ihr auf den Tisch.

»Du kennst Vindayne?«

Yoyomis Antlitz wirkte plötzlich verschlossen. Sie lehnte sich auf dem Stuhl zurück. »Ihr zahlt natürlich meinen Tee.« Ihre Stimme war sachlich. Sie stellte keine Frage, sie stellte eine Tatsache klar.

Askalel fischte eine alte Silbermünze aus seiner Geldkatze und schob sie ihr zu. »Ich zahle den Tee und deine Zeit.«

Die Wirtin nickte. Ihre Lippen waren jetzt zu einem schmalen Strich zusammengepresst. Sie nahm ihren Tee und trank einen Schluck. »Jeder in der Stadt kennt Vindayne. Warum fragt Ihr mich nach ihr?«

Askalel sah zum Eingang des Sternenhauses. »Du blickst jeden Tag auf ihre Tür. Du kennst sie wirklich, im Gegensatz zu anderen, die nur reden.«

»Ich habe Besseres zu tun, als mich nach ihr umzusehen. Ich betreibe eine Schänke …«

Er ließ den Blick durch den fast leeren Schankraum schweifen. »Ich glaube, manchmal bleibt ein wenig Zeit, um zu beobachten, was auf der Straße geschieht.« Er legte eine zweite Silbermünze auf den Tisch, um Yoyomis Enttäuschung abzumildern.

»Vindayne kam vor neun oder zehn Jahren hierher.« Die Wirtin seufzte, sah zum Sonnensegel auf. Ihr Blick ging ins Leere. »Damals hatte ich gerade geheiratet. Mein Mann hat mir dieses Kleid geschenkt. Damals habe ich noch nicht hier gearbeitet …«

Sie wartete offensichtlich darauf, dass er fragte, was geschehen war. Askalel hatte kein Interesse an den Schicksalsschlägen der Wirtin. Er konnte sich ausmalen, was ihr widerfahren war. Er kannte die Geschichten über Bilkis. »Die Pocken?«

Yoyomi nickte.

Askalel war nie zuvor aufgefallen, wie viel Traurigkeit in einer so flüchtigen Geste liegen konnte.

»Die Pocken haben mir meinen Mann und meine beiden Töchter genommen.« Die Falten neben ihren Mundwinkeln traten deutlich hervor, als sie versuchte, ihren Schicksalsschlag wegzulächeln. »Vindayne kam während der Plage in die Stadt. Niemand weiß, von wo sie stammt. Sie besaß genügend Silber, um das Sternenhaus zu kaufen. Das war mal ein Bordell … Sie hat dann ein Siechenhaus daraus gemacht. Sie nimmt nichts für ihre Pflege. Sie hat keine Angst. Sie hat die Pockenkranken gewaschen. Sie füttert sie, hält ihre Hand, wenn der Flötenspieler sein Lied anstimmt. Es scheint, als sei sie überzeugt, dass der Tod sie nicht holen wird … Oder als sei es ihr egal,« fügte sie nach einer kurzen Pause hinzu.

»Der Flötenspieler?«, hakte Askalel nach.

»Ein blinder Faun. Er hat schon in dem Bordell gearbeitet. Wenn der Tod kommt, beginnt er ein langsames, getragenes Lied zu spielen. Eigentlich eine wunderschöne Melodie … Aber keiner in der Straße hier mag sie noch hören, denn wir alle wissen, dass es dann im Sternenhaus wieder einmal ans Sterben geht. Ist auch schlecht für meine Gäste. Selbst die Wenigen gehen, wenn das Flötenspiel mal wieder beginnt. Zur Zeit der Pocken sind hier so viele gestorben, dass niemand daran erinnert werden mag, dass der Tod stets nahe ist.« Sie lachte bitter. »Die Schänke stand leer nach der Pockenepidemie. Es war niemand übriggeblieben, der Anspruch auf sie erhoben hätte. Da hab ich sie mir genommen. Vielleicht nicht eine meiner besten Entscheidungen. Du siehst ja, wie wenige Gäste kommen.«

»Konnte Vindayne vielen helfen?«

Yoyomi zuckte mit den Achseln. »Sie hat viele gerettet. Aber angeblich ist der kleine Garten des Sternenpalastes auch voller Gräber. Etliche, die dorthin kommen, haben niemanden mehr, der ihren Leichnam einfordert oder sich ein Begräbnis leisten könnte.«

»Und sie bekommt nichts für das, was sie tut?«, fragte Askalel.

»Silber nicht ...« Yoyomi machte eine hilflose Geste. »Sie lebt von Almosen und der Zufriedenheit, die aus guten Taten erwächst.«

Das klang ganz nach Mailyn. Askalel wäre am liebsten sofort aufgesprungen und über die Straße zum Sternenhaus gelaufen. Aber es wäre besser, vorbereitet zu sein ... Er sollte sich vorab so umfassend erkundigen wie möglich. Es sollte nicht schon wieder geschehen, dass sein Wunsch zum Meister seiner Gedanken wurde. Er war zu oft enttäuscht worden auf seiner Suche.

Er hatte sich nach Geschichten über Elfen umgehört, die sich selbstlos aufopferten. Davon gab es mehr, als er erwartet hätte. Askalel war bewusst geworden, dass neben der Welt aus Einsamkeit, Macht und Gewalt, die sein Leben beherrscht hatte, noch eine andere Welt existierte, eine Welt der stillen Freude und des Glücks. Eine Welt, die nur wenig benötigte und immer wieder durch Albenkinder wie ihn in Gefahr geriet.

Er war in die Wüste gegangen, um dort, wo es nur noch Dünen und Himmel gab, nachzudenken. Über den Weg, den er gegangen war, und den Weg, den er noch gehen wollte. Er war sich seiner Fehler bewusster geworden, und Zweifel nagten an ihm, ob es überhaupt in seiner Hand lag, ein anderer zu werden.

Wiedergeborene Seelen erkannte man daran, dass ihre Leben, obwohl sie ohne Erinnerung an die vorherigen Existenzen geführt wurden, den vorangegangenen Leben ähnelten. Mailyn war selbstlos bis hin zur Selbstvernichtung gewesen. Er blickte zum Sternenhaus. Hatte er sein Ziel erreicht?

»Ihr sucht nach ihr? Kanntet Ihr sie?« In Yoyomis Stimme lag der Klang zerbrochener Träume.

»Vielleicht in einem früheren Leben ...«

Die Wirtin sah ihn lange schweigend an. Dann bedachte sie ihn mit einem melancholischen Lächeln. »So hätte ich Euch nicht eingeschätzt. Ihr seid gar kein Damien. Ihr seid ein Elf und auf der Suche nach Eurer wiedergeborenen Liebsten.« Sie seufzte. »Und ich dachte immer, Männer wie Euch gäbe es nur in den Liedern der Spielleute. Warum geht Ihr nicht einfach hinüber?«

Er griff nach seinem Minztee und nahm einen Schluck. Der Tee war nur noch lauwarm, und so würde er bleiben bei der Hitze. »Ich wollte sie erst einmal von Ferne sehen. Ich bin zu oft Träumen nachgelaufen ...«

Die Damien nickte mitfühlend. »Kann ich Euch irgendwie helfen?«

Er überlegte. »Erzähl mir noch mehr von ihr. Alles, was du über sie weißt?«

Yoyomi strich sich nachdenklich eine Strähne aus der Stirn, die sich aus dem hochgesteckten Haar gelöst hatte. In der Ferne war das Grölen von Feiernden zu hören. Ein Hund kläffte aufgeregt, sonst war es seltsam still. Die Mittagshitze forderte ihren Tribut. Wer konnte, zog sich in den Schatten zurück und schlief.

»Ich habe nie mit ihr gesprochen, obwohl wir Nachbarinnen sind. Es liegt an diesem Lied, das die Gäste abschreckt ...« Sie machte eine hilflose Geste. »Ihr Haus liegt zu nah! Manchmal, in der Stille, hört man das Stöhnen der Siechen und Sterbenden. Aber sie wirkt immer freundlich. Ab und zu geht sie nachts allein zum Strand hinunter ...«

Askalel stellte sich vor, wie er sie am Strand erwartete, unter den Sternen. Das wäre ein guter Ort, um sich erneut zu begegnen. Sie würde sich nicht an ihn erinnern. Wiedergeborene Seelen waren frei vom Ballast längst vergangener Leben.

»Sie geht auch oft auf den Markt. Sie trägt stets lange, fließende Gewänder und hat ihr Antlitz und ihr Haar mit einem Schleier bedeckt.«

Das war neu, dachte Askalel. Mailyn hatte völlig unbefangen ihre Nacktheit gezeigt. Merkwürdig … In der Öffentlichkeit trat sie natürlich anders auf. Doch ein Schleier … Nachdenklich blickte er zu der verschlossenen Tür. Das Lärmen der Feiernden war jetzt lauter geworden.

»Ich habe in den letzten Tagen keine Frau, auf die deine Beschreibung passt, aus dem Sternenhaus treten sehen.«

Yoyomi runzelte leicht die Stirn. »Drei Tage nicht? Das ist ungewöhnlich. Ich habe nicht gezählt, wie oft sie das Haus verlässt, aber gefühlt war sie schon sehr regelmäßig auf dem Markt und anderswo …«

Askalel wandte den Blick nicht von dem Eingang. Ob Mailyns Seele spürte, dass er gekommen war, und sich unbewusst verborgen hielt? Ihn zu kennen hatte sie einst getötet, ja, schlimmer noch: Auf gewisse Weise war sie ihm von jenen, denen sie vertraut hatte, geopfert worden.

Eine Schar Krieger bog aus der Gasse fünfzig Schritt hinter dem Sternenhaus auf die Straße zum Hafen ein. Sie trugen das Schwarz der Drachlinge. Schwarze Lederrüstungen, schwarze Umhänge, Bronzehelme mit schwarzen Federbüschen. Sie waren prächtig anzuschauen, obwohl sie es kaum noch schafften, geradeaus zu gehen. Mehrere von ihnen trugen große Amphoren, andere bronzene Trinkbecher. Die Schar war gemischt, wie oft bei den Drachlingen … und einst auch seinen Nachtfalken. Er sah Damien, Faune, einige Elfen und sogar ein paar Kobolde.

Die ausgelassene Truppe prostete jedem zu, der entlang der Straße im Schatten döste. Kurz überlegte Askalel, ob er sich erheben und zurückziehen sollte. Aber sie waren schon zu nah und noch nicht betrunken genug. Er würde auffallen.

»Ihr mögt sie nicht?«

Er lächelte die Wirtin an. »Sieht man das so deutlich?«

Sie nickte. »Habt Ihr einst gegen sie gekämpft?«

Jetzt bewegten sie sich auf dünnem Eis. Würde Yoyomi ihn verraten, wenn er die Wahrheit sagte? »Sehe ich vielleicht aus wie einer der Fahrenden Ritter, die Emerelle folgen?«, versuchte er zu scherzen.

Sie blieb ernst. »Ein Elf, der auszieht, nach seiner wiedergeborenen Liebe zu suchen? Das ist genau das, was ich mir unter einem Fahrenden Ritter vorstelle. Ein Romantiker, der Zahlen ignoriert und nur der Stimme seines Herzens folgt, egal, wie die Aussicht auf Erfolg ist.« Das verträumte Lächeln, das ihre Worte begleitete, ließ seine Sorge, sie könne ihn verraten, vergehen und er wunderte sich. Er hatte in der Vergangenheit viele Beinamen bekommen, doch romantisch hatte ihn noch niemand genannt.

Die Drachlinge waren nun fast auf einer Höhe mit der Schänke. Ein Damien winkte ihm zu. Die meisten sahen jedoch zum Sternenhaus, und ihre Stimmung wurde weniger ausgelassen.

»So wirkt das Siechenhaus auf fast alle«, flüsterte Yoyomi.

Der Damien löste sich aus der Gruppe und kam mit seinem Bronzebecher schwankend auf sie zu. »Trink mit uns, Kamerad. Heute ist ein Festtag!«

Ich bin nicht dein Kamerad, ich bin dein Todfeind, dachte Askalel. Er hatte dutzende Drachlinge im Kampf erschlagen.

»Was feiert ihr denn?«, fragte Yoyomi jovial, bevor sein Schweigen Verdacht erregte.

»Den Sieg von Darna! Heute Mittag hat die Nachricht unsere Garnison erreicht. Die Himmelsschlangen haben die Fahrenden Ritter in einer großen Schlacht auf einer Insel irgendwo am Ende der Welt besiegt. Alle waren sie dort. Tausende von uns und die großen Sonnendrachen Nachtwind und Flammenbringer.« Er setzte den Becher an und nahm einen tiefen Schluck. »Die Niederlage der Fahrenden Ritter ist vollkommen! Ilak liegt in Ketten. Etliche der anderen Heerführer der Rebellen sind im Drachenfeuer verreckt. Die Rebellion ist zerschlagen, ein Frieden zum Greifen nah.« Er hielt Askalel seinen Becher hin. »Auf den Frieden, Kamerad!«

Askalel griff zu. »Ihr habt alle Fahrenden Ritter vernichtet?« Er setzte an, nahm einen tiefen Zug und versuchte, keine Erinnerungen aufkommen zu lassen. All die Jahre, die er mit ihnen gekämpft hatte. Die Träume von einer besseren Welt, befreit von der Tyrannei der Himmelsschlangen. Ilak hatte immer wieder darauf gedrängt, sich den Götterdrachen zu einer Entscheidungsschlacht zu stellen. Emerelle und Falrach waren entschieden dagegen gewesen, alles in einem einzigen Gefecht zu riskieren.

»Na du bist aber durstig.« Der Damien nahm ihm den Becher wieder ab.

»Und sie alle sind tot?«, fragte Askalel.

»Tausende!«, jubelte der Drachling. »Es war eine Entscheidungsschlacht. Viele sind so verbrannt, dass man sie nicht erkennen kann. Selbst wenn ein paar der Anführer entkommen sind, ist die Kampfkraft der Fahrenden Ritter gebrochen. Von dieser Niederlage werden sie sich nicht mehr erholen!«

»He, wir ziehen weiter zum Strand!«, rief ein Kobold aus der Gruppe. »Wir werden dort 'nen Ochsen am Spieß braten. Der Hauptmann ist schon los, um einen aufzutreiben. Der Sieg will gefeiert werden! Der Krieg ist zu Ende!«

Der Damien hob seinen Becher noch einmal zum Gruß, dann zog er mit seinen Kameraden davon.

Askalel starrte auf die zernarbte Tischplatte. Tausend Erinnerungen überfielen ihn. Gedanken an lachende Zwerge, die ihm stolz einen Drachentöterpfeil präsentiert hatten. Die endlosen Beratungen der Fahrenden Ritter. Unbeschwerte Tage mit seinen Nachtfalken am Strand von Uttika, wo sie mit den Kentauren von der Sippe der Bronzeschilde freundschaftlich ihre Kräfte gemessen hatten. Und dann der Tunnel unter den Essen von Gobhayn.

»Wart Ihr einer von ihnen, mein romantischer Elf?«, fragte Yoyomi leise, als die Drachlinge schon ein ganzes Stück die Straße hinunter waren. »Wart Ihr ein Fahrender Ritter?«

Sich jetzt, da sie allem Anschein nach besiegt waren, zu den Rebellen zu bekennen, wäre ausgesprochen dumm. Und hatte er je zu ihnen gehört? Oft hatte er sich unter ihnen wie ein Außenseiter gefühlt.

Er hatte nie mit der romantischen Attitüde Melianders für die Freiheit gekämpft. Nie mit der verbissenen Entschlossenheit Emerelles, die eine gerechtere Welt erschaffen wollte. Er war mit ihnen gezogen, um seinen Geschwistern nahe zu sein, und vielleicht auch, weil er es mochte zu kämpfen. Insbesondere, wenn es um eine scheinbar verlorene Sache ging.

»Manchmal ist auch Schweigen beredt.« Yoyomi erhob sich, nahm ihren Tee sowie die beiden Silberstücke und zog sich zur Theke zurück.

Askalel war froh, wieder allein zu sein. Er war nicht aufgewühlt, sondern eher verwundert. Er hatte Emerelle für unbesiegbar gehalten. Auch wenn der Krieg gegen die Himmelsschlangen sich so unendlich in die Länge gezogen hatte, hatte er nie Zweifel daran gehegt, dass seine Schwester am Ende siegen würde. Waren sie und Meliander wirklich im Drachenfeuer verbrannt?

Leises Flötenspiel riss ihn aus seinen Gedanken. Askalel wusste nicht, wie lange er vor sich hingebrütet hatte. Es waren jetzt mehr Gäste in der Schänke. Die Gespräche ringsum verstummten. Blicke richteten sich auf das Sternenhaus.

Er spürte die Gefühle der anderen. Die Beklommenheit, da nur ein paar Schritt entfernt jemand mit dem Tod rang.

Ein Faun warf ein paar Kupferstücke auf den Tisch, erhob sich und eilte davon. Sein Aufbruch glich einer Flucht.

Yoyomi stand hinter der Theke, ihr Antlitz maskenhaft, aber Askalel spürte den Zorn und die Verzweiflung, die sie zu verbergen versuchte. Es war ein wunderschönes Lied, das über die Straße drang, wenngleich sehr melancholisch.

Ein weiterer Gast ging.

Auch Askalel erhob sich. Drei Tage hatte er nun gewartet. Wenn Vindayne nicht das Sternenhaus verließ, dann würde er eben zu ihr gehen. Er musste wissen, ob er Mailyn endlich gefunden hatte.

Entschlossen überquerte er die staubige Straße und spürte Yoyomis Blicke im Rücken, als er vor die schwere Tür trat und klopfte. Reste roter Farbe hafteten noch in der Maserung des Holzes. Der Türklopfer aus Bronze war wie eine Maus geformt. Askalel rührte ihn nicht an. Seine Knöchel hämmerten erneut auf das Holz.

Er hörte Schritte. Das Guckloch öffnete sich. »Was willst du?«, fragte eine heisere Stimme, die nach ungeweinten Tränen klang.

»Vindayne … Ich muss sie sehen.«

Das Guckloch schloss sich.

»Ich bin ihr Bruder«, rief er aus einem plötzlichen Impuls heraus. Es wäre ein Leichtes für ihn gewesen, die Tür einzutreten, doch er wollte keine Aufmerksamkeit erregen. Vielleicht sollte er im Dunkeln über die Gartenmauer klettern. Aber eine seltsame Unruhe hatte ihn erfasst, seit das Flötenspiel begonnen hatte. Jemand lag im Sterben, und Vindayne hatte seit Tagen das Haus nicht verlassen …

Ach was, es war Unsinn, sich zu sorgen. Yoyomi hatte sich ja deutlich geäußert. Hier starb alle paar Tage jemand. Es war ein Siechenhaus. Der Tod war dort ständig zu Gast.

Der Riegel wurde zurückgezogen. Die Tür öffnete sich einen Spaltbreit. Askalel blickte in das faltige Antlitz einer alten Damien. Der Frau standen Tränen in den Augen. »Sie hat nie von dir erzählt. Warum kommst du so spät? Hätte es nicht ein paar Tage früher sein können? Einen Tag früher?«

Askalel verstand nicht.

Die alte Türwächterin zog ihn herein und schloss hinter ihm. Sie trug ein schlichtes weißes Kleid und ein Kopftuch. Müde deutete sie zur Tür rechts des schmalen Flurs. Sie führte auf einen von Säulen umringten Innenhof, der fast völlig von einem trockengefallenen Becken beherrscht wurde. Flugsand hatte sich am Boden gesammelt und verbarg weite Teile des Mosaiks, das Meerestiere zeigte.

Im Schatten des Säulengangs lagen Schilfmatten, auf denen Kranke ruhten. Ihre Blicke folgten Askalel. Es war bedrückend still. Außer den Schritten auf dem Steinboden war nur das Flötenspiel zu hören. Er sah zwei kleine Faunenmädchen, die einander umschlungen hielten und lautlos weinten.

Irgendwo ertönte bellender Husten.

Die alte Damien wies auf eine rot gestrichene Tür. »Wir haben alle hinausgebracht. Sie soll Ruhe haben.« Die Türdame presste die Lippen zusammen, als habe sie noch etwas sagen wollen, es aber so gerade noch geschafft, es sich zu verkneifen.

Askalel trat durch die Tür und war überrascht, wie geräumig der Saal dahinter war. Bis zur gegenüberliegenden Wand waren es mindestens fünfzehn Schritt. Eine weite Kuppel spannte sich über ihm. Sie war halb eingebrochen, so dass der Abendhimmel zu sehen war. Wolken standen über ihnen, denen die tief stehende Sonne einen zartrosa Hauch verlieh.

Nur ein einziges Schlaflager befand sich in dem großen Saal. Dort lag, unter einer gelben Decke, eine schlanke Gestalt. Selbst jetzt trug sie einen Schleier.

»Vindayne?« Askalel sah die Alte fragend an.

Der Damien standen Tränen in den Augen. »Warum bist du nicht ein paar Tage früher gekommen? Dann hättest du noch helfen können. Nun hingegen ...« Ihre Stimme erstickte in einem Schluchzen.

Er kniete neben dem Lager nieder. Sanft legte er der Elfe seine Hand auf die Stirn. Ihr Lebensfunke war fast erloschen. Er vermochte ihre Seele nicht zu spüren.

Behutsam nahm Askalel der Sterbenden den Schleier ab. Ihr Antlitz war blass, gezeichnet von etlichen kleinen Narben. Ihre Stirn glühte. Er nahm einen Lappen, der in einer flachen Schale mit Wasser lag, und tupfte damit ihr Gesicht ab. Ein fauliger Geruch ging von Vindayne aus. Askalel kannte ihn aus den Heerlagern. Ein paar Tage nach einer Schlacht nistete er sich in den Lazaretten ein, der Gestank des Wundbrands, um dann für Wochen zu bleiben. Aber nicht bei Elfen!

Er sah zu der Alten auf, die erschrocken zwei Schritte von ihm zurückwich. »Wir haben alles für sie getan«, beteuerte die Damien.

»Wie konnte sie daran erkranken?«

»Es liegt an der Art, wie sie heilte ...«

»Wo?«, wollte er wissen und schob die gelbe Decke hinab. »Wo ist die Wunde?«

»Am linken Bein ...« Die Alte machte eine hilflose Geste. »Es ist zu spät. Sie ...« Schluchzend vergrub sie ihr Gesicht in den Händen.

»Sie hat uns nicht gesagt, wie schlimm es dieses Mal war. Sie war zu erschöpft. Sie hätte den Jungen nicht heilen dürfen.«

Askalel zog die Decke ganz zur Seite. Der Gestank nahm ihm den Atem. Das Bein nässte durch das lange Nachthemd. Behutsam hob er den Stoff an, doch trotz aller Vorsicht stieß Vindayne ein leises Wimmern aus. Ihre linke Wade wies eine mehr als handgroße offene Wunde auf, die tief entzündet war.

Fassungslos starrte Askalel auf die Verletzung. So etwas konnte Elfen eigentlich nicht geschehen. Ihre Magie schützte sie vor fast allen Krankheiten und auch vor Wundbrand. »Wie kann das sein?«, murmelte er vor sich hin. Er legte seine Hand dicht über der Wunde auf die fiebrige Haut, schloss die Augen und versuchte, sich auf Vindayne einzustimmen. Er erforschte ihren Körper, indem er eins wurde mit ihm. Sein Geist tastete sich an Muskelsträngen entlang, an verkrampften Sehnen und geschundener Haut. Ihre Lebenskraft war fast dahin. Noch nie hatte er Kontakt zu einem derart geschundenen Leib aufgenommen. Er erspürte Dutzende nicht vollständig verheilte Brüche, Pockennarben, Fieberkrankheiten, die in ihrem Blut nisteten. Entsetzt ließ er von ihr ab.

»Wenn sie geheilt hat, hat sie das Elend der anderen in sich aufgenommen. So wob sie ihre Magie.« Der alten Damien rannen immer noch die Tränen über die Wangen. »Sie hat die Verletzungen an Körper und Seele mit den Siechen geteilt. Und dann hat sie ihre Gesundheit verschenkt. Unzählige Male haben wir alle auf sie eingeredet, dass sie sich schonen muss, dass sie ihre Kräfte erst ganz zurückgewinnen sollte, bevor sie sie erneut hingab. Aber sie hat nie jemanden abgewiesen ...« Die Damien schüttelte den Kopf. »Nie. Es war dieser Bettlerjunge, von dem sie sich das hier geholt hat.« Die Alte schluchzte laut auf. »Er war schon mehr tot als lebendig, als wir ihn vor dem Tor gefunden haben. Er hatte ein brandiges Bein ... Vindayne war eigentlich zu schwach. Aber das hat sie noch nie von etwas abgehalten. Sie hat eine ganze Nacht hindurch gearbeitet. Am nächsten Morgen konnte der kleine Dieb wieder laufen. Er hatte es eilig, von hier wegzukommen. Vindayne hinkte. Sie hat sich in ihre Kammer zurückgezogen, wollte nicht gestört werden, wollte niemanden sehen.« Die Damien schluchzte. »Es war alles so sinnlos. Vorgestern haben die Drachlinge den Jungen geschnappt. Sie haben ihn zum fünften Mal beim Stehlen erwischt. Es war nur ein Fladenbrot. Aber es war das fünfte Mal. Sie haben ihn gehenkt, ohne großes Federlesens zu machen, am Galgen beim Nordtor. Und dafür ...« Ein Schluchzen unterbrach ihre Worte. Sie ballte die Fäuste, rang um Beherrschung. Schließlich sprach sie stockend weiter. »Und dafür hat sie ihre letzte Kraft verschenkt ...«

»Hol mir einen Widder«, unterbrach Askalel die Alte barsch. »Es muss ein junges Tier sein. Voll ausgewachsen, aber nicht älter als zwei Jahre.«

Die Damien sah ihn mit offenem Mund an. »Diese Art Magie? Das hätte sie nicht gewollt.«

»Möchtest du, dass geschieht, was sie will, oder dass sie lebt?« Das war ganz Mailyn, dachte Askalel. Sich für eine verlorene Sache aufzuopfern. So hatte sie es auch für ihn getan. Er sah die alte Damien unverwandt an. »Du fällst ein Urteil über Leben und Tod. Ich kann helfen. Wenn du aber sagst, dass sie es auf gar keinen Fall wollen würde ... dann wird sie heute Nacht an ihren Ansichten über Magie sterben.«

»*Sie?*«, fragte die Damien mit plötzlichem Misstrauen.

Die Alte hatte recht. So sprach ein Bruder nicht von seiner Schwester. Jetzt galt es, Entschlossenheit zu zeigen, um das wieder zurechtzurücken. »Vindayne. Verdammt, ich habe sie seit Jahrzehnten nicht gesehen. Es war nie einfach mit meiner Schwester. Wollen wir uns nun ihrem Zorn aussetzen und sie retten, oder wollen wir meiner dickköpfigen Schwester ihren Willen lassen und zusehen, wie sie stirbt?«

Seine dunkle Seite begehrte auf. Er brauchte keinen Widder. Er könnte auch von der Lebenskraft der Kranken und Siechen stehlen. Er würde Vindayne nicht ziehen lassen, ganz gleich, wie die Damien entschied. Er hatte zu lange nach ihr gesucht. Wenn sie nun starb, mochte es Jahrzehnte dauern, bis er ihre Seele wiederfand. Vielleicht würde es auch nie gelingen ... Es war ganz gleich, was die Alte sagte. Er würde um Vindaynes Leben kämpfen.

»Wir hätten nicht einmal das Silber, um einen Widder zu kaufen«, schluchzte die Damien.

Wortlos nahm er den Geldbeutel von seinem Gürtel und drückte ihn ihr in die Hand. Dann widmete er sich wieder Vindayne.

***

Der Widder blökte ängstlich. Mit gefesselten Beinen lag er neben Askalel am Boden des Kuppelsaals. Vindayne war nicht erwacht, trotz aller Bemühungen. Askalel hatte gegen das Gift in ihrem Blut gekämpft und gegen die Schwäche, die ihr Herz kaum noch schlagen ließ. Er wusste, er würde diesen Kampf verlieren. Magie war Ausgleich. Er konnte Kraft aus dem Goldenen Netz nehmen, doch nur begrenzt. Versuchte er auf diese Weise, den natürlichen Lauf der Dinge zu stark zu ändern, dann würde sich das Netz gegen ihn wenden. Seine Linien würden sich wie glühendes Metall in seine Haut brennen.

Askalel schwitze. Er war so weit gegangen, wie es möglich war, ohne sich selbst ernsthaft zu verletzen, doch das war nicht genug gewesen, um Vindayne zu retten. Er hatte das Unausweichliche nur verzögert.

Er sah in die vor Angst geweiteten Augen des Widders. Das Tier hatte begriffen, was kommen würde. Askalel war entschlossen, die Grundsätze Vindaynes zu ignorieren.

Er legte die Rechte auf den Widder. Er spürte, wie sich der Brustkorb des Tieres heftig hob und senkte. Er fühlte den rasenden Herzschlag. Die Linke legte er auf Vindaynes Brust. Dort war fast kein Herzschlag mehr.

Askalel schloss die Augen und fühlte sich in die magische Welt ein. Er spürte die lodernde Lebenskraft des Widders und das fast erloschene Flämmchen, zu dem Vindaynes Leben geworden war. Leise sprach er ein Wort der Macht.

Magie war Ausgleich. Aus nichts konnte nichts erschaffen werden, aber er konnte verändern, wie Wärme oder Lebenskraft verteilt waren. So stahl er von der Lebenskraft des Widders. Er nutzte sie, um Vindaynes Blut vom Gift des faulenden Fleisches zu reinigen. Dann machte er sich daran, die Wunde am Bein zu schließen. Sein Wille ließ neues Fleisch entstehen, er …

Die Kraft versiegte.

Erschrocken schlug er die Augen auf. Von dem Widder war nur noch ein vertrockneter Kadaver geblieben. Er bestand nur noch aus Fell und Knochen. Seine Augen waren zu leeren, dunklen Höhlen geworden. Das Maul klaffte weit offen, so dass die verdorrte Zunge deutlich zu sehen war.

»Das war nicht genug …«, stieß Askalel bitter hervor. »Nicht genug!« Die Wunde am Bein war nicht geheilt. Wenn er jetzt aufhörte, dann würde es nur wenige Tage dauern, bis Vindayne erneut am Rand des Todes stand.

Er rief nach der alten Damien.

***

Askalel lag auf dem nackten Boden, zu erschöpft, um auch nur einen Finger zu regen. Es war die Erschöpfung der Niederlage, die ihn ausgelaugt hatte. Er blickte in Vindaynes Antlitz. Sie würde keinen Schleier mehr tragen müssen. All die feinen Narben in ihrem Gesicht waren verschwunden, und all die anderen Verletzungen und die Krankheiten, die sie auf sich genommen hatte, waren geheilt. Vier Widder hatten ihre Lebenskraft für sie gegeben. Zusammen mit ihrem Körper war auch Vindaynes Seele wieder erstarkt. Aber sie würde sich erneut zugrunde richten, das wusste Askalel nun. Sie heilte aus seltsamen Gründen. Eine unglückliche Liebesgeschichte hatte sie hierhergeführt. Sie bestrafte sich selbst durch ihr Handeln. Sie dachte auch oft daran, sich zu entleiben.

In Vindayne war nicht Mailyns Seele wiedergeboren worden, dessen war sich Askalel inzwischen sicher. Er hatte die erstarkende Seele Vindaynes berührt. In ihr lag eine Verbitterung, die er bei Mailyn nie gespürt hatte. Er war wieder einmal der falschen Fährte gefolgt, und diese Erkenntnis war es, die ihm alle Kraft genommen hatte.

»Soll ich noch einen Widder besorgen?«, fragte die alte Damien vorsichtig.

Askalel hatte nicht gehört, wie sie den Kuppelsaal betreten hatte. Er sollte sich aufraffen und gehen. »Wir sind fertig«, sagte er erschöpft. »Sie ist ganz und gar genesen. Aber sie wird sich wieder umbringen, wenn sie stets ihre eigene Lebenskraft einsetzt, um zu heilen.« Er sah die Alte an. »Sie wird nicht auf dich hören, wenn du sie warnst. Sie wird auf niemanden hören. Sie tut, was sie will. So ist ihr Charakter.«

»Du kennst deine *Schwester* gut ...«

Ihm entging nicht, dass die Damien seine Lüge offensichtlich durchschaut hatte, so eigenartig, wie sie das Wort *Schwester* betonte.

»Ich kenne Vindayne, ihr Licht und ihren Schatten.« Er setzte sich auf. »Ich habe sie in einen tiefen Schlaf versetzt. Sie wird nicht vor der Mittagsstunde erwachen.« Er nickte zu dem Kadaver des vierten Widders. »Du solltest die Tiere wegschaffen und verbrennen. Es ist besser, wenn sie niemals erfährt, auf welche Weise sie geheilt wurde.«

»Wird sie es denn nicht ahnen?«

»Etwas zu ahnen und etwas zu wissen sind zwei verschiedene Welten. Mach aus mir eine geheimnisvolle Gestalt. Einen einsamen Wanderer, der kam, um sie zu retten. Erzähle etwas von einem seltsamen Stein, den ich in der Hand gehalten habe, als ich sie heilte. Vindayne hat die Tendenz, sich die Welt schönzureden. Sie wird glauben, ich hätte einen Albenstein besessen.«

»Ich fürchte, ich bin keine gute Lügnerin«, bekannte die Alte.

»Du entscheidest, was du ihr erzählst.« Askalel erhob sich. Seine Glieder waren schwer wie Blei. Er blickte durch die zerstörte Kuppel zum Sternenhimmel empor. Die Nacht war still, der Morgen nicht mehr allzu fern. Die Sterne spendeten ihm Trost. Ihre Schönheit war unvergänglich und unberührbar, ganz gleich, wer in Albenmark herrschte. Mailyns Seele war ihnen ähnlich. Schön und unerreichbar. Er könnte noch Jahrhunderte nach ihr suchen, ohne ihr nahe zu kommen. Er war ein Narr!

Ob die Schlacht gegen die Himmelsschlangen anders verlaufen wäre, wenn er Emerelle und Meliander nicht verlassen hätte?

Er lachte leise. Schon wieder gebärdete er sich wie ein Narr. Es war töricht, seine Gedanken an die Vergangenheit zu verschwenden. Das änderte nichts.

Die Damien hielt ihm seinen Gelbeutel hin. »Ihr seid ein reicher Mann. Ich habe nur sehr wenig von dem Silber für die Widder aufgebraucht.«

Er dachte kurz nach und wurde sich bewusst, dass ihm nur noch ein Weg zu gehen blieb. »Du kannst es behalten. Dort, wo ich nun hin muss, werde ich es nicht brauchen.«

Die Alte kniete vor ihm nieder. »Ihr seid zu gütig, Herr. Wer seid Ihr? Eine Himmelsschlange in Gestalt eines Elfen, die unter uns kam, um Gutes zu stiften?«

Eher ein Ungeheuer, das seinen Weg verloren hat, dachte er. Dann ging er. Vorbei an den Schlafenden in dem Säulengang. Er entdeckte den Flötenspieler in einer Türnische. Weiße Augäpfel starrten Askalel an. Der Faun hatte schon vor einer Weile aufgehört zu spielen, als könne er spüren, dass der Tod für diese Nacht das Sternenhaus verlassen hatte.

Askalel trat auf die staubige Straße hinaus. Im silbernen Licht des Mondes wirkte selbst das Viertel der Armen wie ein verwunschener Ort. Der *Heimathafen* war geschlossen. Yoyomi hatte ihr Tagwerk längst beendet.

Der Heimathafen war geschlossen. Askalel lächelte über die Ironie des Gedankens. Für ihn gab es keinen Heimathafen. Keinen Ort, an dem er vor Anker gehen konnte. Vielleicht, wenn er Mailyn fand, würde er sich einen solchen Ort erschaffen können.

Müde ging Askalel die Straße hinab zum Hafen und dann am Strand entlang. Dort fand er den Festplatz der Drachlinge. Sie hatten jede Vorsicht fahren lassen und lagen schnarchend im Sand, ohne eine Wache aufgestellt zu haben. Fast fünfzig Krieger. In der letzten Glut der Feuergrube lagen halb verbrannte Knochen. Eine Allegorie auf die Niederlage Emerelles – rußgeschwärzte Knochen, umringt von Siegern.

Er hatte damit nichts mehr zu tun, entschied Askalel. Er hatte nun einen ungleich schwereren Weg zu gehen. Er musste sich seiner dunklen Vergangenheit stellen und der Macht, die versucht hatte, ihn zu vernichten.

***

Die Dunkelheit war nie von diesem Ort gewichen. Obwohl so viele Jahre vergangen waren. Askalel lehnte an dem Drachenschädel. Die meisten der Pfähle, die er hier einst aufgestellt hatte, damit sie seine Trophäen trugen, waren morsch geworden und umgestürzt. Das Gras wuchs hüfthoch, durchsetzt von Margeriten und großen Disteln, die lila Blüten trugen. Weder die Maurawan noch die Tiere des Waldes wagten sich hierher. Selbst Bäume wuchsen hier nicht. Eigentlich hätte der Wald diesen Ort des Schreckens längst verschlingen sollen, doch nur Gras und Wildblumen gediehen hier. Nicht ein einziger Vogel war über die Lichtung geflogen, seit Askalel den Schädelplatz am frühen Morgen erreicht hatte.

Er blickte zu den Slanga-Bergen, deren Gipfel sich über dem Wald erhoben. Als er noch ein Kind war, hatte Nachtatem ihn hierhergebracht, ihn den Maurawan überlassen, die ihn zunächst auch freundlich aufgenommen hatten. Sie hatten seine Wildheit geliebt, bis sie erahnten, was er war, denn selbst als Kind hatte er nie mit Pfeil und Bogen oder mit dem Speer gejagt. Er war dem Wild an die Kehle gegangen. Er hatte den Geschmack des warmen Blutes geliebt.

Askalel ertappte sich dabei, wie er sich, ganz in Erinnerungen versunken, die Lippen leckte. Das Raubtier in ihm war immer noch lebendig. Er hatte gelernt, es zu beherrschen, doch zugleich auch begriffen, dass er es niemals besiegen konnte. Es schlummerte, nein, es lauerte in ihm, wartete auf einen Augenblick der Schwäche, um wieder hervorzubrechen, so wie in Gobhayn, der Schmiedestadt, als er in wilder Raserei alle niedergemetzelt hatte, die es nicht schafften, vor ihm zu fliehen. Selbst den Stadtfürsten, der ihn gewarnt und den er eigentlich gemocht hatte.

Als Kind hätte er jemanden gebraucht, der ihn in seine Schranken gewiesen und ihn gelehrt hätte, das Ungeheuer in seinem Innern zu zügeln. Sein Vater Nachtatem hatte vielleicht befürchtet, er könne ermordet werden, und hatte ihn deshalb hier versteckt, statt ihn bei sich zu behalten. Und seine Mutter, Nandalee … Sie hatte ihn nie geliebt. Ohne Liebe und Schutz war eine Dunkelheit in ihm erwachsen, die begann, alles zu verschlingen, was ihn umgab. Er hatte dem Wald hier an Lebenskraft genommen, dem Wild, den Maurawan … einfach allem. Und obwohl er so viele Jahre fort gewesen war, spürte Askalel, dass sich das Land noch nicht von ihm erholt hatte.

Und er spürte die Maurawan. Die Elfen des Waldes hatten ihn erkannt, trotz seiner veränderten Gestalt. Sie sahen die Dunkelheit, die er in sich trug, seinen nur mühsam beherrschten Schmerz und das Ungeheuer, das sich Bahn brechen würde, wenn er nur einen Augenblick lang lockerließ.

Er betrachtete die wenigen Pfähle des Schädelplatzes, die noch aufrecht standen. Dicke Moospolster wucherten auf ihrem morschen Holz, und Kopftrophäen krönten sie. Jeder der Schädel war von anderer Art: Mensch, Elf, Kobold, Pferd, Wolf, ein Lamassu … Hier an diesem Ort hatte Askalel die Zügel schießen lassen. In seinem Wahn hatte er sich geschworen, von jeder Sorte Fleisch zu kosten. Er war ein gnadenloser Jäger gewesen. Ein Raubtier mit scharfem Verstand, fast unverwundbar. Ein Fluch!

Die Maurawan hatten versucht, ihn zu töten. Sie waren die besten Jäger Albenmarks, und sie waren von unbarmherziger Konsequenz. Es war ihnen egal gewesen, dass er fast noch ein Kind war. Er schadete ihrem Wald. Also hatte er sterben sollen.

Doch ihm waren sie nicht gewachsen gewesen. Sie hatten nicht wirklich verstanden, was er war. Dass sein zu einem Elfenjungen verdichteter Drachenleib für ihre Pfeile so undurchdringlich wie Granit war. Für jeden Pfeil, der ihn traf, hatte er eine ihrer Sippen ausgelöscht. Die Maurawan galten als hart und unbeugsam. Er hatte sie gebrochen.

Einen Fluch konnte man nicht töten. Man musste ihn bannen. Das hatten auch die Maurawan irgendwann begriffen. Nicht Pfeil oder Schwert hatten sein Herz durchbohrt. Es war das Licht der reinen, unbefleckten Seele Mailyns gewesen, das seine Dunkelheit hatte weichen lassen.

Askalel wandte sich von dem Drachenschädel, an dem er gelehnt hatte, ab. Unter seinen Sohlen knirschten morsche Knochen. Sie waren hier überall, die Gebeine seiner Opfer. Nur Mailyn fehlte. Sein Bruder Meliander hatte die Sterbende weit fortgebracht.

Askalel kämpfte gegen den Kloß in seinem Hals an. Mailyn war zu ihm gekommen, um seine Dunkelheit in sich aufzunehmen. Er hatte schnell erkannt, dass sie geschickt worden war. Dass sie die neue Waffe der Maurawan gegen ihn sein sollte. Aber sie hatte ihn wirklich geliebt. Sie war größer gewesen als alle Pläne – die der Maurawan und auch seine eigenen. Dabei hatte er sich nicht überrumpeln lassen wollen. Er hatte gewusst, was vor sich ging. Er hatte ihre Anwesenheit in seinem Leben genossen, und er hatte sie verschlingen wollen, so wie er bis dahin alles verschlungen hatte, was ihm zu nahe gekommen war.

Askalel verließ den Schädelplatz und folgte dem Band aus silbernem Licht, das sich nur jenen offenbarte, die das Verborgene Auge öffnen konnten, um in die magische Welt zu blicken. Er hatte den Ort seiner Trophäen zu einem Ort gemacht, der die Magie des Waldes bündelte und zum See hinableitete.

Askalel ging, ohne auf den Weg zu achten, gefangen in der Erinnerung an den Glanz, den Mailyn seinem Leben verliehen hatte. Eine Welt neuer Gefühle hatte sie ihm geschenkt und ihm einen Frieden gebracht, den er nie gekannt hatte. Ihr glockenhelles Lachen, ihr schelmisches Lächeln, ihr Blick voller Wärme und Zuneigung, ihre allzu oft angebrannten Speisen, die mit mehr Liebe als Geschick zubereitet waren, ihr wütendes Aufstampfen, wenn er sie erzürnt hatte ... Nichtigkeiten, die ihm alles bedeutet hatten.

Zwischen den Bäumen sah er funkelndes Sonnenlicht über ruhendem Wasser. Pfähle, grau von Wind und Wetter, erhoben sich in einem Kreis aus Seerosen. Diese Pfähle hatten einst das Haus getragen, das er für Mailyn erbaut hatte. Der Ort, an dem sie glücklich gewesen waren, war vergangen. Er lachte bitter. Was hatte er erwartet? Es war dumm gewesen, hierherzukommen! Er taugte nicht dazu, ein Liebender zu sein. Er war Fleisch gewordene Dunkelheit! Auch hätte er Emerelle nicht verlassen sollen. Der Krieg, den seine Schwester geführt hatte und der mit jedem Jahr gnadenloser geworden war, war der Platz, an den er gehörte. Dafür war er geschaffen. Darin war er gut. Nun hatte der Sieg der Drachen auf Darna ihm auch das genommen.

Askalel vermochte den Blick nicht von den Pfählen im See abzuwenden. Er erinnerte sich daran, wie er in dem kalten Wasser gestanden hatte, um ihr Haus zu bauen. Wie Mailyn ihm geholfen hatte … Wie schnell sie zwischen kahlen Wänden ein Heim hatte entstehen lassen. Sie mochte Dinge, die unvollkommen waren. Schiefe Becher, die dem Töpfer missglückt waren, angeschlagene Teller, von denen nicht zwei zueinander passten, geflickte Decken … Vielleicht war es diese Eigenart gewesen, die es ihr ermöglicht hatte, ihn zu lieben. Er war unvollkommen, ohne innere Harmonie. So anders als sie.

Zu kurz war ihre Zeit gewesen. Sie hatte bald zu kränkeln begonnen, war von Tag zu Tag schwächer geworden und hatte es vor ihm zu verbergen versucht, weil sie ihn nicht ängstigen wollte. Als er begriff, was geschah, war es fast zu spät gewesen. Seine Dunkelheit trank ihr Licht. Sie zahlte einen hohen Preis für sein Glück. Ihre Lebenskraft verging viel zu schnell, weil sie mit ihm lebte und sich ihm ohne Zurückhaltung schenkte …

Der Gedanke an jene Nacht des Begreifens zerriss Askalel schier das Herz. Allein, dass er in ihrer Nähe war, tötete sie langsam, und ihr Zustand war bereits so schlecht, dass sie sich nicht mehr erholen würde. So erschuf er ohne ihr Wissen einen Bannkreis, gespeist von dem Band aus silbernem Licht, das von der Schädelstätte zum See hinabreichte. Sie würde den Bannkreis, der nur wenige Schritt über die Terrasse des Pfahlhauses hinausreichte, nicht verlassen können. Innerhalb dieses Zirkels wurde ihre Gesundheit stabil gehalten. Sie würde nicht noch mehr Lebenskraft verlieren, doch trat sie hinaus aus dem Kreis, würde ihr nur noch kurze Zeit zu leben bleiben.

Askalel hatte sie verlassen müssen. Ein paar weitere Tage mit ihm, und sie wäre gestorben … Ohne es zu wollen, ja ohne es zu begreifen hatte er sich von ihr genährt. Sie hatte seine Dunkelheit in sich aufgenommen und ihn verändert.

Wehmütig dachte Askalel an ihr letztes Abendessen. Zerkochte

Forelle in einer Dillsauce, dazu hartes Brot und hinterher ein Kompott aus Wildäpfeln, das zwar köstlich mundete, aber eine recht unschöne braune Farbe gehabt hatte. Ihr Lachen, als er sie zu ihrem Schlaflager begleitete, klang noch in seinem Ohr. Sie wunderte sich, warum sie in letzter Zeit immer so schnell müde wurde, und hatte sich endlose Male deshalb entschuldigt.

Er hatte gewusst, woher ihre Müdigkeit kam. Die halbe Nacht hatte er neben ihr gelegen und sie angeschaut. Er hatte gewusst, dass es ein Abschied für immer werden würde.

Schließlich hatte er sie in einen magischen tieferen Schlaf versetzt und seine Zauber zu ihrem Schutz vollendet. Dann hatte er sich davongeschlichen.

Askalel atmete schwer aus. Die Erinnerung ließ die Dunkelheit in ihm stärker werden. Warum hatte das Schicksal ihm das Glück gezeigt, um es ihm dann nach kurzer Zeit auf so grausame Art zu entreißen?

Eine überwältigende Lust so wie früher zu jagen erfaßte ihn, nackt und ohne Waffen. Er wollte das Ungeheuer in sich freilassen. Diese Kreatur verlangte nach warmem Blut und rohem Fleisch. Jetzt!

Askalel schloss die Augen und stellte sich seiner Dunkelheit. Niemand hatte ihn je geliebt wie Mailyn. Am wenigsten seine Mutter Nandalee. Sie versteckte ihn vor seinen Geschwistern, so hatte es ihm sein Vater erzählt. Vielleicht war das auch richtig so gewesen. Angeblich hatte er eines seiner Geschwister schon im Mutterleib getötet. Ganz gewiss hatte er Mailyn nur Verderben gebracht. Er hatte sie in dem Haus auf dem See eingesperrt. Sie konnte den Bannkreis nicht durchbrechen. Und statt sich ihr zu stellen, ihr zu sagen, was war und warum er gehen musste, war er nachts und ohne Erklärung davongelaufen. Er war ein …

Ein Geräusch ließ ihn aus seinen Gedanken aufschrecken. Er spürte Angst. Jetzt konnte er sie auch wittern.

Langsam drehte Askalel sich um. Etwa dreißig Schritt entfernt stand ein junger, blonder Elf. Er hielt einen langen Jagdbogen in der Linken. Seine Hose und das fransengeschmückte Lederhemd waren speckig und abgetragen. Er hatte sein Haar an den Schläfen zu dünnen Zöpfen geflochten, damit der Wind es ihm nicht zu unpassender Zeit ins Gesicht wehen konnte. Sein Blick wirkte arrogant, doch Askalel sah hinter die Maske des erzwungenen Lächelns. Er konnte die wahren Gefühle des Jägers spüren.

»Dorchadas?«, fragte der Elf mit fester Stimme.

»So wurde ich lange nicht mehr genannt.« Askalel tat einen Schritt in Richtung des Maurawan. Es war lange her, dass er zuletzt diesen Namen gehört hatte: Dorchadas, das elfische Wort für Dunkelheit. Schädelsammler, Seelentrinker, Geisterkönig – die Maurawan hatten ihm viele Namen gegeben. Am häufigsten aber hatten sie ihn Dorchadas genannt.

»Haben sie dich geschickt, um mir ausrichten zu lassen, dass ich im Wald immer noch nicht willkommen bin?« Er tat einen weiteren Schritt in Richtung des Boten und spürte, wie dessen Angst wuchs. Es kostete den jungen Jäger einiges an Beherrschung, nicht zurückzuweichen.

»Die Weiße Frau will dich sehen, Dorchadas.« Jetzt lag ein leichtes Zittern in der Stimme des Boten. »Du kennst den Weg?«

»Sind ihr die sprechenden Blumen ausgegangen?« Sein Bruder Meliander hatte ihm einst erzählt, wie ihn das geheimnisvolle Orakel mit einer Spur schneeweißer sprechender Blumen zu seiner Höhle gelockt hatte.

»Ihre Blumen gedeihen nicht, wo du bist.«

»Willst du mich beleidigen?« Askalel trat wieder einen Schritt vor, und dieses Mal wich der Elf vor ihm zurück. Das machte ihn noch verlockender. Elfenfleisch hatte Askalel schon lange nicht mehr gekostet …

Er zwang sich, an Ort und Stelle zu verharren. Wenn er jetzt seinen Gelüsten nachgab, dann würden alle Wälle brechen. Er würde wieder der Schädelsammler sein, und er würde das Opfer Mailyns mit Füßen treten.

»N-nein. Ich w-wurde nur ge-gebeten, d-dir diese Botschaft zu überbringen«, brachte der Elf stockend hervor.

»Wen hast du verärgert, dass man ausgerechnet dich ausgewählt hat, vor Dorchadas, den Seelentrinker, zu treten? Du kennst doch die Geschichten über mich, oder?«

In der linken Wange des Boten begann ein Muskel zu zucken. Der stechende Geruch der Angst, der nun von ihm ausging, drohte Askalel schier zu überwältigen. Was für ein köstlicher Duft!

Askalel versuchte, sich ganz darauf zu konzentrieren, seinen Heißhunger unter Kontrolle zu behalten. »Ich denke, du verschwindest jetzt besser«, knurrte er leise. »Oder möchtest du herausfinden, was jenen geschieht, die meinen Zorn erwecken?«

***

Askalel wischte sich mit dem Handrücken über die Lippen. Gedankenverloren betrachtete er die Blutschlieren. Es hatte gutgetan, lebendiges Fleisch zu genießen. Er kostete mit einem wohligen Seufzer den metallischen Geschmack im Mund aus. Er hatte es vermisst ... Er war auch ein Raubtier, dieser Wahrheit sollte er sich stellen.

Wie Säulen umgaben ihn graue Buchenstämme. Vereinzelt brachen Bahnen aus goldenem Licht durch das dichte Blätterdach. Das Laub des Vorjahrs raschelte unter seinen Füßen. Askalel wich einem Pilzkreis aus. Man konnte nie wissen, ob dort ein Zauber wirkte. Es war still im Wald. Die Macht der Weißen Frau war hier bereits sichtbar. Die Farben des Waldes wirkten fahl. Das Orakel trank sie.

Askalel hatte die Weiße Frau in der Vergangenheit, so gut es ging, gemieden. Sein Vater, Nachtatem, hatte ihm dringend davon abgeraten, ihr je gegenüberzutreten. Doch wann hörten Söhne schon auf Väter, dachte er mit einem bitteren Lächeln.

Es gab in dieser Gegend des Waldes keinen Weg, nicht einmal einen Wildwechsel. Askalel erklomm einen steilen Hang. Breite weiße Quarzadern gaben den Felsen das Aussehen alter, grauer Landkarten, auf denen längst vergessene Ströme kartografiert waren. Immer, wenn er dem verwunschenen Tal in den Ausläufern der Slanga-Berge nahe gekommen war, hatte sich Askalel gefragt, auf welche Weise man wohl Zaubermacht aus Farben gewann. Das war so ganz anders als alle Magie, die in Albenmark wirkte. Normalerweise trat jeder, der zauberte, in Verbindung mit dem Goldenen Netz. Das hatte selbst für die mächtigen Himmelsschlangen gegolten, die einst von den Alben zu den Statthaltern ihrer Welt erwählt worden waren. Wenn die Weiße Frau so ganz anders war, war dies dann womöglich ein Hinweis darauf, dass sie kein Geschöpf dieser Welt war?

Es lohnte nicht, sich über sie den Kopf zu zerbrechen. Sie war ein Rätsel, und Askalel hatte sich noch nie dazu berufen gefühlt, Rätsel zu lösen. Vielleicht, weil auch ihn ein Geheimnis umgab.

Er erreichte den Hügelkamm. Ein trostloses Tal erstreckte sich vor ihm. Es war so weit seiner Farben beraubt, dass alles grau geworden war. Nur im Laub am Boden gab es vereinzelt bunte Tupfer – welke Blätter, die der Wind von anderswo hierhergetragen hatte. Über dem nächsten Hügelkamm, auf der gegenüberliegenden Seite des Tals, erhoben sich bereits schneeweiße Baumwipfel. Von ferne wirkte es, als sei dort der Winter eingebrochen. Doch Askalel wusste, die Weiße Frau nahm selbst dem Frost seine Macht.

Er tastete mit der Zungenspitze nach einem Stückchen faserigem Fleisch, das zwischen seinen Zähnen hängen geblieben war, und beschloss, dass es nichts brachte zu zögern. Zumal er auch ohne Einladung hergekommen wäre. In Bilkis hatte er begriffen, dass die Weiße Frau die Einzige war, die ihm vielleicht helfen konnte.

Vorsichtig machte Askalel sich an den Abstieg. Das Erdreich war mit Geröll durchsetzt. Bei jedem Schritt rutschte es ein wenig nach. Er stützte sich an den fahlen Stämmen ab. Das Laub zu seinen Füßen war aschfarben. Ein kleiner grauer Vogel lag tot neben einem dunkelroten Eichenblatt. Es sah aus, als sei die Berührung von Farben tödlich für die Geschöpfe dieses Tals.

Askalel schnaubte. Was für einen Unsinn er da dachte! Es gab für ihn keinen Grund, nervös zu sein. Er war der Sohn Nachtatems, des Erstgeschlüpften, und Nandalees, der Drachenelfe, auch wenn seine Mutter sich nie zu seinem Vater bekannt hatte.

Er erreichte den Talgrund, setzte mit einem Sprung über den kleinen Bach dort hinweg und erklomm den Hang. Einzelne schneeweiße Blätter lagen hier im Herbstlaub. Dicht unter dem Hügelkamm verharrte Askalel und lauschte. Da war der Wind in den Baumwipfeln … und noch etwas. Ein Geräusch, das nicht wirklich greifbar war. Ein gesummtes Lied vielleicht? Der Wind überlagerte es, so dass es nur eine Ahnung blieb.

Askalel tat die letzten Schritte den Hang hinauf. Oben am Kamm, hielt er inne und blickte hinab auf den Wald. Nebel zog durch die Baumkronen und verbarg den Talgrund vor seinem Blick. In den Dunstschwaden bewegte sich ein unstetes Licht. Es hatte etwas Schlangenhaftes, wie es sich zwischen den Bäumen hindurchwand.

Vorsichtig stieg Askalel ins Tal hinab. Das gesummte Lied, das er eben noch zu hören geglaubt hatte, war nun verstummt. Auch der Wind ruhte. Nur das leise Knistern welker Blätter unter seinen Sohlen war zu vernehmen. Plötzlich fühlte es sich an, als griffe eine eisige Hand in seinen Nacken. Er verharrte, und ihm wurde klar, dass die Weiße Frau um seine Ankunft wusste.

Etwas bewegte sich links von ihm im Nebel. Seine Hand fuhr im Reflex zum Schwert. Keine fünf Schritt entfernt stand eine große gehörnte Gestalt! Die Kreatur fürchtete ihn nicht, das spürte er deutlich. Nervös fuhr sich Askalel mit der Zunge über die Lippen.

Der Nebel teilte sich, und Askalel sah einen schneeweißen Hirsch vor sich stehen. Himmelblaue Augen musterten ihn aufmerksam.

Nichts als Spielchen, um ihn einzuschüchtern, dachte Askalel grimmig. Mit derlei kannte er sich aus. Da müsste sie sich schon mehr einfallen lassen.

Der Hirsch wandte sich um und trat in den Nebel zurück. Askalel folgte ihm wachsam. Alles in diesem Tal war weiß. Die Felsen am Hang, das Laub, die wenigen Grasbüschel. Als sie ein Stück den Hang hinab gegangen waren, verschwanden die Baumkronen im Nebel, der wie eine Glocke über dem Tal hing. Noch mehr als die der Buchen zuvor erinnerten die Stämme hier an Säulen: glatt, weiß, makellos und ohne einen einzigen Ast im unteren Drittel.

Je tiefer er hinabstieg, desto schwüler wurde es. Das passte so gar nicht zu einem Wald im Norden. Das unstete Licht wanderte ein paar

Mal über ihn hinweg. Es verhielt sich wie ein Tier, das ihn umschlich, ihn belauerte und es nicht wagte, ihm zu nahe zu kommen ... oder den rechten Augenblick abwartete. Manchmal verschwand es kurz, um dann einige Schritt entfernt wieder aufzutauchen.

Er musste sich auf den Weg konzentrieren, ermahnte sich Askalel. Mächtige Wurzelstränge verliefen kreuz und quer – Fußangeln für jeden Traumtänzer, dessen Blicke dem seltsamen Licht folgten. Davon abgesehen, wirkte der Wald seltsam leer. Es gab keinen Windbruch. Nirgends lagen Äste am Boden oder gar gestürzte Stämme. Auch Büsche gab es nicht. Nur die säulengleichen Stämme.

Er kreuzte einen Albenpfad. Askalel spürte die Nähe eines großen Albensterns. Die feinen Haare in seinem Nacken richteten sich auf. Jemand wob machtvolle Magie – die Weiße Frau bereitete sich auf ihn vor.

Immer dichter standen die Bäume beieinander. Das Wurzelwerk am Boden erinnerte an eine Schlangengrube, nur dass es seltsam geordnet wirkte. Die meisten Wurzeln verliefen nun parallel. Sie alle schienen sich dem Ziel entgegenzuwinden, zu dem der Hirsch ihn führte. Dort, wo der Boden zwischen den Wurzeln zu sehen war, bestand er nun aus schmutzig weißem Felsgestein.

Die Bäume standen jetzt so dicht, dass Askalel, wo der Nebel sich lichtete, dennoch kaum weiter als zwanzig Schritt sehen konnte. Feine silberne Wasserperlen bildeten sich auf seinem knöchellangen Gewand. So praktisch es in der Wüste gewesen war, hier in den Wäldern störte es. Er raffte es, damit sich der Saum nicht im Wurzelwerk verfing.

Um den Bäumen auszuweichen, musste Askalel immer wieder die Richtung wechseln. Endlich blieb der Hirsch stehen. Vor ihnen erhob sich eine weiße Steilklippe. Nach etwa zehn Schritt verlor sie sich im Nebel. Die Öffnung einer Höhle klaffte im Gestein. Es schien, als strebten alle Wurzeln des Tals dieser Höhle entgegen. Zu Hunderten überlagerten die armdicken Stränge einander. Sie rankten über Boden, Seitenwände und Decke des Eingangs, der Kraft entgegen, die ihnen alle Farbe entzog.

Der Hirsch ließ sich nieder. Seine Aufgabe war erfüllt. Askalel schritt an ihm vorüber und betrat, ohne zu zögern, die Höhle.

Milchig weißes Licht, das zwischen den Wurzeln aus dem Felsgestein sickerte, umfing ihn. Es zitterte, passte sich dem Rhythmus seines Herzschlags an. Beunruhigende, schlangengleiche Schatten krochen zwischen den Wurzeln, und auch das Wurzelwerk selbst schien sich zu bewegen …

Askalel schob es auf das Licht. Seine Augen gaukelten ihm das nur vor. Womöglich war es auch Zauberei. Er sollte sich …

Wieder streifte etwas Eisiges seinen Nacken. Er duckte sich im Reflex. Es half nicht. Es fühlte sich an, als hätten sich grabeskalte Finger dort festgekrallt. Er hob die Rechte und griff sich in den Nacken. Natürlich war dort nichts! Die Weiße Frau trieb ihre Spielchen mit ihm.

Das Felsgestein war nun fast völlig unter Wurzeln verschwunden, und Askalel überkam ein Gefühl, als sei er nicht in einer Höhle, sondern als habe er vielmehr etwas Riesiges, Lebendiges betreten, um in dessen Schlund zu steigen. Ein beklemmend schwüler Luftzug strich über sein Antlitz. Er spürte, wie sich feine Wasserperlchen auf seiner Stirn bildeten, spürte, wie sie ineinanderflossen, sich an seiner Nasenwurzel sammelten, um dann hinabzugleiten und seine Lippen zu benetzen. Ein leichter Geruch von Fäulnis hing in der Luft.

Die schwüle Hitze setzte Askalel zu. Er hatte an der Seite der Fahrenden Ritter mit Emerelle und Falrach während der Regenzeit in den Mangrovenwäldern des Waldmeers gegen die Himmelsschlangen gekämpft. Wochenlang hatte er in dieser Zeit keinen trockenen Faden am Leib getragen. Doch diese Schwüle hier war noch weit bedrückender. In den Mangroven gehörte sie dazu, aber hier, hoch im Norden, sollte es keine Höhle geben, in der es so stickig war wie in einer Waschküche voll brodelnder Wasserkessel.

Askalel war versucht, sich durch ein Wort der Macht zu schützen, einen Kokon aus angenehm kühler Luft um sich entstehen zu lassen. Doch das zu tun wäre ein Zeichen von Schwäche. So billige Siege gewährte er nicht! Unverdrossen folgte er dem Tunnel, bis ihm die Hitze fast den Atem nahm. Dann endlich öffnete sich der Gang zu einer weiten Höhle. Die Wurzeln strebten der Mitte der Felskammer entgegen und türmten sich dort, vielfach ineinander verdreht, zu einem mächtigen Stumpf, auf dem die Weiße Frau thronte. Das weiße Kleid der Herrin des Tals wirkte, als sei der Stoff aus feinen Haarwurzeln gesponnen. Es lag eng an ihrem Oberkörper an, war von den Hüften abwärts aber weit ausgestellt. Es verdeckte einen Teil des Wurzelwerks, auf dem die Weiße Frau thronte, so dass es schien, als würde sie selbst aus den Wurzeln emporwachsen.

Askalel wusste nicht, ob sie einst eine Elfe gewesen war. Sie war ähnlich groß wie er, aber von schlankerer Gestalt. Das asketische Gesicht war bleich, die geschlossenen Augen tief in die Höhlen eingesunken. Schneeweißes Haar, das bis zu den Hüften hinabreichte, rahmte ihr Antlitz. Ihre Hände ruhten, mit den Handflächen zur Decke gewandt, auf ihren Oberschenkeln, und es wäre ein Bild der Harmonie gewesen, hätte das flackernde Licht die Höhle nicht in einen Ort der tanzenden Schatten verwandelt.

Die Weiße Frau ignorierte ihn. Askalel war sich ganz sicher, dass sie wusste, dass er hier war, aber sie saß wie versteinert. Verärgert trat er vor sie. So dicht, dass sie seinen Atem trotz der schwülen Hitze auf ihrem Gesicht spüren musste.

»Der Sohn der Jägerin vermag die Fährte nicht zu finden«, sprach die Weiße Frau plötzlich mit volltönender, warmer Stimme. Sie öffnete ihre Augen nicht, bewegte nur ihre totenbleichen Lippen.

»Du hast Mailyn zu der gemacht, die sie war. Du musst wissen, wie ich sie finde«, stieß Askalel hervor.

»Ich habe sie geformt, aber nicht erschaffen«, entgegnete das Orakel. »Das ist ein Unterschied. Sieben Jahre lang habe ich sie darauf vorbereitet, dir zu begegnen.«

Askalel wusste längst, dass es kein Zufall gewesen war, dass Mailyn zu ihm gefunden hatte, und dennoch schmerzte es zu hören, dass sein größtes Glück einem gegen ihn gerichteten Plan entsprungen war. »Wurde sie wiedergeboren?«

»Das weiß ich nicht«, sagte die Weiße Frau.

»Würdest du es spüren, wenn sie zurückkehrt?«

Das Orakel öffnete die Augen. Sie waren vollkommen schwarz. Abgründig. »Ich weiß, dass du sie schon lange suchst. Aber würdest du sie erkennen? Eine Seele, die wiedergeboren wird, ist von der Last der Erinnerung befreit. Sie ist wie ein unbeschriebenes Blatt, eine neue Seite im Buch ihrer Leben, dessen letzte Seite stets Erfüllung ist.«

Er wollte kein schwulstiges Geschwafel hören. Er wollte wissen, was sie mit Mailyn gemacht hatte. Wollte wissen, wo sie wiedergeboren würde. Er hatte selbstbewusst, aber freundlich vor das Orakel treten wollen. Nun kostete es ihn all seine Kraft, sein Temperament im Zaum zu halten.

»Du hast das Kaninchen gefressen, das dich zu mir führen sollte ...«

»Es lief mir über den Weg, als ich hungrig war«, knurrte er das Orakel an. Der Elfenbote hatte seinen alten Appetit auf rohes Fleisch geweckt, und immerhin hatte er ihn verschont.

»Ich habe das Kaninchen gern auf meinem Schoß gehalten. Es war sehr zutraulich.« Die Stimme des Orakels war frostig geworden.

»Es hat in der Tat keine Mühe gemacht, es zu jagen«, erwiderte er trotzig. »Es hat nicht einmal versucht, vor mir fortzulaufen. Wie hätte ich wissen können, dass es dir gehört?«

»Es war weiß.«

Askalel spürte, wie der Ärger des Orakels zunahm, auch wenn die Weiße Frau keine Mine verzog. Er seufzte. »Zugegeben, ich habe geahnt, dass es dir gehört, aber es hat mich geärgert, dass du mir erst diesen Elfen geschickt hast und dann ein Kaninchen! Ich wäre ohnehin zu dir gekommen. Hast du das nicht gewusst?«

»Das Bild der Zukunft, die ich sehe, ist lückenhaft ...«

»Werde ich Mailyn denn finden?« Askalel trat ein wenig von dem Orakel zurück und senkte den Blick.

»Wenn du dich änderst, vielleicht ...«

»Wo muss ich sie suchen?«

Die Weiße Frau schüttelte bedächtig den Kopf.

»Du meinst, es wäre, als würde ich eine Nadel in einem Heuhaufen suchen?«

»Nein. Es wäre, als würdest du eine Nadel auf einem großen Feld mit dutzenden von Heuhaufen suchen. Du bist auf dem falschen Weg, Askalel.«

»Dann weise mir den richtigen Weg!«

»Warum sollte ich das tun? Weil du so freundlich warst, mein Kaninchen zu fressen?«

Es war dumm gewesen, sich von seiner Gier leiten zu lassen, dachte Askalel. Doch sein stärkstes Argument hatte er bis zuletzt aufgespart. »Weil ich deinen Wald verlassen werde, wenn du mir hilfst.«

Das Orakel indes folgte seinen eigenen Gedanken. »Was erhoffst du dir von Mailyns wiedergeborener Seele? Was willst du von einem Kind, das keinerlei Erinnerung an dich hat?«

Diese Frage hatte er sich schon Hunderte Male in seinen dunkelsten Stunden gestellt, wenn er mit dem, was er tat, haderte. »Ich …« Er gestikulierte verlegen. »Ich war glücklich mit ihr. Ich hoffe, ich könnte es wieder so sein …«

»Liebe sollte selbstlos sein, nicht gierig, Askalel.«

»Aber ist Liebe nicht Begehren?«, brauste er auf.

»Du weißt, dass deine Dunkelheit Mailyn den Tod gebracht hat.«

»Ich hatte ihr einen sicheren Ort erschaffen. Sie hätte in dem Haus auf dem See noch ewig leben können, wenn Meliander nicht gekommen wäre. Er hat sie …«

»Mach dir nichts vor!«, unterbrach ihn das Orakel. »Du hast sie so geschwächt, dass sie an keinem anderen Ort mehr überleben konnte. Sie wusste das und ging dennoch mit Meliander. Was sagt das über ihre Liebe zu dir? Sie zog den Tod dem Gefängnis vor, das deine Liebe ihr geschenkt hatte.«

Er schrie auf, wollte sich auf das Orakel stürzen und wusste zugleich, dass dann jedwede Hoffnung auf Hilfe verwirkt wäre.

»Du musst die Wahrheit erkennen und akzeptieren, Askalel. Nur dann kann sich deine Zukunft zum Besseren wenden.«

»Und was ist die Wahrheit?«

»Was du für Liebe hieltst, war nichts als selbstsüchtiges Begehren und Mailyns Tod. Wenn du sie wirklich liebtest, müsstest du sie fortan meiden.«

»Ich …« Er wusste nicht, wie er in Worte fassen sollte, was ihn bewegte. Wenn er sagen würde, dass er sich verändert hatte, würde das nach einer hohlen Phrase klingen. Die Wahrheit war, dass er darauf hoffte, dass Mailyns Liebe sein Anker sein könnte. Sie sollte ihn retten.

»Du musst aufhören, sie zu suchen«, sagte das Orakel kühl.

Er nickte niedergeschlagen.

»Ich bin nicht dein moralisches Leuchtfeuer, das dir vorgibt, wie du den Kurs deines Lebens setzen sollst, Askalel. Ich bin ein Orakel. Es liegt bei denen, die mir lauschen, meine Worte so zu deuten, dass sie ihnen eine Hilfe sind. Was ich gesagt habe, war wörtlich gemeint.« Ihre schwarzen Augen verrieten keine Gefühlsregung.

»*Du musst aufhören, sie zu suchen?*«, wiederholte Askalel skeptisch.

Die Weiße Frau sah ihn lange schweigend an. »Seelen sind meist an ihre Sippe gebunden. Aber du hast ihre Sippe ausgelöscht. Sie ist durch dich bindungslos geworden«, sagte sie schließlich. »Sie kann überall wiedergeboren werden. Bei den Maurawan oder im Herzland oder in Valemas …«

Ob sie das sagte, damit er die Slanga-Berge verließ? Askalel traute ihr nicht. »Kannst du in meine Zukunft sehen? Werde ich mit einer Frau glücklich?«

Das Orakel schloss die Augen.

War das nötig, um in die Zukunft zu blicken? Oder zeigte sie damit an, dass ihr Gespräch beendet war? Er würde nicht gehen, bis er eine bessere Antwort hatte, entschied Askalel. Er ließ sich auf den verschlungenen Wurzeln nieder und sah zu der Weißen Frau auf.

Das flackernde Licht in der Höhle quälte ihn. Selbst wenn er die Augen schloss, drang es noch durch seine Lider und. Es nagte an ihm, gebar einen Schmerz, tief in seinem Kopf, der mit jedem Herzschlag ein wenig anschwoll.

Aber er würde sich beherrschen. Er würde nicht einfach gehen.

Stunden verstrichen. Vermutete er. Kein Tageslicht drang bis hierher. Das einzige Maß für die verrinnende Zeit war sein Herzschlag. Er zählte leise mit, bis die Zeit, das Zahlwort auszusprechen, deutlich länger dauerte als der Abstand zwischen zwei Herzschlägen …

Er schwitzte nicht, doch die schwüle Hitze durchnässte sein Gewand. Sein Mund wurde trocken. Seine Kehle brannte vor Durst.

»Du wirst Geduld brauchen.«

Die Worte des Orakels kamen so unvermittelt, dass Askalel zusammenzuckte. »Wie lange soll ich warten?«

Die Weiße Frau blickte zu ihm herab. »Wenn du das, dem du nachjagst nicht erreichen kannst, dann mache deinen Frieden mit dir, und warte, ob alles, was du ersehnst, nicht vielleicht zu dir kommt, wenn du aufhörst, ihm verzweifelt nachzustellen.«

Was sollte das denn heißen? Warum mussten Orakel so verdammt verschwurbelt schwafeln? »Ich glaube, das verstehe ich nicht …«

Die Weiße Frau sagte nichts weiter, sah nur zu ihm herab.

»Kannst du mir nicht einen Hinweis geben, was genau ich tun soll?«

»Es ist alles gesagt. Erst im Augenblick deines Todes wirst du wieder meine Stimme vernehmen, Askalel.« Sie schloss die Augen, und in dieser winzigen Bewegung lag eine niederschmetternde Endgültigkeit.

Er wusste, dass – ganz gleich, was er tat – von ihr nichts mehr zu erwarten war.

Schwerfällig stand Askalel auf. Seine Glieder schmerzten, nachdem er zu lange gesessen hatte. Er streckte sich und versuchte, das pulsierende Licht zu ignorieren. Es fühlte sich an, als hätte das glühende Erz von Gobhayn ihn letztlich doch erreicht, um jegliche Gefühle und Hoffnungen aus ihm heraus zu brennen.

Schwankend machte er sich auf den Weg zum Ausgang der Höhle. Immer wieder stolperte er über die verschlungenen Wurzeln. Schließlich stützte er sich mit einer Hand an der Wand ab. Er schlurfte wie ein Greis. Wie lange hatte er auf die Antwort des Orakels gewartet? So schwach, wie er sich fühlte, mochten zwei Tage vergangen sein.

Endlich trat er hinaus ins Freie. Warme Nachtluft löste die bedrückende Schwüle der Höhle ab. Jeder Atemzug war wie Balsam. Über ihm zog der geisterhafte Wurm aus Licht durch den Nebel, der das Tal gegen den Himmel abschirmte. Alles hier erschien ihm unwirklich, als sei er in einem grotesken Traum gefangen: das weiße Laub, in dem er kauerte, die knochenbleichen Baumstämme … Er versuchte, sich an den genauen Wortlaut des Orakelspruchs zu erinnern, und vermochte es nicht. Die Worte waren zu plötzlich gekommen …

Er sollte aufhören, nach der wiedergeborenen Seele Mailyns zu suchen. Konnte er das? Was sollte er mit seinem Leben anfangen, wenn er die Suche nach ihr aufgab? Zu Emerelles Krieg zurückkehren? Seine Schwester würde ihn mit offenen Armen empfangen, wenn sie denn noch lebte. Ihn, Askalel, ihren Lieblingsmörder, der wie kein anderer Tod und Verderben unter ihre Feinde trug. Aber er war es müde, ein Instrument des schier nie enden wollenden Gemetzels zu sein.

Er sah zu dem Höhleneingang, in dem unstetes Licht zuckte. Seine Kopfschmerzen wurden stärker. Rasch wandte er den Blick wieder ab. Sieben Jahre war Mailyn dort gewesen, um auf ihn vorbereitet zu werden. Wie hatte sie das ertragen können? Duldsamkeit war ihre größte Stärke gewesen … und zugleich die Schwäche, die sie zuletzt getötet hatte. Sie musste gewusst haben, was der Umgang mit ihm ihr antat, welchen Preis sie dafür zahlte, dass er immerzu bei ihr war. Sie war erfolgreich gewesen. Ihr Volk und ihr Wald waren durch sie von ihm befreit worden. Sie hatte sich geopfert. Hätte sie doch nur geredet!

Das Geräusch plätschernden Wasser drang in seine Gedanken. Er fuhr sich mit der Zunge über die trockenen, rissigen Lippen. Müde erhob er sich. Er hielt sich links, schlurfte zwischen den unnatürlich dicht stehenden Bäumen hindurch und fand an der Steilwand, in der auch der Höhleneingang lag, einen Quell. Ein Wasserstrahl, nur wenig dicker als ein Finger, entsprang dem weißen Gestein, schnitt eine schmale Furche ins weiße Erdreich und versickerte nach wenigen Schritt.

War Mailyn einst hierhergekommen, um zu trinken? Sieben Jahre bei der Weißen Frau … Askalel vermochte sich nicht vorzustellen, wie Mailyn diese Zeit überstanden hatte.

Er strich über die Felswand, wo vermutlich einst ihre Hand geruht hatte, um sich abzustützen, wenn sie von der kleinen Fontäne trank. Wie oft war sie wohl hier gewesen?

Askalel verharrte, schloss die Augen und wurde eins mit diesem Ort der Einsamkeit, den Mailyn für sieben Jahre zu ihrem Zuhause gemacht hatte, um sich darauf vorzubereiten, ihm zu begegnen. Was würde er dafür geben, noch einmal ihr sanftes Lächeln zu sehen!

Es half nicht, sich in sentimentale Gedanken zu flüchten. Er lebte, und Mailyn war tot. Seinetwegen. Er würde diese Schuld niemals tilgen können.

Askalel beugte sich zum Quell. Der Wasserstrahl war herrlich kühl. Gierig trank er in tiefen Zügen. Dann benetzte er sein Antlitz und sein Haar.

Abgekühlt setzte er sich neben die Quelle. Einst hatte er Mailyns Sippe ausgelöscht. Nur sie hatte er verschont ... Sie war auserwählt worden, vom Orakel und ihrem Volk. Sie hatte ihn beschwichtigen sollen. Ausgerechnet ihn, den Mörder aller, die sie einmal geliebt hatte. Sie war auserkoren worden, dass Gefäß zu sein, das seine Dunkelheit aufnahm, und trotz allem hatte sie ihn am Ende geliebt. Er verstand das nicht. Sie hätte ihn hassen müssen. Sie hätte in ihrer ersten gemeinsamen Nacht versuchen sollen, ihm die Kehle durchzuschneiden. Meliander hatte ihm all das berichtet, nachdem er Mailyn begraben hatte.

Konnte er es aufgeben, nach ihr zu suchen? War er stark genug, das Wagnis einzugehen, einfach nur auf sie zu warten? Waren sie am Ende womöglich nicht füreinander bestimmt?

Er hatte Mailyn nur Leid gebracht. Es konnte nicht ihr Schicksal sein, ihm noch einmal zu begegnen! Das wäre zu grausam. Er sollte die Suche nach ihr aufgeben. Die Weiße Frau hatte recht. Wenn er sie liebte, dann wäre es besser, wenn sie nicht noch einmal an ihn geriet.

Er wusste, was er zu tun hatte, um dafür zu sorgen.

***

Neun Jahre später

Salandyn presste die Hand flach gegen den Felsen. Er schloss die Augen und öffnete sich für die magische Welt. Da war sie! Ganz klar sah er die Silberader im Gestein. Zwei oder drei Tage harter Arbeit, dann würden sie das Erz erreichen. Es war eine weit verzweigte Ader, die tief in den Felsen hinabreichte. Nicht sehr ergiebig, deshalb hatten die Zwerge sie nicht länger ausgebeutet. Aber es würde genügen, um ihn und seine Gefährten zu versorgen.

»Und?« Seine Gefährten sahen ihn erwartungsvoll an. Omeros, der Minotaurus, Valariel und Andariel, die beiden Elfenbrüder, Rug, ihr Koboldkoch, und die anderen. Sie alle hatten sich ihm angeschlossen und waren vor dem Krieg gegen die Drachlinge geflohen. Nur einer fehlte: Bardanosch, der Zwerg, sein Freund. Sechs oder sieben Mal hatten sie sich gegenseitig das Leben gerettet. Sie beide wären auf Darna gestorben, hätte sie nicht ein Fieber davon abgehalten, Ilak auf diese verfluchte Insel zu begleiten. Gerüchten zufolge war dort eine der Himmelsschlangen gestorben, der Flammende, und auch einer der großen Sonnendrachen.

Danach hatten die Himmelsschlangen schreckliche Rache genommen, auf Langollion und an etlichen der kleineren Zwergensiedlungen. Es hieß, sie hätten für jeden Drachentöterpfeil, der abgeschossen wurde, eine Binge vernichtet. Ob das stimmte, wusste Salandyn nicht. Aber Ungram, die Binge, aus der Bardanosch stammte, war komplett zerstört, als er vor drei Wochen dorthin gereist war, um seinen Freund abzuholen.

Seit der Schlacht auf Darna hatten die überlebenden Krieger der Fahrenden Ritter sich nicht mehr zu einem Heer vereinigt. Sie waren nicht einmal mehr in Kampftrupps von fünfzig oder sechzig zusammengeblieben, so wie früher. Sie hatten sich aufgelöst. Jeder war seiner Wege gegangen und wartete auf den Ruf Emerelles. Der war nun seit neun Jahren nicht gekommen. – So lange nicht, dass die Gerüchte zu stimmen schienen, die Himmelsschlangen hätten sie und ihre beiden Brüder getötet.

Nun, er war entschlossen, all das hinter sich zu lassen, dachte Salandyn mit Wehmut. Jahrelang hatte er daran geglaubt, dass sie die Himmelsschlangen besiegen könnten. Dieser Traum war ausgeträumt.

Alle hier hatten im Drachenkrieg gekämpft. Alle sahen sie keine Zukunft für die Fahrenden Ritter mehr. Bardanosch hatte ihnen von diesem einsamen Tal in den Mondbergen erzählt. Sein Großvater hatte hier mit Freunden nach dem Absturz der *Himmelland* und dem Untergang Nangogs eine Mine angelegt. Nach ein paar Jahren hatten sie aufgegeben, weil ihnen die Ausbeute zu gering war. Aber Bardanosch hatte immer betont, sein Großvater sei ein gieriger Mann mit übertriebenen Erwartungen gewesen. Seiner Meinung nach würde die Mine genug abwerfen, wenn man nicht den Ehrgeiz hatte, Paläste zu bauen und wie ein Fürst zu leben.

»Hier werden wir anfangen.« Salandyn klopfte mit der flachen Hand auf den Felsen. »Hier werden wir sehr bald auf die Ader stoßen. Zwei oder drei Tage Arbeit, und wir halten das erste Silbererz in Händen.«

»Bist du dir ganz sicher?«, fragte Omeros misstrauisch. Er nickte mit seinem schwarzen Stierhaupt in Richtung des nahe gelegenen Tunneleingangs, der großenteils von Brombeerranken überwuchert war. Dort lag noch ein Stapel halb vermoderter Stützbalken. Sie hatten auch die Überreste dreier schlichter Hütten und eine Abraumhalde, auf der Disteln wucherten, gefunden. »Wieso haben die Zwerge nicht da gegraben, wo du stehst?«

»He, Omeros, wir haben mit Zwergen zusammen gedient. Wir wissen, wie sie sind. Dickköpfig, übellaunig, treu und versoffen. Sie können zuverlässige Gefährten sein wie Bardanosch oder hochnäsige Arschlöcher – eines aber haben sie alle gemeinsam: mit Zauberei haben sie nicht viel am Hut. Die konnten sich nur auf ihr Gespür verlassen. Sie haben ja auch Silber gefunden.« Er klopfte wieder auf den Felsen. »Aber das hier ist die beste Stelle, wenn man schnell an Silber gelangen möchte.«

»Und was ist mit dem Gestein?«, fragte der Kobold Rug. »Vielleicht gibt es ja einen Grund, warum die Zwerge nicht länger hier geschürft haben. Einen anderen, als dass es hier angeblich nicht mehr genug Silber gibt. Vielleicht ist das Gestein hier ja besonders brüchig, und wir alle werden am Ende lebendig im Berg begraben sein, wenn wir dort einen Tunnel in den Felsen treiben.« Er sah zu den waldbedeckten Hängen auf, die das Tal einfassten. »Oder es gibt hier irgendwelche Ungeheuer. Vielleicht sogar einen Tatzelwurm?«

Salandyn schlug erneut mit der Hand auf das graue Gestein. »Fühlt sich verdammt fest an. Jetzt machen wir uns mal nicht in die Hosen, bevor wir überhaupt angefangen haben. Holt die Spitzhacken! Was uns erwartet, werden wir nur erfahren, wenn wir uns an die Arbeit machen.« Auch er sah demonstrativ zu den Wäldern hinauf. »Und was deine anderen Sorgen angeht ... Wir sind mit den Fahrenden Rittern gezogen. Sollte es irgendwelche Ungeheuer in den Bergen geben, sind sie es, die ein Problem haben, nicht wir.«

»So sehe ich das auch!«, sagte Omeros entschlossen. Der Minotaurus ging zu den Maultieren und holte seine gewaltige Spitzhacke. Sie war eine Sonderanfertigung für ihn, denn Minotauren waren alles Mögliche, aber keine Bergleute.

»Schöne Rede über Ungeheuer ... Doch womöglich irrt ihr euch. Dies ist mein Tal.« Die Stimme klang süffisant. Es war die Stimme von jemandem, der es gewohnt war, sich überlegen zu fühlen. Eine schlanke Gestalt trat hinter dem Brombeerdickicht vor dem Eingang des alten Tunnels hervor – ein Elf, der nichts als ein schmuckloses Lederhemd trug. Keine Stiefel oder Hosen, sondern nur das Hemd. Sein schmales Gesicht hätte etwas Asketisches gehabt, wären da nicht diese kalten himmelblauen Augen gewesen. Um die Hüften gegürtet trug er ein Schwert in einer roten Scheide.

Salandyn kämpfte gegen den einschüchternden Eindruck an, den der Fremde machte. Dieser Elf hatte etwas an sich, was ihn, obwohl er selbst ein Elf war, zurückweichen ließ. Und irgendwie kam er ihm bekannt vor. Salandyn räusperte sich. »Dein Tal? Soweit ich weiß, gibt es hier in den Mondbergen keine Elfenfürstentümer.« Er deutete auf den halb zugewachsenen Tunneleingang. »Außerdem haben wir ein Schürfrecht von den Zwergen erworben, die diese Mine angelegt haben.« Das stimmte so zwar nicht, aber woher sollte der Kerl das schon wissen?

Ein breites Lächeln erschien auf dem Antlitz des Fremden. Er hatte etwas von einem Raubtier, das die Zähne fletschte. Und jetzt kam der Kerl ihm auch noch entgegen.

»Weißt du, wie in alter Zeit festgelegt wurde, wer Fürst ist und wer Leibeigener? Ganz am Anfang, als das Land noch nicht verteilt war?«

Aus dem Augenwinkel sah Salandyn, wie Omeros seine Spitzhacke hob. Der Minotaurus war ein gnadenloser Kämpfer. Jeden Augenblick würde er sich auf den Fremden stürzen. Der Kerl musste doch sehen, in welche Gefahr er sich begab! Sie alle waren Veteranen. Sie waren elf gegen einen!

»Fürsten wurden jene, die sich die Anführerschaft erkämpften und sie dann verteidigen konnten«, nahm ihm der Fremde die Antwort ab und kam noch einen Schritt näher.

»Erlaube mir, ihm den Schädel einzuschlagen«, forderte Omeros.

Doch Salandyn hob die Hand zum Zeichen, dass sich der Minotaurus zurückhalten sollte. Jetzt erinnerte er sich, wo er diese eisblauen Augen schon einmal gesehen hatte, dieses todesverachtende, überbordende Selbstvertrauen. Bei Askalel, dem Anführer der Nachtfalken und Bruder Emerelles. Ein Mal war er ihm begegnet, im Waldmeer, vor einem Angriff auf einen Tempel der Drachlinge. Der Elf war zu ihm gekommen, um den Einsatz mit ihm und anderen Unterführern zu besprechen, und die Nachtfalken hatten den gefährlichsten Teil des Angriffs damals auf sich genommen.

Aber Askalel war doch in Gobhayn gefallen, hieß es. In einem Tunnel, in den kochender Stahl geleitet worden war. Nur eine Blütenfee hatte überlebt. Von den anderen gab es nicht einmal Leichen. Er musste sich irren! Das hier konnte nicht der Bruder Emerelles sein. Er wirkte auch anders. Größer und hagerer, als er ihn in Erinnerung hatte.

Konnte dies hier einer jener legendären Drachenelfen sein? Einer der Meuchler, die einst den Himmelsschlangen gedient hatten? Es hieß, sie seien unerreicht gewesen in der Kunst des Tötens. Nach dem Untergang Nangogs hatten sich die wenigen Überlebenden in die Einsamkeit zurückgezogen ... Andre hingegen hatten sich um Bidayn geschart und fochten auf Seiten der Himmelsschlangen. Sie waren wie Geister, erschienen aus dem Nichts, ließen eine Spur von Leichen zurück und verschwanden so wie sie gekommen waren.

»Dieses Tal ist groß«, versuchte es Salandyn. »Wir werden Euch nicht stören ...« Jetzt sprach er den Kerl schon wie einen Fürsten an. Verdammt! Was war nur mit ihm los?

»Dieses Tal wird vom Lärm eurer Spitzhacken widerhallen. Ihr werdet mich ganz gewiss stören.« Der Fremde sah sie der Reihe nach an.

Vielleicht war der Kerl auch nur in der Einsamkeit der Wildnis verrückt geworden, überlegte Salandyn. Vielleicht war das grenzenlose Selbstüberschätzung, was er da sah? »Wir sind nicht vor dem Krieg geflohen, um nun hier zu kämpfen,« sagte er ruhig. »Doch wir alle sind erfahrene Krieger. Wir wollen hier ein neues Leben beginnen, und wir werden nicht einfach weichen, nur weil wir Eure Ruhe stören könnten. Macht ein Angebot, wie wir Euch entschädigen könnten, oder verzieht Euch in eines der Nachbartäler. Hier in den Mondbergen ist wahrlich genug Platz für uns alle.«

»Gut gesprochen«, blaffte Omeros und stellte sich an seine Seite.

»Du hast Mut«, sagte der Fremde im Tonfall eines Richters, der ein Todesurteil verkündete. Seine Rechte sank auf den Griff seiner Waffe. Dann plötzlich wurde sein Lächeln freundlicher. »Du erinnerst mich an jemanden, den ich einmal kannte. Ihr könnt bleiben, aber es gibt zwei Bedingungen. Ich dulde keine Elfenfrauen in diesem Tal. Das ist nicht verhandelbar.«

Was für ein seltsamer Kauz, dachte Salandyn, aber damit könnten sie leben. »Und zweitens?«

»Ihr haltet es aus, dass ich ab und zu an eurer Seite arbeite.«

»Klingt nach einer guten Übereinkunft!« Er streckte dem Fremden die Hand entgegen, damit dieser einschlug, bevor er sich noch weitere Bedingungen überlegte ... und tatsächlich, der seltsame Elf umfasste seinen Unterarm dicht über dem Handgelenk zu einem Gruß, wie er unter Kriegern üblich war. Der Kerl hatte also einmal gekämpft. Aber Salandyn spürte, dass es klüger war, ihn nicht danach zu fragen, wo oder für wen.

***

Die Jahre waren wie im Flug vergangen. Askalel blickte auf das kleine Dorf, das vor der Mine entstanden war. Immer noch war Salandyn der Anführer der Gemeinschaft. Mit seiner bunt zusammengewürfelten Truppe hatte der Elf ihn damals an die Nachtfalken erinnert.

Anfangs hatte Askalel noch gelegentlich mit sich gehadert, ob es eine kluge Entscheidung gewesen war, sein Tal mit den Neuankömmlingen zu teilen. Er hatte lange nach diesem Ort gesucht, so abgeschieden von der Welt, dass es unmöglich war, hier der wiedergeborenen Mailyn zu begegnen. Sie hatte es nicht verdient, dass er ihr als Last von Leben zu Leben folgte. Sie sollte ihre Leben künftig unbehelligt von ihm führen, und so hatte er nach seinem Besuch bei dem Orakel entschieden, nicht länger nach seiner verlorenen Liebe zu suchen, sondern vielmehr eine Gegend zu finden, in der es völlig unmöglich war, ihr zu begegnen. Dieses einsame, von allen Albenkindern verlassene Tal war dafür perfekt gewesen.

Jahrelang hatte Askalel allein gelebt. Er hatte aufgehört, sich Nahrung zuzubereiten, hatte gejagt wie ein Wolf und die Pilze und Beeren, die ihm die Wälder schenkten, roh in sich hineingestopft. Er hatte auch aufgehört, Kleider zu tragen. Sie waren ihm hinderlich erschienen. Als Salandyn mit seinem Gefolge ins Tal gekommen war, hatte Askalel nur noch ein Hemd besessen. Hose und Stiefel waren längst verschlissen und weggeworfen. Dass er begonnen hatte zu vertieren, war Askalel erst durch die Begegnung mit Salandyn klar geworden.

Nun war es anders. Schon solche Kleinigkeiten wie ... verborgen am Hang zu stehen und das kleine Dorf zu beobachten, bereiteten ihm Freude. Eine ganze Schar Kobolde hatte sich inzwischen angesiedelt. Ein kleines Trüppchen Faune und zwei Damienfamilien von der anderen Seite des Meeres der Stille waren auch hinzugekommen. Vor den Hütten war Kinderlachen zu hören. Askalel war überrascht, wie sehr dieser Laut ihm guttat. Ihm war auch bewusst, dass die Elfen im Dorf daran litten, dass sie als Einzige in diesem Tal keine Frauen haben durften. Salandyn, der inzwischen so etwas wie der Dorfvorsteher war, achtete eisern darauf, dass diese Regel eingehalten wurde.

Askalel sah zum Himmel auf. Tief hängende bleigraue Wolken zogen über sein Tal. In den letzten Tagen hatte es sehr viel geregnet. Die kleinen Bäche waren angeschwollen und über die Ufer getreten. Das Dorf lag weit ab von ihnen, doch etwas anderes bereitete ihm Sorge. In den letzten Monden war immer wieder ein Rotrücken am Himmel erschienen, ein zwanzig Schritt langer Drache, der mehrfach seine Runden über dem Dorf gedreht hatte. Würden selbst hier Drachlinge auftauchen, um Steuern für die Himmelsschlangen zu erheben? Das kleine Dorf war zu sichtbar für Späher am Himmel. Ebenso wie die Rauchsäulen der Kohlenmeiler in den benachbarten Tälern.

Askalel hatte die Dorfbewohner dazu gebracht, nicht wahllos zu roden, sondern die Wälder der Berge zu schonen. Sie nahmen immer nur wenige Bäume und errichteten dann einen neuen Meiler, ein ganzes Stück weiter entfernt. Die Holzkohle benötigten sie, um das Silbererz aus dem Gestein zu schmelzen. Es war eine gewaltige Plackerei, um jeden Mond einige wenige Pfund Silber zu gewinnen. Aber es war genug, um das Dorf durchzubringen und einen bescheidenen Wohlstand zu erreichen.

Die Albenkinder, die in sein Tal gekommen waren und sich unter seinen Schutz gestellt hatten, waren glücklich. Und Askalel war überrascht, wie zufrieden ihn dieser Umstand machte.

Immer noch glitt sein Blick über den düsteren Himmel. Ahnten die Götterdrachen, dass er noch lebte? Würden sie ihn hier finden? Und was würde mit dem Dorf geschehen, wenn sie ihn aufspürten? Die Himmelsschlangen waren nicht gerade zimperlich, wenn sie ihren Feinden nachstellten. Salandyn hatte ihm erzählt, dass die Götterdrachen die Binge seines Freundes Bardanosch vernichtet hatten und etliche andere Zwergensiedlungen auch, und dass nur, weil das Volk der Zwerge den Drachentöterstahl hergestellt hatte.

Beschämt dachte Askalel daran, dass er einst genauso wie die Tyrannen gewesen war, als er gnadenlos ganze Sippen der Maurawan vernichtet hatte, nur weil diese Elfen aus den Slanga-Bergen Pfeile aus dem Hinterhalt auf ihn abgeschossen hatten. Er trug das Blut der Götterdrachen in sich, die Unbarmherzigkeit der Drachen. Auch wenn die Bestie in ihm jetzt schlummerte, fürchtete er sich davor, dass sie wieder erwachen könnte.

Es begann zu regnen. Er hob sein Gesicht dem Himmel entgegen und genoss die sanfte Berührung. Es war töricht, sich den Kopf über ein Morgen zu zerbrechen, das er nicht kannte. Er sollte den Augenblick genießen. Allein das lag in seiner Macht.

Nach einer Weile stieg er hinab ins Dorf. Schwere Hammerschläge dröhnten durch das Tal. Omeros, der Minotaurus, stand, nur mit einem Lendenschurz bekleidet, inmitten des Abraums, der aus der Mine geschafft wurde, und zerkleinerte mit einem gewaltigen Hammer das erzhaltige Gestein.

Askalel winkte dem Hünen zu und ging weiter zum Eingang der Mine, der dunkel im Felsen klaffte. Er hatte das Stollenmundloch fast erreicht, als hinter ihm eine klare Stimme erklang. »Fürst!«

Shuya, ein Damienmädchen, kam den Weg heraufgelaufen. Sie mochte sieben oder acht Jahre alt sein, trug ein mohnrotes Kleid und hielt etwas, was in ein Tuch eingeschlagen war, in Händen. Ihre Zöpfe tanzten um ihren Kopf, während sie lief. Ihre Augen glänzten begeistert. Sie war ein wenig atemlos, als sie ihn erreichte. »Meine Mutter schickt Euch das, Fürst.«

Askalel nahm das Tuch und schlug es auf. Darin lag ein Stück Sandkuchen. Er bedachte Shuya mit einem Lächeln, dann nahm er den Kuchen und biss hinein. »Köstlich«, murmelte er und erblickte dann eine halb durchgebissene Made, die im verbliebenen Kuchen steckte. Er kaute unverdrossen weiter. Ihm war bewusst, wie schwer es war, die Maden vom Mehl fernzuhalten. Es war fast so schlimm wie mit den Mäusen und dem Korn.

Askalel fiel auf, wie Shuya ihn sorgenvoll beobachtete. Sie schien um die Maden zu wissen.

»Wirklich köstlich«, betonte er. »Sag deiner Mutter herzlichen Dank. Sie hat mir den Tag versüßt.«

Süß war der Kuchen nicht wirklich, und der Teig war klebrig, als sei er nicht lange genug im Ofen gewesen, aber die leuchtenden Augen des Mädchens waren die kleine Lüge wert.

»Meine Mama ist die beste Kuchenbäckerin im Dorf«, sagte Shuya voller Stolz.

»Ganz meine Meinung.« Er aß alles bis auf den letzten Krümel, dann faltete er das Tuch und beugte sich zu der Kleinen vor. »Jetzt lauf und sieh zu, dass du ins Trockene kommst, Shuya.« Das Kleid des Mädchens war schon völlig durchnässt.

»Ihr kennt meinen Namen?«, jubelte das Mädchen.

»Natürlich, ich kenne die Namen aller wichtigen Leute im Dorf. Wie peinlich wäre es, wenn ich meine bedeutendste Kuchenträgerin und die größte Naschkatze nicht kennen würde, Shuya.«

Sie errötete leicht, dann kicherte sie, presste sich das Tuch an die Brust und lief den Weg zum Dorf hinab.

»Ihr seid beliebt, Fürst.« Salandyn trat aus dem Eingang der Mine. Er schleppte zwei Ledereimer, die mit Abraum gefüllt waren. Grauer Staub klebte ihm im Gesicht und auf dem nackten Oberkörper. Er trug ein blaues Kopftuch mit weißen Tupfen, was ein wenig unpassend aussah.

Askalel verzichtete auf solchen Schnickschnack. Er würde sich abends die Haare in der kleinen Quelle oben am Berg bei seiner Hütte waschen. Er streifte sein Hemd ab und griff nach der Hacke, die für ihn am Tunneleingang lehnte. »Was macht der neue Stollen?«

»Wir haben ihn weniger hoch angelegt als das Mundloch hier.« Salandyn deutete zu der mit schweren Balken abgestützten Decke. »Omeros wird ihn niemals betreten. Wir brechen möglichst wenig taubes Gestein und bleiben dicht an der Ader. Etwa hundertdreißig Schritt, dann ist sie nicht mehr ergiebig, aber sie wird uns wohl um die siebzig Pfund Silber bescheren.«

Mundloch, taubes Gestein. Askalel schmunzelte. Er mochte es, wenn Salandyn auf diese Bergmannsart daherredete. Und er mochte die schwere körperliche Arbeit. Sie gab ihm eine Befriedigung, die er sonst nur von der Jagd kannte. Bloß, dass er hier nicht Gefahr lief, die Bestie in sich zu wecken. Wenn er auf der Jagd Blut kostete, war sie stets nah …

Salandyn führte ihn tiefer in den Stollen bis zum ersten Talglicht, das in einer Felsnische stand. Die flackernde Flamme verbreitete ein warmes, gelbes Leuchten. Der Elf griff nach dem zu langen Docht und knipste mit dem Fingernagel die Spitze ab. »Die Talglichter kosten uns inzwischen jeden Tag zwei Silberstücke«, murrte er. »Aber die Damien und erst recht die Kobolde haben Angst im Dunklen. Ich wünschte, ich hätte statt ihrer ein paar Zwerge hier. Oder ein paar Barinsteine.«

Er seufzte. »Ich kann mir ausrechnen, wann wir mehr Silber für Licht ausgeben, als wir aus dem Berg holen.«

»Und die Kienspäne?«, fragte Askalel. Er hatte schon oft Streifen aus harzigem Fichtenholz im Tunnel gesehen. Sie brannten langsam herab.

»In einer Stunde verbrauchen wir drei Kienspäne, wo es hell sein soll. Wir benutzen sie tief im Stollen, dort wo gearbeitet wird. Da kann man sie leicht austauschen. Hier wären sie meist schon herabgebrannt, wenn wieder jemand vorbeikommt ... Ich hab allerdings überlegt, ob wir die Kinder des Dorfes einsetzen sollten, um die Kienspäne zu tauschen. Kienholz wächst in den Wäldern hier reichlich nach. Talglichter nicht.«

Askalel betrachtete die mit Balken abgesicherten Stollenwände. Überall rann Wasser herab und sammelte sich auf dem Boden. Ab und an hörte er ein Knirschen tief im Gestein.

»Das ist der Regen«, erklärte Salandyn. »Der Berg pisst aus allen Spalten. Wenn es aufhört zu gießen, wird es wieder besser.«

»Mir gefällt die Idee mit den Kindern nicht«, murmelte Askalel.

»Für sie ist das wie ein Abenteuer. Sie würden ...«

»Es ist aber kein Abenteuer«, stellte Askalel klar. »Sie würden Angst haben, hier drinnen ...« Er dachte daran, wie er weggesperrt worden war, bis sein Vater Nachtatem ihn zu den Maurawan gebracht hatte. »Dunkelheit lässt Kinderseelen verkümmern.«

Salandyn sah ihn seltsam an, erwiderte aber nichts mehr. Er nickte knapp und ging weiter voran.

Nach dreißig Schritt erreichten sie ein Loch in der Stollenwand. Weiter vor ihnen war das Klirren von Spitzhacken zu hören. Ein Faun mit zwei Eimern voller Abraum kam ihnen entgegen und nickte nur flüchtig, zu erschöpft für auch nur ein einziges Wort.

»Der Regen und die Kälte zehren«, erklärte Salandyn. »Sie können sich nicht durch einen Wärmezauber schützen. Jeder dritte meiner Männer ist krank. Ich wünschte, der Frost käme und es wäre Schluss mit dem eisigen Regen.«

»Lange kann es nicht mehr dauern.«

»Mögen die Alben deinen Worten lauschen.« Salandyn deutete auf den Stollen, der nach rechts abzweigte. »Hier folgen wir der neuen Ader.«

Askalel beäugte das Loch in der Wand voller Unbehagen. Der Stollen, in dem sie standen, war etwa zwei Schritt hoch. Über seinem Kopf war noch etwas Luft. Er war auch etwa zwei Schritt breit. Massive Balken stützten ihn ab. Der *Stollen*, der abzweigte, war von völlig anderer Beschaffenheit. Er war lediglich ein Loch in der Wand, das etwa auf Kniehöhe lag und aus dem schmutziges Wasser troff. Dort gab es keine Sicherungsbalken. Der Durchlass war schmal. Man musste sich hineinzwängen und dann auf allen vieren vorankriechen. Dabei würden die Schultern rechts und links am Felsen entlangschrammen. Die Vorstellung bereitete Askalel Unbehagen. Es war wie ein steinerner Geburtskanal.

Salandyn stieg ohne zu zögern hinein. Jetzt zurückzubleiben wäre beschämend, dachte Askalel und folgte ihm, wobei er sich wohl bewusst war, dass falscher Stolz noch nie ein guter Grund gewesen war, etwas zu tun. Aber er konnte es schlichtweg nicht ertragen, wie ein Feigling dazustehen. Sich selbst belächelnd und zugleich mit einem Schaudern, kroch er in die Enge und folgte Salandyn. Seine Knie schoben sich durch eisiges Wasser. Der harzige Geruch von Kienspänen hing in der Luft. Es tröpfelte überall um ihn herum. Sein Gefährte keuchte, als er sich durch eine Engstelle schob.

Eine Felsnase ragte in den Kriechstollen und zwang Askalel, sich flach auf den Bauch in das brackige Wasser zu legen. Der Felsen schrammte über seinen Rücken, als er vorankroch. Irgendwo tief im Berg knirschte es im Gestein. Vor ihnen platschte etwas ins Wasser. Weiter entfernt ertönte das Geräusch eines Hammers, der auf einen Meißel schlug.

Der Stollen mündete in eine weite Höhle. Nur die Decke war immer noch sehr niedrig. Hier wuchsen Stalaktiten einem trüben Gewässer entgegen. Schmutzig weiß ragten sie wie Fangzähne aus der Höhlendecke. In einer Felsnische stand eine Laterne, in der ein fast abgebrannter Kienspan steckte.

Salandyn watete durch das knietiefe Wasser zum Licht. Er holte einen neuen Span aus dem gefetteten Lederbeutel neben der Laterne, entzündete ihn an der flackernden Flamme und ersetzte den fast herabgebrannten Kienspan. »Die Kobolde fürchten sich noch mehr als sonst, wenn es hier dunkel wird. Sie nennen diese Höhle das Drachenmaul.«

Nachdenklich betrachtete Askalel die Decke. Manche der Stalaktiten reichten bis zum Wasser hinab. Vermutlich war der Wasserstand des flachen Sees durch den Regen gestiegen.

Etwas streifte sein Bein. Ein fahler Leib, lang wie sein Unterarm, war kurz im trüben Höhlensee zu sehen.

»Irgendwelche Molche«, erklärte Salandyn. »Es muss hier einen Abfluss geben, der mit anderen unterirdischen Gewässern verbunden ist. Manchmal verschwinden die Biester. Unsere Kobolde machen Jagd auf sie.« Er zuckte mit den Achseln. »Ich finde, diese Molche schmecken fad. Und sie sind harmlos ... Obwohl die Kobolde behaupten, auch einmal einen gesehen zu haben, der groß wie ein Wolf war. Aber die erzählen viel, wenn der Tag lang ist. Und wenn man so klein ist wie sie, erscheint einem wohl alles riesig.«

Askalel lauschte auf das Klirren von Hammer und Meißel. Was man über die Kobolde auch sagen mochte, fleißig waren sie. Und sich in dieses verdammte Loch hier zu trauen, zeugte auch von Mut. Askalel watete zum anderen Ende des Sees, wo reichlich Abraum im Wasser lag und ein weiteres Loch in einer senkrecht aufragenden Wand klaffte.

Dieses Mal zwängte sich Askalel als Erster hinein. Kriechend arbeitete er sich vorwärts, den Geräuschen von Hammer und Meißel und einem fernen Lichtschimmer entgegen.

Als er die Kobolde am Ende des Stollens erreichte, sah er, wie bedrückend eng es dort war. Es gab schlichtweg keinen Platz, um eine Spitzhacke zu schwingen. Deshalb setzten die Kobolde dem Felsen mit Hammer und Meißel zu.

»Ah, der Bärentöter«, begrüßte ihn Rug, der Koch. »In diesem Drecksloch hier hat man dich ja noch nie gesehen.«

»Und man braucht mehr Schneid, um bis hierher zu kriechen, als man benötigt, um sich einem alten Bären zu stellen.« Vor zwei Wochen hatte Askalel einen großen Schwarzbären erlegt, der dem Dorf zugesetzt hatte, indem er das wenige Vieh auf den Weiden riss, um sich seinen Winterspeck anzufressen.

»Sieht man uns nicht an, aber wir Kobolde haben Eier dick wie Trollfäuste.« Rugs Kameraden grinsten breit.

»Da können wir Elfen nicht mithalten«, erwiderte Askalel lachend. Er hatte die derbe Art des kleinen Volkes schon immer gemocht. »Wie kommt ihr voran?«

Das Grinsen verschwand aus Rugs Gesicht. »Zu gut. Das Gestein ist ziemlich bröselig. Wir würden uns wohler fühlen, wenn wir ein paar Stützbalken um uns herum hätten. Außerdem ist der Berg heute verdammt unruhig. Er redet zu uns. Und das klingt nicht freundlich.«

»Dann zeig ihm doch mal deine Eier«, rief Salandyn hinter Askalel im Stollen. »Vielleicht bringt ihn das zum Verstummen.«

Keiner der Kobolde lachte.

»Was haltet ihr davon, wenn ihr mir Hammer und Meißel überlasst und ich dem Berg zu Leibe rücke?«, fragte Askalel.

Rug wies ihn kurz ein, wo er arbeiten sollte, dann zog er sich mit seinen drei Gefährten zurück, um, in einer Felsnische kauernd, ein bescheidenes Mahl zu sich zu nehmen. Askalel sah, wie seine kleinen Kameraden schlotterten. Sie waren durchnässt und völlig verdreckt. Für ihre Verhältnisse wurde nur wenig gescherzt. Salandyn unterhielt sich leise mit ihnen. Der Stollen war zu eng, als dass der Elf neben ihm hätte arbeiten können.

Askalel setzte den Meißel an und schlug zu. Das Werkzeug schnitt ins Gestein, als sei es weiches Erdreich. Dabei hatte er kaum Kraft aufgewendet. Mühelos brach er einige Brocken los und schob sie an sich vorbei nach hinten, damit die Kobolde den Abraum fortschaffen konnten. Er kam zwar regelmäßig ins Bergwerk, aber so beengt hatte er noch nie arbeiten müssen. Er fragte sich, ob sie ihm mit der Anlage des großen Hauptstollens etwas vorgespielt hatten und ob dies hier die wirkliche Arbeit war.

Über ihm im Berg erklang ein Grollen, das an den Donner eines entfernten Gewitters erinnerte. So hörte es sich also an, wenn der Berg *redete*. Rug hatte recht. Es klang nicht freundlich. Askalel verdrehte den Kopf und sah zur Stollendecke, kaum mehr als eine Handbreit über ihm. Aus einem Spalt tröpfelte Wasser auf seinen Rücken. Das Gestein war von Hunderten feinen Rissen durchzogen.

»Ihr dürft die guten Dinge nicht aus dem Blick verlieren«, versuchte Salandyn die Kobolde aufzumuntern. »Weil das Gestein so weich ist, kommen wir außerordentlich gut voran. Und es fällt Omeros viel leichter, es zu zerkleinern. Er muss quasi nur mit dem Huf drauf stampfen.«

»Es macht mich wirklich glücklich zu hören, dass wir Omeros die Arbeit netter machen, indem wir hier unser Leben riskieren«, murrte Rug.

Askalel konnte sich ein Grinsen nicht verkneifen. Der Kobold hatte ein verdammt loses Mundwerk. Und er hatte recht.

»Jetzt spiel dich mal nicht so auf«, empörte sich Salandyn. »Ihr seid nicht die Einzigen, die hier im Stollen arbeiten. Die Damien riskieren genauso ihr Leben.«

»Du solltest mal mit Bailong, dem Hauer der Damien, reden. Dann wird er dir stecken, dass die heute nach ihrer Morgenschicht beschlossen haben, nicht mehr in diesen Stollen zu kriechen. Ich glaube, seine Frau Hong hat auf ihn eingeredet, bis er ihr versprochen hat, hier nicht weiter zu arbeiten.«

»Verdammte Rundohren. Elende Feiglinge ...«, stieß Salandyn hervor.

»Also für mich klang es ganz so, als spräche aus Hongs Mund die berühmte östliche Weisheit des Kaiserreichs Haiwa ... Hunwai ... Ach, wie auch immer.«

Wieder knirschte es im Fels über ihnen. Dieses Mal erbebte der ganze Stollen.

Askalel krümmte sich zusammen. Er hätte nicht hierherkommen sollen. Das hatte er schon gewusst, als er den Einstieg in diesen verdammten Kriechstollen gesehen hatte.

»Wir sollten uns jetzt ganz schnell verpissen!«, rief Rug. »Machste mal Platz, Sala?«

Wieder rumpelte es über ihnen im Berg, und das Tröpfeln von der Decke wuchs zu einem Rinnsal an.

»Raus hier!«, rief jetzt auch Salandyn und zerrte an Askalels linkem Bein. »Schnell!«

Zu dem Geräusch im Felsen mischte sich noch ein neuer Laut, der wie Krebsbeine klang, die über Gestein kratzten. Askalel schob sich zurück. Eine seltsame Beklemmung ergriff ihn. Es fühlte sich an, als sei seine Brust von eisernen Reifen umfasst. Das Atmen fiel ihm schwer.

Als er die niedrige Höhle mit dem See erreichte, hatten die Kobolde schon mehr als den halben Weg zum Durchstieg auf der anderen Seite zurückgelegt. Ihnen reichte das Wasser bis zum Kinn. Sie balancierten Ledersäcke mit ihrem Essen auf den Köpfen.

Einzelne Steinbrocken lösten sich aus der Decke und platschten in den See. Die Stalaktiten wackelten, als ein Stoß die ganze Höhle erbeben ließ und das Wasser plötzlich hin- und herschwappte wie Wasser in einem Holzeimer, der angestoßen worden war. Askalel hatte den Eindruck, dass der Pegelstand jetzt auch höher lag als auf dem Hinweg. Und wieder war das seltsame Geräusch wie von Krebsbeinen zu vernehmen.

Askalel blickte zurück. Er hatte das Gefühl, dass ihnen aus dem Stollen etwas Unsichtbares folgte. Sein Magen zog sich zusammen. Es gab noch eine andere Gefahr als den Steinschlag, da war er sich ganz sicher. Etwas ... wie ein böser Geist, der sich anschlich und vielleicht schon mitten unter ihnen war.

Mit großen Schritten watete er durch das Wasser, Salandyn an seiner Seite. Rug erreichte den Einstieg in den Stollen, als sich etwas beim Kienspan in der Felsnische entzündete. Askalel sah es nur aus dem Augenwinkel, dann füllte ein Feuerball die Höhle aus. Gleißende Hitze brannte ihm jedes Haar von der Haut.

Er schrie vor Panik auf, wähnte sich wieder im Tunnel unter Gobhayn, wo seine Nachtfalken im flüssigen Stahl verreckt waren. Doch diese Hitze war anders. Weniger intensiv. Dafür begleitet von einem

Wind, der alle außer ihm von den Beinen riss. Stalaktiten lösten sich von der Decke und stießen gleich steinernen Speeren in den See hinab.

Askalel warf sich über Salandyn, um den Elfen davor zu bewahren, durchbohrt zu werden. Stattdessen traf der Stalaktit ihn. Trotz seiner relativen Unverwundbarkeit war dies ein Treffer, der seine Rippen knacken ließ. Er spürte etwas in sich brechen. Schwarze Schleier senkten sich vor seinen Augen herab. Einen Herzschlag nur. Er musste raus aus dem Berg! Fort aus dem See. Hier lauerte überall der Tod. Die Luft war erfüllt von Steinstaub. Immer mehr Felsbrocken klatschten ins Wasser.

Salandyn trieb bewusstlos neben ihm. Er blutete aus einer Wunde an der Schläfe und aus den Ohren.

Rug erschien mit rot verbranntem Gesicht im Einstieg in den Stollen und versuchte, seine Kameraden zu retten, die ebenfalls reglos im Wasser lagen.

Askalel packte Salandyn und achtete darauf, dass dessen Kopf über dem Wasser blieb, als er ihn hinter sich herzog. Am Stollenmund angekommen, hob er die Kobolde hoch, die wie leblos an der Oberfläche trieben. Er spürte, dass es für einen der drei knapp würde. Sein Herz schlug nur noch schwach und unregelmäßig. Dennoch reichte er sie alle zu Rug hinauf.

Der Koch sah ihn mit vor Schreck geweiteten Augen an. Sein Antlitz war übel verbrannt. Blut troff ihm von der Nase. »Du müsstest tot sein«, stammelte er. »Ich hab es gesehen … Hab gesehen, wie dich der steinerne Drachenzahn getroffen hat. Wie du dich vor ihn geworfen hast, um Salandyn zu retten. Du müsstest tot sein.«

Das war nicht gut, dachte Askalel. Wenn sie anfingen, über das zu reden, was gerade geschehen war, würde das für Ärger sorgen. Aber niemand würde sich wundern, wenn dem kleinen Kerl etwas zustoßen würde. Nicht heute. Nicht jetzt, da der Berg nach ihrer aller Leben griff.

»Du kannst noch laufen? Geh vor mir!«, befahl er dem Kobold. »Dreh dich nicht um. Einfach vorwärtsgehen. Wir müssen hier raus. Alles wird gut, Rug. Du musst nur dicht vor mir gehen.«

***

Askalel wälzte sich auf seinem Lager auf die andere Seite und zuckte zusammen. Verdammte Schmerzen. Zwei seiner Rippen waren gebrochen. Immerhin war es ein Berg gewesen, der versucht hatte, ihn zu durchbohren. So viel hatte die Natur schon aufbieten müssen. Er grinste selbstgefällig. Die Rippen waren gerichtet, die Knochen schon halb zusammengewachsen. Diese Dinge zu heilen erforderte keine großen Kenntnisse.

Er streckte sich und zuckte wieder zusammen. Vor drei Tagen hatte er sich in seine Hütte zurückgezogen und seither jeden fortgeschickt, der aus dem Dorf gekommen war, um nach ihm zu sehen. Er hatte sich wie ein verletztes Tier aufgeführt, das sich in seiner Höhle verkroch. Der Gedanke stimmte ihn nachdenklich. Würde er das je ablegen? Würde er sich je wie ein ganz normales Albenkind verhalten? Oder hatte er einfach zu viel Zeit mit sich allein verbracht, um jemals so wie die dort unten im Dorf sein zu können?

Sein Blick schweifte durch die unaufgeräumte Hütte. Ungewaschene Hemden und Hosen lagen herum. Über dem Topf neben der kalten Feuerstelle summten Fliegen. Wann hatte er sich das Waschbärengulasch gekocht? Vor dem Unfall im Berg? Er sollte es wohl besser wegschütten. Irgendwo musste es noch einen Kanten Brot und ein Stück Käse geben. Und dort draußen war ein ganzer Wald voll warmer, köstlicher Beute. Er fuhr sich mit der Zunge über die Lippen. Einen jungen Hirsch zu reißen, das wäre etwas. Aber er sollte sich dazu weit genug vom Dorf entfernen. Ein klein wenig hatte er sich doch verändert. Es war ihm nicht egal, was sie von ihm hielten.

Was für eine Narretei! Er sollte nicht sein Herz an sie hängen. Ein paar Jahre noch, dann wäre das Silber abgebaut, und sie würden alle verschwinden. Dieses Tal war zu abgelegen, zu einsam. Nichts würde sie hier halten. Nicht einmal …

Da war ein Geräusch draußen. Seine Hütte wurde eingekreist. Das waren Dutzende. Er spürte ihre Gefühle …

Lautlos erhob sich Askalel von seinem Lager. Er dachte an den Rotrücken, der über dem Tal gekreist war. An die Drachlinge.

Er nahm das Schwert, das samt Gürtel an einem Haken an der Wand hing, pirschte an dem offenen Kamin vorbei und stieg über die nicht abgewaschenen Holzschüsseln hinweg. Flüchtig sah er das Gewürm in einer der Schüsseln. Bald würde es noch mehr Fliegen in seiner Hütte geben.

Die Gefühle, die er dort draußen erspürte, verwunderten ihn: überwältigende Sorge, leise Angst, teils Schuldgefühle, aber auch Neugier ... Das konnten keine Drachlinge sein. Er presste sich an die Wand neben der Tür. Er hätte Fenster in seine verdammte Hütte einlassen sollen. Bisher hatte er sie für unnötig gehalten, Einfallspforten für Zugluft. Er brauchte kein Tageslicht, er sah auch bei völliger Finsternis noch recht gut.

Plötzlich erhoben sich draußen Stimmen, vereinten sich zu einem Lied:

»Uns schützt der Held vom Drachenmaul,
wacht übers Tal, wird niemals faul.
Er trägt nur selten 'ne saubere Hose,
und sein Mundwerk ist überaus lose,
doch wenn dann naht die Stunde des Blutes,
er niemals ist verzagten Mutes ... «

Askalel schluckte. Er hatte gehört, dass es unter den Drachlingen Lieder über ihn gab, in denen er wie ein grausamer Devanthar beschrieben wurde. Aber so etwas hier ... Ein Lied, in dem er der Held war? Er schluckte erneut und lehnte das Schwert an die Wand neben der Tür.

Einige Augenblicke lag seine Hand schwer auf dem Türriegel. Er hatte nie gezögert, in eine von Feinden gehaltene Bresche zu stürmen. Aber das hier ... Was sollte er sagen? Wie bedankte man sich für so ein Lied? Ein paar der Verse waren ganz sicher von Rug. *Er trägt nur selten 'ne saubere Hose ...*

Askalel fasste sich ein Herz und öffnete. Da waren sie alle! Die Kinder, die Frauen, die Bergarbeiter. Manche auf Krücken. Und alle hatten sie ihm etwas mitgebracht. Töpfe mit dampfendem Essen, ein Hemd, eine schön gewebte Decke. Omeros trug ein kleines Fass, in dem vermutlich sein berüchtigtes selbstgebrautes Bier schwappte.

»Wir wollten mit eigenen Augen sehen, dass es dir wirklich gutgeht.« Salandyn trat aus der Menge vor. Sein Gesicht glänzte von irgendeiner Salbe und war noch immer rot verbrannt. Der Elf wirkte seltsam, so ohne Haare und Augenbrauen.

Askalel räusperte sich verlegen. »Alles in Ordnung ...« Plötzlich wusste er gar nicht mehr, wo er hinsehen sollte. Diese vielen dankbaren Gesichter. Das überforderte ihn. Er kam mit der rauen Kameradschaft unter Kriegern gut klar. Aber das hier ...

»Alles ist in Ordnung, weil es dich gibt. Niemand wurde im Berg begraben dank dir. Du hast die Kobolde herausgebracht und mich, und dann bist du noch mal in den Hauptstollen gegangen und hast Valariel aus den Trümmern gezogen ...« Salandyns Augen schimmerten feucht. »Wir alle wissen, was wir dir verdanken. Wir werden deine Regeln ehren. Wir werden ...« Er hob resignierend die Hände. »Auch wenn du es uns nicht leicht machst. Wir werden gern deine Freunde sein ... obwohl wir nach all der Zeit noch nicht einmal deinen Namen kennen.« Salandyn sah ihn erwartungsvoll an.

Askalel schwieg. Er konnte ihnen nicht seinen Namen nennen, obwohl er ahnte, dass Salandyn ihn wiedererkannt hatte. Sein Name würde Unglück ins Tal bringen. Stattdessen hätte er irgendetwas sagen, sich einen falschen Namen aus den Fingern saugen können, aber er wollte sie nicht belügen.

Bevor das Schweigen lastend werden konnte, trat Rug zwischen den Dorfbewohnern hervor. »Dann bist du eben der Ritter Südwind für uns. Denn genau wie der Südwind im Frühling vertreibst du das Ungemach. Du lässt unser Dorf aufblühen. Du bist immer da und doch ungreifbar wie der Wind. Ich werde mir mal ein paar Reime auf Südwind überlegen ...« Rugs Nase sah ein bisschen schief aus, und seine beiden Augen waren noch weitgehend zugeschwollen. Dennoch grinste er. »*Geschwind* ginge ... *Kind* vielleicht auch ... Wir feiern übrigens morgen ein Fest zu deinen Ehren. Ich werde den ganzen Tag kochen müssen, und es wäre verdammt noch mal nicht nett, wenn du dich nicht blicken lässt.«

Alle sahen sie ihn erwartungsvoll an.

Askalel schaute zu den schweren Wolken am Himmel. Bald würde es wieder regnen. Der Winter war nicht mehr fern. »Mir scheint, wir alle könnten dieser Tage ein bisschen Südwind gebrauchen. Ich …« Er zögerte. Dann gab er sich einen Ruck. »Ich werde kommen.«

Er war überrascht, wie viel Begeisterung ein paar schlecht gesetzte Worte auslösen konnten.

***

Drei Jahre später

»Das wird köstlich werden, wenn es lange genug gezogen hat«, versicherte ihm Omeros. Der Minotaurus hatte Askalel in seinen Schuppen eingeladen. Der *Schuppen* war inzwischen das größte Gebäude in dem kleinen Bergwerksdorf. »Dieses Bier ist mit Waldkräutern versetzt. Das gibt ihm eine unverwechselbare herbe Note.«

Zweifelnd betrachtete Askalel die dunkle Brühe in dem großen Bottich. Zwischen Hülsenresten irgendwelchen Korns sah er im Schaum auch zwei tote Motten treiben. In mehreren großen Kesseln hinter ihm gluckste und blubberte es. Es herrschte eine schwüle Hitze im Schuppen. Der Minotaurus verbrachte kaum noch Zeit mit dem Zerkleinern des Gesteins, das aus der Mine geschafft wurde, und hatte drei Damien und zwei Kobolde angeworben, die ihm beim Brauen halfen.

Omeros nahm einen hölzernen Humpen und schöpfte etwas von dem Bier im Bottich ab. »Nimm mal einen Schluck. Du wirst überzeugt sein.«

Der Geruch gefiel Askalel so gar nicht. Dennoch nahm er einen Schluck und war überrascht. Es schmeckte angenehm würzig. »Nicht schlecht.«

Alle Arbeiter hatten innegehalten und ihn beobachtet. Nun wirkten sie erleichtert.

Der Stiermann grinste. »Und das ist noch nicht fertig. Warte einmal ab, wenn es gefiltert ist und ein paar Wochen Lagerzeit hatte. Es wird das beste Bier sein, das du jemals getrunken hast. Jetzt bräuchten wir dringend einen Küfer, um eigene Fässer herstellen zu können.«

Die Vorstellung, dass der Minotaurus loszog, um in der nächsten Stadt jemanden zu finden, der Fässer fertigte, missfiel Askalel. Er war nicht gut, wenn ihr kleines Tal zu berühmt wurde. Obwohl ab und an der Rotrücken über dem Dorf kreiste, waren immer noch keine Drachlinge aufgetaucht. Ihre Siedlung lag anscheinend zu weit ab und war zu bescheiden, als dass es sich lohnen würde, ein paar Steuereintreiber loszuschicken.

Askalel trat aus dem Schuppen in die schwüle Spätsommernacht. Sein Blick ging zum Himmel. Ob er diese Gewohnheit je ablegen würde? Er hatte den Kampf gegen die Drachen längst aufgegeben, und dennoch war die Furcht vor ihnen geblieben. Dass er nun dieses Dorf am Hals hatte, machte es schlimmer. Er war verwundbar geworden, weil er sich für alle hier verantwortlich fühlte. Sie vertrauten auf ihren Ritter Südwind, und wenn er ganz ehrlich zu sich war, mochte er das Gefühl, gebraucht zu werden.

»Nächstes Jahr werde ich anfangen, auch Met zu brauen.« Omeros deutete auf die Reihe von Bienenstöcken am Waldrand. »Wenn die Honigernten gut werden, steht dem nichts mehr im Wege.«

»Met?« Askalel sah zweifelnd zu dem Stiermann auf. »Ist der nicht vor allem bekannt für die Kopfschmerzen am Morgen danach?«

Der Minotaurus brach in Gelächter aus. »Schlecht gemachter Met. Meiner wird wie Seide über deine Zunge gehen, und am nächsten Morgen wird dein Kopf so klar wie ein Gebirgsbach sein.«

Askalel war nicht überzeugt. »Also Met. Und was kommt dann? Wein?«

»Leider nicht.« Omeros klang so, als habe er auch darüber schon nachgedacht. »Es ist hier einfach zu kalt. Weinstöcke würden hier in den Bergen nicht überleben. Aber ich habe an Obstschnäpse gedacht. Die Obstgärten, die wir angelegt haben, sollten in ein paar Jahren genügend Früchte abwerfen.« Der Stiermann strich sich über das ergrauende Kinn. »Du weißt, dass es für das Dorf besser ist, wenn wir von dem Silber wegkommen. Die Mine ist zwar noch ertragreich, aber das Gestein wird immer brüchiger, je tiefer wir vorstoßen. Du bist oft genug selbst dort. Du weißt, wie es aussieht.«

Askalel nickte. Seit dem Unglück vor drei Jahren, war es nie wieder wie zuvor geworden. Die Arbeiter stiegen mit Angst in den Stollen und waren erleichtert, wenn sie ihn verlassen durften. Angst war ein übler Begleiter. Er verführte dazu, Fehler zu machen. »Du wirst dem Dorf einen neuen Weg eröffnen, Omeros. Ich vertraue auf dich.«

»Es gibt noch ein anderes Silber, das wir *schürfen* könnten. Ein paar Meilen entfernt gibt es einen kleinen Fluss, durch den zehntausende von Salmen ziehen. Dort gehen die Bären hin, seit sie unser Tal meiden. Wenn wir Salme fangen und räuchern, wird das auch uns gut durch den Winter bringen.«

»Ich glaube, du bist der eigentliche Schatz dieses Dorfes.« Askalel klopfte dem riesigen Minotaurus zum Abschied auf den Arm. »Dank dir wird es weitergehen, auch wenn Salandyn irgendwann die Mine aufgibt.«

»Ich liebe dieses Tal und unser Dorf«, sagte Omeros mit einer Leidenschaft, die sonst so gar nicht typisch für ihn war. »Ich werde hier nie wieder fortgehen.«

»Das wird keiner von uns. Wir werden einen Weg nach dem Silber finden.« Er nickte dem Stiermann zum Abschied zu. Dann verließ er das Dorf und folgte dem schmalen Pfad, der hinauf in die Berge zu seiner einsamen Hütte führte. Er wusste inzwischen die Abende in der kleinen Siedlung zu schätzen. Oft aßen sie am Ende des Tages alle gemeinsam, lachten, musizierten und genossen das Leben. Askalel hatte sich früher nie vorstellen können, dass er einmal Teil einer solchen Gemeinschaft sein würde. Jetzt hatte er seinen Frieden mit sich gemacht.

Ritter Südwind. Immer wenn er an den Namen dachte, den Rug ihm aus einer Laune heraus gegeben hatte und den nun alle benutzten, musste er schmunzeln. Er war die Brise, die den Winter vertrieb.

Ein Geräusch zwischen den Bäumen ließ ihn verharren. Der Vollmond am wolkenlosen Himmel tauchte den Wald in silbernes Licht. Deutlich sah er den Schatten. Er kam ihm entgegen, versuchte erst gar nicht, sich zu verbergen.

Askalel griff im Reflex nach seinem Schwert, und er griff ins Leere.

Er war zu einem Abendessen im Dorf gegangen, nicht zu einem Kampf. Das Tal war zutiefst friedlich. Er hatte die Waffe in seiner Hütte gelassen. Was für ein dummer Fehler!

Er lockerte die Schultern. Ganz gleich, wer dort kam, er hatte nicht viel von ihm zu befürchten. Ein normales Schwert konnte ihn nicht verletzen, ein gewöhnlicher Pfeil vermochte ihn nicht zu durchbohren.

Dann erkannte er das lange blonde Haar. Valariel! Seit sein Bruder Andariel vor über einem Jahr das Dorf verlassen hatte, streifte der Elf oft allein durch die Wälder. Manchmal war er für Wochen verschwunden. Die meisten im Tal waren der Überzeugung, dass er sich auf kurz oder lang wieder seinem Bruder anschließen würde. Andariel war zu den Fahrenden Rittern zurückgekehrt. Oder zumindest war das seine Absicht gewesen. Seit er im Frühling des vergangenen Jahres aufgebrochen war, hatte niemand mehr etwas von ihm gehört.

»Ritter Südwind!« Der Jäger nickte ihm zu. »Immer wachsam.« Valariel rang sich ein Lächeln ab. Über seiner linken Schulter hingen zwei tote Dachse, die Rug vermutlich zu Wildgeschnetzeltem verarbeiten würde.

»Für heute hat die Wacht ein Ende«, entgegnete Askalel gut gelaunt. »Hast du Fremde in den Wäldern bemerkt?«

»Hierher verirrt sich niemand, nicht einmal Pelzjäger.« Valariel nickte ihm noch einmal zu und ging dann weiter.

Askalel hatte das Gefühl, dass es nicht mehr lange dauern konnte, bis der Jäger das Dorf für immer verlassen würde. Valariel liebte die Einsamkeit inzwischen mehr als das Leben unter Albenkindern. Askalel konnte das nachvollziehen. Auch er war froh, wenn er sich immer wieder in die Einsamkeit zurückziehen konnte. Aber sie war nicht länger sein Zuhause – er hatte die Ausflüge ins Dorf und die gemeinsame Arbeit schätzen gelernt.

Er genoss den Spaziergang durch den mondhellen Wald, lauschte dem melancholischen Ruf eines Käuzchens und den leisen Geräuschen des Waldes, dem Rascheln im Unterholz, den verstohlenen Lauten nächtlicher Jäger.

Als er seine Hütte erreichte, erfasste ihn eine seltsame Unruhe. Etwas belauerte ihn. Er ließ sich auf der Bank neben der Tür nieder, so als wolle er noch ein wenig die warme Nacht genießen. Mit geschärften Sinnen spähte er in den Wald. Dort regte sich nichts Verdächtiges. Wenn sich da jemand bewegte, würden die Tiere des Waldes verstummen, doch nichts störte das Lied der Nacht.

Dennoch wollte das mulmige Gefühl nicht weichen. Jemand war hier ... oder hier gewesen. Sein Instinkt trog ihn nie. Ohne den Blick vom Wald zu lassen, ging er zur Tür und schob sie auf.

Kaum war er eingetreten, legte er den Riegel vor. Jetzt war er in Sicherheit. Er tastete nach dem Schwert, das neben der Tür lehnen sollte.

Es war verschwunden!

Hastig fuhr er herum. Seine Augen hatten sich noch nicht an die Finsternis angepasst.

»Deine Schwerter liegen auf meinem Schoß, Ritter Südwind«, erklang eine wohlvertraute Stimme. Ein gerauntes Wort der Macht folgte. Die Glut im Kamin glomm auf, und er sah die zierliche Gestalt in dem grob gezimmerten Lehnstuhl, den er mit dem Fell des Schwarzbären gepolstert hatte. Auf den Beinen der Elfe lagen zwei Schwerter.

»Emerelle ...« Er hielt Abstand zu ihr und ließ die Schwerter nicht aus den Augen. Die Hände seiner Schwester ruhten auf den Armlehnen. Er wusste, wie schnell sie war, und entspannte sich nicht. Vor allem nicht, als er das zweite Schwert erkannte. Sein Schwert! Die Waffe, die er geführt hatte, als er für die Fahrenden Ritter kämpfte. Die Klinge mit der Schneide aus Drachentöterstahl. Damit könnte sie ihn mühelos in Stücke hacken. Er wusste, was für eine exzellente Schwertkämpferin sie war, ausgebildet auf dem Himmelsschiff *Blauer Stern*. Alles, was *er* konnte, hatte er sich selbst beibringen müssen.

Nun, wenn die Sache schon verloren war, dann musste er nicht auch noch sein Gesicht verlieren. Sein Leben lag in ihrer Hand. »Kann ich dir etwas anbieten? Ich habe Brot, ein Stück Schinken und gutes Quellwasser.«

»Ich war so frei, mir zu nehmen, was ich brauchte«, entgegnete sie ruhig.

»Wie geht es Meliander?«

Emerelle schnaubte. »Vor zwei Monden, als ich ihn zuletzt gesehen habe, gut.«

»Ihr lauft immer noch vor den Himmelsschlangen davon?«

»Wenn wir damit aufhören, sind wir tot.«

Eine Begegnung mit seiner Schwester wäre auch für die Himmelsschlangen riskant, dachte er. »Du bringst durch deine Anwesenheit das Dorf unten im Tal in Gefahr«, sagte Askalel ruhig.

»Das gilt doch auch für dich, mein lieber Bruder ... Wenn sie dich hier finden ... Du weißt, wie sie sind.«

»Und wie sollten sie das? Mich hier finden? Man hält mich doch für tot.«

Emerelle legte die Rechte auf den Griff des Drachentöterschwertes. »Reden wir nicht um den heißen Brei herum. Ich brauche dich. Du wirst für mich die Himmelsschlangen töten. Zumindest eine von ihnen.«

Er lachte auf. »Warum sollte ich das tun?«

»Weil ich dich höflich darum bitte?«, entgegnete sie absolut humorlos. Ihre Augen lagen im Schatten. Er wünschte, er könnte in ihnen lesen.

»Du warst diejenige, die mich fortgeschickt hat.«

»Womöglich ein Fehler ... Aber damals in Gobhayn warst du völlig von Sinnen. Du wärest eine Gefahr für uns gewesen. Langfristig allerdings ... Ilak hat manchmal auf dich gehört. Dein Wort wog für sie schwerer als Falrachs. Du hättest sie vielleicht von dieser unseligen Schlacht auf Darna abhalten können.«

»Kannst du nicht akzeptieren, dass du verloren hast?«

Emerelles Hand schloss sich um den Schwertgriff. »Siehst du mich so? Als eine Verliererin? Verloren habe ich erst, wenn ich in meinem Blute am Boden liege.«

»Ist das nicht ein wenig zu pathetisch für dich, Schwester? So warst du früher nicht. Wird man so, wenn man immerzu davonläuft?«

»Hast du mich jemals aufgeben sehen?«, fragte sie scharf.

»Du hast mich aufgegeben.«

»Ich habe dich fortgeschickt. Das ist etwas anderes. Die Himmelsschlangen halten dich für tot. Du kannst mit etwas Glück in ihre Nähe gelangen. Meliander und mir wird das gewiss nicht gelingen. Es sind jetzt nur noch drei: der Rote, der Nachtblaue und der Smaragdfarbene. Der Flammende ist irgendwie auf Darna umgekommen. Suche dir einen der drei aus, schleiche dich in sein Gefolge aus Drachlingen ein, und töte ihn dann.«

»Ich soll dein Meuchler werden?« Er lachte auf. »Bin ich dafür nicht zu unbeherrscht?«

»Du scheinst dich verändert zu haben ... und ich muss nach jedem Strohhalm greifen.« Sie seufzte. »Stell dir einfach vor, dass du es nicht für mich, sondern für dein Dorf tust. Wenn ich dich finden konnte, dann können es die Drachlinge irgendwann auch.«

»Du hattest ihnen voraus, dass du wusstest, dass ich nicht tot bin«, entgegnete er aufgebracht.

»Wenn ich verliere, wird es bald auch im kleinsten Dorf Drachlinge geben. Sie werden die Geschichten vom Ritter Südwind hören, und dann werden sie sich fragen, wer denn überleben kann, dass ein Berg auf ihn fällt.«

»Das sind doch nur Übertreibungen ...«

»Wenn ich nicht mehr kämpfe, werden sich die Himmelsschlangen die ganze Welt untertan machen. Ihre Spitzel werden überall sein, ihre Steuereintreiber werden noch die letzte einsame Schäferkate heimsuchen, und sie alle werden sich bei ihren Herrschern beliebt machen wollen. Sie werden seltsamen Geschichten nachspüren.«

Askalel wusste, dass sie recht hatte. Aber er wollte nicht in all das wieder hineingezwungen werden, was er hinter sich gelassen hatte. Er wollte nicht ihr Meuchler sein! Das würde die Bestie in ihm wieder erstarken lassen. Das Ungeheuer, das er endlich im Zaum zu halten gelernt hatte.

»Der Rote ist berüchtigt dafür, das Leben mit allen Sinnen zu genießen. Manchmal nimmt er Elfengestalt an, um Elfendamen zu verführen. Du kannst auch jede beliebige Gestalt annehmen. Vielleicht kannst du es ja einrichten, dass er im falschen Bett landet. Ich bin sicher, dahin wird er seine Leibwächter nicht mitnehmen.«

Askalel wollte das nicht hören, doch Emerelle fuhr gnadenlos fort: »Der Smaragdfarbene ist ein Forscher. Meliander glaubt, dass er sich mit ihm gut verstehen würde, wenn er nur an ihn herankäme, um mit ihm zu reden. Der Smaragdfarbene ist aber auch ein Reisender. Er wird schwer zu finden sein. Außerdem bin ich überzeugt, die einzige Sprache, die Himmelsschlangen verstehen, ist ... ein Stück Drachentöterstahl, das man ihnen zwischen die Augen rammt. Der Nachtblaue ist der schlimmste der drei. Ein unberechenbares Raubtier, das es liebt, seine Feinde zu verschlingen. Klingt das vertraut in deinen Ohren, Askalel? Oder sollte ich dich Dorchadas nennen, Geisterkönig, Schädelsammler, Seelenfresser? Ich glaube, du wirst dich in ihn sehr gut hineindenken können. Er ist der gnadenloseste Jäger der drei. Keiner hat so viele Fahrende Ritter auf dem Gewissen wie er. Albenmark wird ein besserer Ort sein, wenn er tot ist.«

Vermutlich hatten die Maurawan einst dasselbe über ihn gedacht, bevor sie ihm Mailyn geschickt hatten. Askalel trat dicht vor seine Schwester.

»Mich zu töten wird die Probleme nicht lösen«, sagte sie ruhig.

»Mein Schwert!« Er streckte die Hand nach der Waffe aus.

»Du wirst mein Meuchler sein?«

»Nein!«, entgegnete er scharf. »Ich bin der Ritter Südwind.«

Emerelle bedachte ihn mit einem spöttischen Lächeln. »Es ist mir gleichgültig, wie du dich nennst. Töte einen der drei. Es wird Zeit, dass wir Angst in den Herzen unserer Feinde säen. Sei ganz du selbst, Askalel. Sei wie in Gobhayn, wo du deine Feinde zerstückelt hast.«

»Du weißt nicht, wie ich bin ...« Er hatte es zu lahm gesagt. So leicht hatte sie Zweifel in *sein Herz* gesät. Diese Saat durfte keine Früchte tragen.

Emerelle stand auf und drückte ihm das Drachentöterschwert in die Hand.

Kannte sie ihn besser, als er sich selbst kannte?

***

»Sie sah aus, als seien Felsen auf sie herabgestürzt.« Der Elfe rannen Tränen über die Wangen. »Ich werde diesen Anblick nie vergessen ... Keiner hier im Haus wird das. Wir haben keine Vorstellung, was er mit ihr getan hat. So etwas haben wir noch nie gesehen.«

Askalel hatte sehr wohl eine Vorstellung von dem, was da geschehen war. Seit drei Monden folgte er nun schon der Spur des Roten. Die meiste Zeit verbrachte der Götterdrache in einem Palast in den Eiswüsten Carandamons. Ihn dort zu stellen und zu töten war unmöglich, denn dort war er von Hunderten von Drachlingen umgeben, und jeder, der den Palast betrat, wurde kontrolliert. Die drei Überlebenden der Schlacht auf Darna – der Rote, der Smaragdfarbene und der Nachtblaue – waren vorsichtig geworden.

Ganz gleich, wie gut er sich verkleidete, würde ein Blick durch das Verborgene Auge jedem Zauberweber offenbaren, dass er ein einzigartiges Geschöpf der Magie war.

Beim Nachtblauen hatte Askalel gar keine Schwäche entdecken können. Dieser Drache war einfach nur ein grausames Raubtier mit einer bösartigen Intelligenz. Er war wie ein Spiegelbild dessen, was er selbst einmal gewesen war. Um ihn zu stellen, müsste er wieder werden wie der Nachtblaue, das wusste Askalel. Diesen Weg, der ihm am Ende das Einzige genommen hatte, was er je geliebt hatte, wollte er nie wieder gehen.

Noch während er das dachte, wurde ihm bewusst, dass er sich irrte. Er liebte nun auch das kleine Dorf in den Mondbergen. Wenngleich auf eine andere Art.

»Herr?« Die Elfe ergriff sanft seine Hand. »Ihr wirkt weit fort in Gedanken.«

Er lächelte verlegen. »Der Schrecken deiner Beschreibung ... So etwas habe ich noch nie gehört.« Lügen. Er hatte es schon zwei Mal zuvor gehört. »Wurde er denn gestellt? Hat man den Mörder zur Verantwortung gezogen?«

Wieder wurden die Augen der Elfe tränenfeucht. »Ich dürfte eigentlich nicht einmal darüber reden.« Sie blickte verlegen auf die Karaffe mit dem dunklen Rotwein, von dem sie reichlich getrunken hatte. »Die

Herrin des Hauses hat entschieden, dass wir darüber kein Wort verlieren. Der *Rosenpavillon* ist weit über die Küsten von Langollion hinaus bekannt. Er gilt als eines der besten Häuser. So ein grausamer Mord … Das würde dem Ruf des Hauses schaden.« Sie schluchzte leise und tupfte sich mit dem Ärmel ihres durchscheinenden Gewandes die Wangen ab. »Ich sollte nicht so viel reden …« Sie zwang sich zu einem Lächeln. »Lassen wir das doch hinter uns. Wie kann ich Euch erfreuen, Herr?«

»War deine Freundin rothaarig?«

»Ja …«

Sie sah ihn misstrauisch an. »Ihr habt von ihr gehört? Seid Ihr um ihretwillen gekommen? Sie war die Berühmteste von uns, das Haar so flammend rot wie Herbstlaub, die Haut weiß wie Milch und ihre Lippen wie Seide … und … Er war gutaussehend. Auch er hatte rotes Haar und blasse Haut. Er konnte sich so gewählt ausdrücken, und er war reich. An jedem seiner Finger trug er einen goldenen Ring. Und dann …« Sie verstummte.

Askalel hatte bekommen, was er im *Rosenpavillon* gesucht hatte. Es war die dritte Geschichte dieser Art. Und so rätselhaft der Kurtisane das Schicksal ihrer Freundin sein mochte, so klar sah er vor sich, was geschehen war: Der Rote hatte Elfengestalt angenommen. Er hatte seinen riesigen Körper verdichtet. Er war kleiner geworden, aber sein Gewicht hatte sich nicht verringert. Es erforderte ständige Aufmerksamkeit, die Konsequenzen, die sich daraus ergaben, abzuwenden. Jeder Fußboden oberhalb des Erdgeschosses würde unter seinem Gewicht durchbrechen, wenn er nicht ständig Zauber aufrechterhielt, die eben dieses Gewicht negierten. Während der Ekstase des Liebesakts war er nachlässig geworden. Er hatte sich seiner Lust hingegeben, die Kontrolle verloren, und damit war ihm auch sein Zauber entglitten.

»Wo ist es geschehen? In welchem der Zimmer hier?«

Die Kurtisane sah Askalel verständnislos an. »Warum ist das wichtig, Herr?«

Er ignorierte ihre Frage. »Erinnerst du dich noch?«, drängte er. Gleichzeitig verstärkte er den Zauber, der sie durstig machte.

Sie griff nach ihrem halbleeren Kristallglas und nahm einen kräftigen Schluck. »Das viele Reden trocknet meine Kehle aus«, sagte sie entschuldigend und schenkte ihm einen verführerischen Blick. »Dabei dürstet es mich eigentlich nach etwas anderem.«

Er tätschelte ihr Knie. »Dazu kommen wir noch. Aber nun sag mir, wo war das Zimmer?«

Sie deutete auf die Vorhänge, die das Séparée von der weiten Halle trennten, in der sich Kurtisanen und Lustknaben zwanglos den Gästen des *Rosenpavillons* vorstellten. Die Kundschaft war illuster. Reiche Kaufleute, Elfenfürsten ... Das exquisite Lusthaus lag nur drei Straßen von dem Albenstern auf dem Marktplatz von Rosan entfernt und war leicht zu erreichen. Ebenso leicht war es, von hier wieder zu verschwinden.

»Da hinten. Das Zimmer mit dem großen Marmorbecken. Es liegt zum Garten hin. Eines der schönsten Zimmer im Haus ...« Ihre Zunge war schwer vom Wein.

»War sonst noch etwas ungewöhnlich?«

»Außer, dass sie zerquetscht war wie 'ne plattgeschlagene Laus?«, zischte die Kurtisane gereizt. Erschrocken schlug sie sich die Hand vor den Mund. »Ich ... das habe ich nicht so gemeint. Warum fragt Ihr so viel, Herr?«

»Reine Neugier. Ich rede gern. Waren an dem Abend ungewöhnlich viele Gäste im Haus?« Es war wichtig zu wissen, ob der Rote mit verkleideten Leibwächtern reiste. Nach allem, was er bisher in Erfahrung gebracht hatte, sah es nicht so aus.

»Ich erinnere mich nicht ... Aber ihr Bett, das war zusammengebrochen. Völlig zerstört.«

Das war es, dachte Askalel. Der Rote nahm stets Zimmer zu ebener Erde. Dort hatte es weniger Konsequenzen, wenn er die Kontrolle über sein Gewicht verlor. Dort konnte kein Boden durchbrechen. Nur das Mädchen in seinen Armen würde ... Ein Schauder überlief Askalel. Er erinnerte sich gut an seine eigenen Ängste und seine Zurückhaltung, wenn er mit Mailyn beieinandergelegen hatte. Er hatte stets befürchtet, er könnte sich im Liebesspiel vergessen, könnte für einen Augenblick die Beherrschung verlieren und sein, was er wirklich war: ein Ungeheuer von gewaltigem Ausmaß! Dem Roten schien das egal zu sein.

Askalel beugte sich vor und strich der Kurtisane sanft über die Wange. »Du bist müde, nicht wahr? Sehr müde ...« Er hauchte ein Wort der Macht, und sie schlief ein. Dann veränderte er ihre Erinnerung. Er ließ sie seine Fragen vergessen und legte einige Goldstücke neben sie auf das Lager aus Kissen.

Schließlich erhob er sich, schloss sein Hemd und trat zwischen den Vorhängen hindurch. Es war später Nachmittag. Graues Herbstlicht fiel durch die Fenster an der Rückseite. Kunden waren gerade keine sichtbar.

Eine Faunin mit gelocktem schwarzem Haar und einem langen roten Kleid trat an seine Seite. »Wart Ihr nicht zufrieden? Ihr wolltet eine Stunde bleiben. Und Ihr habt unser schönstes Zimmer gebucht. Das, das zum Garten hinausgeht. Auch das Bad ist bereits vorbereitet.«

Er lächelte verlegen. »Es ging alles etwas schneller ... und ich bin sehr zufrieden.« Er bemühte sich um ein weiteres Lächeln und verwarf den Gedanken, sich das Zimmer anzuschauen, in dem der Alptraum wahr geworden war, der ihn die ganze Zeit mit Mailyn gequält hatte. Erschaudernd drückte er der Dame in Rot ein Goldstück in die Hand. »Ich werde wiederkommen.« Er sah sich flüchtig in der Halle um. Sie war mit wunderschönen blutroten Rosen dekoriert, die einen schweren Duft verströmten. Wie ungewöhnlich, so spät im Jahr noch so schöne Blüten zu finden. Aber schließlich hieß die Stadt ja Rosan. Vielleicht, weil Rosen hier besonders gut gediehen.

Askalel trat hinaus auf die Straße. Lagerhäuser säumten das Pflaster. Es wollte wohl niemand in der Nähe des *Rosenpavillons* wohnen. Dabei waren es stets die teuersten Häuser, die der Rote wählte. Und alle drei Frauen hatten rotes Haar gehabt ... und waren dafür berühmt gewesen, Meisterinnen ihres Fachs zu sein.

Askalel wusste nun, wie er den Roten stellen konnte. Allerdings würde er ein geduldiger Jäger sein müssen. Und er würde sein Schwert verlieren. Genau an jenem Ort, an dem es erschaffen worden war.

***

Yadrielle sah zurück. Der strömende Regen wob silberne Schleier zwischen den dunklen Stämmen. Sie lehnte schwer an einem bemoosten Baum. Zu ihren Füßen lagen rotbraune Kastanien im Laub. Sie trug keinen trockenen Faden mehr am Leib, wagte es aber nicht, sich durch einen Zauber zu wärmen. Hatten sie ihre Fährte gefunden? Neun Tage waren vergangen, seit Andariel zurückgeblieben war, um die Drachlinge aufzuhalten. Er hatte versprochen, ihr zu folgen. Er war so sicher gewesen, dass er ihnen entkommen könnte …

Yadrielle spähte in den Regen. Dann öffnete sie ihr Verborgenes Auge. Sie sah die feinen goldenen Linien, die den Wald durchzogen, sah die verblassende Lebenskraft der Bäume, die sich dem Winter stellten. Ein Eichhörnchen, das Nüsse für seinen Vorrat sammelte, huschte nah an ihr vorbei. Sie entdeckte einen Luchs, der das Eichhörnchen belauerte, und Vögel, die in dichten Büschen kauerten. Überall war Leben. Aber da war kein Elf, kein Faun oder Kobold. Niemand folgte ihr. Auch nicht Andariel.

Vielleicht war er ihr ja voraus? Er bewegte sich geschickt in den Wäldern, und im Gegensatz zu ihr kannte er die Mondberge. Womöglich war er irgendwo vor ihr.

Insgeheim wusste sie, dass sie sich etwas vormachte. Sie wollte das Wahrscheinliche einfach nicht akzeptieren. Er hatte sich für sie geopfert. Sie sollte in jenes Dorf entkommen, von dem er ihr in den vergangenen Monden so oft erzählt hatte – in jenes Dorf, vor dessen Langeweile er geflohen war, nur um es danach an jedem Tag zu vermissen. Jenes Dorf, in dem keine Elfenfrauen leben sollten, weil ein verschrobener Fürst es so entschieden hatte. Ein Kerl, der einsam in einer schäbigen Hütte im Wald lebte und doch alles gab, um dieses kleine Dorf zu beschützen.

Andariel hatte ihr die gemeinsame Zukunft in den buntesten Farben ausgemalt. Sie würden dort glücklich werden … nur dass es ihr verboten war, das Dorf überhaupt zu betreten. Yadrielle sah prüfend an sich herab. Ihre Brüste waren nicht sonderlich groß, und sie hatte sich breite Leinenstreifen um den Oberkörper gewickelt, damit sie sich nicht durch das hirschlederne Hemd abzeichneten. Ihre Stimme war dunkel. Sie konnte ohne Weiteres als Mann durchgehen.

Yadrielle blieb noch eine Weile stehen und starrte in den Regen. Wenn das Eichhörnchen dem Luchs entkam, dann würde auch Andariel es schaffen. Erneut öffnete Yadrielle ihr Verborgenes Auge. Das Eichhörnchen presste sich in einem Haselnussdickicht an den Boden. Es hatte den Luchs bemerkt, der sich nun langsam an es heranpirschte.

Blitzschnell sprang es auf.

Der Luchs reagierte sofort und drang in das Dickicht ein. Doch das Eichhörnchen jagte eine der Haselruten hinauf, bis ganz ans Ende. Der dünne Ast schwankte unter seinem Gewicht, während der Luchs gierig hinaufstarrte.

Andariel würde leben, dachte Yadrielle erleichtert. Dann lief sie, laut schreiend, zu dem Haselnussdickicht, und der Luchs floh.

Gut gelaunt ging sie weiter durch den Wald. Wenn sie eine Lichtung querte, sah sie nach Westen und suchte den Gipfel, der ein wenig wie eine Speerspitze aussah. Er ragte über dem Tal auf, in dem das Dorf lag, zu dem der Zutritt für Elfenfrauen wie sie verboten war, der sichere Ort, an den die Drachlinge noch nie gekommen waren.

Sie würde sich mit einer Lüge dort einschleichen, dachte Yadrielle bedrückt. Aber Andariel war zuversichtlich gewesen, dass man ihr glauben würde. Krieger aus dem Gefolge der Fahrenden Ritter waren dort stets willkommen. Sie musste sich nur als Mann ausgeben und von den Kämpfen erzählen … Sie schnaubte deprimiert. Kämpfe … Es waren Fluchten, von denen sie erzählen konnte, und gelegentliche Hinterhalte, in denen sie Steuereintreibern aufgelauert hatten. Seit dem Massaker auf Darna hatte ihr Kampf gegen die Himmelsschlangen allen Glanz verloren. Er war nur noch ein verzweifeltes Aufbäumen der Uneinsichtigen. Andariel hatte das genauso gesehen wie sie. Sie hatten gemeinsam Frieden finden wollen, hier in der Abgeschiedenheit der Mondberge.

Düster vor sich hinbrütend, marschierte sie weiter. Ihr klapperten die Zähne von dem eisigen Regen. Sie kreuzte die Arme vor der Brust und versuchte, die Kälte zu ignorieren. Sie dachte an Andariel, an sein schüchternes Werben um sie. Er war einer der besten Bogenschützen unter den Fahrenden Rittern. Selbst die Anführer hatten ihn gekannt.

Anfangs hatte er immer wieder davon geträumt, wie Albenmark sein würde, wenn es nicht mehr unter dem Schatten von Drachenschwingen lag. Doch mit jedem Gefährten, der fiel, mit jeder Flucht und jedem Hinterhalt, der ihnen das Gefühl gab, eigentlich nur noch Wegelagerer zu sein und nicht mehr Freiheitskämpfer, war sein Enthusiasmus geschwunden. Eine Zeit lang war er stiller geworden, und dann hatte er begonnen, von dem Dorf in den Bergen zu reden. Dort war die Freiheit, die er sich für Albenmark erträumt hatte, Wirklichkeit. Nur dieses Gesetz, das es Elfenfrauen verbot, das Tal zu betreten, bereitete ihm Kummer.

Zu dem Zeitpunkt hatte er sie mit seiner stillen Art längst gewonnen, und es war ihr Vorschlag gewesen, dass sie sich, um dort gemeinsam mit ihm zu leben, ja als Mann verkleiden könnte. Als Späherin hatte sie das schon verschiedentlich getan. Und nie hatte irgendjemand in Zweifel gezogen, dass sie war, was sie zu sein vorgab.

Andariel hatte Gefallen an der Idee gefunden, und schließlich hatten sie vor einem Mond gemeinsam entschieden, von einem Auftrag als Späher nicht mehr zurückzukehren. Es war nicht schön, sich auf diese Art von den letzten Fahrenden Rittern abzuwenden, doch sie waren sich sicher gewesen, dass Emerelle sie nicht einfach hätte ziehen lassen. Die Heerführerin war in diesen Dingen unerbittlich. Ein Aufgeben akzeptierte sie nicht.

Yadrielle hielt kurz inne und stützte sich erneut an einem Baum ab. Sie war so müde. Alles, wovon sie noch träumte, war ein trockener Ort mit einem Feuer. Sie könnte drei Tage schlafen, ohne ein einziges Mal die Augen zu öffnen. Sie presste ihre Linke auf den schmerzenden Magen. Etwas zu essen wäre auch gut. Von den Vorräten war ihr nur noch ein kleines Stück harter Käse geblieben, das sie eisern aufsparte. Doch inzwischen war sie so hungrig, dass ihr immer wieder übel wurde. Wenn sie das Dorf bis zum Abend nicht gefunden hätte, würde sie sich über den Käse hermachen.

Mit einem Seufzer setzte sie sich wieder in Bewegung. Sie hielt Ausschau nach dem Berg, der an eine Speerspitze erinnerte, und ging voran. Warum führte dieser verdammte Weg immer nur bergauf? Wäre doch nur Andariel hier. Er würde irgendeinen Scherz machen, sie würde lachen und darin neue Kraft finden. Seine Scherze waren immer gut gewesen. Sie vermisste ihn. Es war, als wäre ein Teil von ihr auf dieser weiten Lichtung zurückgeblieben, auf der die Drachlinge sie überrascht hatten. Sie hätte nicht dulden dürfen, dass er allein auf den Felsen stieg, der eine so gute Schussposition abgegeben hatte. Er wollte die Drachlinge bis zur Dämmerung aufhalten und sich dann zu ihr durchschlagen. Er hatte es ihr versprochen …

Den ersten Teil dieses Versprechens hatte er auch eingehalten. Unter die Regentropfen, die ihre Wangen hinabrannen, mischten sich Tränen. Sie hätte bei ihm bleiben sollen.

Eine Bewegung am Rand ihres Gesichtsfeldes ließ sie innehalten. War das ein Kobold? Eine kleine Gestalt, halb verborgen unter einem graugrünen Kapuzenmantel, sammelte Walnüsse.

Vorsichtig pirschte Yadrielle näher. Sie brauchte einige Augenblicke, bis sie begriff, was sie da sah. Ein Kind! Allein im Wald. Hier gab es doch auch Bären und Silberlöwen! Misstrauisch spähte sie durch die Regenschleier. Nein, da war niemand.

Jetzt hörte sie die Kleine ein Lied summen. Ein Mädchen. Und offensichtlich kannte sie keinerlei Furcht vor der Welt. Yadrielle schluckte hart. Das war, wovon Andariel geträumt hatte: ein Ort ohne Furcht.

Sie beobachtete das Mädchen und folgte ihm unauffällig, bis sie zwischen den Bäumen schlichte Holzhütten entdeckte, eingefasst von liebevoll gepflegten Gärten. Niemand ließ sich dort blicken. Doch Rauch stieg aus den gemauerten Schornsteinen.

Yadrielle sah zu, wie das Mädchen hüpfend einem schlammbraunen Weg folgte und dann in einer der Hütten verschwand. Dies also war das Dorf aus Andariels Träumen.

»Wer bist du?«, erklang hinter ihr eine scharfe Stimme.

Sie hob vorsichtig beide Hände, wobei sie in der Linken ihren Bogen hielt. Ganz langsam drehte sie sich um. Etwa zwanzig Schritt entfernt stand ein blonder Elf in einem braunen Kapuzenmantel. Auch er trug einen Bogen. Er hielt die Waffe zwar gesenkt, doch lag schussbereit ein Pfeil auf der Sehne. Sein Anblick versetzte Yadrielle einen Stich. Die Ähnlichkeit mit Andariel war unverkennbar. »Valariel?«, rief sie.

Der blonde Jäger legte den Kopf schief. »Du kennst mich?«

»Nicht dich, aber ich gehörte zu den Fahrenden Rittern. Ich kenne Andariel. Er hat mir viel von dir erzählt. Ist er heimgekehrt?«

»Heimgekehrt?«, fragte der blonde Jäger misstrauisch. »Wie meinst du das?«

Yadrielle kämpfte die Enttäuschung nieder. »Er wollte hierherkommen. Wir haben die Fahrenden Ritter verlassen. Er hat immerzu von diesem Dorf erzählt ...«

Valariel nahm den Pfeil von der Sehne. »Wann war das? Von wo ist er aufgebrochen? Wie steht der Kampf gegen die Himmelsschlangen? Wie ... Entschuldige. Wir sollten im Trockenen reden. Komm mit. Wir gehen zu Omeros' Brauschuppen. Dort ist es warm und trocken, und es gibt immer einen Tropfen zu trinken. Wie heißt du?«

»Yadrion.« Sie schämte sich, alles mit einer Lüge zu beginnen. Zugleich wusste sie, dass es der einzige Weg war.

Sie folgte Valariel in einen großen Schuppen, wo ein Minotaurus, zwei Damien und ein paar Kobolde sie herzlich willkommen hießen. Dann begann sie zu erzählen. Vom verzweifelten Kampf gegen die Drachlinge, von Emerelles unbeugsamem Glauben, dass sie die Tyrannen stürzen würde. Von den Hetzjagden auf die Fahrenden Ritter. Von den Toten.

Ein Kobold brachte ihr eine große Holzschale mit Wildragout und dazu Brot, der Minotaurus stellte ihr einen Humpen Bier hin, und dann holten sie weitere Dorfbewohner hinzu: Männer mit grauem Steinstaub in den Haaren, Frauen, die in der Schreinerei gearbeitet hatten. Damien, Faune, Elfen und Kobolde. Und wieder musste Yadrielle ihre Geschichte erzählen. Vor allem den letzten Teil. Von ihrer Flucht mit Andariel und wie er sich entschieden hatte zurückzubleiben, um ihr einen Vorsprung zu erkämpfen.

Yadrielle entging der Blick nicht, den der Minotaurus und ein hagerer Elf tauschten, der erst spät zu der Runde hinzugekommen war. Die beiden schienen keine Hoffnung mehr für Andariel zu haben.

»Du siehst erschöpft aus, Freund«, sagte Valariel schließlich. »Wir müssen einmal schauen, wo wir einen Schlafplatz für dich finden.«

»Andariel hat oft von seiner Hütte gesprochen ...« Sie brauchte einen Platz, an dem sie allein untergebracht war, wenn sie verbergen wollte, dass sie eine Frau war. »An einem Berghang, wo man jeden Morgen von Vogelgezwitscher geweckt wird und eine Fuchsfamilie zuweilen im hohen Gras herumtollt.« Sie seufzte. »So, wie er es beschrieben hat, klang es sehr friedlich.«

Valariel wechselte einen Blick mit dem hageren Elfen. »Die Hütte liegt etwas abseits, fast eine Meile vom Dorf entfernt. Es hat sich lange niemand mehr darum gekümmert. Sie steht leer, seit mein Bruder gegangen ist. Und ... ich glaube, in seinen Beschreibungen hat er ein wenig übertrieben.«

Yadrielle zuckte mit den Schultern und verzog das Gesicht. »Ich wandere seit Tagen durch den Regen. Ich glaube, ich werde überall, wo es halbwegs trocken ist, schlafen wie ein Stein.«

»Wir sollten dir ein paar Decken mitgeben«, sagte eine Damien mit rotgefärbtem Haar. »Ich fürchte, dort oben in der Hütte gibt es so gut wie nichts.«

»Ich sollte dir ein ordentliches Fresspaket zusammenstellen«, ergriff ein Kobold das Wort. »Du siehst regelrecht ausgemergelt aus.«

»Das heißt, ich darf bleiben?«, fragte Yadrielle, ohne sich ihre Erleichterung anmerken zu lassen und auch nicht ihre Verwunderung darüber, wie unbefangen sie einen Fremden unter sich aufnahmen.

Alle sahen sie den hageren Elfen an. Der musterte sie mit durchdringendem Blick, doch endlich nickte er.

»Danke!«, stieß Yadrielle heiser hervor. »Ihr werdet es nicht bereuen. Ich bin mir für keine Arbeit zu schade. Kann gut anpacken.«

»Komm erst einmal an, Yadrion.« Der hagere Elf klopfte ihr freundschaftlich auf die Schulter und winkte einer Faunin. »Anthelia wird dir helfen und das Nötigste für dich zusammenstellen. Einen kleinen Kessel für das Feuer, Holzschalen, Löffel, eine Axt, einige Vorräte ... Ruh dich ein paar Tage aus, und dann werden wir eine Arbeit finden, die zu dir passt. Hier gibt es immer reichlich zu tun. Schön, dass du zu uns gefunden hast. Freunde von Andariel sind auch unsere Freunde.« Plötzlich wurde er ernst. »Aber eines musst du wissen: Der Ritter Südwind, der Fürst dieses Tals und unser Beschützer, hat eine einzige, eiserne Regel für uns festgelegt: Es dürfen keine Elfenfrauen hierherkommen. Bitte bedenke dies, wenn du hierbleibst. Du wirst dir nie eine Gefährtin aus unserem Volk erwählen können.«

Sie schluckte, fühlte sich wie eine Verräterin und war zugleich zutiefst erleichtert. Ihre Flucht hatte ein Ende. Hier würde sie Frieden finden, solange es ihr gelang zu verbergen, wer sie war.

***

Der *Rosenpalast* von Mylal hatte Askalel Demut gelehrt. Er hatte geglaubt, das Haus aus jener Zeit, in der sein Schwert geschmiedet worden war, gut zu kennen. Welch ein Irrtum!

Askalel hatte die Gestalt eines Kobolds angenommen, um in dem edlen Bordell eine Arbeit zu bekommen. Er wischte Nachttöpfe aus, sputete sich, den Mädchen ihre Wünsche zu erfüllen, tätigte Einkäufe in der nahe gelegenen Stadt, er putzte, wusch Bettlaken und hörte nicht selten voller Scham, wie die Liebesdienerinnen über ihre Gäste sprachen. Als er selbst noch ein Gast in diesem Haus gewesen war, hatte er geglaubt, beliebt gewesen zu sein. Was für ein Irrtum! Es waren die stilleren Männer, die sich für die Träume und Sorgen der Mädchen interessierten, die sich merkten, welchen Wein und welche Speisen sie mochten, die mit kleinen Geschenken kamen oder das Liebesspiel mit einer langen Massage begannen, die hier wohlgelittten waren.

Ja, jede hatte auch die Kerle gern, die ein ordentliches Trinkgeld springen ließen. Deshalb waren sie schließlich alle hier, wegen des Geldes. Aber es waren die anderen, die stillen Männer, die mehr suchten als nur die schnelle Befriedigung ihrer Lust, von denen die Liebesdienerinnen freundlich sprachen, und einige hegten – gegen jede Vernunft – die Hoffnung, das Herz eines dieser Männer zu erobern, um eines Tages mit ihm zu gehen.

Süßes Flötenspiel schmeichelte Askalels Ohren. Klya, eine Faunin, saß auf einem Seidenkissen nahe dem Springbrunnen in der Mitte der Eingangshalle und spielte gegen das Heulen des Windes an. Der Sturm rüttelte an den schweren Fensterläden des *Rosenpalasts*. Der Westwind stürmte wütend über die Thalische See, und der Regen ging in wahren Sturzbächen über der Insel nieder.

Der große Saal des Bordells war fast leer. Die Damen langweilten sich. Einige lauschten Klya. Andere flanierten an dem Tisch mit Obst und kleinen Köstlichkeiten aus der Küche entlang. Askalel stand nahe dem Eingang, bereit, nasse Umhänge entgegenzunehmen oder auf andere Art dienstbar zu sein. Keine der Frauen hatte ein Auge für ihn. Kobolde waren unsichtbar für die Großen. Ihm war in den letzten Wochen bewusst geworden, wie oft er sich ähnlich verhalten hatte. In den Palästen der Elfen waren Kobolde als Diener und gute Geister stets in der Nähe. Sie erledigten tausend Kleinigkeiten und machten den Reichen das Leben leichter. Jeder der Frauen hier hatte er schon den ein oder anderen Gefallen getan, aber kaum eine kannte seinen Namen. Er nannte sich Rug, wie der Koch daheim im Tal.

Gelangweilt sah er zu Eleynelle. Die rothaarige Schöne war die meistbesuchte Dame des Hauses, und das, obwohl die Stunden mit ihr ein kleines Vermögen kosteten. *Sie* hatte sich seinen Namen gemerkt, obwohl sie der Stern des Freudenhauses war. Ihretwegen war Askalel hier. Sie war berühmt, sie war rothaarig … Irgendwann würde der Rote von ihr hören und kommen. Bis dahin galt es, die größte Tugend des Jägers an den Tag zu legen: Geduld.

Er tätschelte den drahtumwickelten Reif, den er um den Hals trug. Es war sein einziges Schmuckstück. Es sah billig aus. Angemessen für einen Kobold. Askalels Gedanken schweiften ab. Er dachte an sein Dorf. Wie Omeros' Bier wohl schmeckte? Und hoffentlich war in der Grube alles gut gelaufen. Wenn er zurück war, würde er Salandyn überzeugen, nicht weiter nach Silber zu schürfen. Sie würden andere Wege finden, das Überleben des Dorfes zu sichern.

Ein Lärmen vor der Tür schreckte ihn aus seinen Gedanken. Er beeilte sich, zu öffnen. Keinen Augenblick zu früh. Drei Elfen und ein Gefolge aus mehreren Damien und Faunen traten ein. Die regenschweren Umhänge warfen sie ihm einfach zu und hatten ihren Spaß daran, wie er unter nassem Tuch begraben wurde. Andere Kobolde eilten herbei. Sie trugen die Umhänge zu einer Wand voller Haken in einer Seitenkammer, wo eine in die Jahre gekommene Damien sie aufhängte, die von der Herrin des Hauses hier ein Gnadenbrot erhielt.

Askalel beeilte sich, zu seinem Posten an der Tür zurückzukehren. War das der Rote? Der Anführer der Truppe machte sich an Eleynelle heran. Er betatschte sie auf üble Weise, nötigte ihr Küsse ab und schob ihr die Hand in den Schoß, während er sie auf ein Lager aus Kissen hinabdrückte. Eleynelle lachte zu dem bösen Spiel, versuchte, sich ihm zu entwinden, ihn aber zugleich nicht zu verprellen.

Jetzt winkte der schwarzhaarige Drecksack, der sich an Eleynelle heranmachte, auch noch einen seiner Kameraden hinzu. Goldmünzen prasselten auf den Tisch neben dem Kissenlager.

Askalel öffnete sein Verborgenes Auge und studierte die tiefrote Aura der beiden Elfen. Enthemmte Lust spiegelte sich in dem dunklen Rot, das ein Gespinst aus fahlgoldenen Linien umgab. Mittelmäßige Zauberweber, dachte Askalel, nur zwei Mistkerle, die sich in einer stürmischen Winternacht hierher verirrt hatten.

Er verließ seinen Posten bei der Tür und ging auf die Lüstlinge zu. »Kann ich Euch zu Diensten sein, Herrin?«

Eleynelle bedachte ihn mit einem traurigen Lächeln und nickte in Richtung der Goldmünzen. »Bring das *Mutter*.«

»Ihr vertraut einem Kobold Gold an?«, feixte der Schwarzhaarige. »Wie dumm kann man nur sein!«

»Aber dumm fickt gut«, johlte sein Gefährte.

Askalel ballte die Fäuste. Er hätte die beiden einfach zermalmen können. Es war unerträglich …

Eleynelle schüttelte kaum merklich den Kopf. Sie machte sich Sorgen um ihn! Sie hatte ja keine Ahnung … Doch wäre er wirklich ein Kobold, würde er gerade sein Leben riskieren. Die beiden hätten nicht mit nennenswertem Ärger zu rechnen, wenn sie ihn zum Krüppel prügelten.

Wortlos sammelte er die Goldmünzen von dem Beistelltisch auf und brachte sie zu der weißhaarigen Damien, die das Haus leitete. Alle nannten sie nur *Mutter*. Die meiste Zeit saß *Mutter* mit zwei Freundinnen in einem Nebenzimmer, wo sie an einem Tisch mit Hunderten bunten Steinen ein Spiel spielten, bei dem es darum ging, Ketten der richtigen Farben hintereinander zu legen. Dazu rauchten sie aromatisierten Tabak in langen silbernen Pfeifen. Jetzt jedoch stand *Mutter* in der Tür zum Nebenzimmer und betrachtete das Treiben im Saal mit sichtlichem Missfallen. »Hol Chillos«, raunte sie Askalel zu. »Diese Bande riecht nach Ärger.«

Chillos war ein übellauniger und meist auch übel riechender Minotaurus, der in einem Stall neben dem Palast der Grazien lebte. Üblicherweise war es ihm untersagt, den Saal zu betreten, weil seine Anwesenheit die Gäste nervös machte. Aber an Abenden wie diesem war es gut, ihn in der Hinterhand zu haben.

Askalel eilte durch den Regen zum Stall. Chillos lag, unmelodisch vor sich hin summend, auf einem Strohhaufen. Neben ihm stand ein Bronzekrater, ein kesselähnliches Gefäß mit Stützbeinen, in dem der Stiermann gewürzten Wein mit Wasser mischte, wobei er mit dem Wasser stets sparsam umging, wie Askalel inzwischen wusste. Chillos wirkte schon leicht beschwipst. Offensichtlich hatte der Hüne in dieser Regennacht nicht damit gerechnet, dass seine Dienste gebraucht würden.

»Da sind Kerle, die Ärger machen!«, schrie Askalel gegen den prasselnden Regen an.

Der Minotaurus sah ihn aus blutunterlaufenen Augen an und stieß ein Schnauben aus, wie es nur ein gereizter Stier von sich geben konnte. Schwerfällig kam er auf die Beine und schnappte sich die mit Bronzenägeln beschlagene Keule, die an einem der Stützbalken des Schuppens lehnte. »Knochen brechen oder nur erschrecken?«, lallte er mit schwerer Zunge.

Es kostete Askalel Überwindung, nicht einfach *Knochen brechen* zu sagen. Aber der Drecksack mit dem Gefolge war womöglich ein Fürst. Das hätte Konsequenzen für den *Rosenpalast*, und er würde seine Jagd von Neuem beginnen müssen, wenn das Haus geschlossen würde. »Erschrecken genügt«, zischte er.

Chillos benutzte seine Keule wie eine Krücke, um auf den Beinen zu bleiben. Zweimal stürzte er beinahe auf dem nassen Pflaster des Hofs, dann erreichten sie die Hintertür. Askalel hielt sie ihm auf. Im Flur dahinter erwartete *Mutter* sie bereits.

»Wartet hier!«, befahl die Herrin streng.

Askalel spähte an ihr vorbei in den Saal. Ein Elf mit hüftlangem blondem Haar stand vor den beiden Freiern, die Eleynelle belagerten. Der neue Gast trug einen flammendroten Umhang und Stulpenstiefel aus schwarzem Leder zu einer hautengen Hose. Er redete leise auf die beiden Betrunkenen ein. Dann löste er einen kleinen Beutel von seinem Gürtel und drückte ihn dem Schwarzhaarigen in die Hand. Dieser erhob sich, dümmlich lächelnd, von den Kissen und winkte seinem Gefährten, mit ihm zu kommen. Ohne auch nur nach ihren Umhängen zu fragen, gingen sie durch die Vordertür hinaus in den Regen.

In die übrigen Gäste kam Bewegung. Sie sprangen auf, eilten ihrem Herrn nach, und binnen weniger Herzschläge war der große Saal des *Rosenpalasts* wieder fast verlassen.

»Ihr habt uns da keinen Gefallen getan, edler Ritter«, sagte *Mutter* scharf.

Der Neuankömmling drehte sich um und bedachte sie mit einem hinreißenden Lächeln. »Ich bin nicht hier, um *euch* einen Gefallen zu tun, würde mich aber sehr erkenntlich zeigen, wenn diese wunderschönste Blüte aus deinem Garten«, er nickte in Richtung Eleynelles, »mich ein wenig erfreuen könnte, edle Herrin.«

Eleynelle errötete bei den Worten leicht.

Selbst *Mutter* räusperte sich. »Ihr …«, begann sie, als der Fremde einen roten Samtbeutel hinter seinem Gürtel hervorzog und ihn ihr zuwarf.

Die Herrin fing ihn mit erstaunlichem Geschick, öffnete ihn und schüttete den Inhalt in ihre Linke.

Rubine, groß wie Linsen, funkelten in ihrer Hand.

»Den besten Wein für alle Mädchen«, forderte der Fremde. »Feiern wir die Nacht, in der der Frohsinn über die tumbe, respektlose Lust triumphierte.«

Mutter setzte das Lächeln auf, das allein für ihre besten Kunden bestimmt war. »Chillos, wir brauchen dich nicht mehr. Rug, hol den Wein für besondere Feste aus dem Keller …« Sie klatschte in die Hände und winkte den anderen Mädchen. »Steht nicht herum. Helft unserem Gast, seinen Umhang abzulegen, und bereitet ihm eine Nacht, die er niemals vergessen wird.«

Askalel stieg in den Keller hinab und brachte eine orangerote Amphore, die mit tanzenden Mädchen bemalt war. Spinnenweben rankten sich um den, mit rotem Wachs versiegelten, Amphorenmund.

»Frostwein aus Dailos«, verkündete *Mutter* stolz. »Die Trauben wurden vom ersten Raureif des Winters liebkost, bevor sie gepflückt wurden. Das Beste, was man mit Gold kaufen kann.«

Klya hatte ihre Flöte fortgelegt und öffnete das Hemd des Fremden, während sie sanft seinen Hals küsste.

Der neue Gast ließ sich auf den Kissen nieder, scherzte mit den Mädchen und genoss ihre Zuwendung. Der Saal hallte von ihrem Lachen wider, und es klang echter als sonst, dachte Askalel. Er hatte so etwas schon zweimal erlebt, bei Kerlen, die stinkreich waren, gute Manieren hatten und zu allem Überfluss auch noch hinreißend aussahen. Manche waren von den Alben wahrlich überreich beschenkt worden.

Er zog sich auf seinen Posten bei der Tür zurück und starrte auf die gegenüberliegende Wand, während die Mädchen um die Gunst des Blonden buhlten.

Es mochten zwei Stunden vergangen sein, als sich der Fremde erhob und mit Eleynelle zu einem der rückwärtigen Zimmer ging. Erst jetzt öffnete Askalel sein Verborgenes Auge – und gleißendes Licht stach wie ein glühendes Eisen in seine Stirn.

***

Er hätte es besser wissen müssen. Benommen tastete sich Askalel an der Wand entlang.

»Hast du mitgetrunken?«, scherzte Klya. »Verträgst wohl nichts.«

Der sengende Schmerz lähmte seine Gedanken. Nie hatte er etwas

Vergleichbares durch sein Verborgenes Auge gesehen. Ein Götterdrache war pure Magie …

Eigentlich hatte er dem blonden Fremden nicht misstraut. Er war nicht, was Askalel erwartet hatte. Der Mistkerl zuvor hatte wesentlich eher seinem Bild vom Roten entsprochen. Das einer, der billigend in Kauf nahm, dass Frauen starben, wenn die Lust ihn außer Kontrolle geraten ließ, so freundlich auftreten konnte …

Askalel schüttelte den Kopf, doch der Schmerz wollte nicht weichen. So war er kein Gegner für den Roten. Er musste sich beherrschen! Askalel biss die Zähne zusammen, blinzelte. Selbst vor seinen wirklichen Augen tanzten grelle Lichtpunkte.

Klya unterhielt sich mit ihren Kolleginnen. Die Frauen beachteten ihn nicht länger. Er war ja nur ein Kobolddiener.

Immer noch benommen, suchte er den Eingang zu den Koboldtunneln, einem Netzwerk enger Gänge, das die verschiedenen Zimmer miteinander verband. Verborgene Gucklöcher erlaubten es, zu beobachten, wenn eines der Mädchen mit einem zwielichtigen Kunden auf ein Zimmer ging. *Mutter* schickte die Späher nicht, weil sie ein goldenes Herz hatte, sondern weil verprügelte und geschundene Frauen für Tage arbeitsunfähig sein konnten. Geheime Türen erlaubten es, schnell einige der zarten Tücher oder Schalen mit parfümiertem Wasser auszutauschen oder auf Wunsch diskret Speisen oder Wein hereinzureichen, oder einige der *Spielzeuge* zu bringen, die für die weniger alltäglichen Facetten des Liebesspiels von Nutzen waren.

Eleynelle hatte das Goldene Zimmer für ihre Zeit mit dem Fremden gewählt. Aus Gold war dort natürlich nichts, es gab nur Beschläge und Wandschmuck aus poliertem Messing. Das große Bett war mit goldfarbener Seide bezogen, die üppigen Kissen mit Perlen bestickt. Vielfach durchbrochene Lüster, in denen Bienenwachskerzen brannten, tauchten den Raum in ein warmes Licht.

Askalel sah zu, wie Eleynelle den Hauch von Nichts abstreifte, den sie stets im großen Saal trug. Sie warf das durchscheinende kurze schwarze Kleid auf eines der beiden achteckigen Tischchen neben dem Bett.

Jetzt drängte die Zeit. Es gab einen kleineren Raum mit einem Bad, in dem sich Eleynelle gern frisch machte und noch etwas Parfüm an delikate Stellen tupfte, bevor sie ihre Arbeit begann. Immer wieder hatte Askalel die rothaarige Schöne heimlich beobachtet. Er kannte jedes ihrer Muttermale, wusste, dass ihr linker kleiner Zeh länger als der Zeh daneben war. Er wusste um all die kleinen *Unzulänglichkeiten*, die sie in der Summe nur noch schöner machten.

Beherzt zwängte er sich durch die verborgene Pforte im Bad und streifte seine Kleidung ab. Nebenan hörte er Eleynelle und den Fremden lachen. Ihm würde nicht mehr viel Zeit bleiben. Er nahm den Reif von seinen Hals ab, schloss die Augen und konzentrierte sich ganz auf seine Erinnerungen an die rothaarige Elfe. Er hatte dies schon dreimal geübt. Nicht sehr oft, aber sich zu verwandeln war schmerzhaft.

Die Knochen begannen sich im Fleisch zu strecken. Askalel krümmte sich. Er biss die Zähne zusammen, dass es knirschte. Kein Laut durfte ins Nebenzimmer dringen. Er hatte fast das Ziel seiner Jagd erreicht, er durfte es jetzt nicht verpatzen!

Askalel ging in die Knie und rollte sich dann auf die Seite. Tränen traten ihm in die Augen. Die Muskelstränge, die er formte, waren straffer und härter als Stahlseile. Auch wenn er von einem Kobold zu einer Elfe wuchs, zwang er seine eigentliche Erscheinung immer noch in einen viel zu kleinen Leib. Es war lange her, dass er sich die Freiheit genommen hatte, einen Körper wie den seines Vaters auszuformen.

In seiner natürlichen Erscheinung war er ein missgestaltetes Ungeheuer, irgendwo zwischen Drache und Elf. Beide Völker würden ihn mit Ekel betrachten. Doch sein Vater hatte ihn gelehrt, seinen ungeschlachten Leib zu formen. Askalel verdrängte die Erinnerung an Nachtatem, bis er nur noch Eleynelle vor seinem geistigen Auge sah.

Der Schmerz ließ nach. Er tastete über das lange Haar, das über seine Schultern floss, und änderte den Ton der Haut noch ein wenig, ließ sie blasser werden.

»Ich geh mich ein wenig frisch machen«, hörte er Eleynelle im Nebenzimmer sagen.

»Du bist schon vollkommen, meine Schöne«, hauchte der Rote.

»Ich werde noch vollkommener für dich werden.« Leise summend, trat sie in den Waschraum und erstarrte.

Für sie musste es sein, als habe sie in einen Spiegel geblickt. Askalel trat hastig auf sie zu und setzte das gesummte Lied fort, bevor der Rote stutzig wurde.

Seine Hände schlossen sich um Eleynelles Hals. Behutsam, seine Kräfte wohl beherrschend presste er, bis sie die Besinnung verlor. Vorsichtig ließ er sie zu Boden sinken. Dann legte er ihre Halskette mit dem billigen Kristallherz an, nahm die dünnen Armreifen und das Fußkettchen. Zuletzt schob er seinen mit Draht umwickelten Reif über das Handgelenk. Die beiden Enden des Reifs zeigten schlicht gefertigte Schlangenköpfe. Er bog ihn ein wenig zusammen, um ihn nun, in Elfengestalt, als einen Armreif zu tragen. Dann griff er nach einem Tiegel mit wohlriechendem Öl.

Der Rote hatte seine Kleider abgelegt und sah ihn abschätzend an. Hatte er einen Fehler gemacht, fragte sich Askalel. War ihm etwas bei der Verwandlung missglückt?

»Du bist eine schöne Frau«, sagte der Rote und trat dicht vor ihn. Die Himmelsschlange in Elfengestalt legte eine Hand auf Askalels Hüfte und zog ihn dicht zu sich heran.

Es war ihm unangenehm, den Roten so nah an sich zu spüren. »Leg dich aufs Bett«, hauchte er in Eleynelles verführerischstem Tonfall. »Ich werde dafür sorgen, dass du dich herrlich entspannst. Lass mich mit einer Massage beginnen.«

Der Rote lachte. »Meine Muskeln sind in der Tat sehr hart. Ich fürchte, sie werden deine Möglichkeiten überschreiten.«

»Ich bin kräftiger, als ich aussehe«, entgegnete Askalel zuckersüß.

Immer noch lachend, legte sich der Drache in Elfengestalt auf den Bauch. Askalel nahm das Öl. Nackt setzte er sich auf den Roten und begann ihm Öl in den Rücken einzumassieren. »Bei den Alben! Das fühlt sich an, als sei alles unter der Haut fest wie Stein.«

Askalel nahm den Armreif ab, zog die Schlangenköpfe aus dem dünnen gekrümmten Rohr und wickelte den Draht ab.

»Warum machst du nicht weiter?« Der Rote drehte den Kopf, sah die Drahtschlinge und lachte. »Eine Meuchlerin? Hier?« Er hob eine Hand, um sie abzuwehren.

Askalel schlang ihm die Drahtschlinge um das Handgelenk und zog sie zu.

Der Rote schrie auf. Voller Entsetzten blickte er auf die abgetrennte Hand, die neben ihm auf dem goldenen Seidenbezug lag. Blut sprudelte aus dem Stumpf.

Askalel nutzte den Schock des Drachen, um ihm die Schlinge um den Hals zu legen. Der Rote schob die Finger der Linken dazwischen und versuchte verzweifelt, sich zu schützen. Er bäumte sich auf, um Askalel abzuwerfen.

Wieder zog Askalel die Schlinge zu. Finger purzelten auf das Bett. Der Draht schnitt leicht in den Hals der Himmelsschlange.

»Drachentöterstahl?«, wimmerte der Rote leise.

»Ich habe mein Schwert für die Schlinge geopfert«, bekannte Askalel. »Das war die richtige Entscheidung.«

»Emerelle?«

»Askalel«, sagte er ruhig und zog den Draht noch etwas enger.

»Nicht, du bist doch wie wir. Du ...«

»Ihr habt euch gegen meinen Vater verschworen und ihn ermordet«, zischte Askalel.

»Lös die Schlinge, und ich sage dir, was mit deiner Mutter ist. Du kannst sie vielleicht retten ...«

Askalel dachte daran, wie Nandalee ihn in die Dunkelheit weggesperrt hatte. Nur zwei ihrer Kinder hatten im Lichte leben dürfen. »Ich habe keine Mutter«, sagte er und zog die Schlinge mit aller Kraft zu.

***

Salandyn seufzte in Gedanken, als er Anthelia am Eingang der Mine warten sah. Er war durchgefroren und von einer langen Schicht erschöpft. Sie hatten heute nur wenig Silbererz abgebaut. Bald wäre das Silbervorkommen endgültig ausgebeutet. Dann musste entschieden werden, wie es weiterging. Und der Ritter Südwind war nicht da. Etliche Monde war er nun schon verschwunden. Im Dorf machte sich langsam Unruhe breit. War er für immer gegangen? Hatten sie ihn mit irgendetwas vergrault?

Anthelia war in ihren Mantel aus Kaninchenfell eingemummelt. Schnee lag auf ihren Schultern. Offensichtlich hatte sie bereits eine ganze Weile auf ihn gewartet.

»Ja?«, fragte er müde.

»Wir reden unter vier Augen!«, antwortete die Faunin entschieden.

Salandyn zuckte mit den Schultern und verabschiedete sich von den anderen Arbeitern, die Anthelia neugierig ansahen. Doch niemand stellte Fragen. Anthelia hatte Haare auf den Zähnen. Sie lebte erst seit einem halben Jahr im Dorf. Rug hatte sie mitgebracht, als er Vorräte für den Winter eingekauft hatte. Die Faunin hatte sich gut ins Dorf eingefügt. Meist half sie dem Kobold. Sie war eine noch bessere Köchin als er, und solange die beiden darum wetteiferten, wer die Gaumen der Gemeinschaft am besten verwöhnte, war alles gut. Leider jedoch hatte Anthelia eine etwas herrschsüchtige Ader.

»Was?«, fragte Salandyn, als niemand mehr in Hörweite war. Er sah sehnsüchtig zu den Lichtern des Dorfes hinüber. Der Hang lag tief verschneit. Große Schneeflocken tanzten vom wolkenverhangenen Himmel herab. Der Wind frischte auf. Vielleicht würde die Nacht einen Sturm bringen.

»Ist dir klar, dass über Yadrion geredet wird?«

»Nein«, entgegnete er gereizt. »Und es interessiert mich auch nicht, worüber du dir das Maul zerreißt. Er ist ein guter Arbeiter.«

Die Faunin hob die Brauen. »Den anderen Frauen ist aufgefallen, dass du viel Zeit mit *ihm* verbringst.«

»So, wie ich mit jedem viel Zeit verbringe, der in der Mine arbeitet. Was soll das Anthelia? Komm zur Sache, oder lass mich in Frieden. Ich bin müde.«

»Wann warst du das letzte Mal mit ihm gemeinsam pinkeln?«

Salandyn klappte der Kiefer runter. »Was ist das denn für eine Frage?«

»Beantworte sie einfach.«

Der Elf schüttelte den Kopf. »Bitte verschone mich mit solchem Unsinn.« Er wollte gehen, doch Anthelia vertrat ihm den Weg.

»Du kannst mir nicht antworten, weil ihr noch nie gemeinsam pinkeln wart. Hab ich recht?«

Salandyn blieb ihr eine Antwort schuldig. Aber was sie sagte, stimmte. Ihm war auch aufgefallen, dass Yadrion sich aus der Mine entfernte, wenn er seine Notdurft verrichtete.

»Ihr alle pinkelt in diesen ranzigen Eimer«, trumpfte die Faunin auf. »Ich hab ihn auch schon benutzt, wenn ich in der Mine gearbeitet habe.«

»Nicht jeder stellt sich so gern zur Schau wie du«, zischte Salandyn gereizt.

»Ich würde eher sagen, ich habe im Gegensatz zu Yadrion nichts zu verbergen.« Sie lächelte, doch ihre Augen blieben hart. »Dein Kumpel, Salandyn, ist eine Frau. Eine Elfe. Ich bin nicht die Einzige im Dorf, die so denkt. Und wir alle fragen uns, wie du so blind sein kannst. Manche vermuten, dass du es längst weißt und dass deine Waldspaziergänge dich nicht in die Einsamkeit, sondern in ein warmes Bett oben am Berg führen.«

»Selbst meine Geduld kennt Grenzen, Anthelia! Mach dich davon. Ich will diesen Unsinn nicht hören.«

»So, wie du dich aufführst, muss man denken, es stimmt. Hast du ihr das Kind gemacht? Oder ist es noch von Andariel?«

Seine Faust fuhr hoch. Im allerletzten Moment hielt er inne. »Das reicht! Genug Gift verspritzt für einen Abend!«

»Du wirst mir zuhören, bis ich fertig bin!« Die Faunin wich nicht vor ihm zurück. Ganz im Gegenteil. Sie bohrte ihm den Zeigefinger in die Brust. »Ist dir nicht aufgefallen, das Yadrion immer dicker wird?«

»Vielleicht kocht ihr beiden, du und Rug, zu gut? Ein bisschen Winterspeck hat nichts zu bedeuten. Hast du dir Omeros mal angesehen? Glaubst du, der ist auch schwanger?«

»Was denkst du, warum euer Ritter Südwind nicht mehr zurückkehrt?«

»Was hat das …« Salandyn blieb das Wort im Halse stecken.

»Ich sehe, selbst du begreifst langsam. Es gibt nur ein Gesetz, das er diesem Dorf gegeben hat. Es darf keine Elfenfrau in diesem Tal leben. Er hat euch das Land überlassen. Er hat euch geholfen ... Rug erzählt noch heute, wie er für ihn und auch für dich, Salandyn, in der Mine sein Leben riskiert hat. Und wie dankt ihr es ihm? Vielleicht kommt er nicht wieder, weil wir alle hier im Dorf ihn enttäuscht haben. Weil wir gutherzig eine Lügnerin mitten unter uns aufgenommen haben.«

Yadrion hatte wirklich noch nie den Eimer in der Mine benutzt, dachte Salandyn und ärgerte sich, dass die Saat des Zweifels in seinen Gedanken zu keimen begann. »Nun, Anthelia, deine unglaublichen Unterstellungen sind ja ganz leicht zu überprüfen.«

Die Faunin nickte. »Genau. Besuchen wir ihn in seiner Hütte und schauen nach, ob er einen Pimmel oder eine Spalte hat. Ich bring noch ein paar andere Frauen aus dem Dorf mit. Wir sollten das machen, denn ich weiß schon, wie das endet.«

»Und wenn du dich irrst?«

»Dann ist es nicht der erste Schwanz, den ich in meinem Leben sehe.« Sie lachte hartherzig. »Wenn ich mich irre, werde ich Buße tun. Ich werde mich entschuldigen, und Yadrion wird ein ganzes Jahr lang von mir bekocht werden. Aber dazu wird es nicht kommen. Ich erkenne eine Schwangere, wenn ich eine sehe. Gestern habe ich beim Essen neben ihr gesessen, und ich konnte die Milch riechen, die ihr in die Brüste schießt.«

»Also gut, hol ein paar Frauen aus dem Dorf, und wir gehen ...«

»Nein. Bevor ich das tue, muss ich wissen, wie du entscheiden wirst, wenn wir eine Betrügerin in unserer Mitte entlarven. Sie hat uns wochenlang hintergangen. Sie hat das einzige Gesetz gebrochen, das uns der Fürst des Tals gegeben hat. Was wirst du mit ihr tun?«

Salandyn wollte immer noch nicht glauben, dass Yadrion ein Betrüger ... eine Betrügerin war. Sie hatten so viele Tage nebeneinander gearbeitet. Ihm war nie etwas aufgefallen. »Wenn sie eine Elfe ist, muss sie gehen. So fordert es das Gesetz unserer Gemeinschaft.«

»Mitten im Winter und hochschwanger?«

Was sollte das denn jetzt? »Was willst du, Anthelia? Eben wolltest du sie noch vertreiben, und jetzt willst du sie beschützen?«

»Nein, ganz sicher nicht. Ich will nur eine klare Ansage von dir«, entgegnete sie hart. »Hätte sie uns ehrlich gesagt, dass sie eine Frau ist, ich hätte mich auf ihre Seite gestellt. Aber sie hat sich entschieden, uns zu belügen. Sie passt nicht hierher. Also, werden wir sie davonjagen? Mitten im Winter?«

»Sollte es so sein, wie du sagst, muss sie gehen. Wir Elfen können Zauber gegen die Kälte weben. Wir können in der Wildnis überleben. Wenn wir sie vertreiben, werden wir ihr genügend Vorräte mitgeben … Aber so weit wird es nicht kommen, denn du irrst dich.«

***

Seit einer Weile schon hörte Askalel das Geschrei der Raben. Immer wieder stiegen sie am Fuß des Steilhangs auf, kreisten und lauerten, und es wurden mehr.

Askalel zog den eisverkrusteten Schal von den Lippen und genoss die schneidende Winterkälte. Das Schneetreiben hatte endlich nachgelassen, doch es war immer noch diesig. Die Häupter der Berge verbargen sich im Grau. Der Wald lag tief verschneit. Askalel mochte den Winter. Allerdings hatte er für eine Wanderung durch den Schnee nicht die beste Gestalt gewählt. Mit seinen Bocksbeinen musste er sich vorsehen, wo er hintrat. Die Hufe rutschten leicht weg.

Der Tod des Roten hatte den Zorn der Drachlinge entfesselt. Es gab wahllose Verhaftungen und Hinrichtungen, und überall waren Patrouillen unterwegs. Um dennoch unbehelligt davonzukommen, hatte er die Gestalt eines alten Fauns angenommen, der als Kesselflicker von Siedlung zu Siedlung zog. Allen anderen im *Rosenpalast* hatte er eindringlich geraten zu fliehen, denn er ging davon aus, dass die Drachlinge gnadenlos jedem, der in dem Bordell gearbeitet hatte, nachsetzen würden, vom niedersten Koboldnachttopfwischer bis hin zur *Mutter*.

Er seufzte. Sie würden foltern und morden, um herauszufinden, wer der Meuchler gewesen war und wohin er floh, und sie würden nichts erfahren. Eleynelle könnte ihnen berichten, jemanden gesehen zu haben, der ihre Gestalt angenommen hatte, aber retten würde sie das nicht, dachte er niedergeschlagen. Sie würden die Elfe wieder und wieder verhören und foltern, genau wie alle anderen, und es würde nichts helfen. Sie würden ihn nicht finden.

Die Jahre der Suche nach der wiedergeborenen Mailyn hatten ihn gelehrt, ein unauffälliger Wanderer zu sein. Er wechselte alle paar Tage die Gestalt und nutzte niemals die Albenpfade, um einen Weg abzukürzen. Er mied sogar Straßen und Feldwege. Selbst hier in den Mondbergen hielt er sich abseits des Pfades, der zu seinem Dorf führte. Er schlug sich querfeldein durch. Immer darauf bedacht, unbemerkt zu bleiben.

Seit drei Tagen hatte er keinen Drachen mehr am Himmel gesehen. Aber er würde vorsichtig bleiben und sich bald einen Unterschlupf für die Nacht suchen. Die Wolken verhießen noch mehr Schnee. Seine Spur würde verschwinden.

Askalel freute sich auf seine Hütte, auf die Bierproben in Omeros' Schuppen und auf ein gutes, von Rug gekochtes Mahl. Länger als ein halbes Jahr war er nun schon fort.

Seine Gedanken wanderten zurück zum *Rosenpalast*. Er fühlte sich schuldig. Eleynelle, Chillos, Klya, *Mutter* und all die anderen ... Mehr als drei Monde hatte er mit ihnen zusammengelebt, und er hatte die ganze Zeit über gewusst, dass seine Tat ihnen am Ende den Tod bringen würde. Er hatte es billigend in Kauf genommen. Für ein höheres Wohl? Oder einfach nur, um von Emerelle in Ruhe gelassen zu werden? Um in Frieden in seinem Dorf leben zu können?

Nein. Der Kampf gegen die Himmelsschlangen war gerecht. Gerade weil Folter und Mord für sie ganz selbstverständlich Mittel waren, wenn es darum ging, ihre Ziele zu erreichen. Indem er den Roten tötete, hatte er Hunderte, wenn nicht Tausende Leben gerettet.

Eleynelles Gesicht stand ihm vor Augen, und er wusste, er redete sich seine Taten schön. Er hatte sie geopfert. Sie, die ihn stets gut behandelt hatte.

Das Krächzen der Raben wurde lauter. Es klang, als stritten sie. Er sah hinüber zum Steilhang. Ein Umweg von fünfzig Schritt, der ihm vielleicht ein Stück Fleisch einbringen würde. Worum auch immer sie dort stritten, war entweder frisch oder vom Frost konserviert. Der Gedanke an Fleisch tat gut. Er fuhr sich mit der Zunge über die Lippen. Dann ging er dem Krächzen entgegen.

Askalel kannte den Hang. Selbst ohne Schnee und Eis war er tückisch, durchsetzt mit Bahnen aus Geröll, die sich unter faulendem Laub verbargen. Überall ragten schroffe Felsen zwischen den Bäumen auf.

Die Raben umschwirrten ihn. Wütend krächzend versuchten sie, ihn von ihrer Beute zu vertreiben. Askalel sah die Bahn aus abgerutschtem Schnee am Hang, an ihrem Ende ein blutiges Knäuel aus Haaren und Kleidern. Die schwarzen Vögel machten sich darüber her. Eine Hand schnellte hoch. Kräftige Schnäbel hackten nach den Fingern.

Mit wütenden Rufen vertrieb Askalel die gefiederten Plagegeister. Sie flogen davon, doch nicht weit. Auf den Bäumen ringsum warteten sie protestierend, dass er ihre Beute wieder freigab.

Der Schnee war von Blut durchtränkt, ebenso das schmutzigbraune Haar der Elfe. Sie hatte sich beim Sturz übel den Kopf angeschlagen. Weitaus schlimmer sah ihr linkes Bein aus. Der Knochen des Schienenbeins ragte aus ihrer zerrissenen Hose, der Fuß war unnatürlich zur Seite verdreht. Er sollte sie den Raben überlassen.

Ihre Augenlider flatterten. Sie vermochte ihn kaum mit Blicken zu erfassen. Beide Hände presste sie auf ihren geschwollenen Bauch. Ihre Lippen bewegten sich, doch brachte sie nur unverständliche Laute hervor. Der Schnee hatte sie halb begraben. Sie musste hier schon seit Stunden liegen.

Er würde es bereuen, sich mit ihr aufzuhalten. So, wie es um sie stand, könnte er sie nicht tragen. Und wie würde es aussehen, wenn er sie ins Dorf brachte? Eine Elfe! Er war sich bewusst, wie viel Einsamkeit er Salandyn und den anderen Elfen durch sein Verbot zugemutet hatte.

Er legte ihr die Hand auf die Schulter. »Alles wird gut«, sagte er mit fester Stimme.

Ihr Blick klärte sich. Und er konnte darin lesen, dass sie von einem alten Faun nichts erwartete. Sie hatte sich aufgegeben.

Askalel schloss die Augen und fühlte sich in sie ein. Er wollte nach weiteren Brüchen suchen, doch was er als Erstes spürte, war das kleine Herz, das unter ihrem Herzen schlug ... und die Seele, die er einst auf der ganzen Welt gesucht hatte, um dann vor ihr davonzulaufen.

»Mailyn!«, brach es aus ihm hervor. »Mailyn.« Die Worte der Weißen Frau hatten sich erfüllt. Sie hatte zu ihm gefunden. Sie war sein Schicksal. »Mailyn.«

Er konnte ihre Mutter nicht sterben lassen. Entschlossen griff er nach der Lebenskraft der Raben. Er stahl nur wenig. Kein Tod sollte diese Heilung besudeln. Und er gab von seiner Kraft. Viel von seiner Kraft ...

***

»Von einem Faun wie dir hab ich noch nie gehört.« Die Elfe lächelte, doch in ihrem Blick lag Misstrauen.

»Ich auch nicht«, murmelte Askalel. Er hatte kaum noch die Kraft mit dem Löffel in dem kleinen Topf auf dem Feuer zu rühren. Er hatte alles gegeben, um die Elfe zu heilen und das Kind in ihrem Leib zu schützen.

Immer noch konnte er nicht glauben, dass Mailyn auf diesem Wege zu ihm gekommen war. Sein Befehl, keine Elfe im Dorf zu dulden, hätte sie beinahe getötet. Askalel schüttelte, in Gedanken versunken, den Kopf. Er war Mailyns Unglück. Dort, wo er war, lauerte das Verderben auf sie. Und doch hatte er nicht vor ihr fliehen können. Das Schicksal hatte ihre Seele erneut zu ihm geführt.

Askalel wusste nicht, was er tun sollte. Wäre er nicht auf die Raben aufmerksam geworden und hierhergekommen, dann wären Mailyn und ihre Mutter jetzt nur noch Aas. Also hatte er ihr dieses Mal das Leben gerettet. Vielleicht könnte er ihrer beider Schicksal eine Wende geben?

»Wie heißt du?«, fragte er matt.

»Yadrielle. Und ich muss dich warnen. Ich bringe Ärger. Ich …« Sie presste die Lippen zusammen und stöhnte. Das machte sie immer öfter in der letzten halben Stunde.

»Wenn du halbwegs bei Kräften bist, gehen wir ein Stück in die Berge hoch. Dort gibt es ein Dorf …«

»Die haben mich davongejagt, weil ich sie belogen habe.«

»Ich rede mit ihnen. Ich bin ganz gut darin, mit Leuten zu reden.«

Yadrielle stöhnte erneut. »Natürlich. Deshalb ziehst du auch als einsamer Kesselflicker durch die Wildnis …« Sie ballte die Fäuste. »Bei den Alben … Ich …«

»Du solltest das noch ein bisschen aufhalten. Es ist besser …«

»Das ist nicht, als würde ich mal pissen müssen«, schrie sie ihn an. »Ich kann das nicht …« Sie keuchte und presste sich die Hände auf den Bauch, und plötzlich lag Panik in ihrem Blick. »Es kommt. Hier mitten im Schnee …«

Askalel hatte aus seinem Umhang ein provisorisches Dach gegen den Schnee errichtet und ein kleines Feuer entzündet. Auch hatte er einen Zauber gewoben, der sie beide in wohlige Wärme hüllte, denn ihr Lagerplatz lag viel zu ungeschützt, als dass das Feuer einen nennenswerten Nutzen brachte. »Wir schaffen das.«

Sie sah ihn mit vor Schmerz geweiteten Augen an. »Hast du … Hast du schon Kindern auf die Welt geholfen?«, keuchte sie zwischen zwei Wehen.

»Natürlich«, log er. »Ich kenne mich aus.« Einen Dreck wusste er.

Irgendwie schien Yadrielle das auch durchschaut zu haben. »Wirklich? Hab noch nie von einem Kesselflicker … gehört … der auch Hebamme ist.«

»Na ja …« Er stocherte mit einem Stecken im Feuer herum. »Ein paar Zicklein hab ich schon mit auf die Welt geholt. Das ist kein großer Unterschied, denke ich.«

Sie gab einen Laut irgendwo zwischen einem Lachen und einem verzweifelten Aufschrei von sich.

Er nahm ihre Hand und drückte sie sanft. »Ich werde bei dir bleiben. Du schaffst das.« Ihm wurde klar, dass er mit diesem Gefasel auch gegen seine Ängste anredete. Er hatte noch nie bei einer Geburt geholfen. Und auch kein Zicklein ins Leben geholt. Er hatte keine Ahnung. So, wie es aussah, würde er dieses Mal Mailyn schon im Augenblick der Geburt umbringen.

»Zieh mir ... die Hose von den Beinen«, zischte die Elfe ihn an. »Jetzt!«

»Wie ...«

»Stell dich nicht an! Du weißt doch, wie 'ne Frau aussieht ...«

Er löste den Bund und zog die Hosenbeine herab. Yadriennes Wunden waren verheilt. Es ragte kein Knochen mehr aus dem Fleisch.

»Oh, verdammt!«, stieß sie hervor, die Hände zu Fäusten geballt, das Gesicht vor Schmerz verzerrt. Ihr Antlitz war schweißbedeckt. »Es kommt ...«, schrie sie.

Askalel bückte sich zu ihrem Schoß.

***

Askalel hatte vor zwei Tagen Fenster in die Südwand seiner Hütte gesägt. Zufrieden stand er dort, blickte auf sein Tal und sah zu, wie Schneewechten von den ausladenden Tannenzweigen rutschten. Überall tropfte es. In der Nacht würde der Frost zurückkehren, doch jetzt stand strahlend die Sonne über ihnen und kündete, gemeinsam mit dem Südwind, vom Frühling.

Im Arm hielt er, in eine Decke gehüllt, Feylyn. Immer wenn er die Kleine anschaute, verspannte er sich. Sie sah so unglaublich zerbrechlich aus. Drei Wochen war es her, seit er ihr auf die Welt geholfen hatte, und noch immer stahl sich ein Lächeln auf sein Gesicht, wenn er daran dachte. Er hatte unzählige Leben beendet, doch nie war er bei einer Geburt dabei gewesen. Es war seine stolzeste Tat. Die kleine Elfe war weiß wie der Schnee gewesen, hatte langes blondes Haar und blaue Augen, an denen er sich immer noch nicht sattsehen konnte. Jetzt schlummerte sie friedlich in seiner Armbeuge.

Er wusste nach wie vor nicht zu benennen, was ihn so sicher machte, dass in ihr Mailyns Seele wiedergeboren war. Es gab keinerlei Beweise dafür. Aber schon, als er das kleine Herz im Bauch ihrer Mutter hatte schlagen hören, war er sich sicher gewesen, dass sie es war. Konnte ein Herzschlag unverwechselbar sein?

Die Kleine regte sich in ihrer Decke und verzog schmollend die Lippen. »Ich glaube, sie hat Hunger.«

Yadrielle saß zusammen mit Valariel am Kamin. Sie wirkte gequält, als sie zu ihm hinübersah. »Schon wieder?«

Askalel pustete Feylyn auf die Nase. Sie grinste ihn an. »Vielleicht hält sie noch ein bisschen aus.«

Yadrielle kam zu ihm ans Fenster. Sie bewegte sich noch ein wenig schwerfällig, versucht es aber zu überspielen. »Du machst das gut, Ritter Südwind.«

»Ich glaube, sie mag mich ein bisschen.«

Die Elfe musterte ihn auf eine Art, die ihm missfiel. Schließlich nickte sie. »Ich hoffe, dass ihr gut miteinander klarkommt. In zwei oder drei Wochen werde ich gehen. Ich habe mit Anthelia gesprochen. Sie hat noch Milch in ihren Brüsten. Sie wird Feylyn weiter stillen können, wenn ich abstille.«

»Du wirst gehen?« Askalel starrte sie fassungslos an. »Noch bevor sie zwei Monde alt ist?«

»Ich kann nicht hier im Dorf bleiben. Ich habe sie wochenlang alle belogen …«

»Das werden sie vergessen«, unterbrach Askalel sie barsch. »Ich werde nicht dulden, dass du schlecht behandelt wirst.«

Sie sah ihn lange an. »Freundschaft kann man nicht erzwingen«, sagte sie schließlich leise. »Und ich habe eine andere Pflicht zu erfüllen. Ich werde Andariel suchen. Sein Bruder wird mich dabei begleiten. Wenn ich ihn finde, werden wir zurückkehren und Feylyn holen. Du wirst also nicht lange auf sie aufpassen müssen.«

»Ich weiß nicht …« Askalel stockte. »Ich kann mit Kindern nicht umgehen. Du kannst sie nicht hierlassen! Du musst bleiben.«

»Es ist doch nicht schwer, Ritter Südwind. Du musst sie einfach nur lieben. Das ist das Einzige, worauf es ankommt. Ich beobachte dich seit dem Tag ihrer Geburt. Ich sehe, wie du sie hältst, wie du sie anschaust, wie du Lieder für sie summst, damit sie einschläft ... Ich weiß nicht, warum es so ist, doch ich spüre, dass deine Liebe zu ihr größer ist als meine.«

»Was für ein Unsinn!«, fuhr er sie wütend an. »Du bist ihre Mutter! Sie braucht dich!« Sein Ton hatte Feylyn erschreckt. Sie begann zu weinen. Askalel wiegte sie und fing an zu summen. Es war die Melodie eines Saufliedes, dass er in den Tagen mit den Nachtfalken gelernt hatte. Kinderlieder kannte er nicht. Aber Feylyn nahm ihm das nicht krumm. Sie mochte das Lied. Auch jetzt beruhigte sie sich schnell.

Yadrielle legte ihm eine Hand auf den Arm. »Da siehst du es«, sagte sie leise. »Ich hätte sie nur beruhigen können, wenn ich sie an die Brust gelegt hätte. Bei dir ist es anders. Sie spürt deine Liebe.«

»Aber du bist ihre Mutter«, wiederholte er, nun im Flüsterton.

»Jedes Mal, wenn ich sie ansehe, denke ich daran, dass ich es einfach so hingenommen habe, dass Andariel zurückblieb. Ich habe danach keinen Versuch unternommen, ihn zu finden. Ich habe mir die ganze Zeit eingeredet, dass er es irgendwie bis hier schaffen würde ...« Sie blickte zu Askalel auf, und er sah den tiefen Schmerz in ihren Augen. »Ich habe ihn im Stich gelassen. Und verloren. Daran erinnert sie mich, jede Stunde. Ich kann das nicht ertragen. Ich muss ihn suchen.«

»Und wenn er tot ist?«, fragte Askalel hart.

Yadrielle hielt seinem Blick stand. »Ich brauche die Gewissheit. Es wird nur für ein paar Wochen sein. Wir werden ihn finden. Lebend oder tot.«

»Die Drachlinge sind in Aufruhr ...« Er hatte niemandem erzählt, was er getan hatte. Es war besser, wenn er einfach nur der freundliche Ritter Südwind blieb. Sein wahrer Name und seine Vergangenheit wären eine Last für alle. Und eine Gefahr.

»Die Drachlinge sind immer wegen irgendetwas in Aufruhr«, mischte sich nun Valariel ein. »Wir werden vorsichtig sein. Ich bringe sie zurück.«

Askalel dachte an Gobhayn. Er hätte auch voller Zuversicht behauptet, dass er die meisten seiner Nachtfalken lebend aus dem Kampf um die Essen führen würde. Aber im Krieg gab es keine Gewissheiten. Nur Hoffnungen.

»Ich werde jetzt Anthelia holen«, sagte Yadrielle in einem Ton, der klar machte, dass es nichts mehr zu besprechen gab. Augenblicke später war sie durch die Tür. Valariel folgte ihr.

Askalel sah den beiden nach, wie sie den verschneiten Hang hinabstiegen. Feylyn war in seinem Arm wieder eingeschlafen.

Er dachte an den Tag, an dem er Mailyns Sippe heimgesucht hatte. So viele Jahre waren seither vergangen. Er hatte sie alle niedergemetzelt, auch die Kinder ... Er war so voller Zorn gewesen. Nur Mailyn hatte er nicht töten können. Sie hatte nicht geschrien. Sie hatte nicht versucht, vor ihm fortzulaufen. Sie hatte dagesessen und ihn angesehen. Schicksalsergeben. Und plötzlich war all sein Zorn vergangen. Aber er hatte sie zurückgelassen. Allein in der Wildnis.

Yadrielle und Valariel waren zwischen den Bäumen verschwunden.

Wieder war er mit Mailyns Seele allein in der Wildnis. Ein Kreis schloss sich. Gab einem das Schicksal manchmal eine zweite Gelegenheit? War es ihm vielleicht nie bestimmt gewesen, Mailyns Geliebter zu sein? Hätte er sie wie ein Vater lieben sollen?

Das Dorf hatte ihn eine neue Art von Liebe gelehrt. Die Liebe zu einem Ort und den Albenkindern, die dort lebten.

Er blickte auf das schlafende Kind. »Wirst du mich die Liebe eines Vaters lehren? Oder vielleicht etwas, was ich mir noch gar nicht vorzustellen vermag?«

Er sah aus dem Fenster auf sein Tal, und ihm wurde bewusst, wie wenig er von der Liebe wusste.

EIN BLICK ZURÜCK

VON JAMES A. SULLIVAN

Für mich beginnt die Entstehungsgeschichte von *Die Elfen* im Herbst 2003 mit einer unerwarteten Unterbrechung meiner Prüfungsvorbereitungen. Ich studierte Anglistik im Hauptfach und Germanistik und Allgemeine Sprachwissenschaft im Nebenfach und lernte gerade für meine Abschlussklausuren. Wie aus dem Nichts kam ein Anruf von Bernhard, und ebenfalls wie aus dem Nichts fragte er mich, ob ich mir vorstellen könne, gemeinsam mit ihm einen Roman über Elfen zu schreiben.

In den 1990ern war Bernhard für mich eine Art Mentor. Durch ihn lernte ich das Buchgeschäft kennen und mit ihm konnte ich mich hervorragend über das Schreiben und über Literatur austauschen. Ich war damals auch ein Erstleser von Bernhard und kam früh in den Genuss seiner Werke und bilde mir ein, ihn vor manchem Schnitzer bewahrt zu haben.

Nach dem Erfolg von *Die Orks* und *Die Zwerge*, die im Zuge der Verfilmung des *Herrn der Ringe* erschienen, war Bernhard mit dem Heyne Verlag im Gespräch über einen Roman mit dem Titel *Die Elfen* und hatte die Idee, dieses Projekt zu nutzen, um mit mir zusammenzuarbeiten.

In Gedanken noch tief in meine Prüfungsvorbereitungen verstrickt und von Bernhards Angebot überfordert, bat ich Bernhard, mich in einer Stunde noch einmal anzurufen. In dieser Zeitspanne wurde mir klar, dass eine Zusage zwar ein Risiko für mein Studium bedeutete, ich mir aber bei einer Absage vermutlich lebenslang die Frage gestellt hätte: *Was wäre gewesen, hätte ich damals zugesagt?*

Als Autor hatte ich damals nur eine Erzählung in einer Anthologie veröffentlicht und suchte noch nach meinem Platz in der Phantastik. Wie so viele war ich in Sachen Fantasy stark von Tolkien beeinflusst, zugleich aber auch von Lord Dunsany geprägt, der weit weniger bekannt ist, aber für mich ein Meister darin war, mit wenigen Worten eine Welt zu erschaffen. Mein Haupteinfluss kam aber nicht direkt aus der Fantasy, sondern aus einem der Vorläufer des Genres: aus der Artusepik des Mittelalters. Seit ich Wolfram von Eschenbach entdeckte und dessen *Parzival* gelesen hatte, schwebte mir ein Roman vor, der bewusst und im großen Stil Erzähltraditionen der mittelalterlichen Epik mit moderner Fantasy verbindet. Das Studium wurde mir zum Ideengeber für Erzählformen, und ich tauschte mich oft mit Bernhard, der in seinem Germanistik-Studium ebenfalls von der Literatur des Mittelalters geprägt war, über die Verbindung von Altem und Neuem aus. Damals jedoch sah ich nicht, an welcher Stelle des Fantasy-Buchmarktes diese Ideen verwirklicht werden konnten – bis zu jenem Anruf mitten in meinen Prüfungsvorbereitungen.

Als Bernhard mich wie vereinbart nach einer Stunde erneut anrief, war ich zwar kaum weniger überfordert, aber ich hatte eine Antwort für ihn. Ich sagte in etwa: »Wenn Frau Aventiure die Hand ausstreckt, kann ein wahrer Ritter nicht ablehnen.«

An der Antwort ist abzulesen, dass ich in jener Phase nicht ganz zurechnungsfähig war, denn alles war durch das Studium geprägt und verklärt. Aber hätte ich damals mit klarem Blick agiert, hätte ich vielleicht aus Sorge um meinen Abschluss abgelehnt, und wer weiß, wie die deutschsprachige Phantastik heute aussähe, wenn dort ein anderer Roman unter dem Titel *Die Elfen* erschienen wäre.

Ich bin froh, damals zugesagt zu haben, und die Pläne, die Bernhard und ich schmiedeten, bewiesen, dass wir etwas Besonderem auf der Spur waren. In einigen Telefonaten setzten wir den Rahmen, spielten uns Ideen hin und her, sprachen über Konzepte und träumten bereits gemeinsam von Dingen, die wir später verwirklichen würden.

Nach einigen Wochen des telefonischen Austauschs trafen wir uns bei Bernhard in Krefeld und verfassten an seinem Schreibtisch an einem Wochenende gemeinsam ein komplettes Exposé von Anfang bis Ende. Im Grunde ist es die Geschichte, die wir auch geschrieben haben. Es gibt nur einige wenige Abweichungen. Zum Beispiel war Emerelle in unserem Exposé eine Seherin, die den Gefährten hilft, während der Elfenfürst – ja, wir hatten einen Elfenfürsten – ihnen Steine in den Weg legt.

Nach dem Wochenende reichten wir das Exposé ein und erhielten sofort eine mündliche Zusage. Der Verlag fragte nur nach einer Sache: ob der Elfenfürst möglicherweise eine Elfenkönigin sein könne. Wir hielten das natürlich für möglich. Unsere Lösung war einfach: Wir machten die Seherin Emerelle zur Elfenkönigin. Sie würde zugleich die Seherin und die Herrscherin sein und damit mehrere Gesichter zeigen. Die Komplexität von Emerelles Charakter liegt in dieser Entscheidung begründet. Und solche Entscheidungen prägten auch die Zusammenarbeit zwischen Bernhard und mir. Wenn wir einander Vorschläge machten, die etwas anderem zuwiderliefen, und darüber auch unsere unterschiedlichen Blickwinkel sichtbar wurden, fanden wir immer wieder Lösungen, die das Bestehende tiefgründiger und facettenreicher machten.

Für die Umsetzung des Romans hatten wir klare Vorstellungen. Wir hatten einen Szenenplan, der uns grob als Orientierung diente, von dem wir aber auch abwichen, wenn sich neue Dinge ergaben. Wir teilten die Perspektivfiguren auf. Die Idee war, dass wir unsere unterschiedlichen Schreibstile dazu nutzten, um unsere jeweiligen Figuren unterscheidbarer zu machen. Bernhard übernahm Mandred, ich übernahm Nuramon. Dementsprechend war Farodin Bernhards Figur, und ich übernahm Noroelle. Da Noroelle aber früh in den Hintergrund der Handlung tritt, sollte ich die Zwischenkapitel mit ihren Quellen übernehmen und für das eine oder andere Mandred-Kapitel eine Rohfassung schreiben. So wollten wir am Ende in etwa je die Hälfte des Romans verfasst haben, und tatsächlich ist uns das auch gelungen.

Die erste Szene, die ich für *Die Elfen* schrieb, war die allerletzte Szene des Romans. So hatten wir etwas, auf das wir hinarbeiten konnten. Eigentlich war geplant, dass ich nach dem Ende meiner Prüfungen – Anfang 2004 – mit dem Schreiben beginnen würde, doch ich war so motiviert, dass ich sofort parallel zum Lernen anfing. Die Vorarbeit und die ersten Schreibarbeiten am Roman beflügelten mich, und schließlich stellte sich heraus, dass meine Sorge unbegründet war und mein Studium nicht im Mindesten unter der Arbeit litt. Im Gegenteil: Besser hätten meine Prüfungen kaum verlaufen können.

Für mich als Autor war das Schreiben von *Die Elfen* der Einstieg ins Profigeschäft, und dass mein Name dabei nicht auf dem Cover stehen würde, erschien mir damals wie ein Schutz. Ich wurde und werde oft gefragt, wie es dazu kam, dass ich nicht auf dem Cover stand, obwohl ich vom Konzept bis zum fertigen Text für die Hälfte der Arbeit verantwortlich war. Die Antwort war über die Jahre einfach: Damals war ich ein unbeschriebenes Blatt, Bernhard aber war in der Phantastik bereits eine Größe und hatte bei *Das Schwarze Auge* das Bild von Elfen maßgeblich mitgeprägt. Ein Roman über Elfen mit Bernhards Namen darauf war genau das, womit der Verlag Werbung machen wollte. Für mich bot die weitgehende Unsichtbarkeit damals einen wichtigen Vorteil: Als Schwarzer Mensch in Deutschland achte ich nach etlichen negativen Erfahrungen darauf, ob Räume, in die ich mich hineinbewege, für mich sicher sind. Und die deutschsprachige Phantastik war ein solcher Raum. Im wörtlichen Sinne *under cover* und damit nicht direkt sichtbar zu sein, half mir dabei, mich an die Phantastik-Szene zu gewöhnen, und so fasste ich allmählich Vertrauen, gab Schritt für Schritt mehr von mir preis und wurde letztendlich sichtbarer.

Inzwischen bin ich als eigenständiger Autor etabliert, und dass mein Name nach all den Jahren auf dem Cover von *Die Elfen* steht, geht mir näher, als ich je gedacht hätte. Wir waren damals die Richtigen, um dieses Buch zu schreiben: zwei Autoren, die sich im Studium der Literatur des Mittelalters gewidmet hatten und nun bereit waren, Risiken einzugehen, um ihre Geschichte auf ihre Weise zu erzählen.

Wir wussten, dass wir etwas Besonderes schufen, aber wir hatten keine Ahnung, wie erfolgreich der Roman werden würde. Meine eigene Erwartung war, dass das Publikum uns allein schon deswegen ablehnen würde, weil der Roman *Die Elfen* heißt und nicht *Die Elben*. Ich hatte keine Ahnung, dass das Buch so begeistert aufgenommen und es auf die Beststellerliste schaffen würde. Ebenso wenig ahnte ich, dass das Ende des Romans für andere so bewegend sein würde wie für mich.

Die große Zahl der Reaktionen auf *Die Elfen* öffnete mir den Blick für etwas, das ich immer angenommen hatte, das sich nun aber durch Feedback bestätigte: dass unterschiedliche Personen ein Buch auf unterschiedliche Weise lesen, und dass es für sie nicht maßgeblich ist, was wir beim Schreiben in ein Buch hineinlegen, sondern vielmehr das, was sie beim Lesen aus dem Buch herausholen. So konnte ich zum Beispiel meine Fremdheitserfahrungen als Schwarzer Mensch in Deutschland auf die Figur Nuramon abbilden, ohne dass es irgendjemand merkte. Damals war ich noch nicht bereit, meine Erfahrung offensichtlich abzubilden, und nutzte die Phantastik auch in dieser Hinsicht zur Verfremdung. Dadurch jedoch, dass ich mich nicht erkennbar machte, sondern meine Erfahrungen auf ein Wesen abbildete, das uns allen fremd ist, öffnete ich die Erfahrungen von Nuramon und von anderen Figuren für allerlei Lesarten. Sogar gegensätzliche Lesarten sind möglich, weil Nuramon durch die Wiedergeburt viele Leben gelebt hat. In *Die Elfen* ist er jung, aber zugleich ist er als Wiedergeborener einer der ältesten Elfen in Albenmark. Und so kann er zugleich für jene stehen, die jung sind und ihren Platz in der Welt suchen, als auch für jene, die viel erlebt haben und denen manches in unserer Gegenwart fremd erscheint. Die Offenheit als Identifikationsfigur macht für mich Nuramons Reiz aus. Ich kann sowohl das in ihm sehen, was ich in ihm abgebildet habe, als auch all das, was andere in ihm sehen. Und das alles ist gleichzeitig gültig.

Mit dem Abstand von zwanzig Jahren glaube ich, dass Bernhard und ich gar nicht anders konnten, als diese Offenheit zu pflegen. Denn sie beschränkt sich nicht nur auf Nuramon, sondern erscheint auf unterschiedliche Weise im ganzen Roman. Sie ist da, weil Bernhard und ich aus zwei Blickwinkeln auf den Roman schauten und die Offenheit für verschiedene Lesarten oft das Mittel war, um unsere jeweiligen Standpunkte zu verbinden. Ich bin mir inzwischen sicher, dass diese Offenheit dazu beigetragen hat, dass der Roman seine Leserschaft gefunden und behalten hat.

Nun ist der Roman zwanzig Jahre alt, und auch wenn ich inzwischen andere Bücher geschrieben habe – von *Nuramon* über Science-Fiction-Romane, bis hin zu einem Medusa-Roman –, werden *Die Elfen* für mich immer einen besonderen Platz haben. Es ist für mich nach wie vor unglaublich, dass Bernhard und ich den Grundstein in einigen wenigen Telefonaten legten und den Roman binnen weniger Monate fertigstellten. Vielleicht haben wir damals nur Glück gehabt oder waren zur richtigen Zeit besonders kreativ; vielleicht hat sich aber auch etwas einen Weg gesucht, das wir beide lange in uns trugen und das damals endlich einen Pfad in die Welt fand. Entscheidend ist für mich jedoch, dass hier zwei unterschiedliche Autoren zusammengekommen sind, sich gegenseitig ergänzt haben und etwas Einzigartiges geschaffen haben. Und ganz gleich, wie die nächsten zwanzig Jahre verlaufen werden – *Die Elfen* sind ein fester Bestandteil der deutschsprachigen Fantasy. Und ich bin dankbar und auch stolz, dazu beigetragen zu haben.

DIE MAGISCHE WELT DER ELFEN

Die Elfen

Als ein gefährlicher Feind die Welt der Elfen bedroht, schickt Königin Emerelle Farodin und Nuramon - die kühnsten Krieger Albenmarks und Rivalen um die Gunst der Zauberin Noroelle - aus, um Albenmark zu retten. Vor ihnen liegt eine gefährliche Reise durch verschiedene Zeiten und Welten, an deren Ende sich das Schicksal der Elfen entscheiden wird.

Elfenwinter

Das sagenumwobene Fest der Lichter, bei dem die Elfenfürsten ihrer ebenso schönen wie kühlen Königin Emerelle die Treue schwören, ist das wichtigste Ereignis in ganz Albenmark. Doch unter der prunkvollen Oberfläche des Hofes regieren Neid und Missgunst. Als ein Mordanschlag auf die Königin verübt wird, flammt ein seit Jahrhunderten gewonnen geglaubter Krieg wieder auf ...

Elfenlicht

Als ein Heer von Trollen Albenmark angreift, zerstört Königin Emerelle für einen letzten Sieg der Elfen einen der goldenen Albenpfade und gewährt damit dunklen Schatten Einlass in die Welt der Elfen. Schatten, die das Schicksal aller Völker Albenmarks bedrohen ...

Elfenkönigin

Von ihrem Thron vertrieben, reist die Elfenkönigin Emerelle unerkannt durch das Land, nur begleitet von dem wiedergeborenen Helden Falrach, der ihr in den Drachenkriegen das Leben rettete. Einst liebte Emerelle Falrach, doch als sie in der Stunde höchster Gefahr erkennt, dass ihr Herz einem anderen gehört, ist es beinahe zu spät.

DIE ELFENRITTER-SAGA

Die Ordensburg

Gishild ist die letzte Herrscherin des Fjordlands und die einzige Hoffnung für die freien Völker der Welt. Luc ist Ritter eines mächtigen Ordens, dem Todfeind der Elfen. Als Kinder unzertrennlich, stehen sich Gishild und Luc nun an der Spitze zweier Heere gegenüber ...

Die Albenmark

Seit Jahren wütet nun schon der Krieg der Elfen und Fjordländer gegen die Ordensritter der Tjuredkirche. Als Gishild, die Königin der Fjordländer, von den Ordensrittern entführt wird, scheint das Schicksal aller Albenkinder endgültig besiegelt.

Das Fjordland

Obwohl es Gishild gelingt, das Fjordland zurückzuerobern, kann sie nicht verhindern, dass die Ordensritter in das Reich der Elfen vorstoßen und die legendäre Stadt Vahan Calyd zerstören. Die Rache der Elfenkönigin Emerelle ist schrecklich - für das Fjordland und für Gishild selbst ...

EINZELBÄNDE

James A. Sullivan, Nuramon

»Eine Reise endet hier, eine neue beginnt.« So endet die Geschichte von Noroelle, Farodin und Nuramon im Bestseller-Epos »Die Elfen«, doch für Nuramon, den letzten Elfen in der Welt der Menschen, ist es auch ein neuer Anfang. Von seiner großen Liebe zurückgewiesen, von seinem besten Freund getrennt und gestrandet auf einem fremden Kontinent, beginnt für Nuramon das größte Abenteuer seines Lebens ...

Elfenmacht

Wer wird künftig über die verwunschene Albenmark herrschen? Die grausamen Drachen oder die raubeinigen Zwerge? Oder die geheimnisvollen Elfen, deren Kräfte bisher im Verborgenen geschlummert haben? Als die beiden Geschwister Emerelle und Meliander sich auf die Suche nach ihrer verschwundenen Mutter machen, der legendären Drachenelfe Nandalee, ahnen sie nicht, dass ihre Reise das Schicksal aller Völker Albenmarks für immer verändern wird ...

Elfenlied

Dies ist die Geschichte der jungen Lutin Ganda Silberhand, die einer unglaublichen Verschwörung auf die Spur kommt.

Drachenelfen

Die verbotene Welt Nangog birgt den Schlüssel zur Herrschaft über Albenmark. Als die dämonischen Devanthar versuchen, diesen Schlüssel in ihren Besitz zu bringen und die Himmelsschlangen, die Fürsten des Drachenvolkes, sich ihnen entgegenstellen, entbrennt ein grausamer Kampf um das magische Reich.

Die Windgängerin

Noch herrschen die mächtigen Drachen über die Völker Albenmarks. Doch ein unglaublicher Verrat in ihren eigenen Reihen beginnt zu wirken - und plötzlich müssen sich die Drachenelfen entscheiden: Dienen sie weiter ihren Herren oder kämpfen sie für eine neue Zeit, eine Zeit der Elfen ...

Die gefesselte Göttin

Immer verbitterter stehen sich Devanthar und Drachen in ihrem Kampf um Macht gegenüber und schrecken auch nicht davor zurück, ihre besten Krieger, den Herrscher Aaron oder die Drachenelfen Nandalee und Gonvalon, für ihre Zwecke einzuspannen. Doch dann soll die gefesselte Göttin Nangogs erweckt werden - und mit ihr eine Magie, von der niemand weiß, was sie bewirken wird ...

Die letzten Eiskrieger

Der Frieden zwischen Drachen und Devanthar ist endgültig zerbrochen. Während der Unsterbliche Aaron ein riesiges Heer um sich versammelt, hat die Drachenelfe Nandalee geschworen, nie wieder ein Schwert zu führen. Doch als es im ewigen Eis von Nangog zur großen Schlacht kommt, werden plötzlich ganz neue Verräter und Helden geboren.

Himmel in Flammen

Während sich die Menschen noch von den Kämpfen im ewigen Eis erholen, machen sich im Reich der Drachen, Zwerge und Elfen die besten Krieger auf, um einen geheimen Schatz zu bergen. Wer ihn in Händen hält, kann den Lauf der Welt verändern. Doch zu viel ist geschehen, zu viele Pakte wurden gebrochen, zu viele Verbündete wurden zu Feinden - und so bleiben nur wenige, die Geschicke Nangogs zu wenden ...

Die Blutkönigin

Ein Jäger, auf dem ein grausamer Fluch lastet, eine Meuchlerin, die die ungekrönte Königin der Assassinen töten soll, ein Wolfself mit wenig Finesse, der in die Rolle eines Diplomaten gedrängt wird, und eine Magierin, die dem dunkelsten Geheimnis Langollions zu nahe gekommen ist: Sie sind die Heldinnen und Helden in einem Krieg, der im Schatten tobt, aber über das Schicksal aller Elfen entscheiden wird.

Der Gläserne Kaiser

Langollion schwebt in höchster Gefahr. Die Elfenkönigin Emerelle droht es zu vernichten, und zugleich breitet sich eine böse Kraft in seinem Inneren immer weiter aus. In ihrer Not schickt Fürstin Alathaia die Bienenhexe Leynelle und die Meuchlerin Adelayne an den Hof des Gläsernen Kaisers, um das größte Heer Albenmarks für ihre Sache zu gewinnen. Doch der Kaiserhof ist eine Schlangengrube, wo Missgunst und Intrigen regieren. Und die Zeit verrinnt unerbittlich.

Das eherne Wort

Verzweifelt sucht Fürstin Alathaia nach einem Weg, ihr Reich Langollion zu retten. Ihre Intrigen scheinen zu fruchten: Durch Mord und Verrat steigt ihre Gesandte Adelayne zur Kaiserin auf. Plötzlich sind Machtverhältnisse umgekehrt und Bündnisse infrage gestellt. Doch Adelayne herrscht nicht allein und muss schon bald einen mörderischen Preis für ihren Thron zahlen ...

Das Labyrinth der Nacht

Fürstin Alathaia ist auf der Flucht. Ihr Traum von einem Fürstentum, in dem unbegrenzte Freiheit herrscht, ist zerbrochen. Doch aus größter Verzweiflung wächst größte Entschlossenheit. Und so macht sich Alathaia mit ihren letzten Getreuen auf den Weg, in die Eiswüsten der Snaiwamark und bittet die geschworenen Feinde der Elfen um Hilfe: die Trolle.

Die weinende Stadt

Alathaia, die Fürstin von Langollion, schien endgültig besiegt zu sein. Doch dann wendet sie das Blatt: Sie findet eine Waffe, mit der sie binnen Augenblicken eine ganze Stadt vernichten könnte. Nun fordert sie ihr Fürstentum zurück und obendrein den Kopf der Elfenkönigin Emerelle. Sich ihr jetzt noch zu widersetzen, heißt das Leben tausender Unschuldiger zu gefährden ...

Bernhard Hennen

Schattenelfen – Die Blutkönigin

Gewaltig, magisch, episch: Der Auftakt zur großen neuen Trilogie von Bestsellerautor Bernhard Hennen

978-3-453-27332-0